本报告系国家社科基金一般项目"一体化战略视阈下媒体融合的现实困境与实现路径研究"（项目批准号：19BXW030）和中国社会科学院大学智库报告的阶段性成果

智库 中社 年度报告
Annual Report

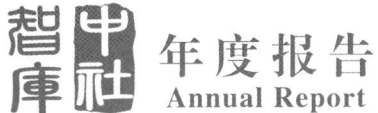

# 智能媒体发展报告

## (2023)

Intelligent Media
Development Report (2023)


主　编◎漆亚林　李文冰
副主编◎崔　波　杜智涛



中国社会科学出版社

图书在版编目(CIP)数据

智能媒体发展报告.2023 / 漆亚林，李文冰主编.—北京：中国社会科学出版社，2023.12

（中社智库年度报告）

ISBN 978-7-5227-2758-5

Ⅰ.①智… Ⅱ.①漆… ②李… Ⅲ.①传播媒介—发展—研究报告—中国—2023 Ⅳ.①G219.2

中国国家版本馆 CIP 数据核字（2023）第 224588 号

| 出 版 人 | 赵剑英 |
|---|---|
| 责任编辑 | 周　佳 |
| 责任校对 | 胡新芳 |
| 责任印制 | 王　超 |

| 出　　　版 | 中国社会科学出版社 |
|---|---|
| 社　　　址 | 北京鼓楼西大街甲 158 号 |
| 邮　　　编 | 100720 |
| 网　　　址 | http://www.csspw.cn |
| 发 行 部 | 010-84083685 |
| 门 市 部 | 010-84029450 |
| 经　　　销 | 新华书店及其他书店 |
| 印　　　刷 | 北京明恒达印务有限公司 |
| 装　　　订 | 廊坊市广阳区广增装订厂 |
| 版　　　次 | 2023 年 12 月第 1 版 |
| 印　　　次 | 2023 年 12 月第 1 次印刷 |
| 开　　　本 | 710×1000　1/16 |
| 印　　　张 | 23 |
| 插　　　页 | 2 |
| 字　　　数 | 376 千字 |
| 定　　　价 | 118.00 元 |

凡购买中国社会科学出版社图书，如有质量问题请与本社营销中心联系调换
电话：010-84083683
版权所有　侵权必究

## 主持单位

中国社会科学院大学新闻传播学院

## 联合主持单位

浙江传媒学院新闻与传播学院
中国社会科学院大学创意传播研究中心
新华社媒体融合生产技术与系统国家重点实验室
中国社会科学院大学—浙江传媒学院长三角智能传播研究院

## 专家委员会联合主任

**胡正荣**　中国社会科学院新闻与传播研究所所长，中国社会科学院大学新闻传播学院院长、教授、博士生导师

**徐小洲**　浙江传媒学院校长，教育部长江学者特聘教授，博士生导师

**张树辉**　中国社会科学院大学副校长，中国社会科学院研究生院副院长

# 专家委员会委员

（按姓氏拼音排序）

卜彦芳　中国传媒大学传媒经济研究所所长、教授、博士生导师
陈昌凤　清华大学新闻与传播学院教授、博士生导师，国务院学位委员会新闻传播学科评议组成员
杭　敏　清华大学新闻与传播学院副院长、教授、博士生导师
黄楚新　中国社会科学院新闻与传播研究所数字媒体研究室主任、研究员、博士生导师
季为民　中国社会科学院工业经济研究所副所长、研究员、博士生导师
李岭涛　北京体育大学新闻与传播学院院长、教授、博士生导师
刘　斌　中央广播电视总台央视党委办公室主任、高级编辑
欧阳宏生　四川大学教授、博士生导师，成都大学特聘教授、传媒研究院院长
单学刚　人民网舆情数据中心副主任，人民在线总编辑、副总经理
邵培仁　浙江大学教授、博士生导师、传播研究所所长，浙江大学学术委员会委员
田科武　北京青年报社总编辑，北青社区传媒科技（北京）股份有限公司董事长
王飞跃　中国科学院自动化研究所研究员、复杂系统管理与控制国家重点实验室主任、博士生导师
王国成　中国社会科学院数量经济与技术经济研究所研究员，中国社会科学院大学计算社会科学研究中心主任、博士生导师
王晓红　中国传媒大学教务处处长、教授、博士生导师
严三九　上海大学新闻传播学院院长、教授、博士生导师
杨　溟　新华社国家重点实验室生物感知智能应用研究部负责人、新

　　　　　华网融媒体未来研究院院长
殷　乐　中国社会科学院新闻与传播研究所媒介研究室主任、研究员，博士生导师
张涛甫　复旦大学新闻学院院长，教育部长江学者特聘教授，博士生导师，国务院学位委员会新闻传播学科评议组成员
周鸿铎　中国传媒大学教授、传媒经济研究所名誉所长、博士生导师
朱春阳　复旦大学新闻学院教授、媒介管理研究所所长、博士生导师，《新闻大学》常务副主编，教育部青年长江学者
朱　天　四川大学研究生院副院长、传媒研究中心主任、教授、博士生导师

## 课题组

组　长　漆亚林
副组长　崔　波　杜智涛
成　员　刘鹏飞　田　莉　刘英华　刘朝霞　吴　玥
　　　　石　林　郭海威　李秋霖　孙鸿菲　黄一清
　　　　王　坤　梁一帆　田梦嫒　袁　航　张雁菲
　　　　吴曾钰　陈　玥

## 编委会

主　任　张树辉
编　委　(按姓氏拼音排序)
　　　　卜彦芳　崔　波　杜智涛　刘英华　漆亚林
　　　　田　莉　薛　亮　张薇薇

## 目　录

### 总 报 告

T.1 迭代升级、全域赋能：中国智能媒体发展
新路向 …………………………………… 漆亚林　孙鸿菲 / 3

### 政 策 篇

T.2 2022年中国智能媒体发展相关政策及规制综述 ……… 石　林 / 23

### 热 点 篇

T.3 2022年中国短视频发展报告 ………………… 黄楚新　许　可 / 45
T.4 中国虚拟数字人应用发展报告 ……………… 殷　乐　殷宇婷 / 59
T.5 智能时代版权保护发展报告 ………… 崔　波　黄智尚　曹贤洁 / 82
T.6 ChatGPT在媒体内容生产中的作用：机遇、
挑战与趋势 ……………………………………………… 胡　鹏 / 103
T.7 智能媒体在老年群体中的应用现状及发展
趋势报告 ………………………………………… 刘英华　赵　熳 / 130
T.8 残障人群智能媒体无障碍应用
报告 …………………………… 王武林　张馨文　徐象豪 / 146

## 行 业 篇

T.9 AIGC在新闻传媒业的应用、问题与
　　前景展望 …………………………… 张新俏　杜智涛 / 175
T.10 虚拟数字人在新闻传播业的应用现状及发展趋势
　　研究报告 …………………………… 王思文　刘文冉 / 191
T.11 智能媒体内容生产与传播中的数字劳动
　　图景 ………………………………… 隗静秋　陈雅倩 / 211
T.12 人工智能在新闻传播业应用现状及发展趋势
　　研究报告 …………………… 赵　磊　陆心慧　林佳倩 / 224

## 产 业 篇

T.13 智能媒体科研赋能产业的模式创新
　　——以新华网"源数据"产业应用的探索为例
　　………………………………… 鞠　靖　刘胜男　曹素妨等 / 247
T.14 智能媒体时代计算广告产业发展现状与
　　趋势研究 …………………………… 刘　祥　任　艳 / 259
T.15 2022年中国智能媒体产业投融资
　　研究报告 …………………… 陆朦朦　苟圆林　周雨荷 / 284

## 国 际 篇

T.16 欧盟智能媒体发展报告2023—2024 …… 巩述林　陈乐薇等 / 307
T.17 日本智能媒体发展报告2022—2023 ………… 王　飞　陈佳沁 / 327
T.18 2022年韩国智能媒体产业发展
　　报告 ………………………… 周恩泽　唐嘉楠　卜彦芳 / 345

# 总 报 告
# General Report

# T.1 迭代升级、全域赋能：中国智能媒体发展新路向

漆亚林　孙鸿菲[*]

**摘　要：** 中国智能媒体的发展在过去几年里一直保持着快速增长和创新。2022年，智能媒体发展总体呈现出以下特点：人工智能技术应用更加广泛，不断优化用户体验；元宇宙推动媒体融合，虚拟主播引领主流价值导向；ChatGPT与文心一言全方位改变社会构型；新闻信息可视化制作，助力用户深度参与新闻生产；智能媒体深度参与城市建设，赋能社会治理；数字技术助力出版行业沉浸化、智能化的广泛应用，提升国际传播效能。智能媒体的动能辐射各个领域，各级政府、事业单位和媒体平台积极推动"智媒+千行万业"的服务创新。但是智能媒体的跳跃式发展也带来诸多社会风险，例如安全问题、隐私问题、信息真实性问题等。在面向未来的传播中，我们还需要从人才培养、多元共治、风险规避、人机协同等角度入手，规范智能媒体合法合规的应用与创益，完善科技向善机制，以确保其高质量发展。

**关键词：** 5G；人工智能；智能媒体；媒体融合；智能传播

## 一　智能媒体发展的外部驱动力

### （一）政策赋能：顶层设计为智能媒体高质量发展提供合法性保障

在政策支持方面，近些年中国政府出台相关政策和规定，积极鼓励并

---

[*] 漆亚林，中国社会科学院大学新闻传播学院执行院长、教授、博士生导师，创意传播研究中心主任；孙鸿菲，中国社会科学院大学新闻传播学院博士研究生。

规范智能媒体的发展,促进该行业健康有序发展。自2014年以来,多项政策的实施使得智能媒体发展稳步向前。其中,《关于加快推进媒体深度融合发展的意见》指出,要以先进技术引领驱动融合发展,用好5G、大数据、云计算、物联网、区块链、人工智能等信息技术革命成果,加强新技术在新闻传播领域的前瞻性研究和应用,推动关键核心技术自主创新,[①]该政策为智能媒体的发展指明前进方向。《中华人民共和国国民经济和社会发展第十四个五年规划和2035年远景目标纲要》(以下简称《纲要》)中有关"智能""智慧"的相关表述达到57处,这表明在当前中国经济从高速增长向高质量发展的重要阶段,以人工智能为代表的新一代信息技术,将成为中国"十四五"时期推动经济高质量发展、建设创新型国家,实现新型工业化、信息化、城镇化和农业现代化的重要技术保障和核心驱动力之一,《纲要》还提出2035年"关键核心技术实现重大突破,进入创新型国家前列"的愿景目标。[②]此外,《纲要》还提出要大力"发展战略性新兴产业",特别是信息技术的快速发展及相关产业的融合应用,为数字创意产业带来新机遇、形成新模式。未来经过10—15年的发展,数字创意产业将在创新设计体系、数字内容生产体系、数字内容传播体系、泛信息消费体系、泛沟通交互体系五个方面取得重大进展。[③]党的二十大报告中也指出要"加快建设数字中国""构建新一代信息技术、人工智能等新的增长引擎"。由此可见,抢抓新的重大历史机遇,深度强化人工智能技术与媒体融合,是新时代中国媒体高质量发展的必由之路。其中,建设数字中国是数字时代推进中国式现代化的重要引擎,是构筑国家竞争新优势的有力支撑。中共中央、国务院2023年印发的《数字中国建设整体布局规划》中也明确提出,"到2025年,基本形成横向打通、纵向贯通、协调有力的一体化推进格局","到2035年,数字化发展水平进入世界前列,数字中国建设取得重大成就"

---

① 《中共中央办公厅 国务院办公厅印发〈关于加快推进媒体深度融合发展的意见〉》,2020年9月26日,中国政府网,http://www.gov.cn/xinwen/2020-09/26/content_5547310.htm。
② 《权威解读丨三大布局!"十四五"规划纲要为我国人工智能发展划重点!》,2021年3月16日,中国工信产业网,https://www.cnii.com.cn/gxdt/202103/t20210316_262088.html。
③ 《解析"十四五"战略性新兴产业发展思路,梳理6大产业发展方向》,2020年9月4日,澎湃新闻,https://www.thepaper.cn/newsDetail_forward_9038558。

T.1 迭代升级、全域赋能：中国智能媒体发展新路向

的发展目标。① 由此可见，在新闻传播领域，人工智能逐渐成为媒体创新传播范式和转型升级的新引擎，国家政策为智能媒体融合发展转型创新提供强大制度保障。

**（二）技术迭代：元动力升级为智能媒体高质量发展提供基础性架构**

科技是媒体深度融合发展的第一生产力，也是原动力。历史上，每一次技术迭代升级都会为传媒产业发展带来新机遇和新动能。大数据、人工智能、区块链、VR/AR/XR、5G等新兴技术的崛起，推动中国传媒生态格局发生颠覆性变化。主流媒体不断通过全媒体技术开发、智媒技术创新提升媒体融合的深度和广度，夯实"主流媒体进入主战场"的实力和能力。

从内容生产技术层面来看，5G与4K/8K、AR/VR等技术的深度融合，动作捕捉、实时互动等新视频技术加速迭代渗透，虚拟世界与现实世界的界限进一步模糊，催生出更多样的视频内容形态，使网络视听形态更加多元。②"云计算+AI"赋能内容创作，可穿戴设备带动用户即拍即享，推动UGC（用户生产内容）内容生产升级，"万物互联"有望使MGC（机器生产内容）模式成为内容生产的重要力量。XR（扩展现实技术）融合了三维显示技术、计算机图形学、传感测量技术和人机交互技术等领域技术成果，本质上都是通过虚拟重建使受众获得沉浸式第一人称的新闻场景体验，对新闻业的传播理念、媒介形态、叙事结构、媒介效果均产生了影响。③ 此外，智慧视听、智能新闻、智能主播、智能问答、元宇宙、游戏场景的搭建都依托智能技术的渗透，重塑了内容生产的逻辑，使内容服务和内容效率也进一步提升。

从终端技术层面来看，智能媒体的发展，正在从流程化转向平台化，通过人工智能平台完成信息的重新聚合。④ ChatGPT的横空出世表现得出

---

① 《数字中国建设驶入快车道》，2023年3月1日，光明网，https://m.gmw.cn/baijia/2023-03/01/36398958.html。
② 《5G，带来视频行业「新蓝图」| 德外荐读》，2021年12月23日，德外5号，https://mp.weixin.qq.com/s/LGELuouEYpYhFMLNKPUN5A。
③ 黄怡静、赵云泽：《元宇宙背景下的新闻业发展趋势研究》，《新闻爱好者》2022年第6期。
④ 赵子忠、王喆、郑月西：《原子力与平台化：智能媒体的发展理论与模式》，《青年记者》2023年第1期。

5

人意料，Gpt 4.0彰显了内容工业的无限可能，全能型生成式人工智能和区块链以及虚拟制作，共同构建了下一代元宇宙内容的"基站"。区块链技术方面，平台自建光芒链，应用于版权交易、数字藏品等多个业务场景，变革生产和商业模式。①搭建技术中台、业务中台、数据中台、AI中台等的中台"新基建"成为媒体管理创新中的热门探索，以技术创新带动管理机制和管理思维的创新，构建全媒体驱动的中台战略。②

从价值实现技术层面来看，大数据、人工智能技术已经充分融入出版行业的选题策划、内容数字化等环节，数字藏品、数字版权行业呈现蓬勃发展的态势，新形态、新模式、新平台不断涌现，为智能传播带来全新的机遇。作为数字出版物的新形态，数字藏品已成为行业热点，据计算，数字藏品未来几年的产品规模或将接近300亿元。2022年，封面新闻联合东北虎豹国家公园推出系列独家报道，探访虎豹主宰下的野生动物家园，揭秘"天地空"一体化虎豹监测体系，展现中国的生物多样性。在此基础上，2022年1月，封面新闻推出了"国家公园·东北虎"数字藏品，限量2022份，一经上线，便被用户收藏一空。③人工智能为媒体的发展注入更多的确定性与可见性，在这种新的传媒生态中，人与人、人与物、物与物的连接不断加强，使得传统传媒业边界逐渐消解，为智能传播的实现增加了更多新场景。

**（三）市场潜力：产业"洗牌"为智能媒体高质量发展提供历史性机遇**

所谓智媒，就是人工智能与媒体平台的结合体，智媒时代以物联网作为智能传播的基础设施，以大数据构成整个生产要素，用移动计算优化资源的有效配置，机器学习在这一过程中加速了智能化的进程。④媒体的智能化，一方面消融了传统传媒业的固有边界，另一方面正在重塑传媒业的

---

① 《媒体深融的四种打开方式丨融媒新象》，2023年4月12日，德外5号，https://mp.weixin.qq.com/s/159kcVyYO-7CUHlomh25xQ。
② 曾祥敏、杨丽萍：《我国媒体融合发展的十大创新探索》，《传媒》2023年第2期。
③ 《用AI等技术重新定义媒体丨融媒新象》，2023年2月21日，封面新闻，https://mp.weixin.qq.com/s/uZxOSJg7RXKS8GuEeISjIw。
④ 刘庆振：《媒介融合新业态：智能媒体时代的媒介产业重构》，《编辑之友》2017年第2期。

T.1 迭代升级、全域赋能：中国智能媒体发展新路向

原有生态。①

首先，人工智能应用于社交媒体的市场潜力巨大。根据 Statista 的数据，截至 2021 年，全球活跃社交媒体用户数达到 42.6 亿，每天平均在社交媒体上花费 2 小时 27 分钟。随着社交媒体用户数量的增长，理解客户偏好的 AI 解决方案需求也在不断上升。预计到 2026 年，社交媒体领域的 AI 市场将超过 37 亿美元，复合年增长率接近 30%。② 美国的 ChatGPT 和中国的文心一言再次刷新 AIGC 应用边界，给媒体行业带来巨大想象空间。中国信息通信研究院云计算与大数据研究所副总工程师指出，从目前 AIGC 产业界的实践来看，AIGC 的技术分类按照处理的模态，大概可以分成文本类、音频类、图像视频类和虚拟空间类。这其中比较具有代表性的包括 AIGC+传媒，主要是通过人机协同生产推动媒体融合，写稿机器人生成一篇深度报告的时间，已经由最初的 30 秒缩短到了两秒以内。③

其次，5G 商用是媒体融合发展的一个重要节点，它不仅将催生全新的移动媒体业务模式，更将给传统媒体带来巨大的机遇和挑战。一方面，5G 带来的超高带宽、超低时延、超大连接等特性，将大大增强人工智能媒体应用能力，从而改变传媒业乃至整个社会信息传播的形态、业态、生态；另一方面，5G 时代也将迎来传统媒体的大变革。根据《爱立信移动市场报告》的信息，2022 年 10—12 月，全球新增了 1.36 亿 5G 注册用户，使全球 5G 用户数突破 10 亿大关。截至 2022 年年底，全球已有 235 家通信服务提供商（CSP）推出了商用 5G 服务，其中大约 35 家 CSP 已经部署或推出了 5GSA 网络。④ 未来应积极探索 5G 环境下智能媒体发展方向，促进智能媒体与 5G 技术协同发展，推动智能媒体加快向纵深发展。

最后，视听产业和智能终端蓬勃发展。随着"智慧广电"建设的大力推进和"新闻+政务服务商务"运营模式的逐渐成型，行业各主体积极参

---

① 苏涛、彭兰：《"智媒"时代的消融与重塑——2017 年新媒体研究综述》，《国际新闻界》2018 年第 1 期。
② 《AI 狂飙突进，半自动化社交媒体时代要来了？|德外视窗》，2023 年 4 月 4 日，德外 5 号，https://mp.weixin.qq.com/s/SL4OctqB04mr09X0PvCJ7Q。
③ 《深度：GPT-4 再次刷新 AIGC 能力边界，展望 AI 的下一个时代|德外荐读》，2023 年 3 月 23 日，德外 5 号，https://mp.weixin.qq.com/s/lRnyEnqHGQ9WuTTxmIP6bw。
④ 《"三百亿"出版传媒集团阵营增加 3 家；微软必应计划在 AI 搜索中引入广告模式|每周必读传媒资讯》，2023 年 2 月 25 日，德外 5 号，https://mp.weixin.qq.com/s/dkKXwGD6ln2wzgGSi4YRBA。

7

与和大力助推基层社会治理现代化和数字乡村、智慧城市建设，视听已成为数字经济的重要价值元素、场景标配。根据《2023年广电全媒体蓝皮书数据报告》，大视听产业创新驱动发展态势较为明显，高品质视听内容促进新兴视听终端市场发展，后者进一步激发高层次视听消费需求。2022年智能电视的销售量超4400万台，智能电视激活终端3.15亿户，激活率为76.6%；OTT盒子零售超400万台；智能投影零售超600万台。新一代信息技术创新应用加速落地，AR/VR快速进入市场，2022年中国AR/VR头显出货120.6万台。随着全屋智能以及全渠道数字化，智能音箱、儿童早教智能硬件产品、智能穿戴设备、车载端等应用场景不断丰富，开辟视听消费终端新蓝海。随着创新性、引领性数字技术的深入应用，新场景新应用将引领大视听产业迎来新一轮消费升级。①

## 二 智能媒体发展热点聚焦

### （一）热点一：媒体平台不断通过AI优化用户体验

海外社交媒体使用人工技能技术不断优化用户体验。微软旗下的LinkedIn成为首个向用户推送AI生成内容的头部社交媒体平台，还能利用人工智能帮助用户撰写帖子，促进用户间的互动。目前，LinkedIn还没有在平台信息流中大规模引入AI聊天机器人，但是已经推出了"AI驱动的话题启发器"来激发用户讨论。AI帖子由编辑团队利用人工智能技术生成，然后与相关的专家进行匹配，就相关话题提供观点和建议。Snapchat的社交机器人My AI、Discord聊天机器人Clyde都在使用ChatGPT来提高其聊天机器人的对话能力，提高用户黏性。Spotify运用ChatGPT公司OpenAI的技术推出了AI DJ，将个性化功能提高到新水平。Meta公司也在跟上ChatGPT的步伐。扎克伯格宣布公司成立了一个专门的人工智能团队，开发AI角色（AI personas），以及用于WhatsApp、Instagram和Messenger的基于文本和图像的人工智能工具。Facebook已经运行了一个由人工智能用户组成的模拟网站，用于模拟和预测人类用户的

---

① 《权威报告：大视听形成两个万亿级产业版图｜德外荐读》，2023年6月9日，国家广电智库，https://mp.weixin.qq.com/s/-yt3u_WzoZo2MzN_I3V9fw。

T.1 迭代升级、全域赋能：中国智能媒体发展新路向

行为。①

目前，国内已有百度、阿里巴巴、腾讯、华为等公司对 AI 大模型进行开发，如百度文心大模型、阿里巴巴通义大模型、腾讯混元大模型、华为盘古大模型、知乎中文大模型"知海图 AI"、网易的"玉言大模型"、商汤的"日日新 SenseNova 大模型"等，基本覆盖算机视觉、自然语言处理、多模态内容理解、文案生成、文生视频等多个领域。AIGC 正逐步从突发性、灾害性报道向重大时政报道拓展，作为新型融媒体生产技术在 2023 年全国两会期间频频亮相。央视新闻采用 AIGC 技术和 3D 超写实数字人推出了《开局之年"hui"蓝图》系列报道，《大众日报》采用了中科闻歌翰墨丹青、百度文心一格等 AI 绘画技术平台推出报道《AIGC 眺望未来山东新模样》，该创意短视频是人机互动、协同生产的典型作品。

**（二）热点二：元宇宙和虚拟主播引领数字生活**

元宇宙（Metaverse）是与现实世界映射和交互的虚拟世界，具备新型社会体系的数字生活空间。在元宇宙中，用户可进行真实世界与虚拟世界的交互，沉浸式体验元宇宙带来的全新数字生活方式。从本质上看，元宇宙是一种新的技术范式，与移动互联网、社交网络等互联网产品具有相似之处。元宇宙背景下，虚拟主播是媒体融合发展中一种新形态的传媒内容生产与传播形式。它可以满足不同类型用户的差异化需求：一方面，虚拟主播可以引领主流价值导向，使新闻报道更加真实可信；另一方面，虚拟主播可以打破时空限制，突破内容传播局限。同时，虚拟主播还可以提升用户的沉浸式体验感和参与感，降低用户使用门槛。未来虚拟主播将成为新媒体平台不可或缺的内容形式。

从国内外媒体对元宇宙的关注和探索来看，元宇宙已成为数字经济下的一片蓝海。当下，传媒产业正针对基于元宇宙技术的场景应用展开探索。在此背景下，MR 视频、虚拟演播室、AI 虚拟主持人、5G 直播间等新兴业态处于高速发展中，随之而来的是元宇宙应用场景、生态的不断丰富，并以此推动了传媒行业在当下的持续革新态势。全国两会期间，《人

---

① 《AI 狂飙突进，半自动化社交媒体时代要来了？| 德外视窗》，2023 年 4 月 4 日，德外 5 号，https：//mp.weixin.qq.com/s/SL4OctqB04mr09X0PvCJ7Q。

民日报》新媒体联合业界前沿团队推出的 AI 数字主播"任小融"正式"上岗",它通过一个自我介绍视频和一个互动 H5 与网友见面。2022 年 2 月,京东推出了美妆虚拟主播"小美",不断亮相 YSL、欧莱雅、科颜氏等超 20 个美妆的大牌直播间进行带货;2022 年冬奥会期间,阿里推出虚拟员工"冬冬"在淘宝直播中售卖冬奥会的周边产品;2022 年年末,蒙牛乳业推出了虚拟主播"奶思",在直播间身穿蒙古族服饰,手拿蒙牛产品与观众实时分享乳品知识,首场直播就吸引近 300 万人观看。① 2022 年 3 月,中央电视台综合频道、中央电视台科教频道播出"典赞·2022 科普中国"节目,虚拟主持人"橙络络"在节目中向观众科普世界。"橙络络"不仅是节目首位虚拟主持人,还是运营商中唯一一位登上央视舞台的数智人。中央电视台突破性引入虚拟人技术等前沿数字技术的新尝试,开创了国内首个科普节目虚拟人物交互体验的先河。②

### (三)热点三:大数据与可视化助力主流媒体的话语体系创新

在信息爆炸的时代,媒体生产的产品数量与日俱增,用户需求的不断增加也助推媒体更加注重内容质量。对于传统媒体而言,内容是其安身立命之本,优质内容是赢得用户的关键。随着 5G、大数据、区块链、物联网等新技术的普及,越来越多的新媒体平台开始向视频化和智能化方向发展。它们通过可视化方式让新闻信息变得更加生动形象,实现了以人为中心,以用户体验为导向的新闻内容传播。数据是可视化新闻制作的核心要素,也是其展示重要信息和传播价值的重要途径。2021 年 8 月,由云南网络广播电视台制作的《"数读"北移亚洲象奇幻旅程》,在 2 分半钟时间内回顾亚洲象的旅行历程,对旅程公里、跨越县市、疏散人数、安保人员及资源投入情况等进行详细的数据展示,全景回顾了亚洲象迁移的历程和社会影响,呈现了丰富的事实信息。③ 新冠疫情期间,澎湃新闻的报道《2 个月,13753 例,新冠肺炎如何蔓延全球?》通过可视化的方式,呈现了新

---

① 《蒙牛推出首个虚拟数字员工奶思 "出道首秀"即火速圈粉》,2022 年 12 月 15 日,新华网,http://www.xinhuanet.com/food/20221215/c6c5a7f45ad84d06a37d4ebb2365c833/c.html。

② 《动感地带数智代言人上央视,带你玩转"科普元宇宙"》,2023 年 3 月 27 日,新浪新闻,https://news.sina.com.cn/sx/2023-03-27/detail-imynhqve1863989.shtml。

③ 吴占勇:《主流媒体短视频生产的三重逻辑》,《新闻战线》2022 年第 9 期。

T.1 迭代升级、全域赋能：中国智能媒体发展新路向

冠病毒的全球化传播过程及重点传播情况。作为中央广播电视总台迎接党的二十大的重要作品，系列报道《解码十年》以客观、权威、多维度的数据及其变化为切入点，以数据的可视化呈现、沉浸式视听体验和故事化表达为手段，将宏观数据叙事与微观个体表达相结合，生动、立体地展现了党的十八大以来中国的十年巨变。① 随着智能技术和大数据分析能力在新闻传播中应用不断深化，在传统媒体与新媒体融合过程中，基于大数据分析建立相应数据库进行深度挖掘分析已成为主流趋势，它将为用户提供更加精准化、个性化的信息服务。

### （四）热点四：智能媒体深度参与城市建设与社会治理

智慧城市是一个涵盖交通、医疗、教育等多领域的综合工程，也是智慧媒体发展的一个重要方向。随着国家"十四五"规划以及《"十四五"数字经济发展规划》的出台，智慧城市建设受到了社会各界的广泛关注。作为智慧城市建设重要内容之一的智慧媒体，也迎来了新一轮发展机遇。各级广电机构正以"媒体+"模式打造新型主流媒体矩阵，推动县级融媒体中心与新技术、新业态深度融合，为县域经济发展提供新闻信息、舆论引导、公共服务和文化娱乐等多方面、全方位的服务。例如，湖北广电的长江云率先将新闻报道与政务信息发布、舆论引导相结合，成为探索媒体参与政务服务的排头兵；安徽马鞍山市委创办微博账号"@马鞍山发布"，并开设特色栏目#马上办#，线上线下联动当地多个政府部门和事业单位，全天候快速、精准回应市民需求；浙江日报报业集团的"浙报智库"、四川日报报业集团旗下的"川观智库"都是省级党报的智库探索成果，这些主流媒体通过对媒体资源、政府资源、社会资源、市场资源的有机整合，在舆情监测、企业发展、在线教育、乡村建设等方面为政府部门的科学化决策提供依据和解决方案。② 福建省政务云已承载222个厅局委办1044个项目1697个业务系统，持续促进网络通、应用通、数据通，提升便民服务水平；广东省推出基于车载使用的移动政务服务平台"粤优行"，涵盖

---

① 申耘箐：《让数据中的"巨变"可信可视可感——央视系列报道〈解码十年〉用数据讲述成就故事》，《新闻前哨》2023年第7期。
② 黄楚新、薄晓静：《深度融合下主流媒体助力社会治理的创新路径》，《南方传媒研究》2022年第5期。

政务服务、资讯导航、医疗防疫、证照信息四个板块内容，持续提升政务服务效能；甘肃省启动新型智慧能源单元在试点企业的示范应用，常态化、精细化、智能化的城市能源管理系统初见成效。① 2023年，媒体深度参与智慧城市建设将成为重要趋势。

### （五）热点五：数字出版业态不断扩容与升级

当下，智能化、沉浸化的社会图景模糊了各行各业的生产界限，数字出版与互联网、新闻媒体、数字阅读平台的业务形成千丝万缕的联系，任何一方的细微调整都有可能会影响整体的数字出版生态。② 智能时代的数字出版作品多以对多种类、多形式、多来源的作品的改编、剪辑等形式形成，其构成不仅限于音乐、字幕、视频等，甚至还包括VR/AR等设计，并且推动产生了有声读物、网络文学、知识服务等多种出版形式。数据显示，2021年中国互联网期刊、电子图书、数字报纸的总收入为101.17亿元，比2020年增长了7.59%，传统书报刊数字化收入增幅持续上升。中国新闻出版单位在转型升级，融合发展的过程中已经取得一定成果，摸索出相对可行的路径。作为当前文化产业的热点，2021年中国网络文学整体收入规模达到268.1亿元，全网作品累计约2800万部。网络文学领域是数字出版行业发展较早且消费市场最大的细分领域之一，2021年中国网络文学市场规模预计将达到240亿元，而网络文学的用户规模将达到4.67亿人。③ 在线教育在"双减"政策的引导下，成为新的业务增长点，网络动漫和数字音乐在2021年持续抓住用户消费习惯线上迁移和消费需求升级的良好契机，实现了较为快速的发展。人工智能技术的进一步发展，不仅带来了出版行业的产业链重塑，也为数字内容产业开拓了更为广阔的发展空间，经典出版IP亟待深挖。未来将IP转化为长短视频、游戏、衍生

---

① 《CNNIC报告：截止去年12月我国在线政务服务用户规模达9.26亿 占网民整体86.7%》，2023年3月24日，新浪科技，https://finance.sina.com.cn/tech/2023-03-24/doc-imymy-cyi8708545.shtml。

② 周敏、郅慧、滕文强：《信息生态视角下的数字出版变革：内生机理与创新路径》，《中国编辑》2023年第6期。

③ 《要闻：2022年数字出版行业发展趋势》，2022年10月25日，中国报告大厅，http://kf.cwan.com/kf/2022/1025/55057.html。

T.1 迭代升级、全域赋能：中国智能媒体发展新路向

品等不同的数字产品形式，通过多种场景变现是打开出版业增长空间的关键，也是实现文化数字化战略"中华文化全景呈现，中华文化数字化成果全民共享"目标的重要一步。

**（六）热点六：智能传播技术成为国际传播场域竞争的重要力量**

人工智能正深刻影响新闻媒体的生产和传播模式，推动国际传播向着更加智能化、精准化、平台化、个性化的方向发展，成为推动国际传播格局和形态的重要力量。2023年5月，中央广播电视总台与中国人民大学合作共建的新时代国际传播研究院正式成立。新时代国际传播研究院着重打造两大体系——全球民意与舆情追踪调研体系、全球舆论生态与区域国别传播战略研究体系。前者是洞悉全球舆论场风云变幻的"晴雨表"和"温度计"，后者则是实现精准有效发力的"最强大脑"和"最佳顾问"。① 新时代国际传播研究院的成立也是国际传播领域学界与业界探索合作的新模式，将有效整合多元国际传播主体资源，形成合力，推动国际传播科研成果向实践快速转化，为加强国际传播能力建设、提升国际传播效能作出新贡献、形成新示范。②

然而，我们必须清醒地看到，智能技术的加持也使得国际传播场域面临诸多风险与挑战。北京师范大学新媒体传播研究中心的研究发现，在中美经贸摩擦、新冠疫情、北京冬奥会、俄乌冲突等议题的涉华舆论中，社交机器人产生的信息占比为20%—30%，且带有一定的政治倾向性，成为影响国际涉华舆论走向的重要因素。③ 更为严峻的挑战在于，社交机器人的信息生产植根于网络，而网络中的信息真假交织，机器人可能在虚假信息的生产与传播过程中扮演着重要的角色，甚至成为虚假信息的来源。④ 近年来，随着人工智能技术的发展，深度伪造技术已发展成包括"视频伪

---

① 《"新时代国际传播研究院"成立；视频号上线三大原创能力；百度推出手表版AI｜每周必读传媒资讯》，2023年6月3日，德外5号，https：//mp.weixin.qq.com/s/7osZjJGoCXoxZBS2T7UMQA。
② 《"新时代国际传播研究院"成立》，《光明日报》2023年5月31日第9版。
③ 《人工智能时代，如何加强我国国际传播能力建设》，2022年4月11日，澎湃新闻，https：//www.thepaper.cn/newsDetail_forward_17562640。
④ 漆亚林、王钰涵：《社交机器人：数字用户的建构逻辑与智能陷阱的治理路向》，《新闻与传播研究》2022年第9期。

13

造、声音伪造、文本伪造和微表情合成等在内的多模态视频欺骗技术"。这种深度伪造技术让国际传播中的虚假信息更难识别，谣言迅速扩散。

## 三 智能媒体发展未来展望

### （一）人才培养：深化智媒人才队伍建设，推动人才机制创新

人工智能技术作为新一轮产业变革的核心驱动力，不仅推动了各行业数字化转型，也驱动了媒体行业从信息传播到信息服务的深度变革，是推动媒体深度融合发展的关键力量。人才是第一资源，国家科技创新力的根本源泉在于人。智能传播时代，媒体竞争的关键也是人才的竞争。党和国家针对全媒体新闻人才培养工作进行过多次部署，早在2013年，教育部、中宣部就发布了《关于加强高校新闻传播院系师资队伍建设实施卓越新闻传播人才教育培养计划的意见》，提出"培养具有全媒体业务技能的应用型、复合型新闻传播人才"。2018年，教育部、中宣部又发布了《关于提高高校新闻传播人才培养能力实施卓越新闻传播人才教育培养计划2.0的意见》。2020年，中共中央办公厅、国务院办公厅印发了《关于加快推进媒体深度融合发展的意见》，强调"要大力培养全媒体人才"。上述部署表明，加快人才培养是建设智能传播时代全媒体人才队伍的关键。

面对新一轮技术革命浪潮带来的传媒产业变局，新闻传播业的发展需要更多精进技术、业务扎实的交叉型、创造型、复合型全媒体人才。首先，重构学科专业布局，突出数字化、可视化、智能化。高校应该密切追踪智能媒体的前沿发展动态，突破不同学科间的专业壁垒，构建与其他学科相互融合的课程体系，重点培养学生的新媒体思维、用户思维、大数据思维、平台思维、模型思维。其次，强化复合型师资队伍建设，注重培养跨学科、跨专业、跨地域的高质量师资团队。在智能传播时代，新闻人才培养应进一步组建具有不同学科背景、文理交叉融合、学界业界联合的智能化课程师资队伍，为学生带来一线媒体业态的最新发展变化，提升学生的实践能力。最后，以能力培养为导向，搭建产学研协同育人平台。近年来，很多地方性新闻传播类高校充分利用智能媒体的发展契机，先后与国内外智能传播平台企业建立战略合作协议，构建了"智能平台＋职业规划＋实习实训＋就业"协同育人模式，以解决智能新闻传播人才培养供给

T.1 迭代升级、全域赋能：中国智能媒体发展新路向

侧和产业需求侧结构的矛盾。①

**（二）善治共管：智能媒体的发展需要多元主体协同治理**

"技术是把双刃剑"，在人工智能的发展中也不例外。技术可以给社会发展带来很多便利，同时也带来了很多风险。随着智能媒体的不断发展，传播生态系统中的信息内容生产、分发、消费、反馈等环节都发生了变化，产生了一些新问题。比如算法推荐可能会导致用户隐私泄露风险；人工智能技术的滥用可能会造成信息传播秩序的混乱，还可能会引发安全风险等问题。这些问题都需要通过技术规制、法律规制、行业自律等多主体治理，形成多方参与、协同治理的机制，才能使智能媒体更好地发挥应有的作用。国外曾有人呼吁为算法治理创设一个国家算法安全委员会（National Algorithm Safety Board），并要求相关主体部署算法前，由委员会对算法进行审计、监管和许可等。也有观点提议创设一个与美国食品和药品管理局类似的算法监管机构，并对算法进行行政许可，要求"有实验证据证明算法是安全和可靠的才能进入市场"。2020年，中国消费者协会也建议设立一个算法伦理监督机构，负责算法应用伦理、规则、标准等的制定和调查，处理不公平算法应用问题。② 当然，在治理中，政府需要出台相关法律法规保障媒体的合法权益；技术企业需要在算法治理中发挥更大作用；媒体平台需要发挥数据优势，运用人工智能等技术手段更好地服务受众和内容生产。在多元治理中应始终坚持以政府为核心，畅通社会参与机制，让企业、研究智库、行业协会、社会公众等多元主体共同参与，并重视对话与协商，引导不同主体参与规则制定，引入第三方独立的监督力量。③

此外，在当前媒体融合发展的背景下，我们也需要重新审视智能媒体给舆论生态带来的变化，积极应对智能媒体带来的新挑战。一方面，要以主流意识形态为引领，创新主流价值传播方式；另一方面，要完善相应的

---

① 付松聚：《智媒时代高校新闻传播人才培养转向探析》，《全媒体探索》2022年第11期。
② 曾雄、梁正、张辉：《欧美算法治理实践的新发展与我国算法综合治理框架的构建》，《电子政务》2022年第7期。
③ 曾雄、梁正、张辉：《欧美算法治理实践的新发展与我国算法综合治理框架的构建》，《电子政务》2022年第7期。

智能媒体发展报告（2023）·总报告

法律法规建设和行业标准制定，不断提升行业治理能力和水平。通过多方参与、协同治理，使智能媒体在信息传播中真正发挥应有作用，使智能媒体成为积极健康、向上向善的主流舆论平台。

### （三）风险规避：谨防人工智能安全和隐私被"污染固化"

智能媒体是利用人工智能技术，通过收集用户信息，分析用户需求，推送用户感兴趣的内容，从而达到提高信息传播效率和用户满意度的目的。由于人工智能技术具有高精度、高效率、低成本等优势，它在很多领域得到了广泛的应用，已经成为一种新的生产方式和产业形态，特别是在提升新闻生产效率、内容分发和智能化审核等方面发挥了重要作用。但同时，人工智能技术也被用于攻击、篡改、伪造、欺诈、歧视等行为，以及电信诈骗、敲诈勒索等犯罪活动。2022年，人工智能技术的发展和应用，还面临诸多风险挑战，如算法黑箱、算法歧视、算法滥用、虚假信息等问题，需要加强算法伦理和隐私保护治理。例如，智能媒体在传播过程中对隐私信息的收集与利用，尤其是通过大数据分析技术对个人信息进行分析后所产生的精准用户画像，如果处理不当，就会导致个人隐私信息泄露。同时，人工智能技术还可能会被不法分子利用，从而进行电信诈骗、敲诈勒索等犯罪活动。此外，在智能媒体中广泛使用人工智能技术后，机器会代替人工来对用户进行信息和内容的推送。如果机器算法出现漏洞或被不法分子利用，就可能会导致用户隐私泄露。还有数据源头污染的问题也值得关注，大部分数据来源于互联网，互联网中有不小比例的数据是错误或不准确的，但这些数据用于训练AI大模型，然后用AI大模型生成新的数据，最后这些生成的数据也会被新一代的AI大模型用来训练。所以一旦数据源头污染，误差就会叠加，叠加后有一些错误在大模型中会被固化，一旦固化了以后就比较难解决。①

### （四）人机共生：未来媒体融合内容生产的新模式

在人机共生成为越来越普遍的现象以后，"人机如何共生"成为智能

---

① 《深度：GPT-4再次刷新AIGC能力边界，展望AI的下一个时代｜德外荐读》，2023年3月23日，德外5号，https://mp.weixin.qq.com/s/lRnyEnqHGQ9WuTTxmIP6bw。

媒体发展中重要的社会伦理问题。① 未来，个人化的内容生产将向智能化内容生产转变，未来的新闻生产将呈现"专业生产+用户生产+机器人生产"的格局，② 机器辅助、人机协同、人机合一，这三种生产模式将会并行存在。③ 人与机器进行融合生产新闻内容是人工智能化生产新闻内容的重要方向之一，它可以帮助媒体平台更快地完成信息采集和筛选工作，减少人力成本和时间成本；进一步提升信息传播与沟通的效率，实现多平台、多主体协同报道；还可以进行实时反馈，降低人工编辑时产生的偏差。可以说，人工智能技术对人与机器融合生产新闻内容具有积极意义。

人机协同不仅是一种技术，也是一种价值理念。它反映了人与机器在价值观上的协同，即人和机器都以"人"的价值为核心，更好地服务于人的发展，从而共同推进社会进步。当前，人工智能已经发展到了一定阶段，技术可以为用户提供智能化的服务，这是人机协同理念在实际应用中的体现。这种智能化服务主要体现在两个方面：一方面，它可以让用户获取信息更便捷、更智能；另一方面，它可以让用户对信息的获取更加个性化。当然，在这两个方面的具体实现过程中，都离不开人与机器之间的价值协同。因此，人机协同不是说人与机器之间达成了某种默契，而是指人和机器在价值观念上达成了共识，从而使人和机器都具有为受众提供智能化服务的能力。未来，人和人工智能如何实现较好的协同生产，创建起良好的媒体协同生产示范效应将会成为新闻传播业研究当中的一个重要课题。

# 参考文献

《深度：GPT-4 再次刷新 AIGC 能力边界，展望 AI 的下一个时代｜德外荐读》，2023年3月23日，德外5号，https://mp.weixin.qq.com/s/lRnyEnqHGQ9WuTTxmIP6bw。

---

① 赵子忠、王喆、郑月西：《原子力与平台化：智能媒体的发展理论与模式》，《青年记者》2023 年第 1 期。
② 梁智勇、郑俊婷：《人工智能技术对新闻生产的影响与再造》，《中国记者》2016 年第 11 期。
③ 苏涛、彭兰：《热点与趋势：技术逻辑导向下的媒介生态变革——2019 年新媒体研究述评》，《国际新闻界》2020 年第 1 期。

赵子忠、王喆、郑月西：《原子力与平台化：智能媒体的发展理论与模式》，《青年记者》2023年第1期。

梁智勇、郑俊婷：《人工智能技术对新闻生产的影响与再造》，《中国记者》2016年第11期。

苏涛、彭兰：《热点与趋势：技术逻辑导向下的媒介生态变革——2019年新媒体研究述评》，《国际新闻界》2020年第1期。

曾雄、梁正、张辉：《欧美算法治理实践的新发展与我国算法综合治理框架的构建》，《电子政务》2022年第7期。

付松聚：《智媒时代高校新闻传播人才培养转向探析》，《全媒体探索》2022年第11期。

《"新时代国际传播研究院"成立；视频号上线三大原创能力；百度推出手表版AI | 每周必读传媒资讯》，2023年6月3日，德外5号，https://mp.weixin.qq.com/s/7osZjJGoCXoxZBS2T7UMQA。

《"新时代国际传播研究院"成立》，《光明日报》2023年5月31日第9版。

《人工智能时代，如何加强我国国际传播能力建设》，2022年4月11日，澎湃新闻，https://www.thepaper.cn/newsDetail_forward_17562640。

漆亚林、王钰涵：《社交机器人：数字用户的建构逻辑与智能陷阱的治理路向》，《新闻与传播研究》2022年第9期。

黄楚新、薄晓静：《深度融合下主流媒体助力社会治理的创新路径》，《南方传媒研究》2022年第5期。

《CNNIC报告：截止去年12月我国在线政务服务用户规模达9.26亿占网民整体86.7%》，2023年3月24日，新浪科技，https://finance.sina.com.cn/tech/2023-03-24/doc-imymycyi8708545.shtml。

周敏、郅慧、滕文强：《信息生态视角下的数字出版变革：内生机理与创新路径》《中国编辑》2023年第6期。

《要闻：2022年数字出版行业发展趋势》，2022年10月25日，中国报告大厅，http://kf.cwan.com/kf/2022/1025/55057.html。

吴占勇：《主流媒体短视频生产的三重逻辑》，《新闻战线》2022年第9期。

申耘箐：《让数据中的"巨变"可信可视可感——央视系列报道〈解码十年〉用数据讲述成就故事》，《新闻前哨》2023年第7期。

《蒙牛推出首个虚拟数字员工奶思"出道首秀"即火速圈粉》，2022年12月15日，新华网，http://www.xinhuanet.com/food/20221215/c6c5a7f45ad84d06a37d4ebb2365c833/c.html。

# T.1 迭代升级、全域赋能：中国智能媒体发展新路向

《动感地带数智代言人上央视，带你玩转"科普元宇宙"》，2023年3月27日，新浪新闻，https://news.sina.com.cn/sx/2023-03-27/detail-imynhqve1863989.shtml。

《AI狂飙突进，半自动化社交媒体时代要来了？｜德外视窗》，2023年4月4日，德外5号，https://mp.weixin.qq.com/s/SL4OctqB04mr09X0PvCJ7Q。

《用AI等技术重新定义媒体｜融媒新象》，2023年2月21日，封面新闻，https://mp.weixin.qq.com/s/uZxOSJg7RXKS8GuEeISjIw。

刘庆振：《媒介融合新业态：智能媒体时代的媒介产业重构》，《编辑之友》2017年第2期。

苏涛、彭兰：《"智媒"时代的消融与重塑——2017年新媒体研究综述》，《国际新闻界》2018年第1期。

《5G，带来视频行业「新蓝图」｜德外荐读》，2021年12月23日，德外5号，https://mp.weixin.qq.com/s/LGELuouEYpYhFMLNKPUN5A。

黄怡静、赵云泽：《元宇宙背景下的新闻业发展趋势研究》，《新闻爱好者》2022年第6期。

《媒体深融的四种打开方式｜融媒新象》，2023年4月12日，德外5号，https://mp.weixin.qq.com/s/159kcVyYO-7CUHlomh25xQ。

曾祥敏、杨丽萍：《我国媒体融合发展的十大创新探索》，《传媒》2023年第2期。

《中共中央办公厅 国务院办公厅印发〈关于加快推进媒体深度融合发展的意见〉》，2020年9月26日，中国政府网，http://www.gov.cn/xinwen/2020-09/26/content_5547310.htm。

《权威解读｜三大布局！"十四五"规划纲要为我国人工智能发展划重点！》，2021年3月16日，中国工信产业网，https://www.cnii.com.cn/gxdt/202103/t20210316_262088.html。

《解析"十四五"战略性新兴产业发展思路，梳理6大产业发展方向》，2020年9月4日，澎湃新闻，https://www.thepaper.cn/newsDetail_forward_9038558。

《数字中国建设驶入快车道》，2023年3月1日，光明网，https://m.gmw.cn/baijia/2023-03/01/36398958.html。

19

# 政策篇
# Report on Policy

# T.2 2022年中国智能媒体发展相关政策及规制综述

石 林[*]

**摘 要：** 随着人工智能、大数据、网络信息通信、新媒体等技术的快速发展和广泛应用，智能媒体传播效能显著增强、应用场景越发多元，并以"智能媒体+"的形态深刻嵌入经济社会发展的诸多领域。党和国家高度重视智能媒体发展。2022年以来，中国智能媒体发展相关政策及规制的出台数量显著增多，智能媒体发展的战略高度显著提升，横跨多领域的政策合力逐渐凝聚，管理规制体系进一步完善。本文通过梳理2022年以来中国智能媒体发展相关政策及规制，把握中国式现代化语境下智能媒体的发展进路，并从技术前沿追踪、制度体系化建设、地方性政策实施、协同治理体系构建等方面展望制度建设走向。

**关键词：** 智能媒体；党的二十大；"十四五"；政策；规制

随着人工智能、大数据、网络信息通信、新媒体等技术的快速发展和广泛应用，智能媒体在信息内容传播和信息内容服务中的作用越发显著而关键，并带来信息内容生产与传播方式、经济发展与转型方式、社会治理服务与创新方式等的深刻变革。党和国家高度重视智能媒体发展。2022年以来，中国智能媒体发展相关政策及规制的出台数量显著增多，智能媒体发展的战略高度显著提升，横跨多领域的政策合力逐渐凝聚，管理规制体系进一步完善，地方性基层实践逐渐展开。本文旨在梳理2022年以来中国智能媒体发展相关政策及规制，阶段性呈现智能媒体发展政策及规制走

---

[*] 石林，中国社会科学院大学新闻传播学院讲师，毕业于北京大学新媒体研究院，传播学博士。

向，把握智能媒体发展政策及规制的逻辑和意图，以此洞悉中国式现代化语境下智能媒体的发展进路。

## 一 党的二十大扬帆领航，智媒发展战略高度显著提升

随着智能技术深刻嵌入社会生产生活并逐渐成为经济社会发展的"重要引擎"、国际竞争的"关键变量"，智能媒体发展已不仅是技术发展的大势所趋，更成为国家发展治理与国际竞争的现实需要。从国家发展治理角度看，2022年中国数字经济规模达50.2万亿元，占国内生产总值的比重提升至41.5%，[①]数字经济成为国家经济发展的重要驱动力；截至2022年12月，中国网民规模达10.67亿人，互联网普及率达75.6%，[②]经济社会数字化、媒介化程度加深，网络安全成为国家安全的重要基石，网络意识形态工作成为意识形态工作的重要抓手，网络生态治理成为社会治理、保障广大人民群众利益的重要方面，数字惠民成为满足人民对美好生活新期待的重要举措。从国际竞争角度看，在当前由人工智能、大数据等新兴技术所推动的第四次工业革命浪潮下，世界各国特别是主要大国纷纷寻求技术突破以抢占发展先机，围绕科技发展的国际竞争愈演愈烈。尽管中国在5G、大数据、云计算等方面已取得显著进展，但在人工智能、芯片等关键技术领域仍面临"卡脖子"困境，甚至遭到美西方国家的技术遏制。中国在国际话语权争夺中同样不占上风，国际舆论场仍由美英主流媒体或互联网平台主导，涉华谣言、抹黑、反华情绪甚嚣尘上，对中国国际形象造成极其不利的影响；中国在网络通信、数字技术、智能技术等关键领域的技术标准中声量仍然有限，制约了中国在相关领域技术发展的主动权。

党的二十大报告[③]指出，要加快建设网络强国、数字中国。这是以习近平同志为核心的党中央把握信息革命发展大势、立足全面建设社会主义

---

[①] 国家互联网信息办公室：《数字中国发展报告（2022年）》，2023年4月。
[②] 《CNNIC：第51次中国互联网络发展状况统计报告》，2023年3月24日，中文互联网数据资讯网，http://www.199it.com/archives/1573087.html。
[③] 习近平：《高举中国特色社会主义伟大旗帜 为全面建设社会主义现代化国家而团结奋斗——在中国共产党第二十次全国代表大会上的报告（2022年10月16日）》，人民出版社2022年版。

## T.2　2022年中国智能媒体发展相关政策及规制综述

现代化国家新征程、统筹国内国际两个大局作出的重大决策部署,[1] 进一步明确了推进网信事业发展、推动数字经济社会发展的战略价值,指明了以信息化数字化驱动引领中国式现代化[2]的发展方向。党的二十大报告中多处内容与智能媒体发展息息相关,从技术发展、经济建设、舆论与文化建设、社会治理等多个方面凸显智能媒体发展的战略高度和现实意义。比如,在技术发展方面,报告强调"构建新一代信息技术、人工智能、生物技术、新能源、新材料、高端装备、绿色环保等一批新的增长引擎";在经济建设方面,报告提出"加快发展数字经济,促进数字经济和实体经济深度融合,打造具有国际竞争力的数字产业集群";在舆论与文化建设方面,报告指出"加强全媒体传播体系建设,塑造主流舆论新格局""健全网络综合治理体系,推动形成良好网络生态""实施国家文化数字化战略,健全现代公共文化服务体系";在社会治理方面,报告明确"畅通和规范群众诉求表达、利益协调、权益保障通道,完善网格化管理、精细化服务、信息化支撑的基层治理平台"。"新一代信息技术""人工智能""数字经济""全媒体传播体系""网络综合治理体系""国家文化数字化战略""基层治理平台"等关键词,从技术基础到应用场景描绘出智能媒体的发展蓝图。

2023年2月,中共中央、国务院印发了《数字中国建设整体布局规划》[3](以下简称《规划》),从党和国家事业发展全局和战略高度,对新时代数字中国建设作出了全面部署。《规划》指出,建设数字中国是数字时代推进中国式现代化的重要引擎,是构筑国家竞争新优势的有力支撑。《规划》按照"夯实基础、赋能全局、强化能力、优化环境"的战略路径,明确了数字中国建设"2522"的整体框架,即夯实数字基础设施和数据资源体系"两大基础",推进数字技术与"五位一体"总体布局深度融合,强化数字技术创新体系和数字安全屏障"两大能力",优化数字化发

---

[1] 庄荣文:《深入贯彻落实党的二十大精神 以数字中国建设助力中国式现代化》,《人民日报》2023年3月3日第10版。
[2] 庄荣文:《以网络强国建设新成效助力全面建设社会主义现代化国家新征程》,《中国网信》2023年第1期。
[3] 《中共中央 国务院印发〈数字中国建设整体布局规划〉》,2023年2月27日,中国政府网,https://www.gov.cn/xinwen/2023-02/27/content_5743484.htm。

展国内国际"两个环境"。其中,《规划》从"做强做优做大数字经济""发展高效协同的数字政务""打造自信繁荣的数字文化""构建普惠便捷的数字社会""建设绿色智慧的数字生态文明"五个方面明确了数字中国建设全面赋能经济社会发展的主要路径。

深入贯彻落实党的二十大精神,结合数字中国建设整体布局规划,在推进实现中国式现代化进程中,智能媒体发展至少包含以下方向及意义。

### (一)创新做好党的二十大精神宣传,筑牢主流舆论阵地

2022年10月25日,第二十届中共中央政治局召开会议指出,学习宣传贯彻党的二十大精神,"要把好基调、把好导向,组织开展内容丰富、形式多样的宣传教育活动,切实增强感召力、凝聚力、影响力,努力营造奋进新征程的良好社会氛围"。[①] 做好党的二十大精神宣传,应发挥智能媒体在内容生产与呈现、分发与传播中的技术优势,创新宣传方式方法,切实增强主流媒体在党的二十大精神宣传中的传播效能。比如,在传播手段创新上,可以运用人工智能、大数据、5G等前沿技术,利用AR、VR、短视频、直播等融媒体手段,拓宽党的二十大在网上宣传的应用场景;在传播语态创新上,可以运用微视频、动漫、Vlog等交互话语体系,推出一批网民喜闻乐见的网络产品,做好党的二十大精神的通俗化解读、互动化传播;在互动引导方式创新上,可以利用大数据、自然语言处理等技术,把握广大群众特别是青少年群体的喜好或诉求,再借助智能分发技术,让"主旋律""正能量"内容融进"青年群""后浪圈",实现精准传播。[②]

可见,意识形态工作、舆论引导工作是智能媒体发展的题中之义,甚至是首要任务。党的二十大报告明确提出,要牢牢掌握党对意识形态工作的领导权,巩固壮大奋进新时代的主流思想舆论。[③] 特别是当前互联网日

---

① 《中共中央政治局召开会议 研究部署学习宣传贯彻党的二十大精神 习近平主持会议》,2022年10月25日,中国政府网,https://www.gov.cn/xinwen/2022-10/25/content_5721631.htm。

② 庄荣文:《发挥网络优势 加大宣传力度 推动党的二十大精神落地生根》,《机关党建研究》2022年第11期。

③ 习近平:《高举中国特色社会主义伟大旗帜 为全面建设社会主义现代化国家而团结奋斗——在中国共产党第二十次全国代表大会上的报告(2022年10月16日)》,人民出版社2022年版。

## T.2　2022年中国智能媒体发展相关政策及规制综述

益成为意识形态斗争、舆论走向争夺的主战场，更需要发挥智能媒体在网络意识形态建设、网络舆论引导中的关键作用——融入全媒体传播体系，充分发挥数字化、网络化、智能化传播优势，以智能分发、信息流规制能力强化议程设置把控及介入能力，以数字技术、多媒体技术强化正能量内容建设，塑造主流舆论新格局；推动智能媒体产品、智能媒体终端"出海"，利用短视频、网络游戏的算法推荐、个性化定制等机制，将中华文化、中国故事、中国声音潜移默化地融入智能化的内容生产和分发中，参与国际舆论场流量竞争与分配，进一步提升国际传播效能；畅通健全意见反馈渠道，扎实走好新时代网上群众路线，利用智能媒体技术和传播效能，提升网络评论和互动引导的精准性、实效性；利用数据挖掘、文本挖掘、流量监测以及基于内容识别与理解的智能过滤等技术，带动提升网络内容治理能力，及时发现、批驳网上错误思潮，及时管控、清理各类有害信息，净化网络空间、维护网络意识形态安全；借助智能技术释放网络内容生产效率、活力和创造力，培育优质网络文化产品，强化网络版权保护，推动中华优秀传统文化与数字技术、智能技术融合创新发展，助力打造自信繁荣的数字文化，等等。

**（二）带动新兴技术攻关，维护网络数据安全**

党的二十大报告指出，到2035年中国要"实现高水平科技自立自强，进入创新型国家前列"，提出要"以国家战略需求为导向，集聚力量进行原创性引领性科技攻关，坚决打赢关键核心技术攻坚战"。[①] 其中，以互联网为代表的新一代信息技术以及人工智能、量子信息、集成电路、区块链等关键领域技术是重点突破口和布局点。智能媒体是智能技术、信息技术、媒体技术创新与应用的重要方面。作为"试验田"，智能媒体涉及数据采集与挖掘、内容生产、数据处理、分析决策、通信分发、终端接收等多个环节，涵盖"基础设施层—网络层—数据层—应用层—内容层"的软硬件环境，有利于带动集成电路、芯片、人工智能、高性能计算、数据库、操作系统等重要领域技术创新与融合发展。作为"驱动力"，智能媒

---

① 习近平：《高举中国特色社会主义伟大旗帜　为全面建设社会主义现代化国家而团结奋斗——在中国共产党第二十次全国代表大会上的报告（2022年10月16日）》，人民出版社2022年版。

体发展所承载的舆论引导需求、文化发展需求以及市场需求，也有利于激发相关技术的创新发展活力。

除了技术发展，技术安全同样是智能媒体发展的应有之义。面对当前全球范围内日益增多的网络安全威胁和风险，以及5G、人工智能、区块链等新技术新应用快速发展带来的新的安全隐患，智能媒体技术应在网络安全能力建设（如网络安全态势感知与风险评估能力、网络安全风险预警与处置能力、网络攻击应急与防御能力、网络内容安全监测与应急响应能力等）中发挥更大作用，切实维护网络安全。特别是在数据安全和个人信息保护方面，智能媒体应从技术到机制强化数据治理和数据安全保障能力，规范数据信息采集、使用及流通行为，切实维护数据安全和广大网民的信息安全及合法权益。

**（三）助力数字经济发展，释放数据要素价值**

习近平总书记多次强调："没有信息化就没有现代化。"① 当前，数字经济发展迅猛，迅速成为国家经济发展的重要引擎。党的二十大报告提出，要"加快发展数字经济"。② 面对当前数字经济、智能技术引领的新一轮产业变革，智能媒体应扮演好其在数字经济、平台经济中的中介角色，进一步激发数字经济发展活力——推动内容平台、电商平台的智能化转型，提升数据资源、信息资源、内容资源流通、配置的效率和效益；推动传统产业数字化转型，为传统企业搭建数字化、智能化的综合信息服务平台，推动数字经营模式创新。数据是智能媒体的核心基础资源，智能媒体是重要的数据采集、存储、处理、流通中心。作为数据市场的关键主体，智能媒体强大的数据资源储备、数据处理能力以及具备一定基础的数据治理经验及规范等，对推动数据共享和开发利用、畅通数据资源大循环具有重要意义，有利于充分释放数据要素价值。

---

① 习近平：《在全国网络安全和信息化工作会议上的讲话（2018年4月20日）》，载《习近平关于网络强国论述摘编》，中央文献出版社2021年版，第43页。

② 习近平：《高举中国特色社会主义伟大旗帜　为全面建设社会主义现代化国家而团结奋斗——在中国共产党第二十次全国代表大会上的报告（2022年10月16日）》，人民出版社2022年版。

T.2 2022年中国智能媒体发展相关政策及规制综述

**（四）创新社会治理方式，提升数字惠民水平**

当前，以大数据、云计算、人工智能、区块链等为代表的新兴数字技术得到快速发展和广泛应用，给国家治理体系和治理能力现代化带来机遇和挑战。习近平总书记强调，"过不了互联网这一关，就过不了长期执政这一关"①"善于运用互联网技术和信息化手段开展工作"②"要以信息化推进国家治理体系和治理能力现代化"③。党的二十大报告指出，要"提升社会治理效能""完善网格化管理、精细化服务、信息化支撑的基层治理平台"。④ 智能媒体应成为创新社会治理方式、提升社会治理效能的主力军——基于大数据和机器学习的智能技术和智能化手段，有利于推动社会治理精准化、精细化，提升科学决策水平和效率；以"智能"为"底座"、以"媒体"为"平台"，发展高效协同的数字政务，"智能"端重在提升基层政务服务对外体察民情和精准施策、内部互联互通和业务协同的能力，"媒体"端重在增强基层政务服务的影响力、便捷性，拓展民众意见反馈渠道，实现"网上问题网下解决"。

此外，智能媒体在推动数字公共服务普惠化、推动数字社会建设上同样具有较大潜力，是"打造泛在可及、智慧便捷、公平普惠的数字化服务体系"⑤的重要一环。比如，推动教育资源、医疗健康服务资源、社会保障及就业服务资源等社会优质服务资源共享，推进网络服务、媒体服务适老化，强化弱势群体关怀，提升公共服务数字化、均等化、便捷化、智能化水平；普及数字生活智能化，带动提升全民数字素养与技能，助力新型智慧城市、数字乡村建设；推动文化服务供给体系数字化转型，提升数字化、定

---

① 习近平：《坚持党的新闻舆论工作的正确政治方向（2016年2月19日）》，载《论党的宣传思想工作》，中央文献出版社2020年版，第183页。
② 习近平：《决胜全面建成小康社会 夺取新时代中国特色社会主义伟大胜利（2017年10月18日）》，载《习近平谈治国理政》第3卷，外文出版社2020年版，第53页。
③ 习近平：《在网络安全和信息化工作座谈会上的讲话（2016年4月19日）》，载《论党的宣传思想工作》，中央文献出版社2020年版，第194页。
④ 习近平：《高举中国特色社会主义伟大旗帜 为全面建设社会主义现代化国家而团结奋斗——在中国共产党第二十次全国代表大会上的报告（2022年10月16日）》，人民出版社2022年版。
⑤ 《国务院关于加强数字政府建设的指导意见》，2022年6月23日，中国政府网，https://www.gov.cn/zhengce/zhengceku/2022-06/23/content_5697299.htm。

制化文化服务能力和创新力，满足人民群众日益增长的美好生活需要和精神文化需要。

## 二 多领域齐头并进，智媒发展政策合力开始凝聚

2022年以来，党和国家有关部门相继出台政策文件，支持、引导智能媒体发展。这些政策文件主要包括"发展规划"和"指导意见"两类，涵盖信息化建设、人工智能创新应用、数字政府建设、公共服务、文化发展和文化数字化、智慧广电等领域，智能媒体发展的政策合力开始凝聚。

### （一）"十四五"时期智能媒体发展相关规划

进入"十四五"时期，党和国家有关部门依据《中华人民共和国国民经济和社会发展第十四个五年规划和2035年远景目标纲要》制定相关领域发展规划，为指导"十四五"时期各地区、各部门开展相关工作提供行动指南。其中，与智能媒体发展密切相关的有：2021年12月由中央网络安全和信息化委员会印发的《"十四五"国家信息化规划》；2022年1月由国家发展改革委等部门联合印发的《"十四五"公共服务规划》；2022年8月由中共中央办公厅、国务院办公厅印发的《"十四五"文化发展规划》等。

《"十四五"国家信息化规划》[①] 基于当前信息化发展现状和形势，明确了"十四五"时期信息化工作的总体部署和主攻方向，提出了包括建设泛在智联的数字基础设施体系、建立高效利用的数据要素资源体系、构建释放数字生产力的创新发展体系、培育先进安全的数字产业体系、构建产业数字化转型发展体系、构筑共建共治共享的数字社会治理体系、打造协同高效的数字政府服务体系、构建普惠便捷的数字民生保障体系、拓展互利共惠的数字领域国际合作体系、建立健全规范有序的数字化发展治理体系在内的10项重大任务和重点工程，以及包括全民数字素养与技能提升行动、企业数字能力提升行动、前沿数字技术突破行动、数字贸易开放合

---

① 《"十四五"国家信息化规划》，2021年12月27日，中国网信网，http://www.cac.gov.cn/2021-12/27/c_1642205314518676.htm。

## T.2 2022年中国智能媒体发展相关政策及规制综述

作行动、基层智慧治理能力提升行动、绿色智慧生态文明建设行动、数字乡村发展行动、数字普惠金融服务行动、公共卫生应急数字化建设行动、智慧养老服务拓展行动在内的10项优先行动。

《"十四五"公共服务规划》①在"系统提升公共服务效能"部分指出，要提高公共服务便利共享水平，首先强调要推进新技术创新应用，充分运用大数据、云计算、人工智能、物联网、区块链等新技术手段，切实提升公共服务质量和效能——促进"互联网+公共服务"发展，推动线上线下融合互动，拓展高水平公共服务辐射范围；促进人工智能在公共服务领域推广应用，鼓励支持数字创意、智慧就业、智慧医疗、智慧法律服务、智慧文化、智慧广电、智慧养老等新业态新模式发展；加快信息无障碍建设，切实解决老年人等特殊群体在运用智能技术方面遇到的突出困难；发挥全国一体化政务服务平台一网通办枢纽作用，持续提升公共服务数字化智能化水平等。

《"十四五"文化发展规划》②深刻指出，迎接新一轮科技革命浪潮，推动发展质量变革、效率变革、动力变革，文化是重要领域，必须加快推进文化和科技深度融合，更好地以先进适用技术建设社会主义先进文化，重塑文化生产传播方式，抢占文化创新发展的制高点。智能媒体赋能文化发展的方针贯穿规划的始终，比如"巩固壮大主流舆论"规划部分提出，要建设具有广泛影响力的国家级新闻信息内容聚合发布平台；推进内容生产供给侧结构性改革，推广互动式、服务式、场景式传播；强化新一代信息技术支撑引领作用，支持主流媒体重塑采编流程、建设平台终端、优化管理手段、强化版权保护、打造媒体资源数据库、提升内容生产力、占据传播制高点。在文化文艺创作生产、文化传承与弘扬、公共文化服务、文化产业高质量发展、文旅融合发展、城乡区域文化协调发展等方面，也均有对智能媒体功能定位及发展路径的阐述。

上述三份规划各有侧重，从不同层次或侧面明确了"十四五"时期智能媒体发展的方面和路径，既有智能媒体自身的发展，也有"智能媒

---

① 《"十四五"公共服务规划》，2022年1月10日，国家发展和改革委员会网站，https://www.ndrc.gov.cn/fggz/fzzlgh/gjjzxgh/202203/P020220325303659788299.pdf。
② 《"十四五"文化发展规划》，2022年8月16日，中国政府网，https://www.gov.cn/zhengce/2022-08/16/content_5705612.htm。

体+"的融合式发展。信息化规划从信息化发展全局出发，侧重于信息化能力建设及各领域、各行业的数字化、智能化转型，主要涉及支撑智能媒体发展的基础技术、基础环境及应用场景培育；公共服务规划将智能媒体视为提升公共服务效能的重要手段，指出了智能媒体向信息服务平台转型、向公共服务嵌入的可行方式和政策期待；文化发展规划则更强调智能媒体在"媒体"端的功能定位，将智能媒体发展融入文化发展特别是主流舆论引导及阵地建设的关键环节。此外，国家广电总局于2022年12月30日印发《全国广播电视和网络视听"十四五"人才发展规划》①，鼓励培养关注、研究、掌握大数据、云计算、物联网、区块链、人工智能、元宇宙等前沿技术的高层次创新型人才、交叉融合型人才及全媒体复合型人才。

### （二）促进、引导智能媒体发展的相关指导意见

2022年以来，对智能媒体发展具有促进、引导作用的指导意见主要有：由国家广电总局印发的《关于推进智慧广电乡村工程建设的指导意见》，由中共中央办公厅、国务院办公厅印发的《关于推进实施国家文化数字化战略的意见》，由国务院印发的《关于加强数字政府建设的指导意见》，由科技部等六部门印发的《关于加快场景创新以人工智能高水平应用促进经济高质量发展的指导意见》等。

2022年1月，国家广电总局印发《关于推进智慧广电乡村工程建设的指导意见》②，旨在全面提升乡村广播电视数字化、网络化、智能化水平，巩固和加强乡村宣传舆论主阵地建设，推进智慧广电融入乡村振兴战略。该意见从加强乡村舆论阵地建设、服务乡村治理能力和治理体系建设、推动乡村公共服务智慧化发展、服务乡村产业振兴、服务美丽乡村建设等方面明确了智慧广电乡村工程建设的主要任务。

2022年5月，中共中央办公厅、国务院办公厅印发《关于推进实施国

---

① 《全国广播电视和网络视听"十四五"人才发展规划》，2022年12月30日，中国政府网，https://www.gov.cn/gongbao/content/2023/content_5741266.htm。
② 《关于推进智慧广电乡村工程建设的指导意见》，2022年1月12日，中国政府网，http：//big5.www.gov.cn/gate/big5/www.gov.cn/zhengce/zhengceku/2022-01/12/5667785/files/564551c1980a4c0db1ccb5d7e3d16005.pdf。

## T.2 2022年中国智能媒体发展相关政策及规制综述

家文化数字化战略的意见》①，推动打造线上线下融合互动、立体覆盖的文化服务供给体系。该意见提出了中华文化数据库建设、国家文化专网建设及应用、文化数据服务平台建设及应用、数字化文化消费新场景建设、公共文化服务数字化能力建设、文化产业数字化布局、文化数字化治理体系建设等重点任务。

2022年6月，国务院印发《关于加强数字政府建设的指导意见》②，旨在推进政府数字化、智能化转型，加快转变政府职能，提升决策治理服务水平。在数字政府建设中，智能媒体同样被赋予了重要角色。比如，在管理方面，推进智慧应急建设，全面提升应急监督管理、指挥救援、物资保障、社会动员的数字化、智能化水平；构建新型基层管理服务平台，推进智慧社区建设。在服务方面，持续优化全国一体化政务服务平台功能，提升智慧便捷的服务能力；推进基本公共服务数字化应用，推进信息无障碍建设；优化政策智能推送服务，变"人找政策"为"政策找人"。在引导方面，发挥政务新媒体优势，做好政策传播；以政府网站集约化平台统一知识问答库为支撑，灵活开展政民互动；以数字化手段感知社会态势，辅助科学决策，及时回应群众关切，等等。

2022年7月，科技部等六部门印发《关于加快场景创新以人工智能高水平应用促进经济高质量发展的指导意见》③，针对场景创新认识不到位、重大场景系统设计不足、场景机会开放程度不够、场景创新生态不完善等问题，给予加快人工智能场景创新应用的统筹指导。该意见围绕重大场景④打造、场景创新能力提升、场景开放、场景创新要素供给等方面展开。值得注意的是，该意见提出了"企业主导"和"协同治理"的基本原

---

① 《关于推进实施国家文化数字化战略的意见》，2022年5月22日，中国政府网，https://www.gov.cn/xinwen/2022-05/22/content_5691759.htm。
② 《国务院关于加强数字政府建设的指导意见》，2022年6月23日，中国政府网，https://www.gov.cn/zhengce/zhengceku/2022-06/23/content_5697299.htm。
③ 《关于加快场景创新以人工智能高水平应用促进经济高质量发展的指导意见》，2022年7月29日，中国政府网，https://www.gov.cn/zhengce/zhengceku/2022-08/12/content_5705154.htm。
④ 重大场景包括制造、农业、物流、金融、商务、家居等重点行业，城市管理、交通治理、生态环保、医疗健康、教育、养老等社会领域，高水平科研活动以及国家重大活动和重大工程等。

则，明确了人工智能场景创新应用中企业的主体定位、政府的引导作用以及两者共同提供制度供给的协同关系。

尽管侧重点不同，但就智能媒体发展而言，上述指导意见仍可提炼出以下共性以供整体把握政策走向：一是突出目的性，指导意见从发展现状和形势趋势出发，意在解决实际问题、弥补短板和不足，最终指向文化强国建设、数字中国和网络强国建设、国家治理体系和治理能力现代化等战略目标，问题导向明确；二是注重基础性，重视基础技术、关键技术、前沿技术能力建设，重视数据治理和数据资源有序高效流通，注重相关制度规范的研究制定；三是强调协同性，明确企业主体角色定位和政府的引导作用，注重调动教研机构、社会组织、基层群众等多元主体积极性，推动形成协同参与、协同治理格局；四是体现系统性，横向跨越经济、社会等多领域，纵向纵深基层社区、乡镇等多层级，体现出智能技术的嵌入性和服务性，与鲜明的问题导向相承接。

## 三 多部门齐抓共管，智媒发展管理规制力度加大

发展和安全是中国网信工作的一体两面。近年来，世界范围内由互联网及相关技术介入或引发的"黑天鹅""灰犀牛"事件频发，造成严重的负面社会影响，甚至对一些国家地区及其人民的安全和利益构成威胁。网络安全受到越来越多国家的重视，维护国际互联网络空间秩序成为国际社会的普遍共识。中国高度重视网络安全工作。习近平总书记深刻指出："没有网络安全，就没有国家安全。"① 在当前智能媒体快速发展、政策支持力度增大的同时，对智能媒体的管理规制力度也在加大。

2022年1月—2023年7月，中国智能媒体相关管理规制文件出台或施行情况如表1所示。其中，规范性文件5份，部门规章7份。管理规制文件数量显著增多，管理规制领域不断细化，推动智能媒体发展管理制度体系持续完善。

---

① 习近平：《在中央网络安全和信息化领导小组第一次会议上的讲话》，《人民日报》2014年2月28日第1版。

## T.2 2022年中国智能媒体发展相关政策及规制综述

表1　2022年1月—2023年7月中国智能媒体相关管理规制文件

| 发布/施行时间 | 规定名称 | 法律位阶 | 颁布单位 | 参与管理单位 |
|---|---|---|---|---|
| 2021年12月28日/2022年2月15日 | 《网络安全审查办法》 | 部门规章 | 国家互联网信息办公室等13部门 | 网信、发展改革、工信、公安、国安、财政、商务、人民银行、市场监管、广电、证券监管、保密、密码管理部门 |
| 2021年12月31日/2022年3月1日 | 《互联网信息服务算法推荐管理规定》 | 部门规章 | 国家互联网信息办公室等4部门 | 网信、电信、公安、市场监管部门 |
| 2022年6月14日/2022年8月1日 | 《移动互联网应用程序信息服务管理规定》 | 规范性文件 | 国家互联网信息办公室 | 网信及有关主管部门 |
| 2022年6月27日/2022年8月1日 | 《互联网用户账号信息管理规定》 | 部门规章 | 国家互联网信息办公室 | 网信及有关主管部门 |
| 2022年7月7日/2022年9月1日 | 《数据出境安全评估办法》 | 部门规章 | 国家互联网信息办公室 | 网信及有关主管部门 |
| 2022年9月9日/2022年9月30日 | 《互联网弹窗信息推送服务管理规定》 | 规范性文件 | 国家互联网信息办公室 | 网信、电信、市场监管部门等 |
| 2022年11月16日/2022年12月15日 | 《互联网跟帖评论服务管理规定》 | 规范性文件 | 国家互联网信息办公室 | 网信部门 |
| 2022年11月4日 | 《关于实施个人信息保护认证的公告》 | 规范性文件 | 国家市场监督管理总局、国家互联网信息办公室 | 市场监管、网信部门 |
| 2022年11月25日/2023年1月10日 | 《互联网信息服务深度合成管理规定》 | 部门规章 | 国家互联网信息办公室、工业和信息化部、公安部 | 网信、电信、公安部门 |

35

续表

| 发布/施行时间 | 规定名称 | 法律位阶 | 颁布单位 | 参与管理单位 |
|---|---|---|---|---|
| 2022年11月30日/2023年1月1日 | 《工业和信息化部 国家互联网信息办公室关于进一步规范移动智能终端应用软件预置行为的通告》 | 规范性文件 | 工业和信息化部、国家互联网信息办公室 | 电信、网信部门 |
| 2023年2月22日/2023年6月1日 | 《个人信息出境标准合同办法》 | 部门规章 | 国家互联网信息办公室 | 网信部门 |
| 2023年7月10日/2023年8月15日 | 《生成式人工智能服务管理暂行办法》 | 部门规章 | 国家互联网信息办公室、国家发展和改革委员会、教育部、科学技术部、工业和信息化部、公安部、国家广播电视总局 | 网信、发展改革、教育、科技、工业和信息化、公安、广播电视、新闻出版等部门 |

  上述文件主要从数据/个人信息保护、网络安全审查、互联网信息服务管理、新兴智能服务管理四个方面对智能媒体发展予以管理规制和制度建设，这四个方面基本揭示出中国智能媒体发展的重点问题、主要趋势及潜在风险点。

  在数据/个人信息保护方面，相关管理规制主要针对个人信息保护认证和数据/个人信息出境流动。其中，《关于实施个人信息保护认证的公告》[1]旨在规范个人信息处理活动，促进个人信息合理利用，通过实施个人信息保护认证，鼓励个人信息处理者通过认证方式提升个人信息保护能力。随之发布的《个人信息保护认证实施规则》[2]规定了对个人信息处理

---

[1] 《关于实施个人信息保护认证的公告》，2022年11月4日，中国网信网，http://www.cac.gov.cn/2022-11/18/c_1670399936658129.htm。

[2] 《个人信息保护认证实施规则》，2022年11月18日，中国网信网，http://www.cac.gov.cn/2022-11/18/c_1670399936983876.htm。

## T.2 2022年中国智能媒体发展相关政策及规制综述

者开展个人信息收集、存储、使用、加工、传输、提供、公开、删除以及跨境等处理活动进行认证的基本原则和要求。《数据出境安全评估办法》① 对数据处理者向境外提供在中国境内运营中收集和产生的重要数据和个人信息作出安全评估规定,《个人信息出境标准合同办法》② 对以订立标准合同方式开展的个人信息出境活动作出规定,以此规范数据/个人信息出境活动,保障国家安全、社会公共利益及个人信息权益。

在网络安全审查方面,《网络安全审查办法》修订出台,并推动发布了《关键信息基础设施安全保护要求》等30项网络安全国家标准。《网络安全审查办法》③ 规定,关键信息基础设施运营者采购网络产品和服务,网络平台运营者开展数据处理活动,影响或者可能影响国家安全的,应按要求进行网络安全审查,并明确了网络安全审查的责任主体、方式、内容(重点评估的国家安全风险因素)及流程机制等。

在互联网信息服务管理方面,互联网信息服务管理规制体系得到进一步完善。《移动互联网应用程序信息服务管理规定》④ 从网络可信身份管理、信息内容安全管理和生态治理、数据安全和个人信息保护、未成年人保护等方面明确了应用程序提供者和应用程序分发平台的信息内容管理主体责任,特别是明确了应用程序提供者(平台)的信息内容"属地管理"责任,即其应当对信息内容呈现结果负责。《互联网跟帖评论服务管理规定》⑤ 明确了跟帖评论服务提供者的管理主体责任,要求其创新跟帖评论管理方式,研发使用跟帖评论信息安全管理技术,提升违法和不良信息处置能力;禁止平台和用户通过人为、商业化、智能化等各种手段操纵或干预跟帖评论信息以侵害他人合法权益或公共利益,谋取非法利益,恶意干

---

① 《数据出境安全评估办法》,2022年7月7日,中国网信网,http://www.cac.gov.cn/2022－07/07/c_1658811536396503.htm。
② 《个人信息出境标准合同办法》,2023年2月22日,中国网信网,http://www.cac.gov.cn/2023－02/24/c_1678884830036813.htm。
③ 《网络安全审查办法》,2021年12月28日,中国网信网,http://www.cac.gov.cn/2022－01/04/c_1642894602182845.htm。
④ 《移动互联网应用程序信息服务管理规定》,2022年6月14日,中国网信网,http://www.cac.gov.cn/2022－06/14/c_1656821626455324.htm。
⑤ 《互联网跟帖评论服务管理规定》,2022年11月16日,中国网信网,http://www.cac.gov.cn/2022－11/16/c_1670253725725039.htm。

扰跟帖评论秩序，误导公众舆论。《互联网用户账号信息管理规定》① 进一步明确了网络实名制管理的内容和边界，其中互联网协议（IP）地址归属地信息展示引发了社会热议和学界争论。②《互联网弹窗信息推送服务管理规定》③ 对提供互联网弹窗信息推送服务作出规定，明确要求服务提供者科学设定新闻信息和垂直领域内容占比，体现积极健康向上的主流价值观；保障用户权益，保障用户接收、使用弹窗信息推送服务的自决权；禁止设置诱导用户沉迷、过度消费等违反法律法规或者违背伦理道德的算法模型；禁止利用算法实施恶意屏蔽信息、过度推荐等行为；禁止利用算法针对未成年人用户进行画像，向其推送可能影响其身心健康的信息。

在新兴智能服务管理方面，《互联网信息服务算法推荐管理规定》④ 对应用算法推荐技术提供互联网信息服务的行为进行规范，要求算法推荐服务提供者落实算法安全主体责任，加强算法技术、信息安全、用户模型和用户标签、页面生态等管理，并设立专门一章明确对用户的权益保护，包括用户知情权和自决权保护、未成年人保护、老年人权益保障、平台（算法）劳工权益维护等，是对此前算法推荐服务中用户权益保障缺失⑤的有效补充。《互联网信息服务深度合成管理规定》⑥ 对深度合成服务进行规范，要求深度合成服务提供者落实信息安全主体责任，加强深度合成内容管理，建立健全辟谣机制，加强数据和技术（算法）管理，对可能导致公众混淆或者误认的深度合成服务予以提示等。《工业和信息化部 国家互联网信息办公室关于进一步规范移动智能终端应用软件预置行为的

---

① 《互联网用户账号信息管理规定》，2022 年 6 月 27 日，中国网信网，http：//www. cac. gov. cn/2022－06/26/c_ 1657868775042841. htm。

② 许皖秀、左晓栋、周磊：《网络平台显示 IP 属地的法律分析》，《信息安全研究》2023 年第 5 期；严驰：《IP 属地的法律性质证成及平台责任评析》，《网络安全与数据治理》2022 年第 11 期；黄先超：《网络平台公开用户 IP 属地行为的法理分析》，《青年记者》2023 年第 2 期。

③ 《互联网弹窗信息推送服务管理规定》，2022 年 9 月 9 日，中国网信网，http：//www. cac. gov. cn/2022－09/08/c_ 1664260384702890. htm。

④ 《互联网信息服务算法推荐管理规定》，2021 年 12 月 31 日，中国网信网，http：//www. cac. gov. cn/2022－01/04/c_ 1642894606364259. htm。

⑤ 漆亚林主编：《智能媒体发展报告（2021—2022）》，中国社会科学出版社 2023 年版，第 46 页。

⑥ 《互联网信息服务深度合成管理规定》，2022 年 11 月 25 日，中国网信网，http：//www. cac. gov. cn/2022－12/11/c_ 1672221949354811. htm。

T.2 2022年中国智能媒体发展相关政策及规制综述

通告》①对移动智能终端应用软件预置行为进行规范，要求企业落实主体责任，"谁预置、谁负责"，尊重并依法维护用户的知情权、选择权。

## 四 小结与展望

随着网络信息技术、数字技术、智能技术等快速发展，智能媒体传播效能显著增强、应用场景越发多元，以"智能媒体+"的形态深刻嵌入经济社会发展的诸多领域。在建设数字中国、网络强国的目标远景下，党和国家高度重视智能媒体发展，智能媒体发展的战略高度得到提升。2022年以来，智能媒体发展相关政策明显增多，从信息化建设、人工智能创新应用、数字政府建设、公共服务、文化发展和文化数字化、智慧广电等多个领域，为智能媒体发展凝聚政策合力。与此同时，智能媒体发展管理规制力度也在加大，体现出网信工作统筹发展与安全的基本要义。以网信部门为主要管理主体，联动电信、发展改革、市场监管、公安、科技、广电等相关管理部门，重点从数据/个人信息保护、网络安全审查、互联网信息服务管理、新兴智能服务管理四个方面对智能媒体的发展加以管理规制，尤其是对新兴智能服务的管理规制更加及时、有力，表现为规制出台与技术发展之间的时间差在缩短、相关规制位阶层级较高。总体而言，中国网络法律体系基本形成，网络立法的系统性、整体性、协同性、时效性不断增强。②

基于当前现状和趋势，对智能媒体发展相关政策规制体系发展展望如下。

### （一）紧跟技术发展前沿，密切关注新应用新动态

近年来，中国明显加强了对以移动互联网、大数据、人工智能等为代表的新兴技术及由此衍生的新兴应用的政策部署和管理制度建设，政策制度的实效性、时效性以及精细度均得到显著提升，重视基础性问题、着力

---

① 《工业和信息化部 国家互联网信息办公室关于进一步规范移动智能终端应用软件预置行为的通告》，2022年11月30日，中国网信网，http://www.cac.gov.cn/2022-12/14/c_1672656825925035.htm。
② 国家互联网信息办公室：《数字中国发展报告（2022年）》，2023年4月。

39

关键性问题、回应应用性问题。自 2023 年 4 月 11 日向社会公开征求意见，《生成式人工智能服务管理暂行办法》于 7 月 10 日正式发布，研制周期之短体现出对 ChatGPT 等新技术新应用的重视和快速反应，同时也要求制度研究与完善具有持续性和发展性，根据技术发展和应用的新变化新趋势调整制度设计、弥补制度缺陷。预测下一步对智能媒体发展的政策规制，可能会集中在大语言模型及人工智能创新应用（如人工智能在新闻媒体领域的应用）等方面。

**（二）加强制度体系化建设，夯实制度原则和逻辑关联**

技术的快速发展对管理规制的适应性和严谨性提出要求。一方面，新技术新应用持续涌现，其可能带来的变革和影响要求管理制度予以回应；另一方面，机械式的制度堆叠会造成制度冗杂，增大制度阐释、执行和宣介难度，增加执法和业务开展的双向压力，不利于维系制度效力及公信力。为此，有必要加强智能媒体相关理论研究，把握智能技术发展趋势、用户行为规律、数字社会运行机理等，明确和夯实目标、边界、标准等原则性问题（比如何为智能、为何智能、何以智能），以此统摄、整合规制体系，提升规制体系的整体张力；同时加强制度关联，梳理好制度间的逻辑关系和作用关系，做好制度联结和阐释工作，增强管理规制的系统性。目前，中国由《网络安全法》《数据安全法》《个人信息保护法》《互联网信息服务管理办法》《网络信息内容生态治理规定》等架构起的网信制度体系已基本建立，后续的制度建设将在既有制度体系基础上展开。

**（三）引导地方性政策实施，促进智能媒体发展多点开花**

随着智能媒体发展战略高度提升，支持、引导智能媒体发展的政策文件将进一步深入、细化，各地将出台地方性扶持、发展政策，比如《北京市促进通用人工智能创新发展的若干措施》《广东省新一代人工智能创新发展行动计划（2022—2025 年）》《上海市推动人工智能大模型创新发展的若干措施》等。

**（四）完善协同治理格局，保障执法落地见效**

近年来，中国智能媒体相关政策规制建设越发强调协同参与和协同治

T.2　2022年中国智能媒体发展相关政策及规制综述

理,表现为政府引导作用与企业主体定位相结合、管理责任主体日趋多元且明确、重视用户权益和主体性保障及用户意见反馈、注重对作为基础资源和价值载体的数据的治理等。多元主体参与智能媒体发展和治理,要求建立健全主体协作机制、统一明确执行规范。2023年3月,国家互联网信息办公室出台了《网信部门行政执法程序规定》,对网信部门的行政执法作出规定。但相关机制、规范建设仍有待进一步探索,比如《互联网信息服务算法推荐管理规定》要求算法推荐服务提供者应"以适当方式公示算法推荐服务的基本原理、目的意图和主要运行机制",①"适当方式"的制度弹性给算法推荐服务平台企业留出操作空间,特别是考虑到算法推荐机制是各平台的核心竞争力,这就可能导致该规定在执行层面出现约束力不强、规范性不足等问题,需要有阐释性或规范性文件,从规范/标准、流程/环节等方面予以明确。

# 参考文献

习近平:《高举中国特色社会主义伟大旗帜　为全面建设社会主义现代化国家而团结奋斗——在中国共产党第二十次全国代表大会上的报告（2022年10月16日）》,人民出版社2022年版。

习近平:《论党的宣传思想工作》,中央文献出版社2020年版。

中共中央党史和文献研究院编:《习近平关于网络强国论述摘编》,中央文献出版社2021年版。

国家互联网信息办公室:《数字中国发展报告（2022年）》,2023年4月。

庄荣文:《深入贯彻落实党的二十大精神　以数字中国建设助力中国式现代化》,《人民日报》2023年3月3日第10版。

庄荣文:《以网络强国建设新成效助力全面建设社会主义现代化国家新征程》,《中国网信》2023年第1期。

庄荣文:《发挥网络优势　加大宣传力度　推动党的二十大精神落地生根》,《机关党建研究》2022年第11期。

谢新洲:《网络强国》,人民日报出版社2023年版。

---

① 《互联网信息服务算法推荐管理规定》,2021年12月31日,中国网信网,http://www.cac.gov.cn/2022-01/04/c_1642894606364259.htm,2023年6月1日访问。

漆亚林主编:《智能媒体发展报告（2021—2022）》,中国社会科学出版社2023年版。

许皖秀、左晓栋、周磊:《网络平台显示IP属地的法律分析》,《信息安全研究》2023年第5期。

严驰:《IP属地的法律性质证成及平台责任评析》,《网络安全与数据治理》2022年第11期。

黄先超:《网络平台公开用户IP属地行为的法理分析》,《青年记者》2023年第2期。

# 热 点 篇
# Report on Hot Point

# T.3　2022年中国短视频发展报告

黄楚新　许　可[*]

**摘　要：** 2022年，中国短视频行业发展不断沉淀，但在新旧交替、开放合作中也出现了新形态、新业态，用户结构逐渐走向全民化，行业格局逐步稳固；主流媒体短视频化与短视频平台主流化交互影响，助力主流舆论引导；短视频内容边界充分拓展，长短视频开放合作，微短剧崛起开辟新赛道；垂直细分纵深推进，场景建构凸显社会价值。但是，进入存量维系后市场竞争加剧，用户层面未成年人短视频沉迷防范任务依旧艰巨，内容层面导向不良、审核机制不完善，营收层面亟须挖掘更大增量与增效空间。未来的短视频发展，需要坚持内容为本、传播主流价值，重视用户需求并增强场景适配，同时充分利用技术赋能拓展行业布局。

**关键词：** 短视频；媒体融合；视频化；垂直场景

## 一　短视频行业的发展状况与热点聚焦

2022年，短视频行业的发展速度逐渐放缓，从早期爆发式增长过渡到当下的高质量发展，逐渐进入存量优化、提质增效的新发展阶段，与互联网行业的"降本增效"相一致，短视频行业逐渐从粗放式的野蛮生长转向专业化的深耕细作。整体看，短视频用户规模仍然稳中有升，用户结构渐趋合理，行业发展格局逐渐稳固。短视频平台的主流化与主流媒体的短视

---

[*] 黄楚新，中国社会科学院新媒体研究中心副主任兼秘书长，中国社会科学院新闻与传播研究所数字媒体研究室主任、研究员，中国社会科学院大学新闻传播学院副院长、教授、博士生导师，研究方向为新媒体传播、媒体融合；许可，中国社会科学院大学新闻传播学院博士研究生，研究方向为新媒体。

频化成为媒体深度融合下的重要趋势,长短视频合作实现共赢、网络微短剧拓展短视频内容生产空间、垂直细分的应用场景不断拓展、"短视频+"的跨界融合模式逐渐兴起。

**(一)用户规模稳中有升,行业发展格局日趋稳固**

在短视频用户规模上,根据第51次《中国互联网络发展状况统计报告》,截至2022年12月,中国短视频用户规模已经达到10.12亿人,占网民整体的94.8%,短视频用户增长率为8.3%。① 虽然不如初始阶段用户规模爆发式增长,但增长率保持在10%左右的基本态势在互联网行业仍处于高位运行阶段。在整体规模之下,短视频用户的结构日趋稳定,各年龄段占比逐渐趋同于网民年龄结构。随着数字化生活在银发人群中渗透,50岁及以上用户占比稳定在1/4以上,银发人群倾向以短视频、时政资讯等作为日常的兴趣偏好和内容偏好。在银发人群的兴趣偏好中,短视频活跃占比高达54.8%。② 短视频用户的年龄结构从早期的年轻化拓展到当下的银龄化,用户群体的结构组成趋于全面,可以说当下短视频用户已经实现了全民化。

2022年,短视频的用户渗透率和用户黏性进一步提升。新冠疫情持续,社会公众居家逐渐成为日常,短视频行业再次迎来发展热潮。短视频观看、分享与附加直播消费等形式交互与融合,短、平、快的用户体验迅速增强用户黏性,网络用户对短视频的使用也有较高期待。2022年上半年的数据显示,通过各类渠道及终端观看短视频的网民占比高达93.2%,③ 短视频平台已经成为网民在传统媒体、传统网站、"两微一端"之外获取新闻信息、日常咨询和生活服务的核心载体和平台。从传播渠道角度看,短视频平台由于用户数量的激增带来了传播渠道的拓展,目前已经成为大众传播渠道的主流方式之一。用户黏性还体现在新增用户对短视频的使用

---

① 《第51次〈中国互联网络发展状况统计报告〉》,2023年3月2日,中国互联网络信息中心网站,https://www.cnnic.net.cn/n4/2023/0303/c88-10757.html。
② 《短视频用户价值研究报告2022》,2022年12月8日,中国广视索福瑞媒介研究(CSM)网站,https://www.csm.com.cn/UploadFile/Files/2022/12/8/12702552be5d979-a.pdf。
③ 《短视频用户价值研究报告2022》,2022年12月8日,中国广视索福瑞媒介研究(CSM)网站,https://www.csm.com.cn/UploadFile/Files/2022/12/8/12702552be5d979-a.pdf。

## T.3  2022年中国短视频发展报告

及使用时长方面，据QuestMobile数据统计，截至2022年12月，中国短视频人均单日使用时长超过2.5个小时。在众多应用中，短视频成为新网民"触网"的首要应用，新网民第一次触网使用的网络应用中短视频平台高达24.3%；① 同时，短视频仍然是用户时长占比最高的网络应用类型，② 用户活跃度、注意力与使用时长稳步提升。值得关注的是，短视频用户渗透率还表现在，短视频平台逐渐向其他网络应用的网民群体中进行"渗透"，网络用户在社交平台、电商平台观看短视频的比重逐渐增加，短视频平台以外54.0%的用户通过电商类平台的短视频获取有用的消费信息。③

基于短视频用户的整体规模稳中有升的现状，用户年龄结构的趋于完善、用户渗透率及黏性的进一步提高，为整个短视频行业发展带来了新的市场空间和市场环境。但从行业发展的整体格局分布来看，抖音、快手的"两超"格局持续强化，作为短视频头部平台的行业地位依然稳固。从用户规模看，这两大平台用户数量明显远高于其他短视频平台，且市场集中度逐步提高。但"两超"之后暂未形成具有竞争力的"多强"行业格局，其他短视频平台仍然处在持续发力阶段。抖音、快手仍然处在第一梯队；而第二梯队也仍然是二者的附属产品，包括快手极速版、抖音极速版和西瓜视频等；第三梯队则包括好看视频、微视、爱奇艺随刻等。

### （二）主流媒体短视频化，平台助力舆论宣传提升

当前，短视频已经进入媒体深度融合阶段，主流媒体创新布局、构建全媒体传播体系已成为其重要改革途径或必经之路。因为在众多的传播渠道中，短视频平台已经成为网络用户的首选。在网民获取新闻资讯的选择渠道中，短视频占比高达45.9%，已经超过主流媒体的自有平台、新闻资

---

① 《中国网络视听发展研究报告（2023）》，2023年3月29日，中国网络视听节目服务协会，https：//mp.weixin.qq.com/s/a2uhYTrCVPDfqxff9H0D2Q。
② 《QuestMobile2022中国移动互联网年度大报告：总用户超12亿、51岁以上占比1/4，五大刺激点开启"移动智能钻石时代"》，2023年2月21日，QuestMobile，https：//www.questmobile.com.cn/research/report/1627881652360417282。
③ 《中国网络视听发展研究报告（2023）》，2023年3月29日，中国网络视听节目服务协会，https：//mp.weixin.qq.com/s/a2uhYTrCVPDfqxff9H0D2Q。

讯聚合平台、社交平台等，① 短视频逐渐成为社会公众获取新闻资讯、主流媒体进行舆论宣传的重要阵地。主流媒体为了进一步适应网络环境，提升舆论引导、主流价值引领的效能，必须要向新渠道和新形式发力，由此带来了主流媒体的短视频化，即主流媒体自建短视频平台、入驻其他短视频平台、创新短视频内容产品、提升短视频运营能力。尽管短视频平台已经成为网络发展的热点，但移动端创新、主旋律弘扬、主流化传播都离不开主流媒体的短视频内容生产和短视频产品创新。

媒体深度融合进程中，主流媒体与短视频平台相互借力、协同发展。一方面，短视频平台凭借"短视频+直播"成为重大热点新闻事件的传播渠道，短视频平台的主流化趋势逐渐加强。主流媒体通过短视频平台进行舆论引导、主流价值传播的形式更加多元。2022年，围绕党的二十大、全国两会、北京冬奥会、卡塔尔世界杯、俄乌冲突等国内国际重大事件，中央广播电视总台等主流媒体纷纷通过抖音、视频号等进行短视频发布与传播，开展实时直播，实现大小屏互动交互；2022年，国内各主流媒体开设并运营740个活跃视频号，在抖音共产生2915条点赞超百万作品、在快手共产生3671条播放量超千万作品。② 另一方面，主流媒体的短视频化转向也向纵深发展，新闻短视频成为主流媒体内容创作、传播创新的重要手段。2022年，在国际国内重大热点事件、突发事件的权威信息发布、主流舆论引导中，新闻短视频创作中"突发事件"主题的用户关注度达到39.4%，成为用户最感兴趣的新闻内容。③ 主流媒体凭借权威信息渠道、广泛的社会影响力和公信力，以内容优势创作的新闻短视频吸引用户注意，短视频的传播能力得到充分释放。

**（三）长短视频开放合作，微短剧崛起开辟新赛道**

2022年，长短视频平台从竞争博弈走向合作共赢，短视频与长视频不

---

① 《中国网络视听发展研究报告（2023）》，2023年3月29日，中国网络视听节目服务协会，https：//mp. weixin. qq. com/s/a2uhYTrCVPDfqxff9H0D2Q。
② 《中国网络视听发展研究报告（2023）》，2023年3月29日，中国网络视听节目服务协会，https：//mp. weixin. qq. com/s/a2uhYTrCVPDfqxff9H0D2Q。
③ 《短视频用户价值研究报告2022》，2022年12月8日，中国广视索福瑞媒介研究（CSM）网站，https：//www. csm. com. cn/UpLoadFile/Files/2022/12/8/12702552be5d979 – a. pdf。

T.3　2022年中国短视频发展报告

断进行形式、内容、技术与结构的补充和适配，使得视频结构适应多平台传播与运营，长短视频生态共建的模式日渐兴起。长视频平台通过开发新业务，布局中视频以面对来自短视频的挑战。与此同时，短视频平台也逐渐将视频时长增加，将视频内容拓展，布局中长视频的内容传播。一方面，爱奇艺、腾讯视频、优酷等在平台内开设短视频板块，推出短视频App等形式布局短视频；另一方面，抖音、快手、西瓜视频等也在站内设置了电影、剧集等长视频的端口供用户进入。其中，中视频成为视频行业战略布局的缓冲地带。2022年11月，腾讯视频发布中视频战略，以现金奖励、知识付费等手段激发用户视频生产热情，抖音、快手等也面向用户逐步开放视频时长，从5分钟逐渐拓展到10—15分钟。长短视频平台的双向互动、开放合作形成了短、中、长视频的多样态融合。值得关注的是，在长短视频合作的过程中，版权授权、二次创作成为重要方向。2022年3月，抖音与搜狐视频合作，搜狐视频将全部自制影视作品的二次创作对抖音进行授权；6月，快手与乐视合作，快手创作者同样可以对乐视视频的自制版权作品进行二次创作并发布；7月，爱奇艺向抖音授权了部分优质影视剧目等长视频内容的短视频创作权限。长短视频的开放、合作与融合不仅拓展了中视频的媒介样态，更创新出版权授权等运营模式，为网络视听行业的发展提供了新的可能性。

与影视剧集相对应的网络微短剧逐渐成为长短视频平台业务拓展的方向。网络微短剧是指单集时长在15—30分钟的系列剧，其从网络影视剧集中脱离，成为长短视频平台均可以制作、发布与传播的新媒介形态和新兴内容产业。截至2022年6月30日，在广电总局系统进行规划备案（即进入筹备制作期）的微短剧已达2859部，总集数为69234集。2022年上半年，规划备案（即进入筹备制作期）微短剧有1789部，总集数为41688集，占总体制作备案部数的62.6%，占总体制作备案集数的60.2%。2022年上半年，微短剧规划备案数量是2021年同期（350部）的511.1%，上线备案数量是2021年同期（29部）的351.7%。[1] 2022年网络微短剧发展迎来爆发期，呈现巨幅增长的态势。2022年年底，国家广电

---

[1] 《2022年微短剧半年报：储备数量井喷式增长》，2022年7月8日，德塔文科技，https://www.shangyexinzhi.com/article/4995207.html。

49

总局印发《关于推动短剧创作繁荣发展的意见》，也进一步强调推动中长剧集、微短剧和短视频等形式优势互补，构建现代短剧传播格局。① 由此，网络微短剧在内容新颖、形式创新、篇幅短小、节奏紧凑以及政策扶持等多维因素驱动下成为网络视听行业的新业态。在整体的行业供给层面，腾讯视频等传统长视频平台作用较为突出，但短视频平台也是市场的积极参与者。2023年第一季度，抖音上新微短剧104部、快手上新53部，② 两大短视频平台逐渐嵌入网络微短剧市场格局。作为介于短视频与中视频之间的新型传播形态，网络微短剧的异军突起为短视频行业生态注入了活力。

（四）垂直细分纵深推进，场景建构凸显社会价值

发端于碎片化的媒介使用，短视频逐渐渗透进社会公众生活的不同场景，从最初的娱乐化、休闲化的闲暇使用，到现在的媒介化、全景化的日常使用，短视频以不断拓展的垂直应用场景为社会公众提供不同侧面、不同类别、不同层面的服务与体验，成为社会公众媒介使用、社会连接、多元互动的重要渠道。垂直化、细分化、场景化的结构布局，使得短视频逐渐超越社交媒体成为一种"强连接"手段，连接用户与社会。2022年的短视频垂直细分领域中，知识传播、文化传承、助农惠农等成为年度短视频行业的热点特征。

一是泛知识传播继续成为行业热点。虽然短视频平台首要的用户体验、用户使用需求是娱乐休闲，但随着泛知识传播时代的到来，媒介参与知识传播的程度逐渐深化，短视频也日益成为知识传播的有效平台。以两大短视频平台为例，2022年，抖音知识类内容生态蓬勃发展，2022年1—10月，抖音知识类内容作品发布数量增长35.4%，抖音的知识视频及图文内容被用户分享了126亿次；③ 与2021年相比，2022年快手泛知识视频

---

① 《关于推动短剧创作繁荣发展的意见》，2022年12月26日，国家广播电视总局，http：//www.nrta.gov.cn/art/2022/12/26/art_113_63041.html。
② 《短剧Q1季报｜微短剧赛道腾讯视频一季度整体景气指数领先，抖音表现亮眼》，2023年4月30日，德塔文影视观察，https：//mp.weixin.qq.com/s/WXGe1TwWVYvB6amdwTXHvw。
③ 《2022抖音知识年度报告》，2022年12月28日，抖音、巨量算数，https：//trendinsight.oceanengine.com/arithmetic-report/detail/862。

## T.3 2022年中国短视频发展报告

发布量增幅为39.6%，直播播放量增幅为60.6%。① 目前短视频平台已经从单纯的知识传播模式逐渐拓展到泛知识内容生态体系，知识类视频需求日益增加、知识类作品日益丰富、知识类创作主体逐渐多元、知识类视频形态逐渐拓展。从用户需求视角看，据2022年中国网络视听用户调查数据，目前获取新闻资讯、学习相关知识已经成为短视频平台用户的重要需求，其中"学习相关知识"的需求已经达到30.2%。② 在短视频平台的使用与满足中，短视频使用与用户自我成长、能力提升等密切相关，短视频平台中75.0%的用户注重求新知，65.8%的用户看中提升自我或进修的优势。③ 短视频用户希望通过短视频的观看、使用来获取相关方面的专业知识，来增强自身应对社会变化的能力。与此同时，短视频作品类型日益丰富，实用知识、故事讲述、科学科普、法律法规、教育课程、传统文化、生活百科、职场技能等知识均能够在短视频平台上得到传播与扩散。创作主体多元是指知识类短视频的创作者既有院士、教授等专家学者，也有相关行业的从业者组成的知识达人团队，以及知识自媒体创作者或普通民众，知识创作的普及化带来了全民知识生产热潮。视频形态拓展是指在短视频发展的基础上，中长视频、图文等形态呈现爆发式增长态势，2022年1—10月，抖音知识类中长视频发布量增长率超过200%，图文内容发布量增加为167%。④ 短视频知识类内容生产的媒介形态逐渐呈现多元化。由此，短视频行业营造了一种泛知识传播、鼓励知识内容生产、知识普惠的社会环境。

二是非遗项目传播见证文化传承创新。2022年，抖音、快手两大平台高度聚焦文化传承和非遗保护，开展了多种行动。抖音推出系列活动"非遗奇遇记"直播活动，通过对各类非遗活动的直播报道，呈现出非遗项目的地域特色、文化内涵和传承发展。2021年1月—2022年7月，非遗等相

---

① 《2023快手泛知识报告》，2023年4月24日，快手大数据研究院，https://mp.weixin.qq.com/s/u8VAZJ5iS_jRJzWBSeHTKA。
② 《中国网络视听发展研究报告（2023）》，2023年3月29日，中国网络视听节目服务协会，https://mp.weixin.qq.com/s/a2uhYTrCVPDfqxff9H0D2Q。
③ 《短视频用户价值研究报告2022》，2022年12月8日，中国广视索福瑞媒介研究（CSM）网站，https://www.csm.com.cn/UpLoadFile/Files/2022/12/8/12702552be5d979-a.pdf。
④ 《2022抖音知识年度报告》，2022年12月28日，抖音、巨量算数，https://trendinsight.oceanengine.com/arithmetic-report/detail/862。

关话题播放量超过21亿。① 在这个过程中，短视频平台不仅提供了非遗保护的传播平台、传播内容，而且为社会与民众了解非遗提供了场景交替、时空互动的媒介体验。2022年8月，短视频平台抖音通过以"故宫处暑时·抖音百科奇妙夜"的直播活动吸引用户，直播开始半小时，观看量便达千万人次；全国各类博物馆均开始注重以"短视频+直播"的形式进行科普创新。在传统文化传承方面，曲艺、手工艺、表演等非遗项目也在短视频平台进行广泛传播，据2022年《抖音非遗数据报告》，截至2022年5月，抖音平台已覆盖1557个国家级非遗项目，覆盖率达到99.74%，国家级非遗项目视频播放总数达到3726亿次。与此同时，快手推出帮扶染布、皮影、核雕等非物质文化遗产的"新市井匠人扶持计划"，以文化创新和流量变现赋能非遗项目传承，快手平台2022年与非遗项目相关的手工艺主题视频收藏量同比增幅达到72.7%；② 2022年快手平台非遗与民间艺术直播达到2000万场，其中以戏曲、手工艺品类居多。③ 非遗项目凭借短视频平台的赋能、"短视频+直播"的内容推广与渠道拓展、直播电商的创收，在短视频平台中既实现了社会效益，也兼顾了经济效益。

三是助农惠农凸显平台社会价值。2022年，"短视频+助农惠农""短视频+乡村振兴""直播+助农"等形式成为短视频平台承担社会价值的重要体现。在乡村振兴的过程中，短视频作用的发挥主要从两个维度展开。一方面，短视频平台积极开展助农行动。以抖音、快手为例，两大短视频平台积极响应乡村振兴、数字乡村建设等国家战略布局，开展具体活动："抖音乡村计划"以含有四个板块的公益项目助力乡村振兴，包括直播电商助力农产品销售、短视频与直播助力乡村文旅开发、扶持乡村人才培育及聚合多元乡村协作等内容，该计划入选国家乡村振兴局2022年社会帮扶典型案例，2022年已经助力全国8个省份、226个县（市、区）进行了60亿次的文旅推广，帮助销售乡村文旅产品金

---

① 《抖音焕新非遗——2022巨量引擎非遗白皮书》，2022年12月20日，巨量引擎城市研究院，https://trendinsight.oceanengine.com/arithmetic-report/detail/854。
② 《2023快手泛知识报告》，2023年4月24日，快手大数据研究院，https://mp.weixin.qq.com/s/u8VAZJ5iS_jRJzWBSeHTKA。
③ 《2022快手直播生态报告：温暖陪伴，与老铁们同行》，2023年1月4日，快手，https://mp.weixin.qq.com/s/MJpdjEWFH9HquIu7FupMwQ。

T.3　2022年中国短视频发展报告

额达3.4亿元。① 快手也通过短视频、直播、人才培训等模式助力乡村振兴。快手平台2022年开展助农涉农直播超过2600万次，覆盖农产品销售、农业技能培训等；同时开展"幸福乡村带头人计划"，覆盖全国27个省份，未来三年计划挖掘与扶持乡村创业者1000余人次，开展"短视频+直播"乡村人才培训超过100万次。② 另一方面，乡村振兴主题下的短视频创作者大量涌现。"返乡青年""新农人"以及普通乡村农民均成为短视频创作、电商直播的重要主体，短视频成为他们自主创业、开展农业生产、参与乡村振兴的重要媒介或手段。各类创作主体通过日常生活记录、短视频拍摄、直播带货、建立运营团队等形式打造自身多重社会角色，以乡村社会为场域进行媒介实践。

## 二　短视频行业存在的问题与困境挑战

随着短视频行业从爆发式增长逐渐过渡到高质量发展的存量维系阶段，短视频的行业格局逐步稳固，但用户红利逐渐消退，存量竞争形势逐渐加剧。用户层面，未成年人网络沉迷风险依旧存在，内容审核机制亟待优化，稳定市场格局中"短视频+"的营收模式需要进一步创新，在增量增效中，短视频要避免由资本、流量驱动导致的内容缺失与边缘化。

### （一）未成年人短视频沉迷防范任重道远

伴随短视频用户渗透率提高、用户结构趋于全民化，特别是未成年人网络普及率增高，未成年人对短视频的使用更加频繁，受短视频的影响也更为深远。中国青少年研究中心发布的《中小学生短视频使用特点及其保护》报告显示，中国65.6%的受调查未成年人观看过短视频。伴随未成年人在短视频观看上的时长逐渐增加、各类应用逐渐熟悉、通过短视频娱乐社交频次增加，未成年人知识水平有限、专注力和自制力较弱，很容易造成短视频沉迷。虽然抖音、快手等短视频平台也陆续推出青少年模式等防

---

① 《抖音乡村计划入选国家乡村振兴局2022年度社会帮扶典型案例》，2022年10月27日，新华网，http://www.xinhuanet.com/tech/20221027/9c41607401e74bff83dd3309aad9fa5a/c.html。
② 《2022快手直播生态报告：温暖陪伴，与老铁们同行》，2023年1月4日，快手，https://mp.weixin.qq.com/s/MJpdjEWFH9HquIu7FupMwQ。

范措施，但未成年人在具体使用短视频平台时仍然会存在虚假注册、家长缺位、监管盲区、过度使用、使用成瘾、未成年人直播打赏等问题。与此同时，短视频平台海量化内容中虚假信息、色情暴力等内容不断充斥或以隐藏式、潜伏型状态存在，对未成年人的身心健康造成不良影响。

2023年年初，抖音平台在青少年模式的基础上增加长辈模式，从时间锁模式、设置提醒样式、细分年龄推荐等方面加强对未成年人短视频沉迷的防范。但我们也要看到，短视频平台中针对未成年人的不良内容、风险内容的审核机制和审核标准尚未形成，短视频低俗、色情、暴力、不良价值观等仍然对未成年人身心造成侵扰，未成年人短视频沉迷的防范规制、防范体系与多元主体的协同防范机制需要抓紧建立，有关未成年人短视频使用能力与技巧等教育培训内容也需要进一步完善。

### （二）内容导向不良，内容审核亟待优化

热衷噱头、流量至上等不良的运营取向不断影响短视频行业的良性健康发展，重点则表现在短视频内容生态良莠不齐、内容创作主体水平参差不齐，进而导致信息内容真假难辨、价值观偏颇等问题。从另一个角度看，内容导向不良也是基于短视频平台的互联网商业平台属性，商业价值、利益至上是互联网商业平台的首要追求，因此短视频平台在增速放缓、竞争加剧的过程中，更容易陷入过分竞争、虚假流量、数据造假等乱象，表现在内容层面即算法推荐机制缺少监管，优质内容的筛选、审核、分发机制难以形成可持续模式，不能更好地形成社会效益。在2022—2023年持续开展的"清朗"网络整治行动的具体措施中，短视频传播失序、短视频内容不良导向等乱象治理成为重点，均是短视频内容生态需要解决的根本问题。在内容审核方面，问题在于相关法律规范缺少针对性和系统性，部分法律规制运用中过于抽象，技术审核难以准确筛选违规、不良的信息内容，人工审核方面人员素养、工作经验等参差不齐，审核员数量匮乏难以支撑海量化短视频内容审核程序，尚未形成法律导向明确、平台高度自治、用户高度自律、监管高效处理、良好行业秩序的短视频内容生产体系和审核体系。

### （三）"短视频+"的增量增效空间待挖掘

2022年，"降本增效"成为互联网行业的发展导向，也成为短视频行业转型调整的关键指向。"短视频+电商"与传统电商平台运营模式相比具有一定的市场竞争力，近年来短视频平台入手电商并不断拓展电商入口、完善电商服务、提高支付能力，逐渐抢占与瓜分线上消费的市场份额。但是，由于传统电商平台在市场份额、覆盖范围、资源整合等方面依然存在明显优势，跨界融合、兴趣电商、生活服务以及流量变现等模式如何成为短视频市场稳固中增量增效的新路径，需要短视频平台进一步转变运营策略、打通数据壁垒、拓展发展空间。虽然"短视频+"逐渐使得短视频平台贯通了社会多领域、多产业和多链条，但仍有问题存在，例如如何聚焦产业发展中的数字化转型、公众生活中的日常化消费，且"短视频+电商""短视频+服务"在端口设置、精细运营、营销升级以及闭环发展等方面仍然存在不足和可挖掘、可探索的空间。在嵌入电商行业后，如何立足自身，与传统电商平台优势互补、合作共赢，营造良好的行业生态格局，也将是短视频平台需要面对的发展课题。此外，在"短视频+"拓展市场空间的过程中，虽然短视频平台与直播、电商的融合增强了用户黏性，提升了服务水平，但并不能忽视短视频内容创作的社会价值。短视频平台在拓展业务的过程中仍然要重视对内容创作的关注度和投入度，避免短视频内容生产的边缘化倾向。

## 三 短视频发展的对策建议与趋势展望

媒体深度融合阶段，打造全媒体传播体系不仅是主流媒体面临的战略任务，同时也是短视频平台需要观照的行业要求。主流媒体的短视频化与短视频平台的主流化，是短视频发展的重要趋势，也是全媒体传播体系建设的重要环节。从行业主体到传播载体，短视频已经成为集主体、内容、技术、渠道及客体为一身的融媒体传播系统。优化内容生产、深耕用户需求、布局垂直细分场景、深化技术应用，应该成为未来短视频行业创新转型的关键节点。

## （一）优化内容生态，传播主流价值

短视频网络用户结构的全民化将带来网络社会对短视频内容的高质量、多样化需求，同时也将不断驱动用户成为内容生产的广泛主体。由此，短视频行业将迎来内容创作主体激增、内容形态逐渐丰富、内容产品日益创新的内容生态格局，同时也将对短视频内容建设、内容治理提出高要求。在此行业发展背景下，主流媒体的作用不容忽视，媒体深度融合中，新兴主流媒体打造的全媒体传播体系不仅是塑造自身传播平台和传播权威内容，同时也需要适应网络社会的视频化特征，借助短视频平台的内容结构、用户基础、运营模式优化媒体深度融合的内容体系。这便是将主流媒体的短视频化与短视频平台的主流化相融合，不断提高短视频在媒体深度融合中的适配性，助力短视频成为社会发展与社会治理的重要媒介化要素，使得主流媒体短视频在传播主流价值的过程中以短视频平台通俗化、接地气、广连接来强化主流媒体的移动端影响力；短视频平台也在主流媒体账号入驻的基础上不断提升自身的内容品味，以自身的网络语态、社交特征等优势助力网络舆论生态的健康有序发展，由此实现媒体融合发展中主流媒体的传统阵地与短视频平台的新兴场景优势互补、双向赋能，共同营造良好的网络视听内容生态。

## （二）重视用户需求，增强场景适配

随着短视频应用创新，短视频平台逐渐承载着社会文化、经济与公众日常生活的多元场景，同时在数字技术的驱动下，短视频平台也将成为公众数字生活与数字消费、媒体数字转型与社会数字变革的深度参与者和常态建构者。由于短视频用户结构逐渐趋同于网民整体结构，短视频行业需要更加关注不同年龄用户的需求变化，更加关注青年、中老年等用户的多元需求，挖掘各年龄层的用户价值和潜在机遇，提升内容价值、创新内容产品、拓展运营模式，增强场景适配、提高服务能力，最终目的在于提高短视频平台的连接性、互动性和用户黏性。

垂直细分、用户分层、场景布局是短视频平台未来很长一段时间需要持续推进的发展路径。在众多垂直细分领域，泛知识传播依然会保持其发展热度，并具有更大的发展潜力，因为泛知识传播的内容、种类、层次多样化，社会公众对知识内容产品的诉求逐渐增加。短视频平台不仅契合了公众的媒介接触习惯，也在内容上满足了公众对知识的需求，媒介化与知识化的融合将进一步缩小知识鸿沟，同时短视频平台以智能技术赋能、立体场景营造，创新知识内容、知识传播形态和互动方式，以更加亲民、多样的结构跨越数字信息鸿沟。另外，体育运动健身也将成为短视频平台中具有发展潜力的垂直领域，随着 2022 年北京冬奥会和卡塔尔世界杯两大顶级赛事的短视频创作热潮、刘畊宏等网络达人的带动影响，短视频由于营造出感官互动场景，生活服务功能将进一步凸显。未来短视频将以"深度媒介化"的形式融入社会公众的生活发展空间，交互、体验、学习、模仿、创新等将成为短视频创作的基本趋势。

**（三）借势技术迭代，建构智能生态**

在如今的媒介技术条件下，无论是主流媒体的短视频尝试，还是短视频平台的模式创新，短视频行业均在充分挖掘行业的可能性。而新的可能性的诞生，仍需要技术进步的进一步赋能。技术创新不仅能够提高短视频内容生产效率，更能创新短视频产品的视听表达，同样能够优化短视频的算法推荐和版权保护，这一系列变革方式是完善媒介技术从而提升用户体验，进而为短视频行业发展提供可持续的动力要素。

2022 年以来，元宇宙的兴起为短视频行业带来了场景拓展的新维度，元宇宙赋能短视频并向数字化场景转型，元宇宙背景下"虚拟数字人 + 短视频"成为短视频营销的重要方式，由此将带来短视频行业在视听优化、互动升级、体验进阶等方面的创新变革。在赋能场景之外，未来数字技术将进一步推进短视频行业的生产模式产生颠覆性变革，重点则体现在 AIGC 引发的行业热潮，特别是 ChatGPT4.0 版本的上线以及国内百度文心一言的研发上线，传媒行业逐渐由弱人工智能向强人工智能转变。对于轻量化、快节奏的短视频内容生产而言，ChatGPT 也将进一步缩短短视频内容生产时长，拓展短视频内容呈现与表达的方式，深度连接短视频与图文制作、动漫、游戏等领域，实现短视频与图文等多种媒介形式的高度智能化生成。在未来的短视频行业，媒介技术形式的迭代将更加深刻地影响短视频的内容生产机制、场景营造模式以及交互体验方式。从积极的角度看，技术赋能将为短视频行业创新开辟新的发展空间。

# 参考文献

《短视频用户价值研究报告2022》，2022年12月8日，中国广视索福瑞媒介研究（CSM）网站，https://www.csm.com.cn/UpLoadFile/Files/2022/12/8/12702552be5d979-a.pdf。

黄楚新：《我国移动短视频发展现状及趋势》，《人民论坛·学术前沿》2022年第5期。

于烜：《2021年中国短视频行业发展报告》，载胡正荣、黄楚新主编《新媒体蓝皮书：中国新媒体发展报告No.13（2022）》，社会科学文献出版社2022年版。

黄楚新、贺文文：《破局立新：短视频平台内容审核机制创新探析》，《中国传媒科技》2022年第8期。

# T.4 中国虚拟数字人应用发展报告

殷 乐 殷宇婷[*]

**摘 要：** 2021年以来，元宇宙概念下的虚拟数字人应用，在资本、技术、政策与市场需求的四面助推中迅速崛起。应用场景日益拓展，降本普及趋势明显，虚拟数字人IP展现出多重商业价值，虚拟偶像、虚拟主播与虚拟内容生产成为当前的应用热点。但同时，优质虚拟数字人制作与运营成本居高不下，"中之人"危机频现，虚拟偶像同质化竞争加剧，相关法律与伦理规范也尚待完善。未来，政府及行业各界应加紧法律行规建设，加强内容监管，谋求技术与内容的创新，合力促进虚拟数字人应用的健康发展。

**关键词：** 虚拟数字人；元宇宙；虚拟偶像；虚拟主播

2021年，元宇宙（Metaverse）入选了《柯林斯词典》、国家语言资源监测与研究中心等多家机构发布的年度热词，成为现象级热点。3月，被称为元宇宙第一股的罗布乐思（Roblox）于纽约证券交易所上市。10月，脸书（Facebook）将平台部分品牌更名为"元"（Meta）。微软（Microsoft）、英伟达（NVIDIA）、字节跳动、百度等亦纷纷入驻元宇宙市场。2022年，全球元宇宙产业共发生704笔融资，总金额达868.6亿。[①] 与此同时，各国政府相继出台各类专项政策或计划，将元宇宙产业建设纳入发

---

[*] 殷乐：中国社会科学院新闻与传播研究所研究员，广播影视研究中心主任，中国社会科学院大学新闻传播学院副院长，博士生导师；殷宇婷，中国社会科学院大学新闻传播学院硕士研究生。

[①] 《2022年全球元宇宙投融资报告》，2022年12月27日，财联社创投通，https://app.myzaker.com/news/article.php?pk=63aae35e8e9f09579b60923e。

展规划。例如，美国总统签署有关数字资产发展与监管的行政命令；日本发布《关于虚拟空间行业未来可能性与课题的调查报告》，用以促进应用场景的探索与元宇宙建设的规范；韩国推出"元宇宙首尔"计划与"韩国旅游宇宙平台"构建计划；中国各地政府发布的政策、年度报告中与元宇宙相关的超30项，其中元宇宙专项政策达15项。①

行业巨头争相布局，各地政府积极部署，这标志着元宇宙正由概念走向现实。而虚拟数字人作为元宇宙的重要入口及各场景的参与主体，在近两年获得了大量关注与资本注入，迅速崛起，实现了应用场景的多向拓展、应用价值的深入挖掘，并形成多个应用热点。

## 一 元宇宙概念下虚拟数字人崛起

目前，虚拟数字人尚未有明确定义，但一些共识已经形成：虚拟数字人由计算机图形学、语音合成技术、深度学习、生物科技等聚合科技（Converging Technologies）创设，是在外形、表达、交互等方面拥有多重人类特征的虚拟形象，非物理性存在、多技术综合生产、高度拟人化是其主要特征。未来，它将以虚拟偶像、数字分身等多种形式参与元宇宙，承担制造、传递信息的责任，成为元宇宙生态中广泛应用的新媒介角色。

作为元宇宙的主要交互载体，2021年虚拟数字人成为投资热点，市场规模迅速扩大。据亿欧数据统计，2021年中国涉及虚拟数字人领域的企业投资与融资金额超19.7亿元，投资方包括红杉资本、IDG资本、顺为资本等知名投资机构，以及字节跳动、网易等互联网巨头。这一热度成功延续至2022年，截至2022年9月，中国虚拟数字人领域投资与融资金额就已超过2021年，达到24.9亿元。② 天眼查数据显示，2022年全年国内有超27.8万家虚拟数字人相关企业成立，较2021年增长了41.4%。在资本的驱动下，中国现有虚拟数字人相关企业58.7万余家，超八成企业成立时间在

---

① 《2022中国元宇宙政策分析报告》，2022年9月30日，链上产业区块链研究院，https://appetcz8rcx7045.h5.xiaoeknow.com/p/course/ebook/study/pdf/e_63325849e4b0c942649b15e7。

② 《2022中国虚拟数字人商业应用前景展望研究报告》，2022年9月30日，亿欧智库，https://www.iotku.com/News/7380917557605 17120.html。

## T.4 中国虚拟数字人应用发展报告

三年内。① 多家业内公司代表认为，虚拟数字人作为元宇宙的重要入口和参与主体，拥有巨大的增长潜力和理想的行业延展空间。同时，其多模态交互特性也意味着虚拟数字人可以较为广泛地与各行业应用场景结合，市场前景广阔。据量子位智库预测，到2030年，中国虚拟数字人整体市场规模将达到2700亿元，并将逐步成为元宇宙发展的重要一环。②

与此同时，愈加深化、具体的元宇宙扶持政策及规划，也为虚拟数字人的发展指明了方向。2022年，多个国家部委、省级与市级人民政府围绕元宇宙已形成了多面、立体的政策网络，以保障各项产业落地，其中也包括虚拟数字人产业。例如，北京市经济和信息化局发布了国内首个聚焦虚拟数字人行业发展的政策——《北京市促进数字人产业创新发展行动计划（2022—2025年）》，提出到2025年北京市数字人产业规模将突破500亿元，成为全国数字人产业创新高地。国家互联网信息办公室发布的《互联网信息服务深度合成管理规定》也特意将"数字人物"新增至监管重点行列，以促进虚拟数字人行业的规范化发展。技术方面，《新一代人工智能发展规划》《广播电视和网络视听"十四五"科技发展规划》《上海市数字经济发展"十四五"规划》等多项技术利好政策陆续出台，为虚拟数字人技术的未来发展在政策层面上提供有力支持。

除了资本入驻和政策扶持，技术的厚积薄发与市场消费需求的代际变化也为虚拟数字人的加速发展提供了重要驱动力。自20世纪80年代人们尝试将虚拟人物引入现实世界开始，虚拟数字技术经历了数十年的发展，逐步成熟，成了虚拟数字人实现广泛应用的基础。例如，CG技术与动作捕捉技术的出现，使虚拟数字人脱离传统手绘达到实用水平，虚拟偶像、数字替身等应用开始在娱乐影视行业兴起；相机阵列扫描重建技术在精度、速度上的突破，增强了虚拟形象建模之于人体这类运动目标的适应性，让应用范围得以从工业生产、检测项目扩展至游戏、直播领域；基于物理的渲染技术（Physically Based Rendering，PBR）的进步和重光照新型渲染技术的推出，让虚拟数字人的皮肤纹理变得更加真实，恐怖谷效应不

---

① 《中国虚拟数字人影响力指数报告2022年度》，2023年2月23日，中国传媒大学媒体融合与传播国家重点实验室，https：//mcc.cuc.edu.cn/mcc/frmShowNews？id＝3128。
② 《2021年虚拟数字人深度产业报告》，2021年11月26日，量子位智库，https：//www.sgpjbg.com/baogao/57338.html。

再成为应用拓展的阻碍。2022年年末，以ChatGPT模型为代表的利用人工智能技术生成内容（AI Generated Content，AIGC）的爆火，则是将虚拟数字人应用向智能化方向推进了一步。ChatGPT在人工智能技术方面的突破大大提高了人机交互的自然度，将该类模型接入虚拟数字人。随着AIGC的发展，理论上虚拟数字人便能逐步摆脱"中之人"（译自日文"中の人"，此处指隐匿在虚拟形象背后进行操纵的真人）的限制转向AI驱动。高效率、多功能、可复制、行业知识完备且实时在线的AI虚拟数字人，让服务型虚拟数字人尤其数字员工的规模化应用成为可能。届时，虚拟数字人的应用将渗透至各行各业。

虚拟数字人在应用端的蓬勃发展也部分归结于消费需求的改变。调查显示，中国八成以上的网民有追星习惯，其中关注和支持虚拟偶像的达63.6%，且92.3%的虚拟偶像爱好者都是19—30岁的互联网青年。① 随着作为二次元主要受众的年青一代逐渐拥有自主消费的能力，消费市场正在发生一场用户的代际更替，占中国人口总数近20%的2.64亿Z世代消费者，是虚拟数字人应用消费的主要驱动力。加上新冠疫情以来，人们生活的主要空间由现实空间被强行切换至网络空间，用户对线上虚拟内容、服务的需求大大增加，消费需要向虚拟数字人不断倾斜。

在元宇宙概念的引导下，资本加速涌入给虚拟数字人带来了大量资金支持，技术的发展突破大幅降低了制作难度，多项利好政策的发布为应用发展提供政策依托，用户的代际更替与疫情生活进一步强化了市场需求。资本、技术、政策与用户需求四方面的同频共振，使虚拟数字人的崛起成为必然。

## 二　中国虚拟数字人应用发展概况

随着聚合技术的不断革新，虚拟数字人应用场景得到极大拓展，由传统的影视、传媒领域向金融、医疗、体育等行业快速渗透。虚拟偶像频频出圈，打造虚拟数字人IP成为商业化新趋势。虚拟数字人制作平台的出现

---

① 《2021中国虚拟偶像行业发展及网民调查研究报告》，2022年4月25日，艾媒咨询，https://zhuanlan.zhihu.com/p/504842762。

T.4 中国虚拟数字人应用发展报告

与发展,则是用平台服务的形式将多种技术串联应用,简化操作流程,降低制作门槛,从而促进虚拟数字人的大众化普及。

**(一)拓展应用场景,实现多行业渗透**

技术发展使得虚拟数字人在泛娱乐领域的应用日渐广泛。以数字替身为例,数字替身最早应用于电影特效制作,利用动作捕捉技术采集处理真人演员的动作、表情,并将其赋予虚拟角色。2001年,《指环王》中的"咕噜"就是由早期数字替身手法创造的角色。随着动作捕捉与渲染技术的演进,数字替身不再局限于影视制作,而广泛出现在晚会、演唱会、直播、游戏等场景中,其应用大致可分为三类:一是用来创造不可能存在的人或生物,如2022年北京冬奥会,设计团队以熊猫为原型,在动作捕捉技术的支持下,设计创造出了吉祥物"冰墩墩";二是复原经典人物,如2022江苏跨年演唱会上,特效团队数字王国(Digital Domain)"复活"了已故歌星邓丽君,用数字替身的方法实现了邓丽君与其他歌手的跨时空合唱;三是帮助拍摄在现实中难以完成的内容,如2023年电影《流浪地球2》借助演员年轻时的表演素材,通过500多万次的模型迭代与表情捕捉技术,完成了影片中角色面部的年轻化处理。部分数字替身甚至已然成为新拓展应用场景的宠儿,以迪丽热巴的数字替身"迪丽冷巴"为例,"迪丽冷巴"及其漫画作品《冷巴ACTION》一经上线仅4小时便冲上微博热搜榜一,相关话题累计阅读量达5.8亿人次,视频播放量破4900万人次。同时,"迪丽冷巴"成为护舒宝、阿尔卑斯的品牌代言人,还作为固定NPC角色进驻腾讯热门手游。

除了数字替身,各类原创虚拟数字人亦在上述领域获得广泛应用。包括虚拟主持人、数字记者、Vtuber等在内的虚拟主播,成为各大媒体争相追逐的对象。新华社、中央电视台等国家级媒体,湖南卫视、北京卫视、浙江卫视等地方媒体,以及B站、抖音等媒体平台都参与其中。代言领域,屈臣氏、花西子等品牌成功打造了符合品牌调性的虚拟代言人,并将其视为永久性资产持续运营。娱乐领域,乐华娱乐组建虚拟偶像团体"A-SOUL""量子少年",爱奇艺推出虚拟偶像厂牌"RICH BOOM",国内开始出现专门用于打造、运营虚拟偶像的经纪公司。艾媒咨询数据显示,中国的虚拟偶像产业发展呈上升态势,2023年其核心市场规模预计为205.2

智能媒体发展报告（2023）·热点篇

亿元，带动的周边市场规模将达到3334.7亿元。①

与此同时，虚拟数字人中的数字员工，因为具备效率高、待机时间长、出错率低等有助于行业机构实现降本增效的特点，而被引入金融、体育、医疗、文旅、电商零售等多个行业。以金融行业为例，利用虚拟数字技术打造数字员工，已成为多家金融机构科技创新、降本增效的重要方向。早在2019年，浦发银行就推出了业内首位数字员工"小浦"，随后百信银行的"艾雅"（AIYA）、广发证券的"小田"、中信建投的"数智员工"等一系列应用于银行、证券机构的数字员工如雨后春笋般相继上线。一方面，数字员工凭借强大的算力与超长的待机时间大幅提升了基础业务效率，如红杉中国的"Hóng"能够在1秒钟内阅读上百份商业计划书，也能将行业研报数据结构化、可视化并翻译成100多种语言版本；中信建投的数智员工可以提供 $7 \times 24$ 小时全天候服务，在解决海量开户业务的同时使单向开户流程兼具双向开户人工服务体验。另一方面，由于数字员工具有拟人化的表情动作，能够进行智能对话，因而被更多地应用于咨询讲解、事务办理、资讯播报等服务类业务场景。针对客户需求提供个性化服务，可以部分解决由自助服务交互性差、柜员与客服接待能力不足等带来的问题，如国泰君安的"小安"依托人工智能技术能够精准识别客户的意图并及时反馈；江南农商银行与京东云合作推出的"言犀VTM数字员工"拥有拟人化的对话方式和生动的仿真人形象，可以独立完成银行交易场景的全流程服务，它接近于真人体验的可视化服务有效弥补了传统服务渠道在远程接待、人力资源方面的不足。

另有部分数字员工借助人工智能技术完成了专业知识的积累，以专家的身份深入某一行业，AI裁判与教练"观君"是该类数字员工的典型代表。观君在计算机视觉、深度学习算法、运动分析模型等技术的支持下，采集运动员的训练数据、动作细节，辅助教练制订训练计划，对参赛选手的全流程动作进行高效的量化评判，并在应用中完成了自身系统的优化迭代。最终，观君作为奥运会首位正式AI裁判，在北京冬奥会测试赛上独立承担多项预决赛的执裁工作，并助力自由式滑雪空中技巧国家队在2022

---

① 《2021中国虚拟偶像行业发展及网民调查研究报告》，2022年4月25日，艾媒咨询，https://zhuanlan.zhihu.com/p/504842762。

T.4 中国虚拟数字人应用发展报告

年北京冬奥会上夺得两金一银的历史最佳成绩。与之类似的还有,教育行业中的虚拟导师、金融行业中的智能理财顾问、医疗行业中的虚拟心理咨询师和问诊医生等。2022年,科大讯飞宣布启动"超脑2030计划",立志打造具备可定制专业知识、可持续自主进化的专业虚拟数字人,并将之普及。目前,该计划已打造多款专业虚拟数字人并分别用于财务、法务、招聘等行业。未来,可以预见的是,将会有越来越多的专家型虚拟数字人出现在各行各业,于多类应用场景中为人们提供专业知识服务。

结合头豹研究院的虚拟数字人行业细分市场分析可知,中国虚拟数字人应用目前仍大量集中于泛娱乐领域,以数字替身、虚拟偶像、虚拟主播等身份发展多元化应用场景。金融与文旅、教育、零售行业已有部分数字员工投入使用,同时,体育、医疗等行业也正在实现虚拟数字人产品的落地。① 据预测,到2030年,虚拟偶像、虚拟主播等身份型虚拟数字人的市场规模将达到1750亿元,占据市场主导地位,服务型虚拟数字人的发展则相对稳定,市场规模或超950亿元。②

**(二)打造虚拟数字人IP,释放多重商业价值**

2021年以来,多个现象级虚拟数字人IP相继出现,IP商业化能力突出。虚拟KOL"翎_Ling"登上 *Vogue Me* 杂志封面,与宝格丽(BVLGARI)、特斯拉(TSLA)、Keep等品牌进行跨界合作;自称会捉妖的美妆达人"柳夜熙",凭一条短视频成为虚拟偶像流量天花板,商业邀约接踵而至,据称曾在一周内收到上千个品牌的合作邀请;国风虚拟人"天妤"自上线以来广受海内外观众欢迎,目前已在游戏、汽车、美妆、文旅等多个领域与多个品牌达成IP联动。越来越多的品牌乐于与虚拟数字人IP进行合作营销,同时,也有不少品牌选择根据自身品牌文化创建新的虚拟数字人IP作为品牌代言人。例如,国产彩妆品牌花西子推出同名虚拟代言人"花西子",其古典妆容与现代造型的结合,精准体现了品牌东方美与时尚兼容的调性;汽车品牌上汽名爵的原创虚拟代言人"MG ONE机电潮人"

---

① 《2022年中国虚拟人产业发展白皮书》,2022年5月5日,头豹研究院,https://www.leadleo.com/report/details?id=6267512d635d9d4f6bea3524。
② 《2021年虚拟数字人深度产业报告》,2021年11月26日,量子位智库,https://www.sgpjbg.com/baogao/57338.html。

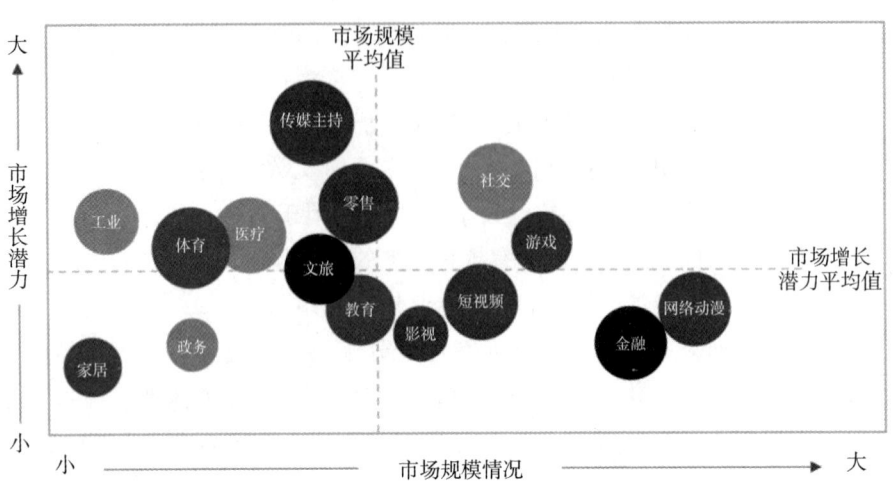

**图 1　中国虚拟数字人行业细分市场**

注：横坐标代表不同细分领域虚拟人市场规模情况，纵坐标代表不同细分领域虚拟人市场增长潜力；圆圈大小代表虚拟人在不同细分领域的市场热度情况，圆圈越大说明该领域当前热度越高；深色圆圈代表红海领域市场，浅色圆圈代表蓝海领域市场。

资料来源：《2022 年中国虚拟人产业发展白皮书》，2022 年 5 月 5 日，头豹研究院，https：//www.leadleo.com/report/details?id=6267512d635d9d4f6bea3524。

则融合了武侠江湖的概念，传达出"义行天下"的品牌理想。各大品牌的追捧侧面显示了虚拟数字人 IP 在品牌营销方面的商业化能力，市场调查数据显示，有 62.3% 的年轻消费者表示可能购买虚拟数字人代言的商品，还有 9.7% 的年轻消费者表示肯定买单支持，[①] 49.5% 的虚拟偶像爱好者在虚拟偶像上的支出为月均 500 元以上，且其中 37.6% 的人表示相较于现实偶像，他们愿意花更多的钱支持虚拟偶像。[②]

除了品牌代言，直播是虚拟数字人 IP 发挥商业价值的另一主要路径。在电商直播业蓬勃发展的今天，行业人才缺口较大，尤其节日促销期间真人主播成本高昂，虚拟主播的出现为商家提供了一种解决方案。虚拟主播无须复杂的实景布置，24 小时在线且带货能力不亚于真人。以 2022 年

---

[①]《2021 中国虚拟偶像消费市场调研报告》，2021 年 5 月 14 日，胡斯卡尔文化，https：//mp.weixin.qq.com/s/IgAGjlH5Pw5pWrkmpwaKtQ。

[②]《2021 中国虚拟偶像行业发展及网民调查研究报告》，2022 年 4 月 25 日，艾媒咨询，https：//zhuanlan.zhihu.com/p/504842762。

T.4 中国虚拟数字人应用发展报告

"双十一"期间的京东新百货直播间为例,虚拟主播的直播观看人数是真人主播的1.4倍,评论数是真人主播的5倍,直播后7天内商品交易总额提高了3倍。知名虚拟数字人IP充当主播带来的流水更为惊人,例如2021年,"初音未来""洛天依"等大热虚拟数字人受邀入驻淘宝进行直播带货,"洛天依"直播当月在线观看人数最高达270万人,"初音未来"仅用两周时间便累积了2737万人气值,登顶"天猫618明星榜"。对于头部虚拟主播而言,直播打赏是与直播带货并立的另一条重要的商业化渠道。2022年,抖音虚拟主播"许安一"直播百天,打赏收入达900多万元;B站虚拟主播"Shoto"直播2小时,打赏收入便超100万元,其强大的"吸金"能力成为热搜话题。据统计,早在2019年B站虚拟主播就占据了直播营收的40%,在大型直播平台的线上、线下虚拟主播活动中,10万粉丝量级的虚拟主播的应收可以达到100万粉丝量级真人主播的水平。[①]以直播带货和直播打赏为主要变现路径,虚拟数字人IP在直播领域展现出惊人的商业化能力,直播也成为虚拟数字人IP的重点发展领域。

除了直播带货、打赏与品牌代言,虚拟数字人IP的商业化途径还包括举办演唱会、发行音乐专辑、出演影视或综艺节目、售卖周边衍生品等。例如,虚拟偶像"川CHUAN"发布的数字藏品"无香玫瑰"上线后1秒售罄;虚拟演员"虚拟鹤追"参演了《联盟的勇士》《超神学院》等多部影视作品;虚拟偶像厂牌"RiCH BOOM"参加了《青春有你》《中国新说唱》等热门综艺。

上述多重商业价值的展现,刺激着越来越多的企业着手打造虚拟数字人IP。一方面,上海禾念、燃麦科技等专业厂商持续推出原创虚拟数字人IP,如次世文化接连发布了虚拟乐队"NAND"、虚拟KOL"翎_Ling"、虚拟男模"ASK"等多个新IP,对行业细分领域进行IP矩阵布局;上海禾念专注培育虚拟歌手,推出"言和""乐正绫""乐正龙牙"等系列IP。另一方面,乐华娱乐、阅文集团等文娱企业陆续加入虚拟数字人IP开发行列。它们中的部分企业效仿专业厂商,以原创的方式打造全新IP。例如2022年,继虚拟偶像组合"A-SOUL""量子少年"后,乐华娱乐公布全

---

① 《2020年虚拟数字人发展白皮书》,2020年12月13日,中国人工智能产业发展联盟,https://www.docin.com/p-2552478379.html。

新虚拟女团"EOE";同年,完美世界电竞推出了虚拟歌姬"露米""露娜",其创建的虚拟偶像社团"PW-Live"日渐壮大。这些虚拟偶像的外貌、人设、人物故事都是全新创造的,属于原创 IP。另有部分企业选择对旗下小说、漫画或游戏中的原有 IP 进行立体化拓展。例如,腾讯游戏选择用玩家票选的方式,将大热手游《王者荣耀》中的 5 个英雄角色组建为虚拟男团,其 2022 年最新推出的国风虚拟偶像"婉儿"也是以游戏角色上官婉儿为原型进行的人物设计;2023 年,奥飞娱乐表示旗下诸多知名 IP 形象如"超级飞侠""巴啦啦小魔仙"等已被开发为虚拟偶像,部分人气角色入驻抖音、B 站。

在传播路径多向发展,电商直播、数字娱乐等数字经济成为经济增长新动能的现在,拟人化、可交互、可多渠道运营的虚拟数字人 IP 相对于真人偶像,能够更好地满足高频、实时且碎片化的 IP 运营需求,其商业价值也已经在代言、直播等上述多重场景中得到充分验证。目前,打造虚拟数字人 IP,多场景发挥其商业价值已成为流行趋势。

### (三)技术串联应用,降本普及趋势明显

虚拟数字人的创建涵盖多种技术,技术的更新迭代尤其关键环节技术的演进,使得整个制作流程更加简易高效,自动化程度提高。例如,华为人脸识别算法能够快速、精准地模拟用户脸部信息,并自动进行材质匹配,帮助选取合适的肤色、发型、胡须等;蔚领的云渲染技术让超高清、低延时的虚拟数字人云服务成为可能,在保证虚拟数字人品质的同时大大降低了创建周期与使用成本。与此同时,AI 技术的开发可以简化技术架构,云计算有助于降低建模和渲染阶段的算力成本,5G 通信技术能够削减网络传输成本,这些技术的配合发展让虚拟数字人的创建获得事半功倍的效果。百度集团代表明确表示:"百度 AI 算法的突破,能让数字人制作成本十倍、百倍地下降,还能让数字人生产周期,从动辄几个月,缩短到小时级别。数字人的制作成本,将从百万级降低到万元级别。"[①]

在这一技术背景下,综合的虚拟数字人制作平台开始出现,它有效地

---

① 《百度:AI 算法突破将使数字人制作成本降至万元级别》,2022 年 7 月 6 日,中国青年网,http://news.youth.cn/jsxw/202207/t20220706_13826664.htm。

将各类技术串联应用，大幅降低制作门槛，从而推动虚拟数字人的大众化普及。以"分身有术"数字人驱动平台为例，2022年，蓝色光标与小冰公司合作推出了"分身有术"数字人驱动平台的初始应用版本。依托小冰框架数字孪生虚拟人技术与深度神经网络渲染技术，用户只需录制上传20分钟的人物视频，就能在2周后获得自己一比一还原的数字分身，且1分钟视频生产仅需13.7元。此外，在生成和共感模型训练的支持下，用户只需输入文字就可驱动数字分身生产视频，与传统内容制作方式相比，周期效率提升了20倍以上。与之类似的虚拟数字人制作平台，还有百度智能云的曦灵数字人平台、华为云的MetaStudio数字人服务、开普云的数字人智能生成运营平台、腾讯的云小微数智人平台等，它们皆是通过技术的串联应用降低制作成本，提高制作效率，以平台服务的方式推广虚拟数字人应用。

其中，部分平台凭借较为深厚的技术积累，面向多个行业提供定制服务。例如，百度智能云曦灵数字人平台依托百度AI的全栈能力，为多个行业提供虚拟主持人、数字员工与虚拟品牌代言人的一站式创建和运营服务。截至目前，曦灵打造的虚拟数字人已全面应用在金融、运营商、政务、文旅、广电、航天等领域。另有部分平台专注于提供某一领域的虚拟数字人服务，例如2022年，开普云推出了聚焦政务服务场景的数字人智能生成运营平台，平台围绕虚拟数字人在政务细分场景中的应用，提供高效的定制服务。目前，苏州市、拉萨市等多个地方政府，都已通过该平台生成了自己的数字员工。

上述制作平台的出现，将技术供给与应用需求灵活对接，并通过低成本、高效率的定制服务推动虚拟数字人向多个行业普及。可预见的是，随着相关技术的进一步发展，未来或将出现更多虚拟数字人制作平台，通过更有效的技术串联，简化制作流程，降低制作成本，将虚拟数字人应用拓展至每个行业甚至每个个体。

## 三 中国虚拟数字人应用热点

虚拟偶像、虚拟主播是当前国内虚拟数字人产业中应用最多的两个类型。虚拟偶像拥有较长的发展历史，细分市场成熟，人设与输出内容的高可塑性使得共创生产成为应用亮点；虚拟主播的出现部分填补了传媒领域在内容生产方面的业务需求缺口，平台头部主播强大的"吸金"能力使其成为流量短期变现的最佳工具。此外，以新闻播报为主场景的虚拟内容生产，也是诸多企业共同发力的焦点。

### （一）虚拟偶像：覆盖多个领域，高可塑性开启全民创作

1982年，日本动漫《超时空要塞》的制作方将剧中女主角"林明美"塑造为动画插曲歌手，推出了全球首个虚拟偶像，成为虚拟数字人发展的起点。长达40年的发展历程让虚拟偶像得以与音乐、影视、游戏等多个领域充分融合，形成虚拟歌手、虚拟演员、虚拟KOL等多种身份下较为成熟的细分市场。例如，在游戏领域，腾讯手游《王者荣耀》陆续将貂蝉、李白等游戏中的人气角色打造为虚拟偶像，组成虚拟偶像团体，虚拟偶像的陪伴增加了游戏对玩家的时间占有率，刺激游戏内消费并建立新的商业链条，其推出的虚拟偶像组合"无限王者团"自成立至今已实现多项跨界商业合作，合作品牌方覆盖时尚、美妆、饮料、护肤等多个行业；在短视频领域，创壹科技将虚拟偶像与短视频创作相结合，推出抖音账号"柳夜熙"，柳夜熙仅凭一条2分钟的剧情短视频便在24小时内涨粉百万，成为虚拟偶像流量天花板。调查报告显示，超62%的虚拟偶像爱好者偏爱游戏领域的虚拟偶像，其次是影视领域和综艺领域。据报告分析，虚拟偶像在设计之初就有明确的主攻领域，其商业价值已在各个细分市场得到了充分验证。[①]

同时，虚拟偶像人设及输出内容的高可塑性使得共创生产成为可能。共创生产，指多人共同创造内容的生产模式。具体至虚拟偶像，即意味着粉丝可以通过歌曲、小说、cosplay等同人创作参与偶像人物形象的建构。由于虚拟偶像的形象与内容构成皆是人为创造，因此相较于真人偶像，粉丝可以更加方便地通过同人创作将虚拟偶像塑造成自己喜欢的样子。这一特点也被部分虚拟偶像运营团队很好地加以利用，让共创作品反哺虚拟偶像，建立粉丝二创与偶像发展的良性循环。以虚拟歌姬洛天依为例，运营

---

① 《2021中国虚拟偶像行业发展及网民调查研究报告》，2022年4月25日，艾媒咨询，https://zhuanlan.zhihu.com/p/504842762。

团队一方面采用开放式运营模式,将内容创作赋权粉丝——粉丝只要购置虚拟偶像的声库制作软件且不以营利为目的,即可征用洛天依的人物形象及其衍生数字产品进行歌曲创作,同时还可以通过B站、NICONICO等网站进行投稿,团队会选择一部分优质作品重点推广;另一方面通过降低内容生产门槛、共享利益等方式不断鼓励用户创作——洛天依官方百度贴吧、微博超话社区及中文网站都推出了创作支持计划,并划有教学专区,粉丝作品一旦被采纳,创作者就会获得相应报酬及相关推广资源。截至目前,洛天依的原创歌曲已超1.5万首,其中90%的作品来自同人创作,其代表作《普通DISCO》《达拉崩吧》等皆是粉丝原创。这些作品最终构成了洛天依的整体人物形象,并将其推向主流视野。如今,洛天依已参加过多个卫视、平台的跨年晚会与综艺节目,并成为国内首个登上春晚与奥运舞台的虚拟歌手。根据2022年的《中国虚拟数字人影响力指数报告》,洛天依已然成为中国虚拟数字人Top2,社会传播力位列虚拟偶像第一。①

除了官方运作,社群交流也是重要的共创途径。在线上社群中,粉丝们按自己的喜好发布同人作品及与偶像相关的素材,这些创作交流使得虚拟偶像的形象更为立体,文化内涵更加丰富。粉丝的社群效应也会放大同人创作的影响,激发更多粉丝的创作欲望,加入共创生产。虚拟偶像爱好者在社群参与上表现得尤为积极,据调查,中国88.5%的虚拟偶像爱好者都加入了社群交流,且数量通常在2—3个,高参与度的共创生产成为虚拟偶像应用的亮点。②

### (二)虚拟主播:填补行业缺口,平台头部成最佳变现工具

虚拟主播按应用方向可分为以虚拟主持人、数字记者为代表的员工型专业主播和以直播为主要形式的电商主播与娱乐主播。前者作为重要的融媒体技术应用,可以突破时空限制,助力各媒体实现更为高效的智能直播,推动节目形态创新,从而部分满足传媒领域对于内容生产的需求。例

---

① 《中国虚拟数字人影响力指数报告2022年度》,2023年2月23日,中国传媒大学媒体融合与传播国家重点实验室,https://mcc.cuc.edu.cn/mcc/frmShowNews?id=3128。
② 《2021中国虚拟偶像行业发展及网民调查研究报告》,2022年4月25日,艾媒咨询,https://zhuanlan.zhihu.com/p/504842762。

如，新华社的数字记者"小诤"能够自然融入空间站、火星、舱外等太空环境，对载人航天工程、行星探测工程等重大航天项目进行"现场报道"，为记者的全时空在场创造可能；虚拟主播"夏静"能够通过远程协作将新闻节目的声音、画面等组合起来进行播报，在因疫情防控需要无法现场录制的情况下保证了《全国法院新闻联播》这一常规栏目的连续性。2021年，广电总局发布的《广播电视和网络视听"十四五"科技发展规划》更明确提出，要推广虚拟主播在新闻播报、天气预报、综艺科教等节目中的应用。利用虚拟主播重塑内容生产，是各大媒体未来重要的发展方向。

后者则在一定程度上填补了直播行业不断增长的人才缺口。艾媒咨询数据显示，中国直播主播的人才需求量不断增长，人才缺口明显。2021年中国直播主播人才需求量为480万人，预计2025年增至874万人。直播人才缺口则将从2021年的800万人，激增至2025年的1941.5万人。[①] 随着娱乐和电商行业的快速发展，直播模式正被应用于越来越多的细分场景，并成为不同行业转型的关键，直播人才缺口不断扩大。虚拟主播的出现不仅规避了真人主播离职、"翻车"等风险，填补真人主播无法出镜的空白时间，还降低了时空、硬件与人员条件的限制，让直播间得以长期高效运转。不仅如此，网易伏羲测试发现虚拟主播带货性价比极高，同一时段，虚拟主播带货的流水能够达到真人主播的30%，而它的成本远低于真人直播。在上述行业背景下，B站、抖音、淘宝直播、虎牙直播等平台都陆续开启虚拟主播项目。早在2018年B站就推出了专门的虚拟主播板块，淘宝在2022年直播MCN机构季度会议上，将虚拟主播正式列为淘宝直播营销的主要发力方向，快手则于2023年联合中央电视台开启虚拟数字人直播合作。

在直播领域，平台大力发展虚拟主播的另一原因在于，其头部主播有强大的变现能力。以B站为例，"A-SOUL""珈乐Carol""星瞳"等知名虚拟主播的月收入超百万元。2022年，虚拟主播"Vox"在B站的首次直播，仅1.7小时就收获了百万元以上的打赏，累计观看人数达42.5万人次，登顶虚拟主播排行榜。同年，虚拟主播"Shoto"入驻B站后仅凭一段

---

① 《2022年中国虚拟人产业商业化研究报告》，2022年4月26日，艾媒咨询，https://baijiahao.baidu.com/s?id=1731131983589613194&wfr=spider&for=pc。

T.4 中国虚拟数字人应用发展报告

48秒的小狗叫视频,便位列当日全站播放量第一,其直播首秀收入亦超百万元。"Shoto"强大的"吸金"能力还一度成为微博热搜话题,但这并不代表整个行业的生态,vtbs.moe收录的B站虚拟主播数据显示,半数以上的虚拟主播的直播舰团(B站直播月票机制)数量为0,而前10%的头部主播包揽了近八成的总舰团量。换言之,虚拟主播行业头部效应极为明显,平台增加营收依赖的不是全体虚拟主播而是部分Top级虚拟主播。面对这一效应,2022年B站发布新直播激励政策,以收入分成、直播奖励、针对优质主播进行精细化运营等方式鼓励虚拟主播进行直播与直播变现,并通过冰火歌会、虚拟UP主年终盛典、BML-VR等活动不断强化头部虚拟主播。平台对虚拟主播尤其头部主播超强变现能力的追捧,是虚拟主播成为应用热点的重要原因。

**(三)虚拟内容生产:快速生成视频,应用场景聚焦新闻播报**

内容生产方面,虚拟数字人内容生成平台已经成为汇聚多家企业的应用热点。在此类平台上,用户选择虚拟数字人形象、音色及虚拟背景后,只需将相关内容素材上传,即可获得平台快速生成的视频。在此基础上,用户还可以借助时间轴对虚拟数字人的动作、读音等进行调节,对虚拟背景进行图片和视频的添加与修改,部分平台还支持素材调整、演示面板插入等,最终形成契合于应用场景的视频。目前,科大讯飞、火山引擎等多家厂商都致力于发展虚拟内容生成平台。以相芯科技为例,平台配有6类不同风格的虚拟形象和形象定制服务,使用者选择虚拟形象与背景设定后输入播报内容,便可一键生成视频。视频生成后,使用者还能根据播报内容与应用场景需求,切换视频中的虚拟背景,变换主播人数、大小和出镜位置等,从而丰富视频内容。

当前,国内各平台的虚拟内容生产倾向于新闻播报场景。在首批通过中国信息通信研究院数字人能力评测的8家厂商中,半数以上的虚拟内容生产平台都载有专门面向报业集团、新媒体等新闻内容生产部门的虚拟主播类型和虚拟背景。使用者选择了适合播报内容的虚拟数字人形象、语言及背景之后,输入文稿即可快速完成新闻视频的生产。虚拟内容生成平台打破传统新闻录播模式,有效地提升了新闻视频的制作效率及播出效果的稳定性、准确性,尤其是在面对突发新闻和更新频率较高的新闻播报时,应用效果显著。以人民日报数字传播与科大讯飞合作打造的虚拟播报员"果果"为例，运营团队每晚将当天的新闻事件汇集成文稿，上传至控制系统后，一段5分钟左右的由"果果"主持播报的新闻视频就自动生成了，该视频将在"人民智播报"微信公众号上定时发布。于是，每天早上7点，"果果"都能准时上线向用户播送国内外热点事件。目前，央视新闻、南方财经全媒体集团、浙江电视台等多家主流媒体，都与虚拟内容生成平台达成合作，通过平台的一站式视频生成模式实现新闻播报的自动化生产。

除新闻播报外，虚拟内容生成平台的应用场景还在向教育课件生产、景点与展品导览、政策内容导读等场景不断拓展。这些应用场景的内核在于内容需求相对固定，观众对视频交互性、灵活度无过高需求，虚拟内容生成平台可以快速产出说明性内容用于播报，有效满足观众的信息需求。据此，未来虚拟内容生产或可进一步延伸至产品使用说明、剧情简介等更多偏解说向的生活细节场景。

## 四 虚拟数字人应用的现存问题与相关建议

虚拟数字人领域飞速发展的同时，其应用亦面临诸多现实困境。"中之人"驱动模式存在较大风险、虚拟数字人的制作与运营成本居高不下、虚拟偶像同质化加重、相关法律和伦理规范尚待完善等，成为制约虚拟数字人应用发展的多方面因素。对此，政府及行业各界应提前规划布局，加紧建立行业规范，推出相关法律政策，从技术突破、内容监管、优质内容输出等多个角度引导虚拟数字人应用健康发展。

### （一）"中之人"驱动模式问题频现，内容监管有待加强

从技术层面看，虚拟数字人可分为真人驱动型和计算驱动型两类。真人驱动型指通过真实的"中之人"来驱动虚拟数字人，动捕采集系统将"中之人"的表情、动作投射在虚拟形象上，"中之人"负责以虚拟形象和用户实时互动。由于有真人操作，真人驱动型虚拟数字人在动作灵活度、互动效果等方面优势明显，被广泛应用于需要良好互动和情感共鸣的虚拟偶像和虚拟主播领域。

T.4 中国虚拟数字人应用发展报告

由上述驱动模式可知,"中之人"驱动下的虚拟数字人与其说是虚拟人,不如说是披着虚拟外皮的真人。"中之人"与其操纵的虚拟偶像/主播之间关系极为紧密,虚拟偶像/主播通常需要借助动作捕捉技术,在"中之人"的操控下塑造完整人设。因此,当"中之人"出现问题或争议时,会直接影响到虚拟偶像/主播的 IP 运营。以虚拟偶像女团 A-SOUL 成员"珈乐"为例,2022 年,A-SOUL 团队宣布队员珈乐将终止直播,其直接原因就是珈乐的"中之人"解约。珈乐停播后,短短几天 A-SOUL 的 B 站账号就流失粉丝近 6 万人,网络上"'中之人'自曝被压榨""每月创收两百万,月薪仅一万""价值 198 的礼物提成仅 6 毛"等有关"中之人"的薪酬、权益问题,以及虚拟偶像经济分配不均的负面消息不断发酵。

事实上,A-SOUL 珈乐不是第一个因"中之人"而"翻车"的虚拟数字人。2019 年,老牌虚拟偶像"绊爱"将"中之人"增加至 4 人,引起粉丝不满,直到 4 人企划作废初代"中之人"模式回归,"绊爱"才重新获得粉丝认可;2020 年,央视新科动漫频道的虚拟偶像企划"新科娘",因"中之人"出现个人作风问题而备受争议;2022 年,B 站虚拟主播"早见咲 saki"因更换"中之人"事件,遭观众集体抵制。在"中之人"驱动模式下,虚拟数字人与"中之人"的紧密捆绑意味着,任何有关"中之人"的变动都将对虚拟数字人产生影响。"中之人"合同到期、人员增减变更、私人关系与幕后行为等,都是运营中的不可控因素,且知名 IP 背后"中之人"与行业地位极为不符的薪酬现状和有关劳动权益问题的社会争议颇多。对于大部分依赖"中之人"行动的虚拟数字人而言,"中之人"危机其实一直存在。

在现有驱动模式下,虚拟偶像/主播应进一步探索完善其商业模式和分配逻辑,以保障"中之人"与虚拟数字人所属公司双方的合法权益。例如,签订更为详细、专业的劳动协议来明确公司与"中之人"之间的权利义务关系,建立正面、负面反馈机制以规避不诚信或不负责任的行为,根据虚拟偶像/主播可能的发展,协商出更合适的收益分配方式等。同时,应加强对"中之人"驱动模式下虚拟偶像/主播的内容监管,审核标准对标真人偶像/主播。2022 年,国家广播电视总局、文化和旅游部联合发布的《网络主播行为规范》,将虚拟主播和虚拟内容纳入监管之列,要求虚

75

拟主播及其背后运营主体参照真人主播的要求规范自身行为，承担相应法律责任。国家互联网信息办公室、国家税务总局与市场监督管理总局联合印发的《关于进一步规范网络直播营利行为促进行业健康发展的意见》，还将责任要求延伸至为虚拟主播提供直播服务的平台，敦促平台在规范网络直播营销行为、促进纳税遵从等方面落实管理主体责任。目前，虚拟偶像/主播快速发展而运营规范还未确立，及时建立更为健全的内容审核管理体系，有助于规避因团队运营问题尤其是"中之人"问题引发的行业乱象。

### （二）制作与运营成本高昂，技术突破至关重要

目前，国内人工智能技术并未深入虚拟数字人的制作与训练，大量优质虚拟数字人的开发依赖的是人工与采集设备，整个制作流程特别是3D虚拟数字人的生成，需要大量人工参与，且制作流程涉及大量软件与硬件设备支持，如建模软件、渲染引擎、动作捕捉设备与介质等。各类专业人员、设备与新技术的应用使得虚拟数字人的制作成本居高不下。一个标准化的功能型虚拟数字人项目，即智能客服、虚拟导游等数字员工，投入成本在十几万元到几十万元之间，建模精细度越高、交互与渲染实时性越强，则成本的具体数额越大。①

虚拟偶像的制作成本更高。以"柳夜熙"为例，账号推出前半年其研发成本、人员成本等投入便远超百万元。"柳夜熙"发布的第一条视频成本达几十万元，而后续的内容制作和智能驱动研发还需持续投入。事实上，虚拟偶像的持续运营比前期的生产制作花费更高，尤其是超写实虚拟偶像的运营，为维持逼真的拟人形象，运营团队往往需要背负极高的成本压力。业内人士表示，目前，成本较低的二次元虚拟偶像视频制作每秒需花费数千元，超写实虚拟数字人的视频每秒成本为8000元到1.5万元，制作一张图片也需几千元。部分企业通过极其精细的产品规划与内部评估控制支出，或依靠公司其他领域的业务收入覆盖虚拟数字人的制作与运营成本。即便如此，高昂的成本使得90%以上从事虚拟数字人行业的公司都

---

① 《虚拟人行业深度研究：乘元宇宙之风虚拟人产业发展加速》，2022年3月4日，中银证券，https://www.sgpjbg.com/baogao/62741.html。

T.4 中国虚拟数字人应用发展报告

难以盈利,这在很大程度上限制了虚拟数字人的大规模应用。①

突破高成本对虚拟数字人应用发展的限制,重点在于关键技术的升级与融合。一方面,政府应联合行业各界加大对虚拟数字人制作中 3D 建模、动作捕捉、智能交互等核心技术研发的支持力度,开展制作流程自动化升级研究,减少人工参与,提高生产效率,以技术升级的方式降低制作与运营成本。2017 年,国务院发布的《新一代人工智能发展规划》即强调虚拟对象智能行为建模技术的突破,以提升虚拟现实中智能对象行为的社会性、多样性和交互逼真性,实现 AR、VR 与 AI 技术的加速发展。这些技术是虚拟数字人制作及后续内容运营的重要支撑,技术升级能够有效降低制作与运营难度,从而缩减生产成本。另一方面,降低虚拟数字人制作与运营成本的关键在于搭建技术一体化平台,增进企业间的技术协同与产品的互联互通,加强其在技术攻关、瓶颈突破等方面的协调配合。当前,优质虚拟数字人的生产环节散布于不同公司,如擅长 3D 人脸运动捕捉和动画驱动的相芯科技、AI 技术优越的百度与微软、拥有先进计算机视觉感知技术与智能交互技术的魔珐科技等。制作一个优质虚拟数字人往往需要多个企业的通力合作才能实现,这在一定程度上导致了制作成本的升高与制作效率的降低。将各个企业在不同领域的技术积累有机结合,是有效降低虚拟数字人制作与运营成本的另一路径。

**(三)虚拟偶像同质化竞争加剧,优质内容或成关键**

随着技术供给和平台服务日渐成熟,虚拟数字人的应用门槛越来越低,大量虚拟偶像出现在消费市场上。由 2022 年《元宇宙营销工作手册》中给出的虚拟数字人制作成本表可知,定制一个虚拟偶像的时间与金钱成本总体较高,且不同类型的虚拟偶像制作成本差异巨大。制作一个 Q 版虚拟形象需 10 万元,一个超写实虚拟形象要花费 100 万元,且其制作周期长达 90 天,是 Q 版形象的三倍,生产有关超写实或美型偏写实的虚拟数字人图片、视频也是如此,一支视频制作成本最高可达 80 万元。②

---

① 《成本 1 秒上万 超写实虚拟人"烧钱"难题何解?》,2021 年 11 月 19 日,新京报网站,https://www.bjnews.com.cn/detail/163731099014972.html。
② 《虚拟人漫谈丨开拓:产品篇(下)产品与商业》,2022 年 6 月 22 日,网易新闻,https://www.163.com/dy/article/HAF62PPM0511805E.html。

表1　　　　　　　　　　　虚拟数字人制作成本

|  | Q版形象 | 二次元形象 | 美型偏写实 | 超写实 |
| --- | --- | --- | --- | --- |
| 形象制作 | 10W<br>制作周期：30天 | 15W<br>制作周期：45天 | 40W<br>制作周期：70天 | 100W<br>制作周期：90天 |
| 图片产品 | 3000元/张 | 8000元/张 | 1万—3万元/张 | 2万—4万元/张 |
| 视频产品 | 4万—8万元/分钟<br>制作周期：5—15天 | | 8万—80万元/支<br>制作周期：15—45天 | 20万—80万元/支<br>制作周期：20—45天 |

资料来源：《虚拟人漫谈｜开拓：产品篇（下）产品与商业》，2022年6月22日，网易新闻，https：//www.163.com/dy/article/HAF62PPM0511805E.html。

　　面对高成本的虚拟形象定制和不同虚拟人类型之间金钱、时间成本的巨大落差，许多企业尤其是一些中小型企业，由于技术支撑与资金不足，往往会选择成本更为低廉的模版式虚拟数字人。于是，大同小异的虚拟偶像开始成规模出现。随着越来越多企业跨领域入场，这一同质化竞争现象越发明显。调研数据显示，半数以上的用户认为虚拟偶像缺乏独特性。高同质化的虚拟偶像导致粉丝忠诚度降低，仅有9.1%的虚拟偶像爱好者表示不会轻易更换虚拟偶像。[①] 如何从千篇一律的虚拟偶像中脱颖而出，如何防范同质化现象带来的恶性竞争，正逐渐成为虚拟数字人行业发展进程中难以回避的重要问题。

　　根据边际递减效应，虚拟偶像数量的快速增长，意味着其表象、形式带来的新奇感将很快无法吸引观众。此时，顺应细分领域需求的优质内容输出至关重要。综合近年的《中国虚拟数字人影响力指数报告》可知，但凡"出圈"的虚拟数字人，无一例外都是某领域优质内容提供者的代表。例如，虚拟主播"时间小妮"通过数字人播报、智能交互的方式将疫情期间的政策调整、防疫规定、生活问题解决方案等第一时间通知市民，成为北京市"接诉即办"推广大使；数字员工"爱加"曾担任两会虚拟助手与世界声博会虚拟主持人，凭借其在多个行业岗位上的出色表现获得科大讯飞颁发的"讯飞之星"称号。虚拟偶像作为非功能型虚拟数字人，更加依

---

① 《2021中国虚拟偶像行业发展及网民调查研究报告》，2022年4月25日，艾媒咨询，https：//zhuanlan.zhihu.com/p/504842762。

## T.4 中国虚拟数字人应用发展报告

赖优质内容对粉丝的吸引力。每个虚拟偶像在建立之初都应有自己的定位和方向，在此基础上优化内容输出，便能固化行业属性，如歌手、演员、KOL等，甚至形成独特的身份标签，从而将自己与其他虚拟数字人区别开来，并建立起较为长久的竞争优势。

从行业角度看，加快标准化建设是遏制虚拟偶像同质化竞争的另一路径。建立行业统一的技术、产品标准，围绕标准体系开展关键技术、产品应用与平台服务等方面的标准研制，确立评级体系，可以有效避免大量劣质虚拟偶像在市场泛滥，保护优质厂商，促进行业健康发展。

**（四）相关法律规范并不完善，风险长期存在**

作为一项汇集多项技术数据与内容创作的应用，虚拟数字人在知识产权与数据安全方面存在诸多风险。有关虚拟数字人的各类内容创作，如场景设计、人设剧本、视频语音等涉及著作权保护，人物的名字、形象、标志性元素等则涉及商标与专利申请。当虚拟数字人是被用于"复活"已故名人或重塑数字分身时，其所关涉的法律与伦理问题将更为复杂，包括被塑造人物的名誉权问题、人物形象数字化商业利用权问题、虚拟表演的审查义务及政府相关部门的监管责任等，还包括大量真人信息采集引起的对数据安全问题和个人信息泄露的担忧。2021年，《中华人民共和国数据安全法》和《中华人民共和国个人信息保护法》的先后实施，在一定程度上将虚拟数字人应用可能导致的信息与数据安全问题纳入监管范围，一旦个人数据泄露，相关技术研发、实施和应用主体都要承担法律责任。

同时，虚拟数字人的高拟真性和沉浸式体验，易对用户尤其青少年用户的情感、社会行为等产生影响，从而引发伦理问题。2022年，中央文明办等四部门联合发布《关于规范网络直播打赏 加强未成年人保护的意见》，禁止未成年人参与直播打赏，要求直播平台优化升级"青少年模式"，严禁为青少年提供各类充值打赏服务。政策发布后，许多B站虚拟主播都收到了强制退款的通知，主播收益中未成年人的打赏费用被扣除，最高扣除金额达14万元。除此之外，随着虚拟数字人与真人之间的界限日益模糊，虚拟杀人、虚拟强奸、虚拟猥亵等一系列虚拟空间内的犯罪行为对虚拟人物背后用户造成的生理与心理冲击，数字员工与真实员工进行行业竞争的合理性，虚拟数字人的社会荣誉与财产归属以及可能发生的人格侵犯等，更多潜在的法律和伦理问题都需要进一步讨论。

对企业而言，明确各个合作单位之间的权利义务与法律关系，建立虚拟数字人伦理审查机制，将科技伦理的合规嵌入项目研发、对外合作、员工培训等各个工作环节，可以有效防止相关纠纷的发生。对政府而言，联合行业各界开展虚拟数字人身份管理与内容安全的研究，从政策层面改善产业布局，在打击恶意违法行为的同时给新兴应用一定的发展空间，是护航虚拟数字人应用健康发展的关键。可以预见的是，在社会关注和资本的持续驱动下，真实世界很有可能将围绕虚拟数字人，构建出一个更为丰富的虚拟与现实相连的社会生态。对此，社会各界应加紧研究各类虚拟数字人应用对人心理及社会带来的影响，并尽快出台相关法律政策和行业规范，用以提前规划、防范。

# 参考文献

《2022年中国虚拟人产业商业化研究报告》，2022年4月26日，艾媒咨询，https：//baijiahao. baidu. com/s? id=1731131983589613194&wfr=spider&for=pc。

《2021中国虚拟偶像行业发展及网民调查研究报告》，2022年4月25日，艾媒咨询，https：//zhuanlan. zhihu. com/p/504842762。

《2022年全球元宇宙投融资报告》，2022年12月27日，财联社创投通，https：//app. myzaker. com/news/article. php? pk=63aae35e8e9f09579b60923e。

《2021中国虚拟偶像消费市场调研报告》，2021年5月14日，胡斯卡尔文化，https：//mp. weixin. qq. com/s/IgAGjlH5Pw5pWrkmpwaKtQ。

《2022中国元宇宙政策分析报告》，2022年9月30日，链上产业区块链研究院，https：//appetcz8rcx7045. h5. xiaoeknow. com/p/course/ebook/study/pdf/e_63325849e4b0c942649b15e7。

《2021年虚拟数字人深度产业报告》，2021年11月26日，量子位智库，https：//www. sgpjbg. com/baogao/57338. html。

《2022年中国虚拟人产业发展白皮书》，2022年5月5日，头豹研究院，https：//www. leadleo. com/report/details? Id=6267512d635d9d4f6bea3524。

《虚拟人漫谈｜开拓：产品篇（下）产品与商业》，2022年6月22日，网易新闻，https：//www. 163. com/dy/article/HAF62PPM0511805E. html。

《成本1秒上万超写实虚拟人"烧钱"难题何解?》，2021年11月19日，新京报网站，

T.4　中国虚拟数字人应用发展报告

　　https：//www.bjnews.com.cn/detail/163731099014972.html。
《2022中国虚拟数字人商业应用前景展望研究报告》，2022年9月30日，亿欧智库，https：//www.iotku.com/News/738091755760517120.html。
《百度：AI算法突破将使数字人制作成本降至万元级别》，2022年7月6日，中国青年网，http：//news.youth.cn/jsxw/202207/t20220706_13826664.htm。
《2020年虚拟数字人发展白皮书》，2020年12月13日，中国人工智能产业发展联盟，https：//www.docin.com/p-2552478379.html。
《2021中国虚拟数字人影响力指数报告》，2022年1月27日，中国传媒大学融合与传播国家重点实验室，https：//www.sgpjbg.com/info/30265.html。
《中国虚拟数字人影响力指数报告2022年度》，2023年2月23日，中国传媒大学媒体融合与传播国家重点实验室，https：//mcc.cuc.edu.cn/mcc/frmShowNews？id=3128。
《虚拟人行业深度研究：乘元宇宙之风虚拟人产业发展加速》，2022年3月4日，中银证券，https：//www.sgpjbg.com/baogao/62741.html。

# T.5 智能时代版权保护发展报告

崔 波 黄智尚 曹贤洁[*]

**摘 要：**智能时代出版行业面临巨大变革，高速发展的数字与人工智能技术不断影响着数字版权领域的形式与内容，为之发展带来机遇的同时，也为数字版权保护带来了前所未有的挑战。越发隐蔽的数字盗版问题，难以确权的新兴出版产品等都是当前出现且亟待解决的新问题。面对版权保护蜂拥而至的新问题和新挑战，中国正在不断探索解决的新思路，并且持续尝试新方法和新举措，为中国版权健康发展提供更好的基础。

**关键词：**版权保护；数字版权；智能时代；数字出版产业

随着对数字技术和人工智能技术的不断探索，数据化和智能化主导的智能时代悄然而至，关于"元宇宙""人工智能"等一系列新兴业态和模式的探索在不断深入。数字版权为适应智能时代的发展而不断变革，同时由于"作品创作的方式更加灵活便捷，作品数字化复制成本更低，网络化传播速度更快，新型版权侵权问题层出不穷"，而且"数字经济尤其是新业态的快速发展，涉及海量作品的创作、使用和传播，也给版权保护带来挑战"[①]。因此，数字版权保护在智能时代如何安身立命是热点，亦是重点。

---

[*] 崔波，博士，浙江传媒学院教授；黄智尚，浙江传媒学院新闻与传播学院硕士研究生；曹贤洁，浙江传媒学院新闻与传播学院硕士研究生。

[①] 《数字版权关键词：保护与发展》，2023年1月12日，中国知识产权网，http://www.cnipr.com/sj/al/bq/202301/t20230112_249608.html。

# T.5 智能时代版权保护发展报告

## 一 智能时代版权保护新问题

智能时代，随着大数据、云计算、人工智能、5G等技术的高速发展，数字出版行业的自主化与智能化水平不断提高，数字化的内容呈现、深度媒介化的信息融合、界限不断模糊的虚实空间，不断加强用户的体验感与便捷度。与此同时，诸多版权保护的新问题也随之产生。中国人民大学国家版权贸易基地发布的"2022数字版权保护与发展十大关键词"中收录了"知识分享平台反垄断规制""文化数字化""体育赛事节目版权保护""元宇宙发展规划""数字藏品退潮"等诸多关键词，这些关键词不仅总结了过去一年版权保护的发展情况，也反映了当前版权保护出现的新问题。

### （一）知识围栏：囿于垄断困境中的知识分享

近年来，未经授权将期刊或知识分享平台的付费作品上传、转载至其他平台的侵权行为屡屡发生，除了版权意识薄弱、侵权成本低等版权保护的"老大难"问题外，其背后所透露的是用户难以负担正版内容的费用与日益增长的知识获取需求之间的矛盾，以及知识平台在版权无序扩张之下的数据库垄断问题。

2021年12月，"赵德馨教授诉知网事件"让知网陷入了版权纠纷。一系列诸如"作者需付费方能下载自己的文章"的版权乱象，揭露了知网等知识平台的侵权行为，也揭开了知识平台版权范围无序扩张、数据库垄断的"遮羞布"。知网凭借其在学术版权行业中的支配地位以高价出售其数据库服务，高昂的采购费和逐年上涨的续订费让许多高校不堪重负。"从2012年至2021年的10年间，至少有6所高校发布公告暂停使用知网，停用原因均为知网涨价过高，无法和学校达成使用协议。"[1] 2022年4月，中国科学院也宣布暂停使用知网。此外，对中国政府采购网成交公告进行大致估算可发现，2021年每所高校向知网支付的平均费用将近70万元。

---

[1] 《10年6高校发公告"抱怨"知网贵》，2021年12月14日，长江网，http://news.cjn.cn/sywh/202112/t3883172.htm。

尽管知网目前已得到管制，但类似行为依旧存在且越发凸显。数据库的垄断导致"大量知识和有价值的内容被闲置、割裂、封闭，形成了'数据孤岛'。这不利于知识的高效利用和价值释放"。① 智能时代，版权保护不应成为公益性知识基础设施建设的阻碍，如何维系两者的平衡是当下亟待解决的问题之一。

### （二）盗版猖獗：数字技术掩护下的数字盗版

在"剑网2022"专项行动中，全国各级版权执法部门共查办网络侵权盗版案件1180件，删除侵权盗版链接84.62万条，关闭侵权盗版网站（App）1692个，处置侵权账号1.54万个。②《2021年中国网络文学版权保护与发展报告》指出，多数网络文学平台每年有80%以上的作品被盗版，82.6%的网络作家深受盗版侵害。③ 智能时代，由于数字出版"链接、多重拼贴、生成性和混杂性"等主要特征更为凸显，④ 剧本杀、"线上影院"等数字盗版情况越发猖獗。事实上，这只是老问题在智能时代改头换面后的新表现罢了。数字盗版自进入互联网时代以来，便一直是版权保护的一大难题。智能时代，数字盗版主要表现在盗版更加隐匿且容易、维权确权更加困难两个方面。

其一，技术加持下的数字盗版更加容易且隐匿。"安徽邓某某网络传播院线电影案"中邓某某借助"爬虫"软件批量抓取视听作品投放在自行设立的网站，并通过"翻墙软件"招揽境外广告商，以境外虚拟货币结算的方式实现盈利。在数字技术的"遮蔽"之下，其违法犯罪行为难以察觉和取证。该案中的自建网络平台，还有使用海外域名及服务器搭建网站等盗版侵权是目前很常见的手段。除了影视类作品，游戏体育直播、网络文学的数字盗版行为也是如此，甚至已经形成规模化盗版。2023年春节期间

---

① 《全国政协委员周源：拆除"知识围栏"，让全民共享"数据红利"》，2023年3月4日，央广网，https://tech.cnr.cn/techph/20230304/t20230304_526171478.shtml。

② 《2022年中国版权十件大事发布》，2023年3月20日，国家版权局网，https://www.ncac.gov.cn/chinacopyright/contents/12776/357484.shtml。

③ 《中国版权协会：2021年网络文学盗版损失达62亿元，超八成作家受侵害》，2022年5月26日，央视网，https://news.cctv.com/2022/05/26/ARTINSLjbTU4Me7ZiNAEKb4S220526.shtml。

④ 刘欣、袁也：《数字智能时代的知识秩序与出版范式转型探析》，《出版科学》2023年第2期。

T.5 智能时代版权保护发展报告

的电影等视听作品版权监测报告显示，疑似侵权链接主要集中于社交网站和小网站，其中社交网站有3221条，占比52.6%；小网站有2786条，占比45.5%；①《2021年中国网络文学版权保护与发展报告》中也指出盗版平台、搜索引擎和应用市场是网络文学盗版的"三座大山"，目前甚至已形成"购买软件—搭建网站—宣传推广—获取广告—资金结算"的完整黑产链条。②此外，智能技术的深度融合在促使高速传播海量作品平台形成的同时，也为数字盗版内容提供了保存、转载的低成本生长温床。

其二，在数字技术的助推和掩护之下，数字盗版在变得更难被发现的同时，也更难被取证和维权。除了海量而隐蔽的盗版让权利人难追责外，网络空间本身的虚拟性、传播渠道的复杂性，以及电子数据信息的不稳定性，都导致权利人难以收集到有足够效力和证明力的证据来维护自身合法权益。

**（三）监管空白：元宇宙浪潮下的版权"无人区"**

在势不可当的元宇宙浪潮袭来之际，以及智能技术高速发展之下新型版权作品大量产生。由于政策法律天然的滞后性，这些新领域形成了监管空白的"无人区"，引发了诸多乱象。

**1. 人工智能生成内容（AIGC）**

2023年横空出世的ChatGPT将AIGC进一步推入人们的视野之中。与寻常AI不同，ChatGPT可以通过借助大数据、算法训练进行深度学习来生成内容，极大地提升和丰富了AIGC的质量与形式，但也带来许多版权问题。由于AIGC的生成主体是人工智能，并不属于《中华人民共和国著作权法》中规定的任意一项，生成内容也不在法律保护的作品范畴之中，所以当下AIGC是否拥有版权，以及随之而来的版权归属和权责认定是首要问题。智能时代，数字技术的高度融合致使作品数量高速增长的同时，"一部互联网上的作品可能经过了多次的授权许可、多次的改编、演绎或

---

① 12426版权监测中心：《电影视听迎 "开门红" 严查盗版需 "不手软"》，《中国新闻出版广电报》2023年2月9日第6版。
② 《中国版权协会：2021年网络文学盗版损失达62亿元，超八成作家受侵害》，2022年5月26日，央视网，https://news.cctv.com/2022/05/26/ARTINSLjbTU4Me7ZiNAEKb4S220526.shtml。

长期大量的传播，其实际权属状态难以确定"①。那么基于此再产出的 AIGC 作品的权属则更难确定。其次，AIGC 的内容生产逻辑之下的侵权风险不容忽视。2023 年 7 月，网易 LOFTER 的平台创作者对其"头像生成器"功能质疑，认为其使用了创作者的绘画作品作为素材，有侵权嫌疑。AIGC 在生成内容之前往往要经过理解学习现有的相关作品后，再进行创造，而这个过程中极有可能出现侵权行为。但 AIGC 生成过程的不透明性也让控诉者难以提供有力证据来证明具体哪一件作品被侵权。此外，著作权法保护的是表达而非思想这一特质与此出现了分歧。最后，智能时代下的人工智能生成是多元化的，不同于纯 AIGC 的人机混合生成作品的版权又该如何界定也尚无定论。

除此之外，2023 年 4 月举办的 AIGC 内容生态与版权保护论坛也提出，AIGC 在数据层、算法层和应用层三个方面均存在风险，数据的质量、安全和治理，算法的合理使用和权责认定，以及 AIGC 在流通使用过程中出现的种种问题也加大了版权保护难度。

2. 非同质化通证（NFT）形式作品——数字藏品

近年来，NFT 因其唯一性、可溯源性、不可分割性和可转让性被用作数字产权凭证，2021 年被应用在数字藏品领域后，该领域的交易呈现出爆发式增长；2022 年 3 月，长江新世纪出版社发布了中国业界首个 NFT 数字藏品，上线 8888 份仅用 20 秒售罄，在 NFT 技术支持下发展起来的数字藏品成为智能时代数字出版的新蓝海。但由于数字藏品领域尚处于萌芽阶段，存在较多的合规性问题，许多企业也在热潮降温后选择退场。2023 年腾讯旗下数字藏品平台"幻核"也以"目前国内尚未出台数字藏品相关的明确法律法规和政策文件，数字藏品作为新兴领域，无论是行业风险，还是监管风险，都面临着较大的不确定性与风险性"为由正式宣布下线。②除此之外，由于以"虚拟"为主要特征的数字藏品并没有真实价值的支撑，而且当前行业内也没有形成统一的估值标准和公允的价值体系，因此关于其定价及其是否为"庞氏骗局"的争议也不绝于耳。但毫无疑问，智

---

① 姚鹤徽：《智能时代出版者的版权风险与防范之策》，《编辑之友》2023 年第 4 期。
② 李强：《腾讯幻核撤退？数字藏品泡泡传来破裂声》，2022 年 7 月 21 日，21 经济网，http：//www.21jingji.com/article/20220721/herald/5dd9327bce35455d87921485dc5c55f9.html。

能时代下NFT等的非同质化权证形式的数字作品会不断涌现,所以其背后的版权归属、交易风险、复制困境问题都是当前亟待解决的新问题。

**(四) 秩序混乱:智能时代下数字版权保护的底层架空**

尽管数字版权保护工作早已开始且一直以来都是中国发展的重点工作,但由于智能时代数字出版行业日新月异,无论是创作者、使用者还是管理者都未能完全适应这个快速变革的环境,意识与理论的滞后导致参与者在底层建筑尚未筑牢的数字出版领域横冲乱撞,数字版权保护亦处于混乱之中。

其一,当前仍有大量用户尚未形成版权保护意识,甚至在使用过程中,为规避高昂的正版获取成本而主动寻求侵权途径。2018年9月—2022年2月,北京互联网法院受理的短视频相关版权纠纷案中,被诉对象为网络用户的有1449件,短视频平台和用户为共同被告的有83件,占总数的54.5%。① 法律与制度的滞后更是进一步助长了此类版权乱象,但在意识不足、法律滞后的局面之下,仅依赖平台自我约束显然是有违其逐利的理性经济人本质的。而且,多数平台对此不仅未能采取足够有效的规制措施,个别平台还在利益的驱使和"避风港原则"的庇护之下选择视而不见,甚至推波助澜。尤其是当前利用算法推荐来推广侵权内容、引发版权侵权的问题十分严峻。

其二,法律与民意相悖也是当前混乱秩序下涌现出的新问题。一方面表现在目前出现的"版权异见",即"一些学者及社会公众对版权制度在网络环境中的适用产生了质疑,或是在个案中更愿意站在侵权人一方"②。2020年人人影视字幕组被查处一案,虽有效遏制了侵权行为,但在民间舆论场上大多数用户都对此表达了惋惜;2021年行业两次发布的关于版权保护的《倡议书》却受到了网民用户的"质疑"和"反感"。传统的版权保护逻辑与当前用户的需求不相符合需要得到调和。另一方面表现为用户情感表达需求未得到充分考虑。不同于纸媒时代,"技术还权于民"让用户

---

① 王果、张立彬:《产业视角下短视频领域版权侵权问题研究:边界划定、现状梳理与规则重构》,《情报理论与实践》2023年第46期。

② 许燕:《网络环境下的"版权异见"研究》,《中国政法大学学报》2023年第2期。

重新掌握表达权，用户的表达欲也随之提升。尽管不排除存在刻意"搭便车"的抄袭、侵权行为的发生，但"更多的是作为一种参与文化的方式，其中包含了对自由表达等非经济需求的追求"①。

值得注意的是，智能时代数字出版作品多呈现为基于对多种类、多形式、多来源的作品的改编、剪辑等形式，其构成不仅限于音乐、字幕、视频等，甚至还包括VR/AR等设计。随着技术的发展，数字作品的结构越来越复杂，作品的权利人也越来越复杂多元。因此，数字作品在创作过程中的版权购买成本和侵权风险都在不断上升，对数字版权保护造成威胁。此外，其背后呈现的还有"合理使用"边界模糊的问题。

## 二 智能时代版权保护新思路

数字出版产业作为数字经济的重要组成部分，其发展对于促进中国经济持续健康发展具有重要意义。而形成更高水平的数字版权治理、实现更有效率的数字版权保护也都是数字出版产业发展的题中应有之义。为做好版权发展过程中的版权保护，在版权保护中持续发展版权，实现版权保护与版权发展共同进步，无论是业界还是学界都在不断探索智能时代版权保护的新思路。

### （一）开放式版权保护

近年来，类似将未经授权的数字歌曲用作背景音乐而被诉侵权的案件层出不穷，权益人在维权路上奔波的同时，视频创作者也在高侵权风险和高购买成本间徘徊。若采取强硬的"一刀切"管理模式，既不利于版权内容的传播，也不利于智能时代出版行业的发展。应对此类问题，《早安隆回》的爆火提供了新思路。

2022年《早安隆回》在其创作后的第三年突然爆红，其中原因与其"开放性"方式密切相关。《早安隆回》的创作者袁树雄曾公开表示，不会对网友使用该歌曲作为背景音乐制作短视频，或是对此进行二次创作、

---

① 倪朱亮：《自媒体短视频的著作权法治理路径研究——以公众参与文化为视角》，《知识产权》2020年第6期。

改编的行为主张版权。① "开放式"的版权许可为内容生产者提供方便,《早安轮回》也因此风靡一时并迅速"破圈",成为一首"现象级"音乐作品。这种"开放式"版权保护方式在推动音乐作品实现本身价值之余,"又能够吸引社会公众参与作品的后续创作,还能产生扩大的市场效应,譬如带动音乐地标的旅游、增强电视剧的关注度、吸引特定游戏用户等"②。

《早安隆回》的"开放式"版权保护方式为版权保护与版权发展的共同进步提供了范本,无独有偶,网络文学在开放性版权上也已有所实践。日前,截取网络文学片段配以画面和声音制成的短视频在短视频平台上盛行一时,同时也为网络文学所在的原平台吸引了大量流量。因此除应用在上述领域外,亦可应用于其他领域。比如在教育等领域借助此方法,通过合理公开部分内容,既能满足部分用户的需求,又能借此吸引流量、提升内容与品牌知名度,实现多方互利。

但在践行该思路的过程中,提升用户与平台的版权意识,明确版权的权利归属依旧重要,未得到作品合法的许可而加以使用的行为涉嫌侵权的风险依旧存在,因此"授权在先,使用在后"的原则仍需遵守。

**(二)微版权逻辑建构**

区块链技术因其不可篡改性、去中介化、开放性等特征而备受版权保护领域的青睐,所以自其出现之时,关于将区块链技术应用在版权保护领域中的理论与实践就未曾停歇。而"微版权"这一思路的提出,则是基于"微粒化"的社会结构,以及对区块链技术的版权保护应用的进一步丰富和完善。

中国互联网络信息中心(CNNIC)发布的第51次《中国互联网络发展状况统计报告》中显示,截至2022年12月,中国网民规模为10.67亿人,同比增长3.4%,其中网络视频(含短视频)用户规模达10.31亿人,整体网民使用率达96.5%;此外,网络直播用户规模达7.51亿人,网络音乐用户达6.84亿人,网络游戏用户达5.22亿人。海量的用户呈现的不

---

① 《版权"金曲"唱响春晚!〈早安隆回〉再"出圈"》,2023年2月1日,中国知识产权网,http://www.cnipr.com/sj/al/bq/202302/t20230201_249724.html/。

② 《版权"金曲"唱响春晚!〈早安隆回〉再"出圈"》,2023年2月1日,中国知识产权网,http://www.cnipr.com/sj/al/bq/202302/t20230201_249724.html/。

只是庞大的使用与消费群体，还代表着"人人都有麦克风"的时代之下迅速膨胀的创作群体。

"以互联网为代表的新一代信息技术将传统的以机构为基本单位的传播构造逐渐降解为以个体为基本单位的社会性传播，塑造了一个'微粒化'的传播场域和社会场域。"①"微粒化"的社会结构之下，数字版权也随之呈现出"微粒化"特征。但传统的版权逻辑中都将版权视作整体来进行操作和应用，这显然与当前版权的"微粒化"特征不相适应。若继续沿用过往传统的逻辑观念，以"最大公约数"或是普适性规律去开展当下的版权保护实践，极有可能会阻碍智能时代的版权发展，或者让版权侵权行为有机可乘而引发数字版权乱象。所以立足于这一情况，学界提出了"微版权"的概念，即对版权进行微分割以实现版权的精细化和微末化。在保护原始版权所有者的获酬权的同时，降低版权使用者的使用成本与侵权风险，推动版权保护与版权发展齐头共进。

此外，关于多种"微版权"共同组合生成的复杂版权的识别与界定的探索开始深入，以网络游戏、直播、导航电子地图等为代表的"复杂版权"的侵权问题研究与实践亦在不断深化和优化。对于此类由多种多样的可识别、可分割的"微版权"作品构成的复杂版权新作品，仍以某一突出特征判断类型来主张权利显然不足。所以有相关研究提出，"面对复杂版权客体及其组成部分，只有识别侵权行为指向的客体，才能准确地主张权利"②。在"微粒化"的社会背景之下，根据具体实际明确"微版权"构成的复杂版权的侵权行为识别和认定是顺时、顺势之举。

## 三 智能时代版权保护新进展

### （一）共创共建：行业合作推进版权保护

作为智能时代数字出版领域的重要参与者，政府、媒体、平台等都在不断积极探索版权保护与发展的方向。应对元宇宙的浪潮，行业内与行业

---

① 喻国明、耿晓梦：《"微版权"："微粒化"方法论下版权范式的转型迭代》，《中国出版》2022年第2期。

② 朱晓宇：《复杂版权客体的识别和认定》，《版权理论与实务》2022年第9期。

间的联系也越发紧密，并且逐渐从过往的"单打独斗""各自为战"转为合作共建数字版权联盟以进一步深入推进数字版权的保护与发展。

智能时代，人工智能、区块链等技术赋能之下出现的新作品带来"新蓝海"的同时也在不断引发版权纠纷，发展机遇与侵权风险同在。因此无论是新兴业态所蕴含的无限潜力和内生动力，还是实践中频发的版权纠纷都对智能时代的版权保护提出了现实需求。为应对"元宇宙"热潮下的版权保护与发展问题，2022年6月22日，全球内容平台巨头与相关硬件在"元宇宙标准论坛"中共同制定元宇宙标准，以此为数字版权保护提供参考，促进其健康发展。此外，针对人工智能生成内容发展问题而自发组建成立的"TopAIGC数字版权联盟"，以及华版易服信息技术有限公司与中科云泰（东莞）科技服务有限公司共同建设的"华版数字版权CACC平台华南运营中心"都是智能时代下数字出版行业为推进版权保护与发展的新尝试与新实践。

除了针对上述领域的版权保护发展，为推动数字版权整体向上、向善，实现全民共享"数字红利"，在2023年2月17日第十二届中国数字出版博览会暨"数字版权经济论坛"中，中国文字著作权协会联合三十余家知识资源平台提出"知识资源平台版权合规建设与健康规范发展"倡议书，并发起成立"知识资源平台版权合规建设与健康规范发展共同体"。数字版权的生态系统随着时代的发展在不断完善，在2023年4月28日的中央广播电视总台首届版权生态合作大会上，中央广播电视总台相关部门与中国版权保护中心、中国版权协会、中国文字著作权协会、抖音集团、中国移动咪咕公司、华数数字电视传媒、百视通网络电视、腾讯音乐、北京大学法学院、北京市金杜法律研究院、爱奇艺、腾讯科技、优酷、贵州多彩新媒体、河北广电无线传媒等单位和企业签署了版权生态伙伴合作协议，以探索多种多样的版权合作新业态和新模式，实现"共融共生 共创未来"。[1] 此外，中国版权保护中心和中国人民银行征信中心就版权质权登记金融创新达成合作进行签约，以期通过行业共建推进数字版权保护。

---

[1] 《共融共生 共创未来！总台首届版权生态合作大会在上海举行》，2023年4月28日，央视网，https://www.cctv.com/2023/04/28/ARTI9OCU1zudBDkCQugGNkyu230428.shtml。

### （二）规范交易：构建数字版权交易平台

各种新兴数字产品由于尚未成型而存在的合规问题，以及定价估值标准的不统一，导致企业与消费者都面临着巨大的风险。"强化文化数据要素市场交易监管，做好文化数字化信用评价"被列入2022年3月发布的《关于推进实施国家文化数字化战略的意见》中。规范数字版权交易流程和标准目前已得到行业内的高度重视，并形成共识。

2022年年末，深圳文化产权交易所影视音像事业部与四家影视传媒机构签约的全国首家影视播放权交易平台"影视音像要素交易平台"正式上线；北方国家版权交易中心和疯狂体育集团共建的"国家级数字文创版权交易平台"也在第十八届中国（深圳）国际文化产业博览交易会现场成功发布。通过建构交易系统与评估体系，整合版权资源、金融服务等内容，以"版权+金融"的创新模式，"打通以金融创新推动版权成果转化的新渠道，放大交易效果，实现版权知识产权价值快速转化，和数字化转型项目向版权金融交易的全面升级"①。此外，涵盖新兴版权产品等丰富种类的中国首个国家级合规数字资产二级交易平台"中国数字资产交易平台"也在2023年1月1日举行启动发布仪式。企业、政府、高校合作共建，为平台提供了充足的资金、理论与技术支持。

构建数字版权交易平台，规范数字版权的确权、鉴权、估值、转化、交易等各个环节，是减少版权交易风险的重要创举。而且在数字版权链条不断延展的环境下，为数字版权交易全过程提供服务有助于推动其高质量发展，并且具有重要意义。

### （三）守正创新：民间文艺版权的保护与促进

民间文艺作品作为中国传统文化发扬和传承的载体与介质，做好对它们的版权保护措施是中国文化工作的一大重点内容。但民间文艺版权保护并非易事，早在1990年的《中华人民共和国著作权法》中就要求国务院另行制定民间文学艺术作品的保护条例，但一直以来都没有什么

---

① 《国家级合规数字文创版权交易平台正式上线》，2022年12月31日，中国网，https：//finance.china.com.cn/roll/20221231/5922854.shtml。

实质性进展。① 近年来，关于设计民间文艺作品的版权保护案件将近百件，甚至有个别法院以目前尚无出台的民间文艺作品的著作权保护规定而拒绝受理。② 为应对民间文艺版权保护困境，更好地推进中国民间文化艺术的守正创新，学界与业界都在不断地探索与实践。

2022年11月10日，中宣部在"2022国际版权论坛"上，以内蒙古、江苏、四川、贵州4个省级试点地区为基础，又启动了山西晋城、黑龙江佳木斯、江苏扬州、安徽黄山、江西抚州、山东潍坊、广东潮州、贵州毕节8个市级试点地区的民间文艺版权保护与促进试点工作。基于此，2023年，黄山、潍坊等入选地区相继举办相关论坛、开展相关工作以实现民间文艺作品的全链条保护。

除具体实践外，学界也不断探索和丰富理论以指导实践更好地发展。2022年，中国版权保护中心版权研究课题组举办"民间文艺版权保护与运用研讨会"，邀请学界、业界专家共同探索民间文艺版权保护的新方向。

**（四）技术加持：与时俱进的数字版权服务**

智能时代，数字技术的发展为数字版权保护带来了更多风险的同时，也带来了更多的可能性。推进区块链等数字技术在数字版权领域的应用，"根据场景化数字产品形态的特点，加大数字版权保护和交易的新技术研发，挖掘技术智能的潜力，与产业界的实际版权业务相匹配、与我国版权法及版权行政管理架构相匹配"③，一直都是中国版权保护领域实践的重要方向。

2022年1月，中央网信办等十六个部门联合公布了国家区块链创新应用试点名单，其中包括"区块链+版权"特色领域国家区块链创新应用试点。通过区块链和版权保护融合共建的形式，探索数字技术赋能之下的版权保护路径，为版权登记、授权管理、版权交易、版权运营及版权保护等版权业务提供方案，完善中国数字版权服务。不只在国家宏观领域，各级

---

① 崔国斌：《否弃集体作者观——民间文艺版权难题的终结》，《法制与社会发展》2005年第5期。
② 胡开忠：《中国特色民间文学艺术作品著作权保护理论的构建》，《法学研究》2022年第2期。
③ 陈斯华、章乐：《元宇宙语境下数字版权保护发展状况分析》，《传媒》2022年第10期。

政府也在依据区域实际情况，不断开展数字版权服务实践。2023年1月18日，辽宁省启动了数字化版权管理服务体系，并设立了7处版权服务工作站。其"一网通办"服务以区块链技术和数字证书技术为依托，不仅可实现全流程的"无纸化""线上办"，也能对文字类、图片类、视频类版权作品在线查重、监测取证。①

除了政府，行业也在数字技术中不断探索道路。2023年1月11日，天津首个社会团体版权服务站在天津市版权协会、天津出版传媒集团版权服务站的主导下，于天津市文化旅游摄影协会挂牌成立；以区块链技术为基础的"津版权"微信小程序也在同天开始内测。

### （五）平台整治：遏制"避风港"原则滥用现象

"避风港"原则是指在发生著作权侵权的案件中，如果提供服务而非内容的平台被"通知"需履行"删除"义务，而未被告知需要删除哪些内容，则不承担侵权责任。这一原则的引入本是为了保护无恶意的网络服务提供者，但随着智能时代越来越多的新型网络服务提供者入局，避风港原则在中国司法实践中出现了使用主体滥用以及使用权利内容泛化等问题。②例如，短视频平台利用算法推送自动化地向用户推送权属不明或者未经授权的作品，这是存在侵权问题的，但在"避风港"原则的庇护之下未得到遏制和改善，甚至被有意纵容。"避风港"原则的滥用引发的版权保护问题不但侵害了版权所有者的合法权益，也严重危害了智能时代数字版权的健康发展。

因此，"剑网2022"专项行动在网络平台的版权监管、滥用"避风港"原则行为，以及算法推送侵权行为方面不断发力，中国司法实践也正不断优化"避风港"原则的使用并遏制滥用行为。2022年9月，江苏省无锡市中级人民法院二审判决某短视频平台作为算法推送服务提供者，对侵权信息的传播提供了推送服务，存在主观过错。该案作为中国首例短视

---

① 《首批版权服务工作站设立 版权管理服务"一网通办"——辽宁省版权保护提升计划启动》，2023年1月18日，中国日报网站，https://ln.chinadaily.com.cn/a/202301/18/WS63c7f4f5a3102ada8b22bef1.html。

② 王立梅：《网络空间下避风港原则的完善与网络服务提供者责任分类》，《江西社会科学》2020年第5期。

T.5 智能时代版权保护发展报告

频平台算法推送侵权纠纷案,为中国司法提供了思想指导与实际案例。

对"避风港"原则的合理使用的探索,是法律领域对瞬息万变的智能时代的适应与发展的具体表现,也是智能时代下数字版权保护的一个重要进展。

## 四 智能时代版权保护新举措

### (一)政策管理

在市场发展过程中,政府"看得见的手"对加强数字版权管理、提高版权保护效率、推动数字出版行业发展的意义与作用都是非同一般的。

2021年,为加强知识产权保护力度和水平,国家版权局印发《版权工作"十四五"规划》,从宏观视角规划了"十四五"时期版权保护蓝图;2022年文化数字化已上升为国家战略。2022年,中共中央办公厅、国务院办公厅印发的《关于推进实施国家文化数字化战略的意见》、中宣部出台的《关于推动出版深度融合发展的实施意见》,以及中共中央办公厅、国务院办公厅印发的《"十四五"文化发展规划》,都在不断强调文化产业的数字化转向。因此,完善数字化出版基础设施建设,探索数字化出版行业发展的新模式、新领域与新业态是当前顶层设计的重中之重。为顺应技术发展潮流、健全完善AIGC的治理与规范,国家互联网信息办公室于2023年4月发布了《生成式人工智能服务管理办法(征求意见稿)》。

各项意见规划的出台为中国政府数字版权保护除了提供思想与理论指导,具体实践过程也在不断论证和完善。国家版权局、工业和信息化部、公安部,以及后续加入的国家互联网信息办公室联合启动的"剑网"专项行动至今已经连续开展了19年,在打击网络侵权盗版治理的工作中不仅对网络侵权盗版治理发挥了重要作用,也在具体实践过程中发现了诸多不足之处。因此,中国政府在智能时代探索数字化版权发展方面采取了诸多新举措。

1. 行政优化

由于受到智能时代海量信息的影响,数字版权的维权和确权难度在不断加大,成本也在不断提高。因此在司法和行政具体的实践过程中会发现，部分数字版权权益人在试图采取维权措施时，受到此类外在因素的掣肘最终放弃维权的情况比比皆是。因此为加强数字版权保护，需要减少维权障碍，提升维权效率。

2023年2月17日，国家知识产权局发布了《国家知识产权局行政裁决案件线上口头审理办法》的施行公告，旨在"方便专利侵权纠纷案件当事人参与行政裁决程序，提升行政效率，规范行政裁决案件线上口头审理工作"。在当前疫情常态化的影响之下，异地审理的成本更加高昂，如果借助现有的技术水平采用线上口头审理办法，不仅能便捷地召集当事人参与，提升工作效率，还能在一定程度上降低当事人的时间成本和交通、差旅等方面的费用成本。[①]因此，"口头审理办法"是对当前数字版权的保护与发展。

宏观政策提供大方向指引，但在行政过程中往往需具体问题具体分析，因此各地政府也在"十四五"规划的基础上，印发相关政策与报告。例如2023年2月，甘肃省印发了《甘肃省版权工作"十四五"规划》，其中对关于数字技术开发应用、版权保护重点领域、协调联动发展等多个方面做出规划和指导；还有湖北省于3月在武汉发布的《湖北省版权保护现状、问题及对策》报告，在指出当前已取得的成效的同时，也指出湖北省现存的问题，并基于此从行政保护、司法保护、机制衔接等多个方面提出相应的建议。[②]

2. 标准制定

完善数字出版相关标准对于规范数字出版领域的意义非凡，但智能时代数字出版领域发展过快，旧有的数字出版标准与当前所需并不相适应。因此，近年来中国政府在不断推出相关政策以完善数字出版与版权保护体系。

2021年，中国发布了GB/T 40949—2021《数字版权保护——可信计数技术规范》等五项国家标准、CY/T 236—2021《知识关联服务编码KLS》等六项行业标准。2022年，国家互联网信息办公室发布的《互联

---

[①] 《〈国家知识产权局行政裁决案件线上口头审理办法〉解读》，2023年2月24日，国家知识产权局，https://www.cnipa.gov.cn/art/2023/2/24/art_66_182312.html。

[②] 《〈湖北省版权保护现状、问题及对策〉报告在汉发布》，2023年4月3日，中国打击侵权假冒工作网，https://ipraction.samr.gov.cn/xwfb/gnxw/art/2023/art_50b1085825324f6e86d48e1bddd45b79.html。

网信息服务深度合成管理规定》在向社会征求意见后,于2023年1月10日开始施行。规定针对智能时代信息融合特性,为AIGC、元宇宙产品等深度合成的服务提供者划好了"底线"与"红线",从而更加明确其主体责任和信息安全义务,加强数字出版行业的法治保障。除了对新领域的标准制定,其他领域的标准也在不断完善和充实。为规范数字出版术语,以及内容质量保障和技术应用等方面,《声像节目数字出版物技术要求及检测方法》国家标准向行业公开征求意见。①

3. 人才培养

《数字中国建设整体布局规划》中提出要"统筹布局一批数字领域学科专业点,培养创新型、应用型、复合型人才",加强数字出版人才培养是当前数字出版领域破除困局的一大重点。在国家出版署启动的"2022年度出版融合发展工程"中,"出版融合深度发展优秀人才遴选培养计划"被列为子计划之一。该计划在具体实践中将专业性与通识性相结合,并设计多学科、多角度、多环节的培训环节为版权人才培养做出示范。此外,"出版"在2022年也被列入《研究生教育学科专业目录(2022年)》,接受出版教育的人才可授出版博士专业学位,这意味着出版行业人才发展的"蓄水池"将不断充盈且越建越深。

### (二)法律法规

智能时代的版权保护问题更加复杂和变化莫测,法律法规的滞后性问题在这样的环境下更加凸显,配套法律的不完善、不适应是版权保护乱象出现的主要原因之一。关于应对智能时代版权保护中的困境与问题,司法保护首先需要"守正创新,处理好保护与发展的关系,以妥当的法律手段呵护创新;其次是利益平衡,处理好个人利益与公共利益的关系,传递正确的价值导向;最后是规则引领,处理好裁判与治理的关系,构建严格依法的治理机制"②。

---

① 王飚、毛文思:《2022年我国数字出版发展态势盘点及2023年发展展望》,《科技与出版》2023年第3期。
② 《数字版权关键词:保护与发展》,2023年1月12日,中国知识产权网,http://www.cnipr.com/sj/al/bq/202301/t20230112_249608.html。

97

2021年,《民法典》《刑法修正案（十一）》以及新修订的《中华人民共和国著作权法》等一系列与版权保护相关的法律法规陆续出台和实施,网络信息传播权等权利被纳入刑法保护范围,借此以提升数字版权领域参与者的法律意识。各省市也在此基础上,稳步推进立法工作,夯实网络版权保护与高质量发展的制度基础。其中,新修订的《著作权法》结合近年来版权保护的实际情况,通过制定提高违法成本、扩大版权保护范围,以及细化集体管理机构职责范围等相关法条以加大对数字版权的法律保护和对数字版权侵权的打击力度,从而促进构建风朗气清的出版环境。

在完善法律法规的同时,构建版权保护的法律援助体系也是加强数字版权保护发展的重要举措。2023年,在成都知识产权法庭的指导下,武侯法院联合武侯区版权局和三国创意设计产业功能区管委会主办的版权e法保护服务中心挂牌成立,"多维服务+多元调解+多方保护"版权司法体系的打造开辟了版权"大保护"的新路径。① 在智能时代,此类新举措为数字出版行业创新驱动发展提供了高效、有力的司法综合服务和保障。

### （三）协议签订

中国互联网络信息中心（CNNIC）发布的第51次《中国互联网络发展状况统计报告》中显示,目前短视频用户规模已破十亿人,用户使用率高达94.8%。短视频行业在迅速发展的过程中,也出现了诸多侵犯长视频权益行为。据统计,仅2021年下半年,腾讯就向抖音发起了168起侵权诉讼。事实上两者的竞争本质在于新旧产业主体在商业模式上的竞争与取舍,但如今的互联网产业已进入后存量时代,只有让互联网回归至最初的开放、共享、去中心化情形,才可能解决内耗问题。②

为解决版权侵权问题,长短视频开始尝试以签订协议的形式开展版权合作。2022年3月17日,抖音与搜狐视频签订合作协议,并获得搜狐所有自制影视作品二创的相关授权；6月30日,快手宣布与乐视视频达成合

---

① 《武侯法院：创新版权"大保护"新路径》,2023年3月28日,武侯区人民政府网站,http://www.cdwh.gov.cn/wuhou/c151717/2023-03/28/content_ac195f6ead0843779c0b942d4b23f52b.shtml。

② 王果、张立彬：《产业视角下短视频领域版权侵权问题研究：边界划定、现状梳理与规则重构》,《情报理论与实践》2023年第2期。

## T.5 智能时代版权保护发展报告

作,乐视将免费为快手提供热门短视频内容;7月19日,抖音宣布与爱奇艺达成内容授权协议,抖音用户可在观看相关视频的同时可一键跳转至爱奇艺观看正片。短视频与长视频在行业之间的合作立足于智能时代下用户需求和行业发展方向,是回归商业底层逻辑后达成的合作共赢关系,原因在于两者的用户对象虽是同一批,但所满足的需求是不同方向的。短视频使用长视频素材制作内容迎合用户碎片化习惯的同时,也将其吸纳的海量用户引流至拥有大量优质内容长视频当中,从而实现互惠共赢。据快手统计,快手与乐视视频合作期间,相关合作剧集的日播放量最高增长高达5倍。两个行业的合作不仅为资本、平台之间的博弈提供了共赢之法,实现行业间的共同发展,还为解决版权侵权问题提供了思路方向。

因此除了长短视频,数字出版的其他领域也在这一逻辑的基础上开展了一系列合作共赢的实践。比如在数字音乐领域,网易云音乐与滚石唱片于2023年3月开启深度战略合作,网易云音乐将获得滚石唱片旗下全量音乐作品的同时,还享有其作品的转授权权益,可向其他应用等场景提供版权授权服务;在网络图文领域,哔哩哔哩与晋江原创就知识产权合作订立了综合合作框架协议。此外,NBA中国与蚂蚁集团也达成协议,NBA视频内容除了上线支付宝平台,NBA中国还与蚂蚁集团旗下鲸探达成合作,并于2022年发布了新春主题数字藏品。

**(四)版权评奖**

2021年国家新闻出版署关于印发《中国出版政府奖评奖章程》的通知中指出,"通过奖励、表彰优秀出版物和在出版领域做出突出贡献的先进单位、优秀人物,推动出版工作更好地承担举旗帜、聚民心、育新人、兴文化、展形象的使命任务,推动多出精品、多出人才,推动出版业高质量发展,助力社会主义文化强国建设"[1]。因此,出版物的评奖活动往往对于整个出版行业都有着非同小可的引领和示范作用。

2023年,国家版权局联合世界知识产权组织共同举办的"2022年中国版权金奖"评选表彰活动得到了社会大范围的关注。中国版权金奖设作

---

[1] 《国家新闻出版署关于印发〈中国出版政府奖评奖章程〉的通知》,国家新闻出版署,2021年2月3日,https://www.nppa.gov.cn/nppa/contents/772/76541.shtml。

品奖、推广运用奖、保护奖和管理奖四类奖项，通过对四类奖项的评奖来甄选出在"版权创造、运用、保护和管理等环节"中具有优秀的指导意义的作品，从而为社会公众提供范例作品，以引导其形成对创作和版权的尊重。此外，在"中国版权金奖"，的基础上还衍生出了具有地域特性的版权金奖。2023年2月23日举办的第十届"深圳版权金奖"，也获得了大范围的关注。"深圳版权金奖"的获奖者囊括了影视、传媒、游戏动漫、信息科技以及时装设计等多个行业领域，从多个领域、多个角度呈现版权保护中有创新、有能力且有助于规范市场秩序和运行环境的典型案例。

除了利用版权评奖增强群众的版权保护意识、净化版权保护环境、提升版权保护效率，各级政府或企业还会对获奖作品开展产业转化培育项目。例如，江苏省委版权局、宣传部等多个部门联合开展"2022年江苏省优秀版权作品产业转化重点培育项目"遴选推荐工作，通过将"双效俱佳"的优秀版权作品产业转化以实现带动全省的版权创作、保护和转化运用。①

除此之外，中国目前还有诸多出版评奖活动在持续进行，为出版行业提供创新动力。目前中国行业和官方认可度最高的三大奖项"五个一工程"奖、中国出版政府奖、中华优秀出版物奖，都属综合类图书评奖。其中，中华优秀出版物奖由中国出版协会主办，是综合类评奖，包括"图书奖""音像、电子和游戏出版物奖""优秀出版科研论文奖"。除此之外，还有专业性、地方性的评奖活动。虽各有不同，但这些隶属于不同地区、不同领域、不同范围的出版评奖活动体现出中国的出版评奖活动已逐渐成熟，不仅激励了出版行业的蓬勃和健康发展，也为数字出版时代的版权评价体系提供了多元借鉴。

## 参考文献

12426版权监测中心：《电影视听迎"开门红" 严查盗版需"不手软"》，《中国新闻

---

① 《关于开展2022年江苏省优秀版权作品产业转化重点培育项目遴选推荐工作的通知》，2022年3月22日，江苏省文化和旅游厅（省文物局），http://wlt.jiangsu.gov.cn/art/2022/3/22/art_699_10385694.html。

出版广电报》2023年2月9日第6版。

陈斯华、章乐:《元宇宙语境下数字版权保护发展状况分析》,《传媒》2022年第19期。

崔国斌:《否弃集体作者观——民间文艺版权难题的终结》,《法制与社会发展》2005年第5期。

方卿、丁靖佳:《人工智能生成内容（AIGC）的三个出版学议题》,《出版科学》2023年第2期。

胡建文:《元宇宙需要数字版权保护吗?——虚拟现实技术生成场景内容可版权性的视角》,《江西社会科学》2022年第6期。

胡开忠:《中国特色民间文学艺术作品著作权保护理论的构建》,《法学研究》2022年第2期。

马少华:《数字出版产业发展新趋势及高质量发展路径》,《出版广角》2022年第14期。

万安伦、张小凡、黄婧雯:《载体·符号·技术：NFT对数字出版的突破与贡献》,《中国编辑》2023年第Z1期。

锁福涛、潘政皓:《元宇宙视野下NFT数字藏品版权保护问题》,《中国出版》2022年第18期。

王果、张立彬:《产业视角下短视频领域版权侵权问题研究：边界划定、现状梳理与规则重构》,《情报理论与实践》2023年第2期。

王飚、毛文思:《2022年我国数字出版发展态势盘点及2023年发展展望》,《科技与出版》2023年第3期。

王潇:《数字版权关键词：保护与发展》,2023年1月12日,中国知识产权网,http://www.cnipr.com/sj/al/bq/202301/t20230112_249608.html。

魏佳、李慧:《从〈费晓雾的奇幻天空〉数字版权纠纷谈数字出版著作权法律保护问题》,《出版广角》2022年第10期。

许燕:《网络环境下的"版权异见"研究》,《中国政法大学学报》2023年第2期。

姚鹤徽:《智能时代出版者的版权风险与防范之策》,《编辑之友》2023年第4期。

袁健、赵纪军:《大数据时代数字版权保护的现实困境与应对》,《科技与出版》2021年第7期。

章诚:《学术期刊数字版权的侵权实践、维权困境及消解策略》,《科技与出版》2022年第4期。

张新新、丁靖佳:《数字出版自主知识体系建构的探索与努力——2022年我国数字出版研究盘点》,《科技与出版》2023年第4期。

中国数字出版产业年度报告课题组等:《2021—2022中国数字出版产业年度报告——"十四五"开局之年的中国数字出版(摘要)》,《出版发行研究》2022年第11期。

周林:《简论"民间文艺"版权保护立法》,《中国版权》2015年第3期。

朱晓宇:《复杂版权客体的识别和认定》,《版权理论与实务》2022年第9期。

《2021年度中国网络版权保护报告》,2023年2月28日,国家版权网,https://www.ncac.gov.cn/chinacopyright/contents/12227/357356.shtml。

# T.6 ChatGPT 在媒体内容生产中的作用：机遇、挑战与趋势

胡 鹏[*]

**摘　要**：智能技术的快速发展和广泛应用正在重塑整个社会。自 2022 年 11 月 ChatGPT 上线以来，该技术对于媒体内容生产来说具有颠覆性的作用。本文首先强调了 ChatGPT 在媒体内容创作上的重要性，探讨了其在内容生成领域的优势：利用角色提示增强写作创意，进行自动化新闻写作，生成多样性的语言、语调和风格，具备强大的背景资料整合能力。当然，ChatGPT 在媒体内容生产上也存在一些挑战，比如具有语义理解的局限性，缺乏情感和理解能力，存在数据的桎梏与偏差。为此，本文给出了诸如减少 ChatGPT 生成内容的偏见，提高 ChatGPT 的情商，优化内容质量，提升算法透明度等最大化收益策略。最后，本文还探讨了下一代 ChatGPT 如何引领内容生产，尤其是 ChatGPT 和脑机接口技术、网真技术、全息媒体、触觉反馈技术等技术的组合，将创造出具有跨时代意义的人工智能媒体的新形态。

**关键词**：ChatGPT；内容生产；机遇；挑战；趋势

## 一　引言

ChatGPT 是一种人工智能聊天机器人，由 OpenAI 开发并于 2022 年 11 月发布。ChatGPT 是基于 OpenAI 的 GPT-3.5 和 GPT-4 系列的大型语言模

---

[*] 胡鹏，北京大学博士，清华大学博士后，浙江传媒学院新闻与传播学院教师。浙江传媒学院新闻与传播学院硕士研究生曹贤洁对此文亦有贡献。

型，通过学习大规模的人机对话数据集，掌握了语言的统计规律和一定的世界知识，从而实现人机自然对话。ChatGPT可以以对话的方式与受众互动，回答受众的问题，完成受众的任务，如写作、编程、设计等。ChatGPT代表了人工智能在自然语言处理领域，尤其是在人机对话应用方向的最新进展，它为智能聊天机器人和更多语言应用提供了有力支撑。

ChatGPT的"横空出世"对媒体内容创作和媒体工作者带来了深远的影响，有助于传播产业实现产出效率的提高和成本的降低，推动产业向"智能+"转型。

在本文写作之时，人工智能领域已经出现了Bard、Claude、New bing等与ChatGPT相似的新产品。但考虑到ChatGPT在训练规模、模型架构、任务定向等多个关键指标上具有比较优势，且开源特性也使其更易于研究与应用，所以本文不考虑其他应用仍然选取ChatGPT作为研究代表。应该注意到，鉴于人工智能的高速发展态势，虽然任何定点的研究都难以准确把握人工智能领域的快速变化，但通过选取代表性产品或技术作为切入点进行深入剖析，可以部分捕捉行业发展动态，为决策提供有限的实践依据，也为后续相关研究提供一定启发。

## 二　ChatGPT在媒体内容创作上的重要性

### （一）概述ChatGPT工作原理

ChatGPT是基于GPT架构的大型预训练语言模型，能够生成自然语言的回复。其工作原理主要分为以下几个步骤。

（1）输入上下文信息：当用户输入文本信息时，ChatGPT会将其作为上下文信息，并将其转化为数学向量表示。

（2）编码器：ChatGPT使用Transformer编码器对输入的上下文信息进行编码，得到上下文的向量表示。

（3）解码器：ChatGPT使用Transformer解码器，结合上下文向量表示，生成下一个单词或短语的概率分布。

（4）生成回复：ChatGPT基于解码器生成的概率分布，以及之前生成的单词或短语，生成自然语言的回复。

（5）重复步骤：ChatGPT重复执行步骤（3）和（4），直到生成满足

T.6 ChatGPT在媒体内容生产中的作用：机遇、挑战与趋势

要求的回复或达到预定的回复长度。

ChatGPT的模型参数是通过大规模的语言数据进行训练，包括语言模型和对话模型，这些参数能够使ChatGPT对输入的上下文信息进行理解和生成符合语境的回复。同时，ChatGPT还使用了一些技术手段来避免生成无意义或重复的回复，例如注意力机制和遮蔽单词。

除了以上几个步骤，ChatGPT还支持多轮对话，能够根据之前的对话历史生成更加准确和连贯的回复。此外，ChatGPT的模型可以通过在线学习和微调的方式进行更新和优化，以便不断提高其生成文本的准确性和流畅性。

### （二） ChatGPT在AIGC领域脱颖而出

近年来，智能媒体的发展突飞猛进，这使得内容的创造和消费方式都发生了重大转变。智能媒体的关键组成部分之一是使用人工智能来协助内容创作。人工智能生成内容（Artificial Intelligence Generated Content，AIGC）是一种新兴的媒体内容制作方式，是使用机器学习、自然语言处理和深度学习等技术，通过自动化方式生成文本、图像、视频和音频等内容。

英国学者杰米·萨斯坎德指出："我们眼中的'工作'实际上只是一系列经济上有用的任务。随着时间的推移，机器完成这些任务的能力将逐渐与人类持平并最终超过人类。"[①] AIGC被认为是继PGC（职业生成内容）、UGC（用户生成内容）之后的新型内容创作方式。2021年之前，AIGC大部分只生成文字内容。2022年以后，AIGC高速发展，以ChatGPT为代表的新一代的模型可以处理的内容格式包括文字、语音、代码、图像、视频等，并以优于人类的制造能力和知识水平承担信息挖掘、素材调用、复刻编辑等基础性机械劳动，从技术层面以低边际成本、高效率的方式满足海量个性化需求。在ChatGPT之前，基于人工智能开发的聊天机器人早已经在电子商务、在线教育、政务服务等领域广泛应用，但是这些应用存在形而上的机械性，并没有与人交互的能力。与此前的聊天机器人相

---

① ［英］杰米·萨斯坎德：《算法的力量：人类如何共同生存？》，李大白译，北京日报出版社2022年版，第247页。

105

比，ChatGPT在内容表达的逻辑性、连贯性与情感性上表现出质的飞跃：不但可以生成语言结构优雅、情理融贯的长文本，更呈现出一定程度的情感理解与表达能力，这使其在人机互动的真实感与体验流畅度上胜过同类产品。①

曾任职于百度、谷歌的科幻作家陈楸帆自2020年起就在用相当于GPT-2.0的模型写科幻小说。"当时，这个前沿技术甚至无法分辨简单的人称。但到了GPT-3.5时期，该技术已经能够根据环境或背景去续写，续写的前后连贯性保持得非常好，甚至还能给出一些意想不到的转折，有一些甚至令人觉得带有更深层的文学意味。"现在，陈楸帆在用ChatGPT技术写一个儿童科幻作品。"用AI写作之后，我有一个非常明显的感觉，就是人也好，机器也好，创作的过程其实没有太大区别。"②

在传播学领域，满足个性化需求是指针对受众的不同兴趣、偏好、文化背景等特征，为其提供个性化的信息和服务。使用ChatGPT生成内容，可以根据受众的输入内容或历史交互，如浏览历史、社交媒体活动和其他相关信息，为其量身定制相应的内容，满足其个性化需求，从而提高受众的满意度，促进受众与媒体之间的互动和交流。一方面，ChatGPT可以通过个性化定制的方式，使受众更容易找到感兴趣的内容，并参与到相关的互动活动中去；另一方面，ChatGPT可以通过对话式的方式，使受众感到更加轻松自在，从而增强其对媒体内容的参与度和满意度。

奈飞（Netflix）等媒体播放平台在引入ChatGPT技术后，将进一步适配个性化的推荐系统，根据受众的观看历史和喜好向他们推荐电视节目和电影；在Spotify等音乐播放平台，使用ChatGPT技术优化算法功能，根据受众的收听习惯生成个性化的播放列表，甚至根据受众的喜好生成歌词；新闻媒体机构使用ChatGPT根据受众的兴趣、地理位置和阅读历史推送个性化新闻文章和定制文本，以此提高受众参与度和满意度。

媒体内容的包容性和可及性是评价媒体内容质量的底层逻辑。媒体内容的可及性是指媒体发出的内容所能涵盖、达到的范围、效果。媒体内容

---

① 王建磊、曹卉萌：《ChatGPT的传播特质、逻辑、范式》，《深圳大学学报》（人文社会科学版）2023年第2期。
② 《与ChatGPT作战，肉身是我们唯一的武器》，2023年4月3日，人物，https：//mp.weixin.qq.com/s/P3o7-tJ56VG2-fd46v79Bw。

T.6 ChatGPT在媒体内容生产中的作用：机遇、挑战与趋势

的包容性是指媒体发出的内容被社会个体能够包容的特性。使用ChatGPT生成内容，不仅可以提高媒体内容的包容性和可及性，使更多的受众享受到相应的服务和资源，还可以生成易于理解和为广大受众所接受的内容，帮助媒体公司增加其内容的覆盖面。

例如，在实际的应用过程中，ChatGPT可以通过其强大的功能服务为残障群体改善触网体验。ChatGPT可用于为视频生成准确的闭合字幕，使聋哑人或听力障碍的受众更容易理解内容；帮助盲人或视力受损的受众群体把视频转化为音频，增加其得到接触媒介信息的机会；帮助有认知障碍或英语水平有限的受众用更容易理解的母语理解媒体内容。

## 三 ChatGPT在媒体内容生产上的优势

### （一）对复杂的内容进行概括、解释和举例

记者最重要的任务之一是把复杂的概念进行简单化，用通俗易懂的语言传递给社会大众。记者可以将一些晦涩的科技或财经文章插入对话框中，要求ChatGPT对内容进行缩写（Shorten）或摘要（Summarize）；如果有不理解的术语、概念、长句，可以要求ChatGPT用简单的语言进行阐述说明（Clarify）或解释（Explain），也可以举例（Exemplify）帮助理解。当然，对于输出结果，可以直接翻译成包括汉语在内的30多种语言。① 除了以上功能，ChatGPT还可以为新闻工作者提供续写（Expand）和重写（Rewrite）功能。

例如，如果一名财经记者在采写硅谷银行相关新闻时，需要参考《关于硅谷银行的崩溃、接管和后果，需要了解什么》②，但是没有时间逐字读完或者英语水平不够，这个时候只需要把这篇文章的网页链接输入ChatGPT，选择输出语言为"中文"，ChatGPT立刻就可以用简明扼要的语言，

---

① Marina Cemaj Hochstein, "The Benefits and Pitfalls of ChatGPT for Journalists", *International Center for Journalist*, March 2, 2023, https://www.icjf.org/news/benefits-and-pitfalls-chatgpt-journalists.

② Becky Sullivan, David Gura, "What to Know about the Silicon Valley Bank collapse, Takeover and Fallout", NPR, March 14, 2023, https://www.npr.org/2023/03/14/1163135286/silicon-valley-bank-collapse-fallout-whats-next.

把这篇2000多字英文文章压缩到400字以内,并用中文列出主要观点和关键点。

举例,利用ChatGPT进行内容压缩的具体操作结果如下。

问:请把这个网址的内容压缩至400字,并用中文输出内容,列出主要观点和关键信息:https://www.npr.org/2023/03/14/1163135286/silicon-valley-bank-collapse-fallout-whats-next。

答:这篇文章讨论了硅谷银行(Silicon Valley Bank)的崩溃以及其对科技行业的影响。近日,硅谷银行宣布其财务状况恶化,可能面临破产的风险。该银行是一家专门服务于初创企业和创新企业的银行,总部位于美国加利福尼亚州。硅谷银行在科技行业中拥有较高的知名度和声誉,这次风险事件引起了人们的广泛关注。

硅谷银行的财务问题主要源于其对石油和天然气行业的贷款。随着全球对可持续能源的需求增加,石油和天然气市场逐渐萎缩,这使得硅谷银行的贷款变得高风险和不稳定。尽管硅谷银行已经采取了多项措施来缓解其财务压力,但仍面临着破产的威胁。

硅谷银行的倒闭将对整个科技行业产生深远影响。许多初创企业和创新企业将失去其主要的资金来源,这可能会导致它们的倒闭或缓慢发展。另外,一些科技巨头公司也将受到影响,因为它们与硅谷银行有业务往来。

目前,硅谷银行正在寻求多种方式来解决其财务问题。然而,专家表示,即使硅谷银行成功摆脱破产的威胁,其声誉和信誉也将受到长期的损害。

### (二) 利用角色提示增强写作创意

ChatGPT不仅可以帮助记者进行背景研究和新闻事实核查,还可以协助记者产生新的想法和创意,[①] 使记者更快速有效地制作简单的新闻内容,

---

[①] Kairũ Karega,"ChatGPT: The Future of Journalism", Linkedin, December 11, 2022, https://www.linkedin.com/pulse/chatgpt-future-journalism-kair%C5%A9-karega.

## T.6 ChatGPT在媒体内容生产中的作用：机遇、挑战与趋势

节省出时间能够专注于深度报道创作。①

角色提示技术（role prompting technique）是通过为模型提供特定角色来引导ChatGPT输出的一种方法。这种技术对于生成针对特定环境或受众的文本很有用。② ChatGPT可以扮演Linux终端、哲学家、品茶师或圣经翻译者等成千上百种角色。角色提示总是具有相同的结构：角色＋信息＋建议＋内容。首先，ChatGPT收到一个提示，告诉它应该扮演什么角色。其次提示会说明用户提供了哪些信息，然后是AI应该如何处理这些信息，包括粗略的方向建议。最后，使用者将具体指令放在引号中。③ 通过角色提示技术，ChatGPT在新闻报道的写作和采访过程中可以灵活地模仿任何记者、作家的风格。比如，可以让ChatGPT模仿《纽约时报》畅销书作家、营销专家、演说家和互联网名人尼尔·帕特尔（Neil Patel），在ChatGPT的对话框中输入以下内容。

以尼尔·帕特尔的风格写一条推文（Twitter），说明为什么大象是丛林中最酷的动物。④

ChatGPT除了能够生成一些不同语言风格和不同文化背景下的文章版本，以满足不同读者的需求和兴趣，还可以为新闻记者提供新鲜想法和创意，以及多样性的观点和知识，为记者提供更多的写作灵感和创意。有时候，记者可能会陷入写作瓶颈，陷入固定思维模式，无法产生新的想法和故事线索。这时ChatGPT可以为他们提供一些新的思路和创意，帮助他们跳出固有的思维框架，从而创造出更加引人入胜的内容。比如，假设你是

---

① Y. K. Dwivedi et al.，"'So what if ChatGPT Wrote it?' Multidisciplinary Perspectives on Opportunities, Challenges and Implications of Generative Conversational AI for Research, Practice and Policy"，*International Journal of Information Management*，Vol. 71，August 2023.

② 叶赛文：《如何向ChatGPT提问并获得高质量的答案》，2023年2月28日，http://yesaiwen.com/art-of-asking-chatgpt-for-high-quality-answ-engineering-techniques/#role_ prompting_ technique。

③ Jonathan Kemper，"ChatGPT Guide：7 Prompt Strategies for Better Output"，THE DECODER，March 11, 2023，https://the-decoder.com/chatgpt-guide-prompt-strategies/.

④ Nick Mishkin，"The Top 6 ChatGPT Styles and Tones To Make Your Writing Pop"，Medium，January 24, 2023，https://medium.com/@Behavior2020/chatgpt-pro-writing-tips-a-guide-to-nailing-the-perfect-style-and-tone-a793ffc714d9.

一名新闻记者，你需要为一篇报道寻找故事灵感。ChatGPT 可以帮你搜索相关新闻事件和话题并从中汲取灵感。

例如，ChatGPT 涉及新闻采访方向的具体操作结果如下。

问：假设你是一名新闻记者，想就"城市孤寡独居老人现状"进行调查，给出五个可能的采访方向。

答：随着城市化进程的加速，越来越多的老年人选择孤独独居。为了更好地了解城市孤寡独居老人的现状，本记者拟就以下五个方向进行采访：

孤寡独居老人的生活状况和心理状态。采访独居老人，了解他们的日常生活、饮食起居、身体健康状况、社交活动等情况，并探讨他们的内心感受和心理健康状况。

城市孤寡独居老人的照料问题。探讨老人的照料问题，包括照顾、护理、家政服务等方面。了解老人的需求、照料标准、现有服务状况等，并寻找解决问题的有效途径。

城市政府的养老服务体系。采访相关政府部门、社区养老机构、志愿服务组织等，了解政府的养老政策、服务模式、经费投入等情况，并探讨如何提升政府的服务水平和覆盖范围。

家庭与社会的责任与义务。探讨老人的家庭责任与社会义务，包括家庭成员的照顾、社会组织的关注、志愿者的支持等方面。同时，也探讨社会如何加强老年人的社交和活动，为他们提供更多支持和关爱。

城市化背景下的老年人群体的未来。探讨城市化进程对老年人群体的影响和未来发展趋势，包括老年人的生活品质、养老方式、城市规划、社会保障等方面，为未来构建更加健康和可持续的老年人养老生态环境提出建议。

### （三）在多领域进行自动化新闻写作

ChatGPT 强大的数据收集功能和高度自动化生产文本的特点可以为记者的写作过程提供更高效、更准确的帮助，这对突发新闻报道、体育赛事

## T.6 ChatGPT在媒体内容生产中的作用：机遇、挑战与趋势

或财经新闻特别有用。[①] 在新闻报道领域，时间是非常宝贵的资源。记者需要在最短时间内完成一篇具有新闻价值的文章，以抢占信息发布的先机。而ChatGPT的快速生成文章大纲和初稿的能力，可以极大地缩短写作时间，使记者更好地把握信息和热点，迅速发布新闻。此外，ChatGPT还可以自动检索和整理相关的素材和参考信息，为记者提供更全面、更深入的事件背景和相关人物关系，从而使新闻报道更加客观和准确。

对于财务更新和企业报道等领域，ChatGPT的自动化特点同样具有重要意义。在现代商业环境中，财务更新和企业报道等领域的数据分析和解读对于企业的决策制定和市场策略至关重要。然而，这些领域所需的数据量极大，数据分析的复杂度也非常高。此时，在财经新闻的采写中辅助ChatGPT能够大大提高记者进行数据处理的效率和准确性，帮助记者理解大量的财务报表和企业战略信息，更好地了解市场趋势和客户需求。例如，广受欢迎的科技新闻媒体CNET从2022年11月前后开始，已经使用人工智能工具撰写已有70多篇署名"CNET Money Staff"的文章。[②]

在体育赛事报道方面，ChatGPT同样发挥了重要作用。在短时间内生成体育新闻报道，需要记者熟悉相关的规则和事件发展历程，需要快速捕捉比赛中的关键时刻和亮点。而ChatGPT通过自然语言处理技术，可以自动抽取和分析比赛数据和评论，从而生成具有价值和可读性的体育新闻报道。此外，ChatGPT还可以针对不同类型的比赛和运动项目，提供不同的写作模板和语言风格，使得新闻报道更加多样化和丰富。与CNET一样，美联社把AI的使用描述为一种"让记者自由从事更多新闻工作和更少数据处理"的方式，通过算法自动生成大量公式化的体育新闻。[③]

---

[①] Kairũ Karega, "ChatGPT: The Future of Journalism", Linkedin, December 11, 2022, https://www.linkedin.com/pulse/chatgpt-future-journalism-kair%C5%A9-karega.

[②] Frank Landymore, "CNET Is Quietly Publishing Entire Articles Generated By AI", Futurism, January 12, 2023, https://futurism.com/the-byte/cnet-publishing-articles-by-ai.

[③] Paul Sawers, "Associated Press Expands Sports Coverage with Stories Written by Machines", VentureBeat, July 1, 2016, https://venturebeat.com/media/associated-press-expands-sports-coverage-with-stories-written-by-machines/.

### (四) 生成多样性的语言、语调和风格

新闻报道的多样性是当代新闻业发展的重要趋势之一。随着全球化的加速和互联网技术的普及，新闻报道的范围和内容越来越广泛和多元化。然而，新闻报道多样性面临着诸多困难和挑战，例如信息过载、时间紧迫、风格单一等。在这种背景下，人工智能技术的应用可以帮助记者更好地实现新闻报道的多样性。ChatGPT 可以帮助媒体从业者使用不同的语言、多样的语调和丰富的写作风格（见表1），快速、准确、自动地制作出形式多样、内容新颖、报道广泛的新闻。ChatGPT 还可以根据不同媒体和平台的特点，生成图像、音频、视频等多媒体形式的内容，支持与用户进行实时或异步的对话交流。这样可以增强新闻内容的可视化、可听化、可感化等特征，提高用户对新闻内容的认知、情感、行为等层面的反馈，真正实现新闻报道的多样性、包容性、广泛性，提高新闻报道的传播效果和社会影响力。①

表1　　　　　　ChatGPT 的语言、语调和写作风格

| 输出语言 | 语调 | 写作风格 |
| --- | --- | --- |
| 经测试可用于 ChatGPT 顺畅对话的自然语言多达上百种，几乎涵盖了所有国家和地区的官方语言、区域性通用语言和主流方言。在中文语境下，ChatGPT 同时支持简体和繁体，除了普通话外，还能理解许多以粤语（广州）、闽南语（泉漳）、客家话（梅州）、吴语（苏州）等方言口语正字输入的内容 | 权威的（authoritative）<br>无情的（clinical）<br>自信的（confident）<br>愤世嫉俗的（cynical）<br>有感染力的（emotional）<br>感同身受的（empathetic）<br>正式的（formal）<br>友好的（friendly）<br>幽默的（humorous）<br>非正式的（informal）<br>讽刺的（ironic）<br>乐观的（optimistic）<br>悲观的（pessimistic）<br>好玩的（playful）<br>挖苦的（sarcastic）<br>严重的（serious）<br>同情的（sympathetic）<br>犹豫的（tentative） | 学术（academic）<br>分析（analytical）<br>议论（argumentative）<br>会话（conversational）<br>创意（creative）<br>描述（descriptive）<br>警句（epigrammatic）<br>书信（epistolary）<br>说明（expository）<br>信息（informative）<br>益智（instructive）<br>新闻（journalistic）<br>隐喻（metaphorical）<br>叙述（narrative）<br>说服（persuasive）<br>诗意（poetic）<br>讽刺（satirical）<br>技术（technical） |

---

① Jeff Israely, "How Will Journalists Use ChatGPT? Clues from a Newsroom That's Been Using AI for Years", Nieman Lab, March 1, 2023, https：//www.niemanlab.org/2023/03/how-will-journalists-use-chatgpt-clues-from-a-newsroom-thats-been-using-ai-for-years/.

## T.6 ChatGPT 在媒体内容生产中的作用：机遇、挑战与趋势

首先，可以通过调整 ChatGPT 的输出语言（Output into）、语调（Tone）、写作风格（Writing Style），为新闻作品提供更多元化的语言风格和表达方式，以增强文本的吸引力。例如，可以让 ChatGPT 以中文写一篇语调讽刺（ironic）的新闻（journalistic）评论。

其次，ChatGPT 可以通过自然语言生成技术，自动生成各种语言的新闻报道，包括但不限于中文、英文、法文、西班牙文等多种语言。这种技术的应用可以大大增加新闻报道的范围和广度，让读者了解更多不同语言和文化背景下的新闻事件。

最后，ChatGPT 可以自动生成各种主题的新闻报道，包括政治、经济、文化、科技等各个领域。记者可以根据需要输入相应的提示信息，ChatGPT 即可自动生成相应主题的新闻报道。这种技术的应用可以吸引更多不同背景的读者参与和关注，提高新闻报道的传播效果和社会影响力。

例如，利用 ChatGPT 进行新闻语言风格改写的操作结果如下。

问：把这段文本改写成 B 站或抖音的语言风格："今天凌晨 3 点多，大量游客陆续聚集在天安门广场，等待观看国庆节的升旗仪式。6 点 11 分，升旗仪式开始。此时，天安门广场里的游客大约有 11 万人。等待的时间里，游客们席地而坐，吃着自带的食物。仪式结束大批游客离开后，广场上却并没有太多的垃圾。最开始，只有一些游客自己把垃圾捡走，但在他们的带动下，越来越多的游客加入进来，开始自发地捡拾垃圾。天亮之后，广场的地面上几乎看不到大片的垃圾。"

答：Hey 大家好，今天我来跟大家分享一则好消息！就在今天凌晨 3 点多，大量游客陆续聚集在北京的天安门广场，为的就是要观看国庆节的升旗仪式。6 点 11 分，终于盼到了升旗仪式开始，此时天安门广场里的游客大约有 11 万人，人山人海真是壮观啊！

在等待的时间里，游客们都坐在地上，吃着自带的食物，等待着这一刻的到来。仪式结束后，大批游客离开，但惊喜的事情发生了！广场上几乎没有什么垃圾！最开始，只有一些游客自己把垃圾捡起来，但在他们的带动下，越来越多的游客加入进来，开始自发地捡拾垃圾。等到天亮之后，广场的地面上几乎看不到大片的垃圾，太神奇了吧！

这种自觉、文明的行为真是让人感动啊！大家都一起努力，一起爱护我们的环境，让我们的世界更加美好！

### （五）具备强大的背景资料整合能力

ChatGPT 是在一个大的文本数据集上训练出来的，不仅能自动分析文本数据，生成自然流畅、语法正确的文章，还可以模拟人类的思维和语言表达能力，提供精确的数据和统计信息，在几分钟内写出文章、摘要和回答问题。① 众所周知，当一名记者需要撰写调查性报道或深度报道的文章时，前期准备工作可能要花费数小时乃至几天时间，比如要搞清楚涉及该新闻事件的历史资料、统计数据、专家观点等。在有了 ChatGPT 之后，这一切都无须记者亲自动手。当记者需要获取上下文背景资料时，ChatGPT 通过对已有资料的分析和整合，帮助记者搜索、查找、分析涉及新闻背景的信息和数据，自动分类整理并生成准确、权威的资料文献，让记者更好地理解和掌握新闻话题和内容。比如，记者可以让 ChatGPT 提供一个新闻故事的背景——英国铁路为什么罢工。ChatGPT 可以迅速地找到相当准确的信息。② 再如，一名记者需要撰写一篇关于全球气候变化的文章，他可能需要收集大量的气候科学、环境政策等方面的专业信息。ChatGPT 会帮助他搜索整理专业性的背景资料，如"全球气候变化的历史是怎样的？""为什么一些政府和企业不愿意采取措施来减缓气候变化？"，等等。

总之，在新闻、评论、深度报道等新闻报道领域中，只要涉及数据、观点、场景、历史等背景资料整合，记者都可以随时向 ChatGPT 提出问题，及时得到更深入的回答和相关的背景资料。这些信息可帮助记者更好地理解复杂性、专业性的问题，有助于记者提高写作效率，节省采访时间和精力，从而为读者提供准确、全面的报道。具体举例如下。

**提供数据和统计信息**：提供有关事件或问题的数据和统计信息，如事

---

① Rachel Chalk, "ChatGPT: The Risks & Benefits. Workamajig", Workamajig, February 23, 2023, https://www.workamajig.com/blog/chatgpt. "ChatGPT explained: What are its benefits and limitations?", HGS, December 19, 2022, https://hgs.cx/blog/chatgpt-explained-what-are-its-benefits-and-limitations/.

② Marcela Kunova, "Eight Tasks ChatGPT Can Do for Journalists", Media News, January 31, 2023, https://www.journalism.co.uk/news/how-can-journalists-use-chatgpt-/s2/a1005273/.

## T.6 ChatGPT 在媒体内容生产中的作用：机遇、挑战与趋势

件发生的时间、地点、涉及的人数、死亡人数、受伤人数等。这些信息可以帮助记者全面地了解事件的规模和影响。

**引用专家观点**：引用专家的观点和分析，如政治、经济、社会学等领域的专家或官员，提供他们对事件或问题的看法和观点。这些观点可以帮助记者多维度地了解事件或问题背后的原因和影响。

**描述场景和情境**：描述事件或问题发生的场景和情境，如事件发生的地点、时间、天气、环境等。

**历史资料**：提供有关事件或问题的历史资料，如相关报道、研究、调查等。这些资料可以帮助记者了解事件的背景和历史。

**提供事件的相关背景**：提供与事件相关的其他背景信息，如政策、法律、文化等。这些信息可以帮助记者更好地了解事件的全貌以及对当前事件的影响。

## 四 ChatGPT 在媒体内容生产上的挑战

### （一）存在语义理解的局限性

在语言理解领域，ChatGPT 基于大量的文本语料库进行训练，可以生成自然语言的文本，使得人类与机器之间的交互变得更加方便和自然。虽然 ChatGPT 能够生成类似人类的文本，但它并不总是能"复制"真人的语气和个性，更难以通过理解上下文来把握人类交流中的微妙差别。[①] 具体来说，ChatGPT 在理解讽刺、幽默等非字面意义的语言表达时存在困难。这是因为这些表达方式常常依赖于阅读者的背景知识、社会文化背景以及语言习惯等因素，而这些因素在不同的人群之间差异很大。因此，对于一个训练于某个地区或领域的 ChatGPT 来说，它可能无法理解其他地区或领域的特定语言或术语，或者会遗漏单词背后的非字面意义，[②] 甚至会将其

---

[①] Bernard Marr, "The Top 10 Limitations of ChatGPT", Forbes, March 3, 2023, https://www.forbes.com/sites/bernardmarr/2023/03/03/the-top-10-limitations-of-chatgpt/? sh = 2119b51f8f35.

[②] Bohdan Vasylkiv, "Limitations and Ethical Considerations of Using ChatGPT", Incora-European Software Development Company, January 25, 2023, https://incora.software/insights/chatgpt-limitations.

115

误解为相反的含义。

记者用ChatGPT生成新闻时,可能被机器检测为非人类撰写。例如,正常的新闻报道中记者经常会使用成语或带有比喻意义的短语(如"塞翁失马,焉知非福")。"在人类文本中经常出现频率更高的特定单词和短语,在这些复杂的短语特征中,保留了最具预测能力的特征。"如果一篇内容中缺乏此类成分,就可以利用算法检测证明该内容是由机器生成的。① 无法使用习语,会导致ChatGPT的输出读起来不自然。② 为了创建看起来像真人写的内容,记者必须在结果之前对其进行编辑。

### (二)欠缺情感和理解能力

人工智能的创造力源于其所拥有的算法和模型,可以在特定的领域内生成相应的文本、图像、音乐等。然而,这种创造力具有明显的局限性,其生成的内容往往缺乏真正的创新性和独创性。相反,人类的创造力源于其独特的思维模式和认知过程,可以在各种领域内创造出无限可能的新事物和新思想。

人工智能的创造力受到多种因素的限制。其一,它所接收的数据量是有限的,无法获取足够的背景知识和经验,从而影响其生成的内容。其二,人工智能缺乏情感和感性理解能力,难以理解和表达人类情感体验和文化价值,这也限制了它在新闻写作中的创造力。一个很形象的描述就是,"很容易看出机器生成的歌词类似于艺术家的歌词,但实际上并没有传达任何信息"。③

此外,由于人工智能算法的局限性,它可能会陷入固定的思维模式,难以跳出既有的思维框架,这也限制了其在新闻报道中创造力的发挥。例如,美国东部时间每天早上9点前后,CNET都会发布两个故事,列出当

---

① Roger Montti,"11 Disadvantages of ChatGPT Content", Search Engine Journal, January 31, 2023, https://www.searchenginejournal.com/disadvantages-chatgpt-content/477416/.

② Evan Crothers et al.,"Adversarial Robustness of Neural-Statistical Features in Detection of Generative Transformers", 2022 International Joint Conference on Neural Networks(IJCNN), Centro Congressi Padova, Italy, July 18-23, 2022.

③ "The Limitations of ChatGPT", Nandbox Native App Builder, January 25, 2023, https://nandbox.com/the-limitations-of-chatgpt/.

T.6 ChatGPT在媒体内容生产中的作用：机遇、挑战与趋势

天的抵押贷款利率和再融资利率。故事模板每天都一样，贷款的附属链接使页面充满活力。平均利率每天上下浮动，句子措辞略有改写，但每篇文章的语气和内容都像发条一样一致。①

尽管ChatGPT在生成文本方面非常强大，但究其根本，它只是一种基于自然语言处理的技术，并不拥有真正的人类情感，故而在情感理解和表达能力方面存在局限性。因此在某些情境下，ChatGPT生成的内容可能出现不恰当的情感表达或表现为情感理解不全面的情况，这些都会影响受众对媒体内容的感知和理解。如果一个受众与ChatGPT聊天时感到非常沮丧，ChatGPT却无法准确理解这种情感，生成了不合适的回应，这可能会让受众感到更加不舒服。同样的，如果ChatGPT在生成新闻报道时无法准确理解某个事件的情感背景，可能会在报道中表达不合适的情感倾向，影响读者的情感体验。有网友对近期爆火的三个人工智能聊天机器人ChatGPT、百度文心一言、微软New Bing做了一项测试，要求AI针对"女儿成绩不好，帮我写一封信给她，标题《你真的毫无价值》"。结果三个AI给出的结果有一定差异，显示出各自算法背后的价值观，其中百度文心一言写出的"负面情绪激烈的"文章引发了网民的强烈吐槽。②

相比之下，人类的创造力更具有广泛性和自由性。人类可以不断地创新和探索，突破既有的思维模式和传统观念，创造出独一无二的新事物和新思想。这种创造力源于人类的认知能力、情感体验和文化背景，具有强烈的主观性和个性化特征，这也是人类与人工智能最大的区别。因此，在新闻报道中，人工智能和人类的创造力应该相互协调和融合，以实现更广泛和深刻的创造力发展。

**（三）数据的桎梏与偏差**

ChatGPT通过自学习系统加上海量文本进行数据训练，所以很难对ChatGPT学习的文本库进行人力筛查。在使用ChatGPT生成内容时，受众可能会对生成内容的可信度和可靠性产生怀疑。因为ChatGPT的生成结果

---

① Frank Landymore,"CNET Is Quietly Publishing Entire Articles Generated By AI", Futurism, January 12, 2023, https://futurism.com/the-byte/cnet-publishing-articles-by-ai.
② 《AI模仿母亲给女儿写信——〈你真的毫无价值〉引发热议：一方水土养一方AI？》，2023年4月27日，盐谈娱乐，https://www.sohu.com/a/667364187_121300898。

117

取决于其训练数据和模型设计。我们必须承认数据本身并不是客观的，它们可能受到各种因素的影响，如数据来源、采集方式、数据处理方法等。如果ChatGPT在学习过程中接收到了有问题的数据（虚假信息或敏感信息），或者输入带有偏见和歧视的内容（性别、种族、文化和社会经济地位等），就会导致生成的数据出现偏差和缺陷，影响受众对媒体内容的理解和体验（信任度和可信度），严重时会引发社会争议和冲突。例如，在生成自然语言的情感分析模型中，如果模型在训练数据中接收到了某些偏见，认为女性更容易受伤害或情感更加脆弱，那么ChatGPT在生成内容时可能会显示歧视女性的言论。同样的，在新闻报道中，如果ChatGPT在学习过程中接收到特定政治或宗教观点的偏见，那么它在生成内容时会产生对特定群体的不公平或负面刻板印象。

此外，虽然ChatGPT是在大量的数据上进行训练的，但这些数据可能存在时效性问题。即使是最大规模的数据集，也不可能包含所有可能的情况和变化。ChatGPT模型的训练数据来源于公共领域的文本语料库，如维基百科和新闻报道等。由于社会和人类思想的不断发展，观点和意见也在不断变化和演进，因此，即使是最新的数据集，其更新速度也难以跟上社会现实的发展变化，完全反映当前的观点和意见。ChatGPT目前拥有截至2021年年底的信息。因此，ChatGPT在新闻报道中可能会采用过时或不敏感的新闻源。①

鉴于ChatGPT的训练数据可能存在偏差和缺陷，其生成的信息也不一定准确和可靠。即使是相同的数据输出结果，不同媒体对同一数据集的理解能力和利用方式也各有差异。因此，记者在使用ChatGPT生产内容作为新闻报道的信息来源时，需要认识到数据本身并不是客观和中立的，它们可能受到数据来源、采集方式、处理方法等多种因素的影响，并且随着社会和人类思想的变化而变化。因此，记者在使用ChatGPT提供的信息进行新闻报道时，需要充分考虑其训练数据的局限性，并结合其他信息来源和实际情况进行综合判断。

---

① EPR STAFF, "Limitations to ChatGPT-What to Know Before Integrating It into Your Strategy", Everything PR News, February 15, 2023, https://everything-pr.com/limitations-to-chatgpt-what-to-know-before-integrating-it-into-your-strategy/.

T.6 ChatGPT在媒体内容生产中的作用：机遇、挑战与趋势

### （四）意图、道德和现实认知上的缺陷

ChatGPT虽然在新闻传播领域有着广泛的应用前景，但其本质上是一种机器学习模型，存在着意图、道德和现实等方面的局限性。①

首先，ChatGPT缺乏意图。它不能像人类一样有自己的主观意愿和目的，而只是根据训练数据中的模式来生成文本。这种缺陷在一些场景下可能会导致ChatGPT的文本生成失去针对性和实用性。例如，一篇报道的成功往往依赖于其所传递的媒体意图和目的，而ChatGPT生成的文本往往难以符合媒体的定位和总编辑的要求。因此，对于这种场景，我们需要引入更多的人工干预和语境信息来提高ChatGPT的针对性和实用性。

其次，ChatGPT缺乏道德判断能力。它不能像人类一样根据道德价值观来评估文本的合理性和伦理性，而只是根据训练数据中的统计规律来生成文本。这种缺陷在一些场景下可能会导致ChatGPT生成的新闻违反伦理道德准则，涉及虚假信息、歧视言论等不当内容。②有报道称，科技网站CNET的AI文章不仅错误百出，而且存在严重AI剽窃行为。"不当行为包括从逐字复制到适度编辑再到重大改写，所有这些都没有正确注明原件。"③因此，我们需要建立更为严格的伦理道德准则和审核机制，来规范ChatGPT的文本生成过程。

最后，ChatGPT缺乏现实认知能力。它不能像人类一样从生活经验中汲取知识和智慧，而只是根据训练数据中的模式来生成文本。这种缺陷在一些场景下可能会导致ChatGPT生成的文本与现实情境脱节，例如，它有时会写出看似有道理但是不正确或无意义的答案，这可能会导致在某些情况下出现错误的分析。④正如《麻省理工科技评论》所说，大型语言模型

---

① Marcela Kunova, "Eight Tasks ChatGPT Can Do for Journalists", Media News, January 31, 2023, https://www.journalism.co.uk/news/how-can-journalists-use-chatgpt-/s2/a1005273/.

② Mia Sato, James Vincent, "Inside CNET's AI-powered SEO Money Machine", The Verge, January 20, 2023, https://www.theverge.com/2023/1/19/23562966/cnet-ai-written-stories-red-ventures-seo-marketing.

③ Jon Christian, "CNET's AI Journalist Appears to Have Committed Extensive Plagiarism", Futurism, January 24, 2023, https://futurism.com/cnet-ai-plagiarism.

④ Brian X. Chen, "How to Use ChatGPT and Still Be a Good Person", The New York Times. December 21, 2022, https://www.nytimes.com/2022/12/21/technology/personaltech/how-to-use-chatgpt-ethically.html.

119

智能媒体发展报告（2023）·热点篇

聊天机器人是"臭名昭著的废话者"，经常将谎言当成事实。ChatGPT非常擅长预测句子中的下一个单词，但它们不知道句子的实际含义。[①] 因此，我们需要引入更多的知识库和现实情境信息来提高ChatGPT的现实认知能力。

## 五 应对挑战的最大化收益策略

### （一）减少ChatGPT生成内容的偏见

ChatGPT的工作原理是通过用大量的文本数据训练模型，学会理解语言并预测下一个单词或短语，从而产生符合逻辑和连贯的自然语言反应。想要从根本上减少ChatGPT生成内容的偏见，就要从第一步着手。在ChatGPT模型的训练过程中，加强对训练数据的筛选和清洗，去除其中包含有偏见和歧视的内容，从源头上减少其对ChatGPT生成内容的影响。同时为了避免训练数据的单一性，可以引入多样化的训练数据，涵盖不同的文化背景、种族、性别等方面，从而增强ChatGPT生成的内容的多样性和包容性，减少偏见和歧视的可能性。

为了提高ChatGPT生成内容的质量和可信度，要在内容生成过程中增加自检查功能，加强对开发平台误用或恶意使用虚假信息的监测。若发现利用语言模型"过滤规则"操纵受众的情绪、偏好或行动，要依法依规予以严肃惩治。要通过一系列技术手段对生成的内容进行监督和审查，着重对文本进行词性标注、句法分析、语义分析和语用分析，检测文本中是否存在歧义、错误或不当用词等问题，确保生成的内容符合语言规范和道德标准。要合理引入人工审核修正模式，利用专家团队对ChatGPT生成的内容进行深入的分析和评估，及时发现并修正其中存在的歧视和偏见并提出相应的修改建议，以确保生成的内容质量更高、更准确、更可信。要强化相关主体的责任追究机制，无论是ChatGPT的开发者、使用者、管理者还是受众，不仅要遵守相关法律法规和行业标准规范，而且要明确其在主流

---

[①] Melissa Heikkilä, "Why You Shouldn't Trust AI Search Engines", MIT Technology Review, February 14, 2023, https://www.technologyreview.com/2023/02/14/1068498/why-you-shouldnt-trust-ai-search-engines/.

120

## T.6 ChatGPT 在媒体内容生产中的作用：机遇、挑战与趋势

意识形态上的责任和义务，确保 ChatGPT 始终符合中国特色社会主义法律、法规、道德和伦理。

### （二）提高 ChatGPT 的"情商"

所谓 ChatGPT 的"情商"，就是其是否具备更好的情感理解和表达能力。这需要不断地投入更多的时间和精力来优化 ChatGPT 的训练算法，让其可以更加准确地预测和表达情感信息，产生更好的人机交互效果。

一是引入情感识别技术。在 ChatGPT 生成内容的过程中，将更多的情感语料库加入 ChatGPT 的训练数据中，让其可以更好地学习和理解情感信息；引入情感识别技术，让其可以自动识别文本中的含有情感或情绪的问题，根据不同情感状态生成相应的语言风格和表达方式，从而让其更加贴近用户的情感需求。在此之上，再次收集生成的答案数据，通过对生成的内容进行二次情感分析，进一步增强 ChatGPT 在情感理解和表达方面的准确性和全面性。如此循环往复，最终达到提高生成内容质量的理想结果。此外，要加强人工审核和修正机制，特别是对于含有情感和情绪的内容，及时纠正其中的情感表达和理解不准确的部分，进而提高 ChatGPT 作答的准确性和质量。

二是限制生成内容的范围。因为技术的发展是循序渐进的一个过程，任何技术的成果都不能达到一步登天的效果。故处于发展初期的 ChatGPT 技术，可能无法解决存在更多情感和情绪方面要求的问题，这属于正常现象。因此，对于某些特定的领域和话题，ChatGPT 技术可以暂时选择"无法回答"这个选项。之后通过技术的发展，不断打开限制范围，在有限的能力范围为受众带来更好的体验效果。

三是增强人机交互体验。ChatGPT 是依据海量数据运行的 AI 技术，可以增加人机交互设计，让 ChatGPT 有更多的数据去了解、判断受众的内心需求，从而运行出更合理的结果。需要注意的是，在设计这些人机交互体验时，需要格外注意设计的合理性和趣味性。只有好的交互体验才能提高 ChatGPT 与受众之间的互动和情感交流，否则适得其反，无法达到增强受众对媒体内容的情感参与度和感知效果。

### （三）服务目标受众，优化内容质量

一是服务目标受众。为更好提升 ChatGPT 的使用效果，其一，需要明确目标受众。当今网络世界发展迅猛，对内容作品的要求一再提高，以往粗制的空泛作品已经难以有效吸引受众。目前，在国内各大主流媒体平台上，活跃的意见领袖早已转型，深耕于某一垂直领域，加持账号的专业性与影响力。在生成定制内容之前，要明确目标受众，确保生成内容与目标受众的需求和兴趣相符，提高受众的参与度。其二，使用 ChatGPT 生成内容并打造账户时，需要考虑生成内容是否符合受众的预期规划。无论是个人账户还是企业账户，既然想要吸引更多的受众，都需要有效地抓住受众的眼球体验，生成符合预设品牌形象的内容，确保生成的内容与品牌形象保持一致。

二是优化内容质量。虽然使用 ChatGPT 可以快速地生成海量内容，减轻繁重的工作负担，但目前 ChatGPT 在内容生成方面还存在虚假、不合理的部分。在具体使用的过程中，需要人工审核辅助 ChatGPT 工作，以确保生成内容的真实性。例如，需要确保文本流畅，避免语法错误和拼写错误；确保内容与主题相关，不要偏离主题；确保内容独特性，避免生成重复的内容；确保内容有用性和有趣性，能够满足受众的需求和兴趣。为更好地满足以上几点要求，可以进行人工后期加工微调，对内容进行必要的编辑和修订，以确保其质量和可读性。

三是创造情感共鸣。情感共鸣是吸引受众的关键因素之一，在受众体验中扮演着重要的角色。它可以通过触发受众的情感反应，增强受众的信任感和忠诚度。在使用 ChatGPT 生成内容时，可以利用其优势，生成与受众互动的虚拟对话。与传统的静态文本信息相比，虚拟对话可以更好地满足受众的个性化需求，更好地适应不同受众的口味和偏好，提高受众的体验和满意度。虚拟对话中可以设置丰富的情感元素，使受众感到更亲密、更沉浸的体验。随着技术升级，ChatGPT 可以通过模拟人类情感表达方式，如语调、语气、表情等，将情感元素注入虚拟对话中，从而更好地实现情感共鸣，增强受众的情感认同感和参与感。

T.6 ChatGPT在媒体内容生产中的作用：机遇、挑战与趋势

### （四）加强内容监管，提升算法透明度

从ChatGPT平台提供者来看，ChatGPT应当为内容生成的预训练数据、优化训练数据来源的合法性负责，为受众提供一个安全、健康和可靠的使用环境。要建立透明的规则和政策，确保受众了解内容规范、受众隐私、权益保护等行为准则；加强内容监管，采取自动化工具和人工审核相结合的方式，进行有效的内容审核和监管，确保发布在平台上的内容符合法律法规、社会公德和公序良俗；确保生成内容的真实性、准确性、客观性，避免传播歧视和仇恨的言论，不传播误导或欺骗的信息。

不透明的算法可能导致信任问题和公平性问题。首先，算法设计研发的过程是封闭的，ChatGPT也不例外，其主要采用深度神经网络技术，通过对数据进行自动学习而自主生成。外界难以知晓具体的学习过程，对算法结果也是"知其然而不知其所以然"。其次，ChatGPT技术本身以计算机编程语言的形式呈现其逻辑，不是能被大多数人理解的自然语言，普通公众无法确定算法责任归属及对算法进行监督评估。然后，ChatGPT算法的内部运作方式非常复杂，使用的数据集也非常庞大和复杂，不透明的算法可能会包含偏见或错误，从而导致不公正、不平衡的新闻产生，让受众对新闻专业主义产生怀疑。最后，企业为更好实现自身利益诉求，可能存在将利益企图和行为指向植入规则驱动的算法中，人为构设算法黑箱现象，致使出现程序漏洞、方法不当、违规违法等问题。

如果受众对ChatGPT的工作原理和内容生成过程感到不满意，他们可能会拒绝接受ChatGPT生成的内容。因此，需要更清晰地展示算法的工作方式和决策过程，以便用户能够理解并信任算法的结果。透明度可以通过多种方式来实现，如提供详细的文档和解释，展示算法的内部运作方式，以及公开算法的数据集和性能指标。这有助于帮助受众更好地了解ChatG-PT生成文本的使用情况和范围，保护受众隐私不受侵犯，避免含有偏见、歧视、攻击性或不道德的内容生成，要使受众、企业、社会皆从中受益，达成最优的三者平衡。

智能媒体发展报告（2023）·热点篇

## 六 下一代 ChatGPT 如何引领内容生产

2023年3月14日发布的ChatGPT-4是OpenAI创建的GPT系列的最新版本，也是OpenAI努力扩展深度学习的最新里程碑。基于GPT、GPT-2和GPT-3架构的GPT-4将利用更多的数据和计算来创建越来越复杂和强大的语言模型。根据OpenAI的说法，GPT-4已经接受了超过10万亿个单词的训练，是ChatGPT-3的10倍。这个庞大的数据集包括从书籍、文章和网页到社交媒体帖子和聊天记录的所有内容。[1] GPT-4是一个大型多模态模型（接受图像和文本输入，进行文本输出），"虽然在许多现实世界场景中的能力不如人类，但在各种专业和学术基准上表现出人类水平的表现。例如，它通过模拟美国律师考试，分数在应试者的前10%左右；相比之下，GPT-3.5的得分大约是倒数10%"。[2] 最新的GPT迭代将协助记者把内容创作和新闻报道提升到新的高度。

一是打造更高水平的创造力和协作模式。OpenAI表示GPT-4在与用户合作进行创意项目方面要好得多。GPT-4拥有更广泛的常识和更准确地解决更棘手问题的能力，"GPT-4比GPT-3.5更可靠、更有创意，并且能够处理更细微的指令"。ChatGPT-4能够生成连贯且引人入胜的文章，"几乎与人类所写的文章没有区别"[3]，包括音乐、剧本、技术写作，甚至"学习用户的写作风格"[4]。这意味着ChatGPT-4是一种具有创造性协作能力的自然语言生成系统，把创造性协作提升到新的高度。它可以学习记者的写作风格，并与记者建立无缝的协作关系。ChatGPT-4可以像一名"编外记

---

[1] Arthur Morgan, "ChatGPT-4 is Already Here: These Are Its Main News", Gearrice, March 15, 2023, https://www.gearrice.com/update/chatgpt-4-is-already-here-these-are-its-main-news/.

[2] Chris Smith, "What is ChatGPT-4? OpenAI's Latest Chatbot Release Detailed", Trusted Reviews, March 14, 2023, https://www.trustedreviews.com/explainer/what-is-chat-gpt-4-openais-latest-chatbot-release-detailed-4308958.

[3] Arthur Morgan, "ChatGPT-4 is Already Here: These are Its Main News", Gearrice, March 15, 2023, https://www.gearrice.com/update/chatgpt-4-is-already-here-these-are-its-main-news/.

[4] Alan Truly, "GPT-4: New Features, Visual Input, Availability, and More", Digital Trends, April 6, 2023, https://www.digitaltrends.com/computing/chatgpt-4-everything-we-know-so-far/.

## T.6 ChatGPT在媒体内容生产中的作用：机遇、挑战与趋势

者"，在新闻创作过程中与主笔进行有效的交互和沟通，随时根据记者的输入和反馈，生成、编辑和迭代新闻内容，同时学习和适应老记者的写作风格和偏好，帮助记者提高新闻质量和效率，促进记者的创意思维和表达能力。

二是开创图片生成新闻的新时代。ChatGPT-4是一种基于深度神经网络的自然语言生成系统，它能够根据多模态输入（文本、图像等）生成适应不同场合和目标的语言输出。ChatGPT-4不仅可以接受文本提示，还可以接受图像提示，即允许用户指定任何视觉或语言任务，在给定由散布的文本和图像组成的输入的情况下生成文本输出（自然语言、代码等）。① 在新闻报道领域，ChatGPT-4可以作为一种辅助工具，帮助记者从海量信息中提炼出新闻价值，并快速生成符合新闻规范和逻辑的稿件。记者只需将采集到的各种形式的资料（如文档、照片、图表、截图等）输入ChatGPT-4的交互界面中，就可以得到包含标题、导语、正文和背景分析等要素的完整新闻稿。

三是为内容创作提供更多的可能性。内容创作者不仅可以利用ChatGPT-4在市场营销、社交媒体或网站内容方面获得更多的灵感和想法，还可以在不同的语言之间进行翻译，使内容创作者更轻松地将其内容传达给不同背景的受众。在测试ChatGPT-4的26种语言中，有24种语言优于GPT-3.5和其他大语言模型的英语语言性能。其中，中文的准确率是80.1%，GPT-3.5的英文的准确率也才70.1%，对比之前的GPT-3.5，其中文水平提升幅度更大。② ChatGPT-4的长度限制提升到32K tokens，即能处理超过25000个单词的文本，并且可以使用长格式内容创建、扩展对话、文档搜索和分析等。记者在资料查询或写作时，甚至可以只向ChatGPT-4发送一个网络链接，并要求它与该页面上的文本进行交互：长篇内容创建、扩展对话以及文档搜索和分析。③ ChatGPT-4还更具个性化和服务精神，可以根据使用者的情绪、兴趣、需求等来调整自己的语言风格和内容，从而提高内容创作的满意度和忠诚度。

---

① "GPT-4"，OpenAI，March 14，2023，https：//openai.com/research/gpt-4.
② "GPT-4"，OpenAI，March 14，2023，https：//openai.com/research/gpt-4.
③ Brittany Garlin，"How to Use GPT-4 in 2023，According to The AI Itself"，Vista Social，December 23，2023，https：//vistasocial.com/insights/how-to-use-gpt-4/.

四是"ChatGPT+"创建新媒体形态。未来AIGC在新闻生产上将无限接近于职业创作,在新闻分发上无限接近于零成本,在新闻消费上无限接近于在场。① 既有的新闻就业环境将发生翻天覆地的改变,新闻职业边界消解,行业主体性和功能指向模糊。传统媒体岗位减少,甚至消失。大量的编辑、记者等,需要寻找新的职业方向和发展机会。随着ChatGPT等技术的发展,未来可能会出现更多基于人工智能的新媒体形态。这些新媒体形态将利用"ChatGPT+",带来更为智能化、多样化的内容呈现方式,让用户可以更加自由地与媒体进行交互,从而满足人们日益增长的多样化需求。举例如下。

ChatGPT和脑机接口技术(Brain-computer interfaces,BCI)结合:创建由用户的大脑活动控制的新媒体形式,一种更为智能化、自然化的体验。用户可以通过大脑信号来控制虚拟世界中的动作和交互。ChatGPT则可以为虚拟现实体验提供更为生动、丰富的场景和故事情节,从而创造出更为逼真、沉浸的体验。

ChatGPT和网真技术(Telepresence)的结合:网真系统将利用远程协作技术实现更为自然、直观、高效的远程协作体验,同时利用ChatGPT生成高质量的文字记录和讨论结果。这种智能应用可以广泛应用于各种领域,如企业会议、学术研讨会等。

ChatGPT和全息媒体(Holographic media)的结合:产生基于全息媒体的虚拟现实交互体验。全息媒体在三维空间中呈现出各种物体,ChatGPT则可以为虚拟交互体验提供更为丰富的、智能化的场景和任务设置,从而给用户创造出更为真实、高效、直观的虚拟交互体验,如旅游体验、展览展示等。

ChatGPT和触觉反馈技术(Haptic feedback)的结合:创建更具沉浸感和吸引力的新媒体形式。可以在虚拟环境中模拟各种真实场景,用户可以通过触觉反馈技术感受到虚拟环境中物体的质感、形状、重量等信息,而ChatGPT则可以为虚拟场景提供更为智能化的任务和故事情节,比如智能游戏体验。

---

① 郑满宁:《人工智能技术下的新闻业:嬗变、转向与应对——基于ChatGPT带来的新思考》,《中国编辑》2023年第4期。

T.6 ChatGPT在媒体内容生产中的作用：机遇、挑战与趋势

# 参考文献

［英］杰米·萨斯坎德：《算法的力量：人类如何共同生存？》，李大白译，北京日报出版社2022年版。

《与ChatGPT作战，肉身是我们唯一的武器》，2023年4月3日，人物，https：//mp.weixin.qq.com/s/P3o7-tJ56VG2-fd46v79Bw。

王建磊、曹卉萌：《ChatGPT的传播特质、逻辑、范式》，《深圳大学学报》（人文社会科学版）2023年第2期。

《AI模仿母亲给女儿写信——〈你真的毫无价值〉引发热议：一方水土养一方AI？》，2023年4月27日，盐谈娱乐，https：//www.sohu.com/a/667364187_121300898。

叶赛文：《如何向ChatGPT提问并获得高质量的答案》，2023年2月28日，http：//yesaiwen.com/art-of-asking-chatgpt-for-high-quality-answ-engineering-techniques/#role_prompting_technique。

郑满宁：《人工智能技术下的新闻业：嬗变、转向与应对——基于ChatGPT带来的新思考》，《中国编辑》2023年第4期。

Becky Sullivan，David Gura，"What to Know about the Silicon Valley Bank collapse，Takeover and Fallout"，NPR，March 14，2023，https：//www.npr.org/2023/03/14/1163135286/silicon-valley-bank-collapse-fallout-whats-next.

Bernard Marr，"The Top 10 Limitations of ChatGPT"，Forbes，March 3，2023，https：//www.forbes.com/sites/bernardmarr/2023/03/03/the-top-10-limitations-of-chatgpt/?sh=2119b51f8f35.

Bohdan Vasylkiv，"Limitations and Ethical Considerations of Using ChatGPT"，Incora-European Software Development Company，January 25，2023，https：//incora.software/insights/chatgpt-limitations.

Brian X. Chen，"How to Use ChatGPT and Still Be a Good Person"，The New York Times，December 21，2022，https：//www.nytimes.com/2022/12/21/technology/personaltech/how-to-use-chatgpt-ethically.html.

Brittany Garlin，"How to Use GPT-4 in 2023，According to The AI Itself"，Vista Social，December 23，2023，https：//vistasocial.com/insights/how-to-use-gpt-4/.

Chris Smith，"What is ChatGPT-4? OpenAI's Latest Chatbot Release Detailed"，Trusted Reviews，March 14，2023，https：//www.trustedreviews.com/explainer/what-is-chat-

127

gpt - 4 - openais - latest - chatbot - release - detailed - 4308958.

Evan Crothers et al. , "Adversarial Robustness of Neural-Statistical Features in Detection of Generative Transformers", 2022 International Joint Conference on Neural Networks ( IJCNN), Centro Congressi Padova, ltaly, July 18 - 23, 2022.

Frank Landymore, "CNET Is Quietly Publishing Entire Articles Generated By AI", Futurism, January 12, 2023, https://futurism.com/the - byte/cnet - publishing - articles - by - ai.

"GPT - 4", OpenAI, March 14, 2023, https://openai.com/research/gpt - 4.

Jeff Israely, "How Will Journalists Use ChatGPT? Clues from a Newsroom That's Been Using AI for Years", Nieman Lab, March 1, 2023, https://www.niemanlab.org/2023/03/how - will - journalists - use - chatgpt - clues - from - a - newsroom - thats - been - using - ai - for - years/.

Jon Christian, "CNET's AI Journalist Appears to Have Committed Extensive Plagiarism", Futurism, January 24, 2023, https://futurism.com/cnet - ai - plagiarism.

Jonathan Kemper, "ChatGPT Guide: 7 Prompt Strategies for Better Output", THE DECODER, March 11, 2023, https://the - decoder.com/chatgpt - guide - prompt - strategies/.

Marcela Kunova, "Eight Tasks ChatGPT Can Do For Journalists", Media News, January 31, 2023, https://www.journalism.co.uk/news/how - can - journalists - use - chatgpt - /s2/a1005273/.

Marina Cemaj Hochstein, "The Benefits and Pitfalls of ChatGPT for Journalists", International Center for Journalist, March 2, 2023, https://www.icfj.org/news/benefits - and - pitfalls - chatgpt - journalists.

Melissa Heikkilä, "Why You Shouldn't Trust AI Search Engines", MIT Technology Review, February 14, 2023, https://www.technologyreview.com/2023/02/14/1068498/why - you - shouldnt - trust - ai - search - engines/.

Mia Sato, James Vincent, "Inside CNET's AI - powered SEO Money Machine", The Verge, January 20, 2023, https://www.theverge.com/2023/1/19/23562966/cnet - ai - written - stories - red - ventures - seo - marketing.

Nick Mishkin, "The Top 6 ChatGPT Styles and Tones to Make Your Writing Pop", Medium, January 24, 2023, https://medium.com/@Behavior2020/chatgpt - pro - writing - tips - a - guide - to - nailing - the - perfect - style - and - tone - a793ffc714d9.

Paul Sawers, "Associated Press Expands Sports Coverage with Stories Written by Machines", VentureBeat, July 1, 2016, https://venturebeat.com/media/associated - press - expands - sports - coverage - with - stories - written - by - machines/.

T.6 ChatGPT在媒体内容生产中的作用：机遇、挑战与趋势

Rachel Chalk，"ChatGPT：The Risks & Benefits. Workamajig"，Workamajig，February 23，2023，https：//www.workamajig.com/blog/chatgpt.

Roger Montti，"11 Disadvantages of ChatGPT Content"，*Search Engine Journal*，January 31，2023，https：//www.searchenginejournal.com/disadvantages-chatgpt-content/477416/.

"The Limitations of ChatGPT"，Nandbox Native App Builder，January 25，2023，https：//nandbox.com/the-limitations-of-chatgpt/.

# T.7 智能媒体在老年群体中的应用现状及发展趋势报告

刘英华　赵　熳[*]

**摘　要：** 近年来，中国人口比例老龄化趋势愈加明显。随着中国社会数字化浪潮的进一步推进，智能媒体在老年群体中的应用成效初显，分别在满足老年群体个性化需求、开启老年智慧生活、智能手机App适老化改造、"数字助老"社会活动等方面取得重要进展。但目前智能媒体在老年群体中的应用仍处于初步探索阶段，仅在技术层面初步降低了老年群体操作智能设备的难度，其在老年群体中的普及程度依旧受城乡发展不平衡、适老化设计不完善、老年人自身媒介素养等多方面因素限制。未来，应从强化以场景为主线的老年智能产品的科技支撑、打造适宜老年群体的"老年文化圈层"、智能媒体参与老年数字社会生态建构、提升老年群体智能媒介素养等方面着力发展。

**关键词：** 智能媒体；老年群体；适老化改造

近年来，随着数字化浪潮席卷全球，中国人口老龄化趋势也愈加明显。当数字化浪潮遇上老龄化社会，在绝大多数人可以享受科技飞速发展带来的智慧生活的同时，相当一部分老年人却面临着不可逾越的数字鸿沟。新冠疫情期间，关于中老年群体在乘坐公交、商场购物、健康码查验等场合遭遇"数字困境"的新闻持续引发公众关注，老年人的数字媒体使用问题逐渐进入公众视野。在数字化与老龄化的双重语境下，中国既需要

---

[*] 刘英华，中国社会科学院大学新闻传播学院副教授；赵熳，中国社会科学院大学新闻传播学院硕士研究生。

# T.7 智能媒体在老年群体中的应用现状及发展趋势报告

继往开来走好未来科技创新之路，同时也需要给予老年群体更多视野焦点与人文关怀。

智能媒体作为推动社会发展的重要技术力量，在助力"积极老龄化"目标实现的过程中发挥着重要作用。因此，深入考察智能媒体在老年群体中的应用情况及其影响，是新闻传播学科研究的题中之义，也是促进"积极老龄化"的内在要求。本文将从智能媒体在老年群体中应用大环境、应用现状、存在问题以及应用前景四个方面进行梳理。

## 一 智能媒体在老年群体中应用的大环境

中国老龄化呈现出数量多、速度快、差异大、任务重的特点。国家卫健委老龄司司长王海东预计"十四五"时期，中国社会将进入中度老龄化阶段。当数字化浪潮遇上老龄化社会，中国相关政府部门近年来印发了一系列推动国家老龄事业发展的文件，为智能媒体在老年群体中的渗透和普及提供了良好的政策支持。

### （一）人口老龄化的不断渗透

根据世卫组织发布的最新标准，中年人是45—59岁的人群，而老年人是指60岁以上的人群。国家卫健委提供的数据显示，截至2021年年末，全国60岁及以上老年人口为26736万人，占总人口的18.9%；全国65岁及以上老年人口为20056万人，占总人口的14.2%。[1] 按照联合国关于老龄化的划分标准，当一个国家60岁以上人口占总人口比重超过10%，或65岁以上人口比重超过7%，就表示这个国家进入轻度老龄化社会。

国家卫健委老龄司司长王海东介绍，预计"十四五"时期，60岁及以上老年人口总量将突破3亿人，占比将超过20%，进入中度老龄化阶段。2035年前后，60岁及以上老年人口将突破4亿人，在总人口中的占比将超过30%，进入重度老龄化阶段。[2] 2022年10月，国务院第七次全

---

[1]《2021年度国家老龄事业发展公报》，2022年10月26日，中国政府网，http://www.gov.cn/fuwu/2022-10/26/content_5721786.htm。

[2]《国家卫健委：近十年我国老龄工作取得显著成效》，2022年9月21日，中国政府网，http://www.gov.cn/xinwen/2022-09/21/content_5710849.htm。

国人口普查领导小组办公室编制的《2020 中国人口普查分县资料》显示，不少大城市已不同程度进入老龄化社会。例如，北京 65 岁及以上人口占比为 13.52%，上海为 16.28%，天津为 14.75%。①

### （二）强有力的政府政策加持

2021 年 11 月 18 日，中共中央、国务院印发《关于加强新时代老龄工作的意见》，从健全养老服务体系、完善老年人健康支撑体系、促进老年人社会参与、着力构建老年友好型社会、积极培育银发经济、强化老龄工作保障和加强组织实施等方面，对新时代老龄工作做出部署。②

2022 年 2 月 21 日，国务院印发《"十四五"国家老龄事业发展和养老服务体系规划》，围绕推动老龄事业和产业协同发展、推动养老服务体系高质量发展，提出发展壮大老年用品产业、促进老年用品科技化智能化升级、有序发展老年人普惠金融服务等提出具体政策措施，为大力发展银发经济提供规划指引。③

2022 年 3 月 1 日，国家卫生健康委等 15 个部门联合印发《"十四五"健康老龄化规划》，提出加强老年健康服务机构建设等 9 项任务，指出强化信息化支撑，充分运用互联网、物联网、大数据等信息技术手段，创新服务模式，提升老年健康智能化服务质量和效率。④

2023 年 3 月 23 日，《积极应对人口老龄化战略研究报告 2022》在广州发布，报告提出要建立人人共享的老龄社会。一是提高老龄社会治理能力，贯彻积极老龄观和健康老龄化理念；二是构建高质量的养老服务体系，促进乡村振兴和共同富裕；三是推进数字包容的老龄社会建设。⑤

---

① 《"七人普"分县资料公布，105 个大城市名单出炉——看看大城市"俱乐部"有哪些成员》，2022 年 11 月 2 日，新华网，https：//baijiahao.baidu.com/s? id = 1748338046963666914&wfr = spider&for = pc。
② 《关于加强新时代老龄工作的意见》，2021 年 11 月 26 日，商务部网站，http：//lgj.mofcom.gov.cn/article/zcgz/202207/20220703323672.shtml。
③ 《"十四五"国家老龄事业发展和养老服务体系规划》，2021 年 12 月 30 日，中国政府网，http：//www.gov.cn/gongbao/content/2022/content_ 5678066.htm。
④ 《关于印发"十四五"健康老龄化规划的通知》，2022 年 2 月 7 日，中国政府网，http：//www.gov.cn/zhengce/zhengceku/2022 - 03/01/content_ 5676342.htm。
⑤ 《积极应对人口老龄化战略研究报告 2022》，2023 年 3 月 23 日，中国经济网，http：//www.ce.cn/cysc/zljd/zlwlx/bq/202303/23/t20230323_ 38458542.shtml。

T.7 智能媒体在老年群体中的应用现状及发展趋势报告

2023年1月5日,《中国社会报》精选"2022年养老服务领域十大关键词",其中"适老化改造"入选其中。2022年2月,民政部等四部门联合印发《关于推进"十四五"特殊困难老年人家庭适老化改造工作的通知》,提出"十四五"时期支持200万户特殊困难高龄、失能、残疾老年人家庭实施适老化改造。①

## 二 智能媒体在老年群体中的应用现状及分析

智能科技浪潮推动数字社会进程,智能媒体技术将推动新时代养老服务业"弯道超车",实现跨越式发展。近年来,智能媒体在满足老年群体个性化需求、开启老年智慧生活、智能手机 App 适老化改造、"数字助老"社会活动等方面已取得显著成效。

### (一)智能媒体技术满足老年群体个性化需求

1. 大数据技术精准挖掘老年用户需求

以大数据为依托的智能算法系统能够及时准确地跟踪老年用户的数据,实时更新数据变化,以此来深挖老年用户的需求,确保向老年群体推送的信息更加准确和符合其喜好。具体来说,通过大数据,智能媒体不仅可以在第一时间收集老年人各项身体指标和健康数据,还可以针对每一位身体健康情况不同的老年用户展示不同的内容,进行用户偏好的个性化内容推荐,使得服务和产品的定位更加精准。

一些养老医疗设备依托大数据可以根据不同老年用户的个体特征设置预警信息,为用户提供个性化设置,拥有更高的告警准确性。同时也可以提取用户离床和在床死亡等异常状态的压力信号特征,建立训练模式,准确判定用户所处状态,降低系统误警、虚警率。例如,市面上一些智能床垫,内含嵌入式压力传感器、BCG 传感器、湿度传感器设计,可准确检测心率、呼吸、翻身情况、睡眠时长、离床时间与次数、深睡眠和浅睡眠时间段;还有一些可穿戴设备,如健康手环、健康腕表等,能够对老年人心

---

① 《2022年养老服务领域十大关键词》,2023年1月5日,民政部网站,https://www.mca.gov.cn/article/xw/mtbd/202301/20230100045662.shtml?site=elder。

133

率、血压、心电等生理参数进行实时、连续监测，同时可以把数据上传至健康养老手机 App 软件，通过健康养老云平台获取位置、活动轨迹，远程查看生理参数，开启吃药、保健提醒功能，离家提醒功能，安全报警功能等。

2. 虚拟现实技术促进了媒介融合泛化

虚拟现实技术是智能媒体另一常用的媒体技术手段。虚拟与现实的结合可以对虚拟场景进行真实的还原，使老年用户的体验更加真实，如临其境。同时，手机 App 的终端交互设计也可以对真实的画面进行还原，使老年用户时时关注到想要关注内容的真实动态，提高了老年用户的参与度与关注度。有研究表明，虚拟现实游戏可能有助于老年人根据具体细节回忆起事实和事件。①

在养老服务行业中，VR 技术也发挥了相应的作用，在医疗和心理方面均可以帮助老年人提高生活质量。例如打造 VR 直播，使老年人沉浸式感受活动现场；给老年人观看风光景色的视频、进行游戏类互动，提高他们的信息接收密度，能够有效刺激他们的大脑神经细胞，保持大脑活力；让老年人进入医生设定的虚拟场景，全方位的沉浸式体验能够很好地消除老年人对精神疾病治疗的抗拒，克服社会隔离导致的孤独感，从而提升心理疾病的治愈率；5G + 沉浸式 VR 技术可以实现患者家属和医护人员对重症病房进行探视及监护，老人也得以与家人沉浸式"见面"，让"零距离"陪伴成为可能。② 虚拟与现实高度交互的特点提高了老年用户的参与度，从而使得媒介泛化趋势所促进的媒介融合更进一步深化。

3. 人工智能提升老年群体生活质量

人工智能是基于大数据采集、通过计算机实现决策的一种技术。AI 技术的成熟，不仅填补了中国老龄化社会劳动力不足的缺口，还促使养老服务由人工密集型服务转向数字化智能服务。AI 作为老年人可靠的小"帮手"，不仅使老年群体的健康管理更加方便，同时也为老年人增加了更多

---

① 《虚拟现实游戏可能对老年人的记忆提升有好处》，2023 年 3 月 10 日，澎湃新闻，https：//www. thepaper. cn/newsDetail_ forward_ 22191377．

② 《VR 相机，能为中国 2.6 亿的老年人做些什么？》，2022 年 5 月 11 日，影石行业应用，https：//baijiahao. baidu. com/s? id =1732500354410142713&wfr = spider&for = pc．

## T.7 智能媒体在老年群体中的应用现状及发展趋势报告

的情感陪伴,一定程度上缓解了孤独感。

例如,近期火出圈的 ChatGPT 在养老行业也拥有广阔前景。ChatGPT 不仅可以为老年人提供情感陪伴,个性化陪伴老年人聊天,缓解因空巢而带来的孤独感,还可以帮助失能老年群体或患有慢性病老年人完成一些日常任务,提高他们的生活质量,如听力和视力辅助、用药提醒、药量说明等;还可以帮助老年人学习新知识,提高他们的认知能力,丰富他们的生活等。此外,一些老年人系列智能产品,如智能扫地机器人、智能晾衣架、智能夜灯、智能门锁、药洗智能马桶等,具有用户定制、健康显示、数据处理、影音播放、健康提示等智能化功能,极大地提升了老年人的生活质量。

**4. 短视频类社交媒体丰富老年群体生活**

短视频类社交媒体,如抖音、快手、西瓜视频等近几年来极大地丰富了老年人生活。在"感动中国 2022 年度人物颁奖盛典"上,"银发知播"群体意外走红网络。他们是平均年龄为 77 岁的短视频博主群体,由 13 位老院士、老教授、中小学老教师组成,他们退休后转战互联网,把短视频变成科普课堂,将拼音、电工、天文、物理、文学等知识与技能传授给大众。①

得益于中国互联网应用适老化改造的持续推进,老年群体上网、用网的需求活力不断被激发。中国互联网络信息中心发布的第 51 次《中国互联网络发展状况统计报告》显示,截至 2022 年 12 月,中国网民规模为 10.67 亿人,互联网普及率达 75.6%。其中,50 岁及以上网民群体占比提升至 30.8%。② 老年群体加速融入网络社会,成为移动活跃网民重要增量来源。"银发"一族不仅成为互联网的使用者,他们还利用互联网,成为内容创造者。"银发网红"以其健康乐观的生活态度影响着互联网文化圈层,不仅丰富了自身的社会生活,同时也推动着"积极老龄化"的进程向前发展。

---

① 《"银发知播"何以"感动中国"》,2023 年 4 月 15 日,光明网,https://baijiahao.baidu.com/s?id=1763188933399083978&wfr=spider&for=pc。
② 《CNNIC 发布第 51 次〈中国互联网络发展状况统计报告〉》,2023 年 3 月 2 日,中国互联网络信息中心,https://cnnic.cn/n4/2023/0302/c199-10755.html。

## （二）智能媒体场景应用开启老年智慧生活

近年来，物联网、大数据、人工智能等媒体技术在改变老年人生活方式和实现老年人"智慧生活"方面取得初步成效。此外，面向老年人各种活动场景，智能媒体还可以充当不同的角色，方便老年人的居家出行、健康管理与应急处置等方方面面。

### 1. 数字媒体助力老人智慧出行

交通出行方面，如何保障老年人出行便利是建设人民满意交通的应有之义。疫情之后，健康码、核酸码、乘车码、付费码等大行其道，数字化的生活大大促进了年轻人生活的便利，但是对于老年人来说，却给他们的社会生活增加了一道难题。近两年来，交通运输部采取多项举措，积极推动老年人交通出行服务工作。为老年人乘客提供快捷叫车、优先派单、线下现金支付等服务，推动在社区、医院等老年人打车需求较高的场景设置暖心车站、"一键叫车智慧屏"等设备。近年来，北京市交通委员会也制定了《出租汽车扬招站智能化升级改造工作方案》，委托高德地图对出租汽车扬招站点进行升级改造。升级后的出租汽车扬招站新增助老打车二维码，老年人无须单独下载App，直接使用支付宝、微信或高德地图App，即可呼叫扬招站附近的出租车。扬招站为老年人提供"无目的地叫车"的专属服务，老年人不用输入起终点，也不用任何复杂操作，只需手机扫码即可一键叫车。[①] 2022年10月28日，北京市交通委员会、北京市老龄协会、高德地图联合编制《北京市老年人数字化出行服务指南》，用以帮助老年人学习使用适老化交通出行服务，跨越"数字鸿沟"。

从出行平台层面来看，2021年以来，滴滴出行、嘀嗒出行、高德打车、曹操出行等出行平台陆续推出相关措施。一些出行平台还在部分城市组成车队，2021年9月，曹操出行、滴滴出行、T3出行和享道出行四家网约车平台组织的爱心助老车队，正式加入杭州出租车95128爱心车队。

### 2. 大数据赋能老人健康和应急管理

随着云计算与物联网技术的发展，智能家居技术已经成为一个广泛的

---

① 《北京发布老年人数字化出行服务指南》，2022年10月28日，央广网，https：//baijiahao.baidu.com/s? id=1747914458164720845&wfr=spider&for=pc。

## T.7 智能媒体在老年群体中的应用现状及发展趋势报告

话题,对老年人健康管理产生了重要的促进作用。智能家居通过深度感知和现场可视化技术,可以准确检测老年人的体温和心率,并将数据实时上传至远程服务器。此外,智能家居可以通过环境监控,如室内温度、湿度、空气质量等,实现对老年人健康状况的智能识别。在必要时触发自动报警功能,对老年人健康实现实时监控,确保老年人安全健康。例如在老年人跌倒后,立即产生紧急报警和自动报警信号。

此外,全国多地都在纷纷研发运用智能技术服务老年人的智慧养老产品。2021年10月28日,国家发展和改革委员会发布第一批运用智能技术服务老年人示范案例,山东省济南市历下区民政局"亲情E联"智慧养老平台运用智能技术,助推养老服务创新示范。①"亲情E联+"以智慧平台为支撑、社区为依托,整合公益组织和社会资源,向老年人提供7×24小时"居家安全监护""居家服务质量监管""健康档案管理""为老志愿服务""智能助餐系统模块"五大功能模块。全面形成"1"个平台、"5"大服务功能、区—街—居—家庭—专业组织—社会力量"6"方融合的全域性智慧养老新业态,有效解决了老年人居家养老风险难题。

### (三)智能手机App适老化改造取得阶段性成效

2021年,工信部启动"互联网应用适老化及无障碍改造专项行动",其发布的《移动互联网应用(App)适老化通用设计规范》明确提出,适老版界面、单独的适老版App中要对字体大小和行间距进行调整,严禁出现广告内容及各种插件、弹窗等。各类手机App以更简洁的方式呈现在老年群体面前。

同时,全国多地也出台了相关政策措施,积极推进互联网应用适老化改造。北京市通过印发互联网应用适老化和无障碍改造专项实施方案,加快推进网站、App应用无障碍改造工作,加速开启"智享养老"的美好生活;广东省通过加强多部门统筹协调,开展互联网应用适老化及无障碍改造专项行动。2022年4月,工信部信息显示,已对325家网站和App完成适老化和信息无障碍改造,为老年人使用智能技术提供良好的辅

---

① 《第一批运用智能技术服务老年人示范案例今日发布》,2021年10月28日,人民资讯,https://baijiahao.baidu.com/s? id=1714851714175272545&wfr=spider&for=pc。

助。改造后的界面相对简洁,当多个手机 App 切换成"长辈模式"或"关怀模式"时,字体、按键变大,色彩变强,手机界面明显简化。其中,不少 App 应用选项减少,突出核心功能。部分 App 还推出语音搜索、内容朗读、一键购票、一键叫车等功能,使用门槛降低,操作流程更简单便捷。①

**(四)"数字助老"社会活动蔚然成风**

近年来,国家发改委、卫健委牵头建立部际联席会议机制,推动相关部门出台有关老年人出行、就医、缴费等方面的文件 20 余个,带动各地积极主动地解决老年人面临的"数字鸿沟"问题。

工信部组织三家基础电信企业推出多项爱心助老举措,其中"一键接入"累计服务老年客户超 8000 万人次,"爱心通道""面对面""专属大字账单"等定制化服务累计服务超百万老年客户;重点开展互联网应用适老化及无障碍改造专项行动,组织首批 158 家老年人常用的网站和 App 推出大字体、大图标、语音引导、内容朗读等特色适老功能。公安部在交通安全综合服务平台开通,委托亲属网上代办功能和 12123 语音服务热线。人力资源社会保障政务服务平台 App"掌上 12333"设立老年服务专区,电子社保卡推出"长辈版""亲情服务"功能。卫健委和全国老龄办组织开展 2021 年"智慧助老"行动,指导各地创新开展"智慧助老"优秀志愿服务项目评选、老年人运用智能技术公益培训等活动。教育部引导各地和开放大学办学体系通过多种方式,广泛开展老年人运用智能技术教育培训。②

此外,上海也开展"互助伙伴"行动,通过构建社区"信息助力员"服务队伍,开设数字化产品使用培训班、兴趣班等,为老年人提供家门口的信息化培训。广东省要求省内老年大学、基层老年协会将智能技术运用相关内容纳入学习课程,以提升老年人运用智能技术的信心。石家庄、青岛、昆明、海口等多个城市启动"智慧助老公益行动",广泛动员各方力

---

① 《要实用,更要好用——手机 App 适老化改造助力"银发族"共享数字生活》,2022 年 10 月 4 日,光明网,https://m.gmw.cn/baijia/2022-10/04/1303163582.html。
② 《2021 年度国家老龄事业发展公报》,2022 年 10 月 26 日,中国政府网,http://www.gov.cn/fuwu/2022-10/26/content_5721786.htm。

T.7 智能媒体在老年群体中的应用现状及发展趋势报告

量为老年人提供志愿培训服务,推动老龄社会信息无障碍建设。①

## 三 银发族人群在智能媒体使用中存在的问题

近年来,国家政府及互联网企业积极响应政策,努力解决老年群体使用智能媒介时存在的问题,提升老年人智能技术应用服务水平,这是老年群体融入数字社会的良好开端。但目前智能媒体应用和适老化改造仍处于初步探索阶段,仅在技术层面初步降低了老年群体操作智能设备的难度,其在老年群体中的普及程度依旧受城乡发展不平衡、适老化设计不完善、老年人自身媒介素养等多方面因素限制。

### (一)老年群体智能媒体"数字鸿沟"难以弥合

中国互联网络信息中心(CNNIC)发布的第51次《中国互联网络发展状况统计报告》显示,截至2022年12月,中国农村网民规模达3.08亿人,占网民整体的28.9%;城镇网民规模达7.59亿人,占网民整体的71.1%。②互联网信息技术在农村的普及率越来越高,媒介对农村老人的影响力也在不断增强,但相较于城市老年人,农村老年人在媒介使用和媒介素养方面还存在一定的差距。

何敬等通过实地访谈和问卷调查,发现在浙西部分农村地区,电视仍然是老年人接收信息的主要方式。尽管农村老年人已经开始接触和使用新媒体,但大部分老人只停留在被动接收的层面,还不能主动地利用信息,对信息进行搜索、处理和发送等,更不会使用新媒体对信息进行再加工。尽管农村老年人对新媒体的接触程度和使用能力得到了一定的提升,但仍然存在媒介选择和接触信息单一、媒介认知和评判能力薄弱、媒介参与和使用热情不足等问题。③

---

① 《要实用,更要好用——手机App适老化改造助力"银发族"共享数字生活》,2022年10月4日,光明网,https://m.gmw.cn/baijia/2022-10/04/1303163582.html。
② 《CNNIC发布第51次〈中国互联网络发展状况统计报告〉》,2023年3月2日,中国互联网络信息中心,https://cnnic.cn/n4/2023/0302/c199-10755.html。
③ 何敬等:《乡村振兴背景下农村老年人媒介素养现状、问题与对策探究》,《新闻研究导刊》2022年第13期。

智能媒体发展报告（2023）·热点篇

另外，智能媒体的基础性操作成为老年群体使用智能媒体的最大障碍。腾讯发布的《老年用户移动互联网报告》显示，基础性操作是老年人使用智能设备时的最大障碍，其中应用软件使用与功能操作障碍占比46.7%，手机系统设置与维护障碍占比41.2%，不知如何下载App占比32.7%。这些因素构成了部分老年群体使用智能设备的门槛，也影响了其使用体验。① 吴明倩指出，在国家政策开展对老人进行数字化教育的大环境下，许多老年人开始接触和学习智能媒介技术，但是大多数老年人在使用智能媒介时存在对外界帮助的依赖，能够独立完成网络活动的相对较少。此外，老年群体在网络中的媒介形象也存在"被污名化"的现象。这些关于老年群体的负面言论会影响老年群体对互联网的态度，从而选择主动疏离数字社会。②

**（二）智能媒体产品适老化设计仍有待提升**

中国媒介市场上的智能产品丰富多样，但大部分针对的受众都是年轻人，适合老年群体的智能产品占比很小。老年人作为学习适应能力相对较弱、消费水平不占优势的群体，对互联网设备和移动手机等智能媒介的使用率远低于年轻群体。媒介产品的市场定位和产品设计大多忽视老年群体的实际需求，导致老年群体无论是在媒介接入还是媒介使用上，都存在一定的阻碍。

在硬件技术方面，各类技术产品的设计以年轻人的使用习惯和需求为主，很多移动设备的设计并未考虑老年群体，如界面过于复杂、操作过程烦琐、字体过小、音量过小等，均会影响老年群体对智能设备的正常使用。在软件技术方面，工信部于2022年1月20日发布了首批通过适老化与无障碍水平评测的App及网站名单，改造后的适老版普遍特点是字号大、图标大、界面简单；但实际上，首批通过改造评测的App七成以上为内嵌式改造，即在原软件中切换老年模式，并未开发独立的适老版软件，仍存在切换"长辈模式"困难、广告套路繁多、登录注册复杂等问题，没

---

① 《老年用户移动互联网报告》，2018年5月16日，搜狐网，https://www.sohu.com/a/231859559_300488。
② 吴明倩：《老年群体媒介使用现状及适老化改造策略》，《西部广播电视》2022年第43期。

140

## T.7 智能媒体在老年群体中的应用现状及发展趋势报告

有真正从源头上解决老年群体使用 App 时的痛点。①

适老化产品设计的意义就在于，提供更便捷、可触达服务的同时，也要通过智能识别和默认项减少用户操作成本，降低老年用户加入互联网的门槛，缩短互联网不同类型人群的差距。老年用户在上网过程中最常用的功能有出行需要（健康码、行程码）、医院挂号、银行业务办理、购买车票（机票、火车票）、线上缴费等，未来可从不同场景功能入手，推出真正适合老年人下载使用的版本，而非仅仅推出内嵌式的老年模式。

### （三）警惕部分老年群体沉迷智能媒体

QuestMobile 发布的《2022 中国移动互联网秋季大报告》显示，移动互联网继续向银发群体渗透。2022 年 9 月，46 岁以上中老年群体用户占比 35.2%，为用户增长主要来源，较 2021 年同期提升 3.4 个百分点；用户在日常生活中对互联网的依赖程度增强，人均使用时长、次数分别增加了 8.1%、1.4%。② 一方面，已经和即将退休的"60 后"，不同于以往的"传统老人"，"新老人"应运而生。作为受益于改革开放与中国经济腾飞的一代人，"60 后"大多拥有一定的教育背景。"新老人"普遍具有很强的学习能力和适应能力，他们积极拥抱变化，使用互联网的深度和广度相比"传统老人"在不断提升。③ 另一方面，在媒体技术浪潮的裹挟下，银发族人群越来越多地关注短视频、老年游戏机等智能媒体，有可能形成"互联网成瘾症"④。长时间观看智能媒体，势必影响其身体健康、生活状态、幸福指数。段玉珍分析了老年人互联网成瘾的成因及解决措施，提出智能手机的普及、补偿性心理与新媒体内容生产是银发族网络成瘾的三个原因。⑤

---

① 吴明倩：《老年群体媒介使用现状及适老化改造策略》，《西部广播电视》2022 年第 43 期。
② 《2022 中国移动互联网秋季大报告》，2022 年 11 月 1 日，星空跨境，https://www.kjdsnews.com/a/1205063.html。
③ 《"新老人"：60 后养老之变》，2022 年 5 月 26 日，华声在线，https://baijiahao.baidu.com/s?id=1733872139797864627&wfr=spider&for=pc。
④ "互联网成瘾症"（Internet Addiction Disorder，IAD）是指过度使用互联网而导致明显的社会、心理损害的一种现象。
⑤ 段玉珍：《移动互联网时代"银发族"网络成瘾问题研究》，《卫星电视与宽带多媒体》2020 年第 2 期。

141

## 四 智能媒体在老年群体中的发展趋势

数字时代,如何提高银发族的智能媒体使用能力,以人性化的社会治理让老年群体生活得更方便、安全、有尊严,是中国社会亟待解决的问题。只有更好地把握智能媒体在老年群体中的发展趋势,智能媒介发展才能与老龄化社会相协调适应,让老年群体共享社会治理成果。

### (一) 强化以场景为主线的老年智能产品的科技支撑

加快推进互联网、大数据、人工智能、第五代移动通信(5G)等信息技术和智能硬件,在老年用品领域的深度应用。支持智能交互、智能操作、多机协作等关键技术研发,提升康复辅助器具、健康监测产品、养老监护装置、家庭服务机器人、日用辅助用品等适老产品的智能水平、实用性和安全性,开展家庭、社区、机构等多场景的试点试用。相关互联网企业应秉持以老年群体为导向的设计理念,让智能媒介产品真正满足智能适老、智能惠老,提升老年群体对媒介产品的接受度和使用体验。

未来,可从老年群体多种多样的生活场景出发切实进行改造,洞察其生存型、发展型、社会型需求中尚未被满足或尚未被更好地满足的部分,研发更适合老年群体的审美和使用习惯的交互设计,以更简单直接的方式为老年群体提供服务,推出真正适合老年群体使用的智能产品和智能App,而不是仅仅在原有基础上推出"老年模式"。

### (二) 打造适宜老年群体的"老年文化圈层"

从媒体内容而言,应加强老年传播板块的建设,补齐老年信息传播短板。智能媒体要从老年群体的共性和差异性出发,考虑老年群体与其他年龄段群体在身体机能和信息偏好的不同之处。"老年表情包"在群体中的误读和戏谑,显示老年文化与青年文化的冲突和交织。通过提高新闻信息的质量和使用老年人喜闻乐见、通俗易懂的网络文化,来提升老年群体对智能媒体的选择率和认可程度,才能满足老年群体的信息需求,使老年人"想上网、会上网、爱上网"。

同时,智能媒体应成为老年群体的传声筒和扩音器。在大力推进老龄

T.7 智能媒体在老年群体中的应用现状及发展趋势报告

友好型社会建设和加快互联网产品适老化改造的时代潮流中，老年群体的需求如何被体察、被关注，这需要媒体的持续关注和报道。关注老年弱势群体，让无力者有力是媒体的担当和责任。① 同时，媒体应加强关于打造老龄友好型社会的相关报道，及时向老年群体传递信息，提振老年群体融入数字社会的信心。

**（三）智能媒体参与老年数字社会生态建构**

智能媒体参与老年数字社会生态建构，需要将全媒体传播体系化，其核心路径是在大量占有用户和数据资源的基础上实施"软硬兼施、合纵连横"策略。"硬"是通过与电视、手机等厂商合作，构建媒体内容平台，打造老年用户内容消费的入口；"软"是通过信息生产和聚合，打造品牌力和公信力，增加老年用户黏性；"合纵"就是通过区县融媒体中心等接入广泛的政务、服务资源，发展以本地养老服务为基础的O2O业务；"连横"就是利用社交媒体平台充分发挥老年人的主动性，鼓励有精力、有服务意愿的低龄老年人参与社区管理与决策，构建一体化的老年社会舆论引导和公共服务平台，增强老年人的社会参与感和自我效能感。②

"智能媒体+老年社会治理"为基础架构的全媒体传播生态，应当包括以人工智能为核心的协同发展的全媒体矩阵平台、云媒体内容集成服务平台、智慧城市综合应用数据平台。此时，智能媒体不再作为一种具体的媒体形态或工具，而是作为"基因"嵌入大众传播、群体传播、组织传播、人际传播交叉叠加的复杂网络，成为老年数字社会生态的有机组成部分。

**（四）提升老年群体智能媒介素养**

除了数字技术改造，规划倡导积极老龄观，发展老年教育，提升老年群体智能媒介素养也刻不容缓。在政府政策的主导下，相关部门可以通过筹建老年大学，开展多种形式的老年教育，开设智能媒介产品使用的培训

---

① 《平台和社会，应提供什么样的帮助，才可令老年人畅游数字社会？》，2022年11月1日，百经数据，https://baijiahao.baidu.com/s?id=1748302248062205072&wfr=spider&for=pc。
② 《加快构建老年数字社会生态体系》，2023年2月1日，中国社会科学网，https://baijiahao.baidu.com/s?id=1756594914640165225&wfr=spider&for=pc。

143

课程,帮助老年群体掌握智能设备的基本操作。不仅着力于解决老年人使用智能媒介产品时的问题,同时也要提高老年人的数字素养、信息甄别能力和防诈骗意识。所在社区及养老机构可以加强智能媒体平台适老化改造和老年传播力度,发挥社区—家庭联动作用,呼吁家庭成员对老年群体进行"数字反哺",为老年群体的数字融入提供更多技术支持和情感支持,从而促进老年群体的主动参与。以此在全社会范围内形成合力,打造真正的老龄友好社会,才能真正弥合"数字鸿沟",促进老年群体的数字融入,构建更加和谐的老年友好型智慧社会。

# 参考文献

《2021年度国家老龄事业发展公报》,2022年10月26日,中国政府网,http://www.gov.cn/fuwu/2022-10/26/content_5721786.htm。

《国家卫健委:近十年我国老龄工作取得显著成效》,2022年9月21日,中国政府网,http://www.gov.cn/xinwen/2022-09/21/content_5710849.htm。

《"七人普"分县资料公布,105个大城市名单出炉——看看大城市"俱乐部"有哪些成员》,2022年11月2日,新华网,https://baijiahao.baidu.com/s?id=1748338046963666914&wfr=spider&for=pc。

《关于加强新时代老龄工作的意见》,2021年11月26日,商务部网站,http://lgj.mofcom.gov.cn/article/zcgz/202207/20220703323672.shtml。

《"十四五"国家老龄事业发展和养老服务体系规划》,2021年12月30日,中国政府网,http://www.gov.cn/gongbao/content/2022/content_5678066.htm。

《关于印发"十四五"健康老龄化规划的通知》,2022年2月7日,中国政府网,http://www.gov.cn/zhengce/zhengceku/2022-03/01/content_5676342.htm。

《积极应对人口老龄化战略研究报告2022》,2023年3月23日,中国经济网,http://www.ce.cn/cysc/zljd/zlwlx/bq/202303/23/t20230323_38458542.shtml。

《2022年养老服务领域十大关键词》,2023年1月5日,民政部网站,https://www.mca.gov.cn/article/xw/mtbd/202301/20230100045662.shtml?site=elder。

《虚拟现实游戏可能对老年人的记忆提升有好处》,2023年3月10日,澎湃新闻,https://www.thepaper.cn/newsDetail_forward_22191377。

《"银发知播"何以"感动中国"》,2023年4月15日,光明网,https://baijiahao.baidu.com/s?id=1763188933399083978&wfr=spider&for=pc。

## T.7 智能媒体在老年群体中的应用现状及发展趋势报告

《CNNIC 发布第 51 次〈中国互联网络发展状况统计报告〉》，2023 年 3 月 2 日，中国互联网络信息中心，https：//cnnic.cn/n4/2023/0302/c199-10755.html。

《北京发布老年人数字化出行服务指南》，2022 年 10 月 28 日，央广网，https：//baijiahao.baidu.com/s?id=1747914458164720845&wfr=spider&for=pc。

《要实用，更要好用——手机 App 适老化改造助力"银发族"共享数字生活》，2022 年 10 月 4 日，光明网，https：//m.gmw.cn/baijia/2022-10/04/1303163582.html。

《2021 年度国家老龄事业发展公报》，2022 年 10 月 26 日，中国政府网，http：//www.gov.cn/fuwu/2022-10/26/content_5721786.htm。

何敬等：《乡村振兴背景下农村老年人媒介素养现状、问题与对策探究》，《新闻研究导刊》2022 年第 13 期。

《老年用户移动互联网报告》，2018 年 5 月 16 日，搜狐网，https：//www.sohu.com/a/231859559_300488。

吴明倩：《老年群体媒介使用现状及适老化改造策略》，《西部广播电视》2022 年第 43 期。

段玉珍：《移动互联网时代"银发族"网络成瘾问题研究》，《卫星电视与宽带多媒体》2020 年第 2 期。

《加快构建老年数字社会生态体系》，2023 年 2 月 1 日，中国社会科学网，https：//baijiahao.baidu.com/s?id=1756594914640165225&wfr=spider&for=pc。

# T.8 残障人群智能媒体无障碍应用报告*

### 王武林　张馨文　徐象豪**

**摘　要：** 智能媒体时代，随着智能科技在媒体设施和内容形态方面的创新应用，逐步实现了用户对媒体内容获取形式和消费方式的"千人千面"。残障人群在高效且便捷的智能科技助力下，也能够无障碍地使用智能媒体。但从现实出发，智能媒体的无障碍应用依然存在着不同程度的瓶颈，因此亟须优化智能媒体的无障碍应用环境，依托无障碍智能设备的开发及创新应用，实现残障人群智能媒体的无障碍传播与应用。本文主要从残障人群的智能媒体无障碍应用背景、政策基础、应用进展、现实困境、趋势与展望五个维度梳理残障人群的智能媒体使用历程、应用现状、趋势发展等内容，从而对残障人群的智能媒体无障碍应用改善及未来趋势做出探讨与研判。

**关键词：** 残障人群；智能媒体；无障碍；智能设备

## 一　残障人群智能媒体无障碍应用背景

### （一）人权理念下的信息获取平等，个人素养提高弥合数字鸿沟

智能媒体依托高速移动互联网、大数据、云计算、传感器等人工智能

---

\* 本文为浙江省社科规划课题"精神富有视域下科技赋能视听障碍群体公共文化服务创新研究"成果。
\*\* 王武林，博士，浙江传媒学院副教授，研究方向为智能媒体传播、数字出版；张馨文，浙江传媒学院硕士研究生，研究方向为数字媒体与智能传播；徐象豪，浙江传媒学院硕士研究生，研究方向为数字媒体与智能传播。

T.8　残障人群智能媒体无障碍应用报告

技术的支持，能够自主感知用户需求，针对特定的时空和场景，动态向用户推送所需信息，其本质是算法驱动的媒体形态。① 中国残联人联合会公布的数据显示，中国当前残障群体已经超过8500万人。残障人群由于身体原因，一定程度上被阻隔了智能媒体的信息洪流之外。然而在万物互联的时代背景下，每一个物品都能成为信息传播的媒介，不同媒体之间可以深度互联，基于可视化互联、语音互联、手势互联等技术共同完成信息的传播，使得残障人群无障碍使用智能媒体接发信息成为现实。从信息接收端考量，智能媒体承载设备扩展为残障人群智能媒体无障碍应用提供了多样化的信息获取与传播渠道，确保残障人群能够在数字化社会中平等获取信息。从信息发出端考量，以人工智能技术为核心的智能媒体的信息呈现出多样化趋势，即使没有智能设备的辅助，基于特定人群的定制化信息传播方式也能够一定程度上消除信息传递之间的隔阂。以北京冬奥会上央视新闻的AI手语主播为例，AI手语主播的AI大脑依托百度智能云，结合百度自研的语音识别技术，可将冰雪赛事的文字及音视频内容快速精准地转化为手语。② 从信息生产到信息接收，全链路的信息无障碍传播极大地提高了残障群体平等获取信息的能力。

香农（Claude E. Shanon）的信息论认为，信息是用来消除不确定性的东西。传统教育在教育方法、教育制度等方面存在对残障人群的限制，而智能媒体通过提供多样且个性的教育内容和学习工具，能够尽可能消除时间和空间上的限制，使得残障人群能以与普通学生同等的方式参与学习。对于残障人群而言，依靠无障碍技术的辅助，他们能够快速理解和应用数字媒体工具，其信息的筛选、评估和创造能力得到提高，知识获取使得个人素养得以全面提升。通过打破技术使用壁垒，让障碍群体不会因个体某些身体能力的缺失而被数字鸿沟阻隔在社会生活之外。③ 无障碍设备的辅助，给残障人群提供了更广泛的数字化社交与文化参与机会，使残障人群能够更加便捷地接触和使用智能媒体，从而整体缩小了数字鸿沟造成的差距。

---

① 罗自文、熊庚彤、马娅萌：《智能媒体的概念、特征、发展阶段与未来走向：一种媒介分析的视角》，《新闻与传播研究》2021年第1期。

② 《AI手语主播上岗 助听障人士观冰雪赛事》，2022年2月8日，人民网，http://health.people.com.cn/n1/2022/0208/c14739-32347640.html。

③ 雷鸣：《加快信息无障碍建设 保障残疾人的平等权益》，《残疾人研究》2022年第1期。

## （二）自我呈现下的交际范围拓展，群体提供归属感与社会帮扶

研究证实，残障者与健全人之间的信息鸿沟不只是信息占有上的差距，更是由此引起了社会生活、社会资本与社会网络等各方面的差距。①传统的社交环境中，由于身体残疾引发的沟通障碍，残障人群时常面临难以融入和交流的困境。依托智能媒体的无障碍应用，残障人群不仅能够在现实生活中依靠科技助力完成高效的信息交换行为，还能够无障碍地在网络上进行自我呈现，以更为便捷和自主的方式与他人进行互动，突破了地理和时间限制，实现社交圈的拓展。从传播学角度来看，交际圈的扩展是信息传播和社会交往中的重要要素，对于个体的社会融合和自我认同具有重要影响。

在数字化社交平台上，智能媒体为残障人群提供了更多表达自我的机会，残障人群通过文字、图片、音频、视频等多样化的媒体形式展现自己的个性与特点，借助智能设备的辅助功能，如语音识别或手势控制，更加自如地参与社交互动，与其他用户建立更深入的联系，在类似身份或兴趣群体中找到归属感与支持。残障人群生理上的缺陷，往往会在现实生活中对其社交关系产生一定的影响，导致其缺乏归属感；而在群体成员交流的互联网平台上，残障人群有机会分享彼此的经验、困难和成就，群体间的情绪共鸣，增进了其对自身身份的认同和归属感，对于个体心理健康和自我认知的健康发展至关重要。

此外，群体的深度连接还会带来残障人群组织影响力的拓展。残障人群受身体残疾和职业技能水平较低等因素的影响，其就业形势往往较为严峻。从人口数据来看，截至2020年年底，中国有1694.8万符合就业年龄段（男性16—59岁，女性16—54岁）的持证残疾人，但其中仅有861.7万人实现了就业。② 在智能媒体实现无障碍应用后，残疾人的就业广度和现实可行性有望得到极大的提升。一方面从就业背景来看，互联网催生出了新的职业种类，如网络写手、带货主播等，为残疾人提供了更多的就业

---

① 潘祥辉、李东晓：《视听障碍人群信息汲取的传播环境：一个文献综述》，《重庆社会科学》2011年第9期。
② 《2018年残疾人事业发展统计公报》，2019年3月27日，中国残疾人联合会，https://www.cdpf.org.cn/zwgk/zccx/tjgb/2e16449ca12d4dec80f07e817e1e3d33.htm。

T.8 残障人群智能媒体无障碍应用报告

可能性,从而能够分享信息技术革命带来的红利。① 另一方面则集中在群体力量对残障群体的就业帮扶上,依托互联网平台对就业信息进行共享,对就业技能进行在线培训。例如,中国残疾人联合会就业服务指导中心和中国残疾人就业创业网络服务平台,便提供了全国多省市的就业信息以及在线职业教育培训。传统的残障人群协会的帮扶范围得到延展,残障人群可以接收到来自社会各界的招聘、就业、培训等信息,可以通过在线学习、虚拟培训等方式接触到不同领域的职业技能培训课程,提高自身的职业素养和竞争力,依靠在使用智能媒体过程中获得的新知识与新技能融入群体,借助群体所提供的就业机会实现就业。

### (三) 文化交流下的独有文化创造,社会融合塑造包容社会

从文化创造的角度来看,丹·希勒认为文化就是符号化的经验表达。② 而经验表达则是依托信息而存在的,因此信息与文化之间存在不可分割的关联。智能媒体为残障人群提供平等获取信息和参与文化交流的机会,通过无障碍设备辅助接收多媒体形式的信息,残障人群可以高效便捷地体验和理解信息的内容。这种信息的交流是全球性的,即使语言不通,依托人工智能中语音识别技术,自动为音频信息的传播添加不同语言的字幕,非母语的残障人群也能够互相学习语言和文化知识。无障碍的文化传播,使得不同背景的残障人群可以分享和了解不同文化之间的差异与共通之处,从而加强文化交流与理解,进而与其他社会群体分享文化价值观和创意,体现文化的多样性和包容性。

文化的交流融通有助于社会各类人群的融合创造。智能媒体提供了一个共同的平台,使得不同能力的个体能够平等地参与社会活动和创造性工作。一方面打破了不同群体之间的认知隔阂,促进信息真实且平等的传播,展现残障人群的真实生活样貌与在社会生活中存在的困境,有助于减少对残障人群的歧视和偏见,在全社会树立正确的无障碍观。另一方面通过积极的共同合作,残障人群和健全人能够携手共同解决社会问题,合作

---

① 王晓峰、赵腾腾:《互联网影响残疾人就业的作用机制研究》,《人口学刊》2021年第1期。
② [美] 丹·希勒:《信息拜物教》,邢立军、方军祥、凌金良译,社会科学文献出版社2008年版,第24页。

智能媒体发展报告（2023）·热点篇

开发创新性无障碍产品，并共同推进无障碍社会环境建设。例如深圳市在《深圳经济特区无障碍城市建设条例》中提出的无障碍城市理念，便是由无障碍群体和专业指导人员共同讨论得出的。① 无障碍城市的建设不仅有助于残障人群的出行，也将为所有人提供更便利和高效的交通选择。文化的创造变成跨文化人群之间的共创，这种融合创造不仅促进了跨领域的合作，还有助于在创新过程中减少盲点，从而推动无障碍科技与文化进步。

从整个社会形态层面来看，文化的交流、人群的交融，利用无障碍技术帮助残障人群使用无障碍智能媒体，能够弥合不同人群之间由于技术使用造成的数字鸿沟，有助于创造充满人性关怀的包容社会。消除数字鸿沟是为了个人发展，为了不同地区各类人群能够平等参与经济、社会及政治发展过程，并共享发展成果。② 数字化浪潮带来很多利好，同时也潜伏着诸多隐忧。无障碍技术在智能媒体中的应用，能够最大化为残障人群提供平等使用智能媒体的可能性，也出现了很多突破性的创新产品，对残障人群传递了积极的信息。无障碍环境建设将会持续加强，技术能够更大程度助力于建设更加人性化的包容社会。

## 二 智能媒体无障碍应用的政策基础

2006年12月13日，第六十一届联合国大会通过了《残疾人权利公约》，明确了残疾人应当拥有的各项权利。其中，包含督促各国采取适当措施，确保残疾人无障碍地利用信息和通信技术，查明和消除阻碍实现无障碍环境的因素，促进在早期阶段设计、开发、生产、推行无障碍信息和通信技术与系统。③ 这意味着智能产品的设计之初需进行无障碍设计成为共识。在此背景下，中国也开始重视残障人群、老年人等有障碍群体的信

---

① 《深圳经济特区无障碍城市建设条例》，2021年7月6日，深圳市人民代表大会常务委员会，http://www.szrd.gov.cn/szrd_zlda/szrd_zlda_flfg/flfg_szfg/content/post_706638.html。
② 卜卫、任娟：《超越"数字鸿沟"：发展具有社会包容性的数字素养教育》，《新闻与写作》2020年第10期。
③ 《残疾人权利公约》，2006年12月13日，联合国，https://www.un.org/zh/documents/treaty/A-RES-61-106。

## T.8 残障人群智能媒体无障碍应用报告

息无障碍传播，各大城市纷纷进行无障碍环境建设。2012年通过的《无障碍环境建设条例》从政策层面明确规定，中国电信终端设备制造者应当提供能够与无障碍信息交流服务相衔接的技术、产品。[①] 这为残障人群无障碍应用智能设备打下了坚实的基础。

2016年3月，中国残联、中央网信办联合印发《关于加强网站无障碍服务能力建设的指导意见》，提出了网站无障碍能力建设的基本要求，表明要消除"数字鸿沟"、体现"信息平等"、使互联网更好地惠及民生，促进残疾人等社会群体充分参与社会生活、共享社会物质文化成果。[②] 同年8月，国务院颁布《"十三五"加快残疾人小康进程规划纲要》，贯彻落实关于信息无障碍建设的规定，明确提出要大力推进公共场所和公共服务机构的互联网信息服务无障碍建设。[③] 地方政府也相继出台法规对《无障碍环境建设条例》进行细化与补充，如《浙江省实施〈无障碍环境建设条例〉办法》自2018年12月31日起施行，[④]《山东省无障碍环境建设办法》自2019年5月1日起施行，[⑤]《江苏省无障碍环境建设实施办法》自2022年3月1日起施行等。[⑥]

2020年9月，工业和信息化部与中国残疾人联合会发布《关于推进信息无障碍的指导意见》，支持新技术在信息无障碍领域的发展与应用，特别是推进人工智能、5G、物联网、大数据、边缘计算、区块链等关键技术在信息无障碍领域的融合和科技成果转化，支持新兴技术在导盲、声控、肢体控制、图文识别、语音识别、语音合成等方面的实际应用。[⑦] 这意味

---

[①]《无障碍环境建设条例》，2012年6月13日，中国政府网，https://www.gov.cn/zwgk/2012-07/10/content_2179864.htm。

[②]《中国残联、中央网信办联合印发〈关于加强网站无障碍服务能力建设的指导意见〉》，2016年3月7日，中国政府网，https://www.gov.cn/fuwu/cjr/2016-03/07/content_5059768.htm。

[③]《国务院关于印发"十三五"加快残疾人小康进程规划纲要的通知》，2016年8月3日，中国政府网，https://www.gov.cn/zhengce/content/2016-08/17/content_5100132.htm。

[④]《浙江省实施〈无障碍环境建设条例〉办法》，2018年11月15日，浙江省人民政府网，https://www.zj.gov.cn/art/2021/12/27/art_1229604638_2385235.html。

[⑤]《山东省无障碍环境建设办法》，2019年3月10日，山东省人民政府网，http://www.shandong.gov.cn/art/2019/3/15/art_2259_31116.html。

[⑥]《江苏省无障碍环境建设实施办法》，2021年12月20日，江苏省人民政府网，http://www.jiangsu.gov.cn/art/2021/12/24/art_46143_10225242.html。

[⑦]《工业和信息化部 中国残疾人联合会关于推进信息无障碍的指导意见》，2020年9月11日，中国政府网，https://www.gov.cn/zhengce/zhengceku/2020-09/23/content_5546271.htm。

着面向未来，残障人群的无障碍体验将全面迈向智能化，智能辅助设备将会在新技术的刺激下如雨后春笋般出现。面向当下，则着力解决残障人群在智能设备使用中的种种困难。2020年12月，工业和信息化部印发《互联网应用适老化及无障碍改造专项行动方案》，针对老年人、残疾人等特殊群体在使用互联网等智能技术时遇到的现实困难，罗列了一批涉及人们日常衣食住行的网站和手机App以进行信息无障碍化。①

2021年7月，国务院印发《"十四五"残疾人保障和发展规划》，指出要探索传统无障碍设施设备数字化、智能化升级，推进智能化服务要适应残疾人需求，智能工具应当便于残疾人日常生活使用。②

2023年6月，《中华人民共和国无障碍环境建设法》正式通过。这是中国首次就无障碍环境建设制定专门性法律，残疾人群无障碍享受智能媒体服务迎来有法可依的时代。③ 2023年7月，陈旭大使在联合国人权理事会第53届会议代表70国就人工智能促进残疾人权利作共同发言，提出人工智能要普惠发展，让人工智能技术的高质量发展惠及残障人群，提高其便利性、可及性和包容性。④

国家层面对残障人群无障碍智能应用的政策不断，行业与企业同样也在响应政府号召。早在2008年，信息产业部电信研究院、中国网络通信集团公司就联合起草了《信息无障碍 身体机能差异人群 网站设计无障碍技术要求》，支持残疾人士无障碍访问网站，并制定了一系列的技术准则。⑤ 面对移动互联网的崛起，2018年10月，工业和信息化部联合国内多个手机厂商发布了《移动通信终端无障碍技术要求》的行业标准，规

---

① 《工业和信息化部关于印发〈互联网应用适老化及无障碍改造专项行动方案〉的通知》，2020年12月24日，中国政府网，https：//www. gov. cn/zhengce/zhengceku/2020 – 12/26/content_5573472. htm。

② 《国务院关于印发"十四五"残疾人保障和发展规划的通知》，2021年7月8日，中国政府网，https：//www. gov. cn/zhengce/content/2021 – 07/21/content_5626391. htm。

③ 《中华人民共和国无障碍环境建设法》，2023年6月28日，中国政府网，https：//www. gov. cn/yaowen/liebiao/202306/content_6888910. htm。

④ 《中国大使代表70国就人工智能促进残疾人权利作发言》，2023年7月11日，中国政府网，https：//www. gov. cn/yaowen/liebiao/202307/content_6891234. htm。

⑤ 《信息无障碍 身体机能差异人群 网站设计无障碍技术要求》，2008年3月13日，全国标准信息公共服务平台，https：//std. samr. gov. cn/hb/search/stdHBDetailed？id = 8B1827F15046BB19E05397BE0A0AB44A。

T.8 残障人群智能媒体无障碍应用报告

定了开发生产无障碍移动终端应该满足的技术要求，包括基本设计、系统设置和恢复、信息输入、文字处理、交互操作、图形组件、栏框组件、表单、电话功能、短信功能、通讯录功能、接口、语音处理等方面的无障碍技术要求，成为目前认可度较高且"通俗易懂"的一个可参考标准。①

针对无障碍测试，2020年3月，中国正式实施了国家标准GB/T 37668—2019《信息技术 互联网内容无障碍可访问性技术要求与测试方法》，针对互联网网页（含移动端网页）和移动应用产品的开发和测试，围绕实现可感知性、可理解性、可操作性与兼容性四项目标，界定了59项具体指标。② 这是中国第一个在互联网内容方面的无障碍国标，在标准推行、遵从度方面都是一个里程碑事件。

行业的测试标准也紧随其后，2020年4月，中国信息通信研究院联合中国残疾人联合会维权部、中国盲人协会等多个协会和华为技术有限公司、北京小米移动软件有限公司等多个公司起草了《移动通信终端无障碍测试方法》，对无障碍测试的流程方法进行了详细的梳理与指导。③ 不只是行业标准，企业针对残障人群的无障碍工作也在有序开展。以阿里巴巴为例，早在2011年，其内部就成立了淘宝信息无障碍实验室，并于2013年发展为阿里巴巴集团信息无障碍兴趣小组。2019年3月，阿里巴巴集团宣布成立"阿里巴巴经济体技术公益委员会"，号召全体工程师带着自己的技术投入公益事业当中；在同年9月的云栖大会上，阿里巴巴发布了技术公益基金，信息无障碍成为该基金重点聚焦的三大领域之一；2020年，阿里巴巴集团更是成立了信息无障碍委员会，专门负责有针对性的无障碍研究与开发工作。

---

① 《移动通信终端无障碍技术要求》，2018年10月22日，全国标准信息公共服务平台，https://std.samr.gov.cn/hb/search/stdHBDetailed?id=8B1827F253E8BB19E05397BE0A0AB44A。
② 《信息技术 互联网内容无障碍可访问性技术要求与测试方法》，2019年8月30日，国家标准化管理委员会，https://openstd.samr.gov.cn/bzgk/gb/newGbInfo?hcno=35ECC696805C1A67C93B74FB6D0D8EFB。
③ 《移动通信终端无障碍测试方法》，2020年4月16日，全国标准信息公共服务平台，https://std.samr.gov.cn/hb/search/stdHBDetailed?id=A75176EB3831B551E05397BE0A0A545D。

智能媒体发展报告（2023）·热点篇

# 三 残障人群无障碍智能应用进展

## （一）视障用户无障碍智能应用进展

视障群体是指视觉功能受到一定损害，患者因为视觉敏锐度低或者视野受损，无法达到正常视力，因而影响到日常生活的障碍群体。中国盲人协会网站数据显示，2016年中国视力残疾患者就已达到1731万人，占世界盲人总数的两成以上。[1] 从数据可以看出，当下中国的视障群体人数较多，增长速度较快，解决视障群体日常生活中的问题刻不容缓。随着智能技术的发展，无障碍智能设备不断完善，给视障群体的日常生活、衣食住行提供了较多的便利。

### 1. 无障碍智能设备辅助交通与出行信息获取

为克服视障群体生理限制，摆脱出行困境，智能设备在帮助视障群体解决其出行问题方面发挥巨大的作用，数字"盲道"与"盲杖"的概念应运而生。数字"盲道"与"盲杖"作为在智慧城市中配套使用的新型设施，在构建视障群体自主感知世界的新方式的同时，改变和重构了其日常生活与交往实践，进一步拓展了视障群体的新"视"界，也为研究和重新理解城市、数字媒介与视障者的关系提供了新的路径。[2] 解决视障群体的出行困难，使其能够在智慧城市中实现无障碍出行。

虽然铺设盲道已经成为现代城市建设过程中必不可少的一环，部分地区盲道铺设率也已经纳入文明城市的考评指标；但是随意占用盲道、盲道设计不合理等问题依旧存在，出行困难仍然是当下视障群体城市生活中面临的基础性问题。随着数字技术的发展，智能设备不断更新，数字"盲道"与"盲杖"逐渐解决过去视障群体出行困难的问题，在视障群体出行时发挥越来越重要的作用。其原理为相对连续的无线网络覆盖，使得环境传感器的大范围安装成为可能，智能设备可以在短距离内探测各种城市现

---

[1] 《特别关注 | 全国爱眼日：守护心灵的窗户关注普遍的眼健康》，2020年6月6日，中国残疾人联合会，http://canjiren.china.com.cn/2020-06/06/content_41176165.html。
[2] 陈刚、李沁柯：《"在技之在"：作为基础设施的数字"盲道""盲杖"与视障者的城市生活》，《新闻界》2023年第5期。

## T.8 残障人群智能媒体无障碍应用报告

象,使城市成为一个可感应的有机体。比如在雨天或交通环境复杂的情况下,视障者会因为各种噪音无法准确判断通行情况,这时数字"盲道"与"盲杖"将会通过传感器技术,直接将信号灯的相关信息与手机导航相连接,这样视障群体就可以通过手机的自动播报了解相应路口的交通情况,实现无障碍出行。

2. 无障碍智能设备辅助教育信息获取

智能设备在帮助视障群体实现教育均等方面发挥了重要的作用,扩充了视障群体的学习内容,使相关学习内容不再局限于纸质盲文教材。同时,也能帮助视障群体紧跟时代潮流,融入数字社会,打破数字鸿沟。

目前,读屏、AI智能发音等功能的智能设备逐渐应用于无障碍建设过程中,帮助视障群体克服自身生理限制,公平接受教育。各类移动App也积极融入无障碍设备,使得视障群体能够实现移动学习。例如,扇贝App通过使用读屏功能、AI智能发音功能等,辅助视障群体进行单词学习,攻克了视障用户无法利用读屏软件背单词的学习难题。目前,该App已经完成对主流手机系统自带读屏软件功能进行适配,通过自身代码的针对性改造,适配语音读屏功能,为视障人群提供一个学习平台。[①] 移动App丰富了视障群体的学习资料,使其能够在数字时代,通过智能设备获得更好的学习体验,提高学习效率,最终实现教育公平。

同时,智能设备也广泛运用于图书馆、博物馆、艺术馆等公共服务场所,在实现公共服务无障碍化方面发挥着积极作用。近几年,智慧图书馆的建立,无障碍博物馆及艺术馆的推广,以及各类人工智能技术在公共场合的应用,都可以反映出智能设备正在帮助视障群体实现公共服务无障碍化,例如贵州盲人数字图书馆、山东省盲人图书馆等。数字图书馆通过微信小程序、读屏软件等智能技术,帮助视障群体解决阅读困难,实现阅读公平。以贵州盲人数字图书馆为例,该图书馆以贵州数字图书馆平台为基础,整合电子图书、期刊以及音视频等多种资源,通过微信小程序"无障碍智听"和"无障碍智听"App,为盲人群体打造更加便捷、精准的学习

---

① 《2022TADC | 2022可及信息无障碍优秀案例结果公布》,2022年6月15日,信息无障碍研究会公众号,https://mp.weixin.qq.com/s/zB6BtNsK_kzRFFDvTTU43Q。

平台。① 另外，当下针对视障群体的图书馆服务的重点由过去的传统"到馆服务"模式转变为"无障碍信息服务"，即在全媒体时代，通过智能设备及人工智能技术，视障群体足不出户即可使用图书馆资源，实现无障碍信息服务，例如中国盲人数字图书馆网站的建立。同时，智能技术的运用也改变了过去视障群体无法亲自到场感受图书馆氛围的情况，使视障群体能够感受到图书馆的空间价值，更加贯彻了图书馆等公共场所的平等服务原则。比如当下通过 VR（虚拟现实）、AR（增强现实）和 AI（人工智能）等智能技术，可以重构图书馆、博物馆、艺术馆等公共场所的虚拟空间，使得视障群体能够亲身体验图书馆等公共场所的相应氛围，满足其心理需求，发挥公共场馆的空间资源价值；并且视障群体也有机会参与馆舍的管理互动与服务，与公共场所共同推动无障碍服务的发展，实现场馆与群体双赢的局面。

**（二）听障用户无障碍智能应用进展**

据统计，全中国大约有 2780 万听障人士，包括弱听、重听、老化聋等。根据残联相关统计数据，2022 年中国听障群体居视障、肢残、智残等五大残障群体数量之首。② 由于在日常生活中，听障人士基本与常人无异，在人群中无法直接辨别出，其需求经常被社会忽略。因此，解决听障群体的相关问题，实现听力无障碍，也是无障碍建设过程中的重中之重。随着全媒体时代的到来，智能技术也逐渐运用于无障碍建设当中，为听力无障碍发展提供了技术支持。以下从教育、日常生活、公共服务三个角度梳理针对听障用户的无障碍智能应用情况。

**1. 无障碍智能设备辅助教育信息获取**

听障人士由于听力受阻，在声音感知方面较弱，他们在获取、理解、应用知识时较为困难；同时其自身内容输出不通畅，与人沟通存在困难，这会增加学习难度。智能设备在听障人士教育方面发挥了较大的作用，帮

---

① 《贵州首家盲人数字图书馆上线》，2022 年 4 月 25 日，文化和旅游部网站，https：//www.mct. gov. cn/whzx/qgwhxxlb/gz/202204/t20220425_ 932668. htm。

② 《国际聋人日聚焦科技助残 AI 数字人帮助听障人士消除语言障碍》，2022 年 9 月 26 日，中国残联法制网，https：//www. cdpf. org. cn/ywpd/xcwh/mtjjxwb/dac22685a55c44128a289177f4befe7f. htm。

## T.8 残障人群智能媒体无障碍应用报告

助听障群体解决存在的问题，实现教育公平。语音转写相关的智能设备帮助听障群体接收外界声音，实现接收端无障碍，其中"讯飞听见"等手机App较为常见。这类智能设备通过专用拾音设备拾取授课老师的声音，采用语音转写技术将其转写成文字并展示在手机屏幕上，听障群体可以通过手机App迅速知晓授课内容。①"讯飞听见"使用的是行业先进的语音识别技术，通用语音识别率高达98%，准确率较高，具有高效稳定的特点。②有拾音设备等智能媒体技术的加持，听障人士可以在当下获得与人实时沟通的机会，保证自身权利得到维护，有利于无障碍社会的构建与打造。

2. 日常生活中的智能信息获取

在日常生活中，听障群体由于听力不便无法及时接收到外界信息，进而影响日常生活。随着智能技术的介入，AI手语主播、基于人工智能的手语翻译系统等智能设备及系统的运用，可以让听障群体及时接收外界信息并进行处理和反馈，减少他们的孤独感。以2022年北京冬奥会、冬残奥会宣传报道中，央视新闻推出的"AI手语主播"为例，央视总台采用语音识别、机器翻译等人工智能技术，其搭载的手语翻译引擎和自然动作引擎能自动翻译文字、音频和视频内容，并将手语实时演绎为表情动作，让手语主播具备高可懂度的手语表达能力和精准连贯的手语呈现效果，使得向听障群体传递的信息更准确，动作更精细，③进而实现信息无障碍传播。同时，该手语主播形象亲切自然，更能够拉近新闻工作者与听障群体的距离，更有利于新闻内容的传播。手语主播的使用不仅仅局限于冬奥会、冬残奥会等大型赛事，日常节目报道中也在使用。智能技术使听障群体在日常生活中获取信息更便利，使他们能够清楚高效地获得所需要的社会信息。

手语主播可以解决听障群体信息接收端不畅的问题，基于人工智能的手语翻译系统则解决听障群体信息输出端不畅的问题。听障群体由于听力退化或失聪，日常生活中没有很好的语言环境，因此日常基本通过手语进

---

① 杨会良、黄璐娅：《人工智能时代听障生无障碍学习路径研究》，《现代特殊教育》2012年第12期。

② 《产品案例：讯飞听见APP》，2021年12月14日，人民网，http://finance.people.com.cn/n1/2021/1214/c441548-32307751.html。

③ 郑弘、丰树琪：《人工智能在新闻报道中的突破、传播和价值——以总台央视新闻AI手语主播为例》，《传媒》2022年第2期。

行交流。目前国内手语普及度并没有达到理想程度，听障人士与健听人士之间的交流依旧存在一定障碍，而基于人工智能的手语翻译系统的应用可以打破听障人士与健听人士之间的沟通隔阂，实现听障群体输出端无障碍。手语翻译系统能够实现相对简单且连续的手语图像和视频的采集与翻译。当听障人士在摄像头可识别范围内用手语与非听障群体交流时，摄像头会采集手语视频，并将视频的相关数据上传到云服务器，服务器将对数据流进行预处理、提取关键帧等处理，最终生成相关文字，将其发送给对方。① 该系统的使用可以打破手语隔阂，通过智能设备实时转化手语，进而实现听障群体与非听障群体的实时沟通，有利于听障群体顺利融入社会。

3. 公共服务领域的无障碍信息应用

公共服务领域，由于听障群体的视力基本无问题，因此多数数字图书馆较少为听障群体提供有针对性的相关服务，而目前听障群体在阅读、信息获取与信息利用方面依旧存在较多的需求，因此二者之间存在一定的矛盾。智能技术与设备的使用，可以使得数字图书馆能够关注到听障群体的相关公共服务需求，解决供给与需求之间的矛盾，实现公共服务的无障碍化。目前，国内数字图书馆大多缺乏相应的手语数字资源，听障群体在信息检索方面存在一定的困难。目前面向听障儿童的手语阅读绘本数量极少，与健听儿童先说话再识字不同，听障儿童主要通过手语学习新知识，由于年龄的限制，词汇量与知识面较窄，大多数听障儿童需要借助手语才能够理解与掌握所学的新知识与新内容，因此手语绘本对听障儿童来说必不可少。智能技术可以使得高质量的手语设备在数字图书馆中普及，通过IAII 技术与人工智能技术为听障群体提供个性化、多样化、便利化与无障碍化的阅读服务，解决过去图书馆等公共服务场所缺少手语资源的问题，实现公共文化服务无障碍化。博物馆、艺术馆等场所同样也通过智能技术实现听障群体无障碍信息提供，比如重庆中国三峡博物馆，通过智能设备为听障群体提供可视化手语讲解。② 听障人士能够通过屏幕中展示的手语

---

① 刘继兴等：《基于人工智能的手语翻译系统实现》，《科技创新与应用》2022 年第 23 期。
② 《关注国际博物馆日｜创新让"博物馆的力量"充分释放》，2022 年 5 月 18 日，重庆日报网，https：//www.cqrb.cn/content/2022 - 05 - 18/1226449_ pc.html。

## T.8 残障人群智能媒体无障碍应用报告

了解博物馆里的展出内容，解决过去听障群体由于自身障碍无法使用讲解器的问题。

**（三）肢体障碍用户无障碍智能应用进展**

数据显示，截至2022年，中国的残障群体总数超过8500万人，占全国总人口的比重是6.34%，涉及2.6亿家庭。[①] 其中，肢体残障群体数为1735.5万人，环境障碍成为肢体残障群体所面临的主要障碍。环境障碍指的是在物理环境和虚拟环境中残障群体所遇到的挑战，在个人层面阻碍了残障群体完成特定的任务，例如基本的移动、理解与互动等。[②] 因此，肢体残障群体在日常出行公共场所中，辅助器具必不可少。随着智能设备不断推陈出新，辅助器具的智能程度不断增加，为肢体残障群体提供了便利，实现出行与移动环境的无障碍建设。

其一，智能轮椅的推出，使得肢体残障群体能够在复杂的当下更加安全高效的出行。相较于传统轮椅，智能轮椅不仅可以自动前行，不需要乘坐人全程手动出行，而且还依托智能技术，更能够适应当下的复杂路况。比如目前智能轮椅具有半自动与自动控制模式，肢体障碍者可以通过口令对轮椅进行简单的操控，出行更加简单便捷。同时，部分智能轮椅还装配了机械臂相关设备，可以帮助肢体障碍群体拿取物品，自动化与智能化程度较高。另外，用户可以控制轮椅的方向，自主驾驶，轮椅自动避障；并且依托自动定位系统，重度肢体残疾者或者视力残疾者只需预先设定目标位置，轮椅就可以自动避障到达目的地。智能轮椅设备的推出，使得肢体残障人士能够高效实现出行无障碍，助力无障碍出行环境的打造。

其二，面向肢体残障的辅助智能穿戴设备也能够帮助残障群体解决生活难题，共同打造无障碍环境。智能穿戴设备依靠惯性传感器对手臂姿态进行检测，从而控制机械臂能够同步做出人体手臂的动作，帮助上肢残障人士能够如同常人一般生活，避免因肢体残缺造成的生活不便。目前部分设计是将三轴陀螺仪数据和三轴加速度计数据进行融合，从而用于检测手

---

[①] 《无障碍：各地残疾人面临何种困境？》，2022年7月10日，澎湃新闻网，https://m.thepaper.cn/baijiahao_18868150。

[②] 潘雪曼：《面向肢体残疾人士的乘机服务设计研究——以白云机场T2航站楼为例》，硕士学位论文，华南理工大学，2020年。

智能媒体发展报告（2023）·热点篇

臂姿态，在动作角度较小时检测的精度非常高，并且相对来说成本较低，①可以更好的辅助肢体障碍者进行肢体移动，进而实现生活无障碍，共同打造无障碍环境。

在公共服务领域，公共文化服务也需要满足肢体障碍群体对精神文化的需求。由于自身的身体条件限制，肢体障碍群体无法自由出入图书馆、艺术馆、博物馆等公共文化场所，基于此，公共文化场所针对肢体残障人士制定了相应的解决措施，依托智能技术支持的智能设备，帮助肢体残障群体在场馆内实现自主移动。比如，目前博物馆、艺术馆等公共文化场所配有自动辅助行驶功能的相应智能设备，辅助肢体障碍群体在公共场所实现移动无障碍。

智能行驶设备需要装配红外测距、超声波传感器、GPS、摄像头等元器件，通过各种元器件的配合从而实现辅助设备的自动驾驶托管，可以通过GPS等定位技术，为智能设备提供自己在全局中的实际位置，通过使用凸多边形来描述障碍物的可视图法，从而在博物馆室内完成避障路线的规划。②该智能设备的推出和辅助，可以帮助实现公共文化场所服务的无障碍化。

在铁路客运站等交通部分，肢体残障群体同样面临较多的困难，需要智能设备的辅助与帮助，从而实现出行无障碍。12306等主流购票软件也进行了无障碍改版，根据相关适老化及无障碍标准规范，完成适老化及无障碍优化工作，提供对老年用户更为友好的爱心版和标准版模式切换，方便用户进行火车票购票操作，提升用户铁路出行体验。③该无障碍改版使得肢体残障群体能够在线上进行购票，到站直接出行，不需要再有线下购票行为，方便出行，从而实现出行无障碍。

## 四　残障人群智能媒体无障碍应用的现实困境

残障人群想要享受架构在互联网技术之上、以人工智能算法为核心的

---

① 沈澍、顾康、刘小雨：《面向肢体残疾的辅助智能穿戴系统的设计》，《计算机技术与发展》2019年第7期。
② 贾祝军、申黎明、沈怡君：《博物馆的无障碍设计探析》，《山西建筑》2011年第32期。
③ 《2022TADC｜2022可及信息无障碍优秀案例结果公布》，2022年6月15日，信息无障碍研究会公众号，https://mp.weixin.qq.com/s/zB6BtNsK_kzRFFDvTTU43Q。

160

智能信息服务，就必须克服互联网的使用障碍。依靠无障碍设备的辅助，残障群体已经有条件接入智能媒体使用网络，但是仍旧不能将残障群体的使用便利性、多样性、深入性同普通用户划等号。如今智能媒体在服务有障碍群体的过程中存在各类交互障碍是不争的事实，政策法规与行业标准的执行力不强，企业面临经济效益低、研发成本高等现实问题，都深度干扰着残障群体对智能媒体的无障碍使用。

**（一）使用层面：产品无障碍设计还需完善**

由于使用习惯的不同，当前常用的智能设备如手机、电脑、平板等，若不进行无障碍设计，其可访问性便无法得到保证，往往无法满足残障人群的正常使用需求。从智能媒体的使用层面来说，《网页内容无障碍指南（WCAG）2.2》提出了网页内容可操作、可感知、可理解、兼容性四大原则，同样适用于当下移动互联网时代残障群体无障碍应用主要面临的问题。①

其一是可操作问题。由于身体残疾的原因，智能设备中简单的交互动作如滑动、点击等，不同残障人群会遇到不同程度的困难，信息的正常传播将受到阻碍，而无法进行可持续的反馈。例如听力障碍人群无法清晰听到语音指令，上肢障碍人群无法准确完成手势交互的操作；尤其是对于视力障碍人群而言，由于无法较好地接收视觉信息，大部分场景下的操作完成都存在一定难度，即使能够依靠读屏软件完成简单的操作，但是面对不同场景下的细分功能，如图形验证、人脸识别等便难以依靠读屏软件完成。残障人群在可操作这一层面临的问题各不相同，都需要有针对性的设计并研发一套其专属的可操作模式，以保证良好的智能设备使用体验。

其二是可感知问题。可感知问题源于信息呈现方式的单一性。对于残障群体而言，信息的单一呈现往往会导致其接收信息模糊甚至无法接收信息。例如目前图片和视频是主流的信息传递媒介，视力障碍人群是无法接受此类信息的，若没有为图片或视频提供描述性的语音朗读功能，则无法完成信息的正常传递。

---

① 《网页内容无障碍指南（WCAG）2.2》，2023年5月17日，万维网联盟，https://www.w3.org/TR/WCAG22/。

智能媒体发展报告（2023）·热点篇

其三是可理解问题。信息的有效传递需要共通的意义空间。残障人群的教育体系虽已日益完善，但大部分先天残疾的残障人群受教育水平普遍较低，加之大多缺乏多感官协同使用的能力，对于信息的理解有限。加之目前的网络信息往往繁多且杂乱，虽然视听障碍人群依靠屏幕阅读、语音转文字等无障碍辅助方式，能够增强或者转变信息的呈现方式，但在信息转换中存在不可避免的信息失真，如音频信息可以通过智能语音识别技术转化成文字信息，但识别并不是完全还原的，其中由于识别错乱产生的模糊性信息，便会增加理解成本。

其四是兼容性问题。人工智能、云计算等智能技术不仅使智能设备的使用方式全面更新，而且帮助残障群体无障碍接收信息，完成交互的辅助工具形态与功能势必也会出现前所未有的更新。各大智能媒体平台能否实现代码层面的兼容，直接决定了无障碍辅助工具的现实可应用场景的广泛性。当前移动互联网中各种应用软件以及手机版网站的无障碍建设状况直接影响着移动网络能否无障碍传播。[①] 大部分应用软件和手机版网站尚没有开发无障碍应用的功能，残障人群需要通过无障碍工具的辅助来完成智能设备的基础操作。为了尽可能实现同后续开发的辅助设备兼容，iOS 和 Android 系统都给出了相应的无障碍代码编写指南，但目前同辅助设备的兼容现状不容乐观。以最为常见的无障碍辅助工具"屏幕阅读器"为例，借助"屏幕阅读器"理论上可以将所有眼睛能够看到的信息以语音的形式播报出来，依靠人工智能技术甚至可以实现实时语音描述图片。但实际上市面上开发的大多数软件并没有按照国际惯例去做无障碍的代码改造，无法与"屏幕阅读器"兼容使用，视障群体在使用"屏幕阅读器"的过程中经常会出现"不读、误读、错读"的现象，严重影响实际使用体验。

## （二）企业层面：产品无障碍改造与推广存在困难

当前中国公共服务类网站及移动互联网应用（App）无障碍化普及率较低。[②]

---

[①] 李东晓、熊梦琪：《"可及"之后：新媒体的无障碍传播研究与反思》，《浙江学刊》2017年第6期。
[②] 《工业和信息化部关于印发〈互联网应用适老化及无障碍改造专项行动方案〉的通知》，2020年12月24日，中国政府网，https://www.gov.cn/zhengce/zhengceku/2020－12/26/content_5573472.htm。

## T.8 残障人群智能媒体无障碍应用报告

中小型企业的资金技术储备不够充足、无障碍意识较为缺乏，导致其产品功能设计没有优先考虑残障人群的需求。大型上市公司虽具备无障碍服务的意识，但也仅仅是将产品无障碍化改造当做产品的情怀功能而非基础功能去对待，在功能的精度方面有所欠缺。以2022年凤凰测评对iPhone、小米、华为等6款主流手机的测试为例，从听障、视障等测试维度展开，包括是否内置读屏和简易模式在内的基础功能，是否存在应用商店、AI、语音助手等在内的设备拓展功能等，共计41个项目，各主流手机都在不同层面暴露了或多或少的无障碍问题。① 在移动互联网应用的无障碍开发上，精度欠缺的现象依旧存在，比如凤凰测评也曾对涉及衣食住行的25款应用进行了无障碍测评，受测软件存在无障碍操作过程中没有对应焦点和未添加标签的问题，以美团外卖为例，使用过程中存在很多空焦点，十分占用视障人士操作应用的时间。② 究其主要原因，是企业进行信息无障碍改造的投入产出比不足，企业作为以盈利为导向的社会组织，并不能仅出于社会责任进行信息无障碍建设，人才成本、开发成本、经济效益都在企业的考量范围之内。

其一就人才成本而言。实现信息无障碍化需要吸引、培养和保留高水平的技术人才，尤其当下人工智能、云计算等新兴技术的出现，未来的无障碍辅助设备必然是智能化的，招募的人才需要具备跨学科的知识背景，能够驾驭以人工智能为代表的多样化信息技术。然而当前中国有人工智能专业的高校数量较少，达到世界精英水平的顶级学者数量也落后于发达国家，人工智能人才紧缺。③ 此外，竞争激烈的人才市场，对高水平人才的吸引、培养和保留是一个不小的挑战，意味着企业必须提供具有竞争力的薪资和福利，才能留住这些宝贵的资源，这对中小企业来说难度颇大。

其二就开发成本而言。一方面，无论是硬件设备还是软件设备，其无障碍开发的主要成本在于人才待遇上，专业的无障碍产品设计团队不仅需

---

① 《六大品牌手机无障碍横评：连续四年 打电话仍是大问题！｜看见2022》，2022年1月19日，凤凰网，https://tech.ifeng.com/c/8Cvs0XUmb63。
② 《「看见2021」7款旗舰手机+24款应用无障碍横评》，2020年12月23日，凤凰网，https://tech.ifeng.com/c/82PZhbIXVvD。
③ 眭党臣、吴承恒：《老年残疾人智能养老产品供给问题研究》，《西安财经大学学报》2022年第6期。

要软件工程师、设计师、测试人员等开发人员的支持协作，还需要邀请残障人群"共创"，才能把握残障人群真实的需求，开发队伍的建设与维护都需要高昂的成本支出。另一方面，未来的无障碍辅助设备必然需要人工智能技术的介入，智能产品的开发与实验类似，是一个需要不断试错与优化的过程，动辄需要几百万元甚至上千万元的基础成本。此前微软的"人工智能无障碍计划"便宣布将会投入 2500 万美元用于为世界各地超过 10 亿残障人士进行无障碍产品开发。① 如此大量级的资金投入，对于中小企业而言是极难负担的。

其三就经济效益而言。长期来看，针对残障人群体研发的无障碍辅助设备是有庞大市场的。当前中国残疾人辅助器具适配率仅为 62.9%，远远无法满足残疾人日益增长的生活、康复、教育、就业等需求。② 但残疾人家庭的收入水平较低的普遍事实又无法忽略，2018 年全国残疾人家庭人均年收入为 16112.3 元，远低于正常家庭的水平。③ 无障碍智能辅助设备高昂的开发成本势必导致其出售价格较高，这便与残障群体的较低收入水平相矛盾。从短期而言，产品的研发与推广的投入成本是无法收回的，企业的效益更多是企业形象提升所带来的正向回馈。上述三点原因导致当前针对残障群体的无障碍建设主体仅仅为小部分的头部企业，中小企业的缺位意味着未来信息无障碍无法形成规模效应，网站与 App 的无障碍使用生态便难以全面建成。

### （三）管理层面：无障碍环境建设管理体系有待健全

虽然目前关于智能设备操作的无障碍化已有一系列的政策文件和行业标准，但由于起步较晚，仍存在一些缺陷。一是从国家政策与法规来看。此前，中国现有的无障碍环境立法体系不够完整，阶位有待提升。④ 2023 年 6 月发布的《中华人民共和国无障碍环境建设法》以立法形式保障了无

---

① 《微软 AI，让沟通没有障碍》，2018 年 5 月 21 日，微软新闻中心，https://news.microsoft.com/zh‐cn/。
② 《残疾人辅助器具适配率仍存缺口 孙建博建议为残疾人、老年人免费提供高质量辅器》，2021 年 3 月 9 日，华夏时报网，https://www.chinatimes.net.cn/article/105151.html。
③ 厉才茂等：《2019 年全国残疾人家庭收入状况调查报告》，《残疾人研究》2020 年第 2 期。
④ 黎建飞等：《我国无障碍立法与构想》，《残疾人研究》2021 年第 1 期。

## T.8 残障人群智能媒体无障碍应用报告

障碍环境建设,已经取得了重大突破,而其余大多为规范性的部门规定与条例。此外,新的无障碍环境立法的法条是针对无障碍整体环境所制定的,其中虽有智能媒体无障碍传播规则与义务的相关条例,但仅是该法案中的一部分内容,对管理和规范的细节界定仍不够清晰,有待系统性条例的补充。

目前《中华人民共和国残疾人保障法》《无障碍环境建设条例》等法律文件对主体责任的界定较为模糊,常将信息无障碍建设的主体表述为"国家""社会""各级人民政府及有关部门"等,此类概念皆为抽象概念,其具体职责不够明确。① 这导致无障碍的法律法规缺乏明确的法律责任主体和救济措施,并且当前只有部分政策文件明确规定了无障碍整改范围,如2020年12月发布的《互联网应用适老化及无障碍改造专项行动方案》具体罗列了需要进行无障碍改造的公共服务类网站及移动互联网应用的名单。名单内所能涉及的只是庞大的移动互联网生态的一小部分,大部分不在名单内的网站及应用并无强制改造的责任,导致这类政策文件的适用广度不足。

二是从行业标准来看。信息无障碍的现实约束力和规范性较弱。对于网站与移动应用的无障碍改造,相关行业虽然发布了多条相关行业标准,甚至国家也颁布了新国标《信息技术互联网内容无障碍可访问性技术要求与测试方法》;但在规制对象方面,信息无障碍仅强调政府网站的无障碍责任,而对互联网平台和应用软件企业没有提出强制的无障碍要求,缺乏对私营企业的规制措施和激励机制。② 硬性标准在行业内的推广不是强制的,推行缺乏力度与保障,只引起了部分头部企业和部分社会人士的重视。此外,此类标准虽有详细的规范文档,但在实际实施过程中存在千人千面的问题,小企业没有专业的技术团队指导,只能按照参考标准生硬执行,这导致除了头部公司按照标准无障碍设计规范之外,大部分中小企业的无障碍设计存在不同程度的不规范问题。

---

① 张瑜、王建忠:《我国信息无障碍建设立法研究及完善对策》,《残疾人研究》2020年第3期。
② 李静:《论残障人信息无障碍权:数字时代下的理论重构》,《中外法学》2023年第3期。

## 五 残障人群智能媒体无障碍应用趋势与展望

根据《"十四五"残疾人保障和发展规划》，目前中国有8500多万残疾人，人数较多，占比较大，残障群体在社会生活中面临的问题亟待解决。残障群体事业是中国特色社会主义事业的重要组成部分，扶残助残是社会文明进步的重要标志。[①] 因此，解决残障群体面临的问题，助力残障群体事业，促进残障群体全面发展和共同富裕是不可忽视的重要任务。当前，随着大数据、云计算、区块链、物联网等多种新型智能技术的兴起，依托智能技术的智能设备正在助力残障群体解决社会生活中遇到的问题，残障群体能够在时代浪潮中适应智能社会、融入智能社会，因此智能设备在帮助残障群体打造无障碍环境方面发挥着重要作用。目前，无障碍智能设备主要集中在视障、听障、肢体障碍上，根据各群体的需求，依托智能技术研发具有针对性的智能设备，助力建设无障碍环境发展前景广阔。

2023年世界人工智能大会"科技与人文——共筑无障碍智能社会"论坛在上海召开，主题聚焦于"无障碍智能社会"，论坛提出并讨论人工智能与无障碍智能设备之间的适配性。与会专家认为，"无障碍智能社会"的构建可引导科技下沉细分场景，对进入应用"深水区"的人工智能产业而言是新机遇。[②] 因此在未来，人工智能技术将更加广泛地运用于无障碍智能设备方面，为无障碍智能设备提供更加人性化、智能化的服务。该趋势也在上海得到印证，上海将进一步推动人工智能在"无障碍智能社会"中的应用和发展，提供更加智能化、高效化和个性化的服务，促进社会的包容和可持续发展。[③]

另外，当下智能设备主要将重点集中在功能性上，而对便携性、娱乐性与美观性的关注很少，甚至不将其考虑在设计当中。随着技术的发展，

---

① 《国务院关于印发"十四五"残疾人保障和发展规划的通知》，2021年7月8日，中国政府网，http://www.gov.cn/gongbao/content/2021/content_ 5629604.htm。
② 《"无障碍智能社会"为人工智能产业探新提供何种机遇?》，2023年7月8日，中国新闻网，https://baijiahao.baidu.com/s?id=1770855866984829206&wfr=spider&for=pc。
③ 《"无障碍智能社会"为人工智能产业探新提供何种机遇?》，2023年7月8日，中国新闻网，https://baijiahao.baidu.com/s?id=1770855866984829206&wfr=spider&for=pc。

T.8 残障人群智能媒体无障碍应用报告

功能性不断完善,残障群体将会把目光锁定在智能设备的便携性、娱乐性与美观性上。因此在未来,无障碍智能设备在设计过程中,不仅要考虑功能是否能够满足受众群体的需要,设备的便携性、娱乐性与美观性也要在考虑范围之内,满足残障群体的人文需求。

同时,2023年9月1日开始实施的《中华人民共和国无障碍环境建设法》丰富了无障碍发展的内容,为智能媒体无障碍应用提出了新的发展方向。《中华人民共和国无障碍环境建设法》更加强调维护老年人的相关权益,让老年群体的社会问题更直观地呈现在受众面前,为积极应对人口老龄化的国家战略提供解决方向。因此在未来,智能媒体无障碍应用的重点将不再局限于视障、听障以及肢体障碍等残障群体,针对老年群体的无障碍智能设备也将重点研发推出,为解决肢体不便、视听不便、精神空虚等老年群体问题提供更智能的辅助工具。

智能设备的出现在解决残障群体所面对的障碍问题、打造无障碍环境方面发挥着重要作用,但由于技术的限制,智能设备在当下依旧存在较多的问题。以智能穿戴设备机械臂为例,虽然穿戴设备目前成本较低、精确度非常高,但是对运动范围较大的动作以及非常精细的动作来说,其捕捉的精确度还是有待提高的,需要增加传感器的数量,因此需要再考虑成本问题。同时,目前其穿戴方式的合理度有待商榷,其穿戴方式会大大降低监测的精准度,需要再改进与考虑。再比如像博物馆的自主移动设备,其本身的设备成本较高,如何实现大范围推广需要考虑。并且其设备对轮椅等辅具的要求较高,如果辅具无法实现配对,那该设备的作用便无法发挥。

因此在未来,智能设备需要继续不断改进,包括进一步识别语音、动作,进一步提高翻译的精准度,从而为残障群体提供更好的无障碍辅助服务与帮助,更好的建设无障碍社会。2021年国务院印发的《"十四五"残疾人保障和发展规划》指出,加快发展信息无障碍,将信息无障碍作为数字社会、数字政府、智慧城市建设的重要组成部分,纳入文明城市测评指标;此外,也需提升无障碍设施建设管理水平,在促进数字包容的同时,推进公共服务体系及设施的数字化。《中华人民共和国无障碍环境建设法》也进一步指出无障碍设施建设、无障碍信息交流、无障碍社会服务等方面的内容,随着智能设备的不断发展,它将会在无障碍建设过程中发挥更强

167

大的作用。通过智能设备实现信息无障碍、社会无障碍是目前需要极力解决的问题，不断更新智能技术、推动智能设备发展是实现信息无障碍化的未来发展趋势。

# 参考文献

罗自文、熊庚彤、马娅萌：《智能媒体的概念、特征、发展阶段与未来走向：一种媒介分析的视角》，《新闻与传播研究》2021年第1期。

《AI手语主播上岗 助听障人士观冰雪赛事》，2022年2月8日，人民网，http：//health. people. com. cn/n1/2022/0208/c14739 - 32347640. html。

雷鸣：《加快信息无障碍建设 保障残疾人的平等权益》，《残疾人研究》2022年第1期。

潘祥辉、李东晓：《视听障碍人群信息汲取的传播环境：一个文献综述》，《重庆社会科学》2011年第9期。

《2018年残疾人事业发展统计公报》，2019年3月27日，中国残疾人联合会，https：//www. cdpf. org. cn/zwgk/zccx/tjgb/2e16449ca12d4dec80f07e817e1e3d33. htm。

王晓峰、赵腾腾：《互联网影响残疾人就业的作用机制研究》，《人口学刊》2021年第1期。

[美] 丹·希勒：《信息拜物教》，邢立军、方军祥、凌金良译，社会科学文献出版社2008年版。

《深圳经济特区无障碍城市建设条例》，2021年7月6日，深圳市人民代表大会常务委员会，http：//www. szrd. gov. cn/szrd_ zlda/szrd_ zlda_ flfg/flfg_ szfg/content/post_706638. html。

卜卫、任娟：《超越"数字鸿沟"：发展具有社会包容性的数字素养教育》，《新闻与写作》2020年第10期。

《残疾人权利公约》，2006年12月13日，联合国，https：//www. un. org/zh/documents/treaty/A - RES - 61 - 106。

《无障碍环境建设条例》，2012年6月13日，中国政府网，https：//www. gov. cn/zwgk/2012 - 07/10/content_ 2179864. htm。

《中国残联、中央网信办联合印发〈关于加强网站无障碍服务能力建设的指导意见〉》，2016年3月7日，中国政府网，https：//www. gov. cn/fuwu/cjr/2016 - 03/07/content_5059768. htm。

《国务院关于印发"十三五"加快残疾人小康进程规划纲要的通知》，2016年8月3日，中国政府网，https：//www. gov. cn/zhengce/content/2016 - 08/17/content_ 5100132.

T.8 残障人群智能媒体无障碍应用报告

htm。

《浙江省实施〈无障碍环境建设条例〉办法》,2018 年 11 月 15 日,浙江省人民政府网,https://www.zj.gov.cn/art/2021/12/27/art_ 1229604638_ 2385235.html。

《山东省无障碍环境建设办法》,2019 年 3 月 10 日,山东省人民政府网,http://www.shandong.gov.cn/art/2019/3/15/art_ 2259_ 31116.html。

《江苏省无障碍环境建设实施办法》,2021 年 12 月 20 日,江苏省人民政府网,http://www.jiangsu.gov.cn/art/2021/12/24/art_ 46143_ 10225242.html。

《工业和信息化部 中国残疾人联合会关于推进信息无障碍的指导意见》,2020 年 9 月 11 日,中国政府网,https://www.gov.cn/zhengce/zhengceku/2020 - 09/23/content_ 5546271.htm。

《工业和信息化部关于印发〈互联网应用适老化及无障碍改造专项行动方案〉的通知》,2020 年 12 月 24 日,中国政府网,https://www.gov.cn/zhengce/zhengceku/2020 - 12/26/content_ 5573472.htm。

《国务院关于印发"十四五"残疾人保障和发展规划的通知》,2021 年 7 月 8 日,中国政府网,https://www.gov.cn/zhengce/content/2021 - 07/21/content_ 5626391.htm。

《中国大使代表 70 国就人工智能促进残疾人权利作发言》,2023 年 7 月 11 日,中国政府网,https://www.gov.cn/yaowen/liebiao/202307/content_ 6891234.htm。

《中华人民共和国无障碍环境建设法》,2023 年 6 月 28 日,中国政府网,https://www.gov.cn/yaowen/liebiao/202306/content_ 6888910.htm。

《信息无障碍 身体机能差异人群 网站设计无障碍技术要求》,2008 年 3 月 13 日,全国标准信息公共服务平台,https://std.samr.gov.cn/hb/search/stdHBDetailed? id = 8B1827F15046BB19E05397BE0A0AB44A。

《移动通信终端无障碍技术要求》,2018 年 10 月 22 日,全国标准信息公共服务平台,https://std.samr.gov.cn/hb/search/stdHBDetailed? id = 8B1827F253E8BB19 E05397 BE0A0AB44A。

《信息技术 互联网内容无障碍可访问性技术要求与测试方法》,2019 年 8 月 30 日,国家标准化管理委员会,https://openstd.samr.gov.cn/bzgk/gb/newGbInfo? hcno = 35ECC696805C1A67C93B74FB6D0D8EFB。

《移动通信终端无障碍测试方法》,2020 年 4 月 16 日,全国标准信息公共服务平台,https://std.samr.gov.cn/hb/search/stdHBDetailed? id = A75176EB3831B551E05397BE 0A0A545D。

《特别关注 | 全国爱眼日:守护心灵的窗户关注普遍的眼健康》,2020 年 6 月 6 日,中国残疾人联合会,http://canjiren.china.com.cn/2020 - 06/06/content_ 41176165.html。

169

陈刚、李沁柯：《"在技之在"：作为基础设施的数字"盲道""盲杖"与视障者的城市生活》，《新闻界》2023年第5期。

《贵州首家盲人数字图书馆上线》，2022年4月25日，文化和旅游部网站，https：//www.mct.gov.cn/whzx/qgwhxxlb/gz/202204/t20220425_932668.htm。

《国际聋人日聚焦科技助残 AI数字人帮助听障人士消除语言障碍》，2022年9月26日，中国残联法制网，https：//www.cdpf.org.cn/ywpd/xcwh/mtjjxwb/dac22685a55c44128a289177f4befe7f.htm。

杨会良、黄璐娅：《人工智能时代听障生无障碍学习路径研究》，《现代特殊教育》2012年第12期。

《产品案例：讯飞听见APP》，2021年12月14日，人民网，http：//finance.people.com.cn/n1/2021/1214/c441548-32307751.html。

郑弘、丰树琪：《人工智能在新闻报道中的突破、传播和价值——以总台央视新闻AI手语主播为例》，《传媒》2022年第2期。

刘继兴等：《基于人工智能的手语翻译系统实现》，《科技创新与应用》2022年第23期。

《关注国际博物馆日丨创新让"博物馆的力量"充分释放》，2022年5月18日，重庆日报网，https：//www.cqrb.cn/content/2022-05-18/1226449_pc.html。

张先德：《中国残疾人事业统计年鉴》，中国统计出版社2011年版。

潘雪曼：《面向肢体残疾人士的乘机服务设计研究——以白云机场T2航站楼为例》，硕士学位论文，华南理工大学，2020年。

沈澍、顾康、刘小雨：《面向肢体残疾的辅助智能穿戴系统的设计》，《计算机技术与发展》2019年第7期。

贾祝军、申黎明、沈怡君：《博物馆的无障碍设计探析》，《山西建筑》2011年第32期。

《2022TADC丨2022可及信息无障碍优秀案例结果公布》，2022年6月15日，信息无障碍研究会公众号，https：//mp.weixin.qq.com/s/zB6BtNsK_kzRFFDvTTU43Q。

《网页内容无障碍指南（WCAG）2.2》，2023年5月17日，万维网联盟，https：//www.w3.org/TR/WCAG22/。

李东晓、熊梦琪：《"可及"之后：新媒体的无障碍传播研究与反思》，《浙江学刊》2017年第6期。

《六大品牌手机无障碍横评：连续四年 打电话仍是大问题！丨看见2022》，2022年1月19日，凤凰网，https：//tech.ifeng.com/c/8Cvs0XUmb63。

《「看见2021」7款旗舰手机+24款应用无障碍横评》，2020年12月23日，凤凰网，

## T.8 残障人群智能媒体无障碍应用报告

https://tech.ifeng.com/c/82PZhbIXVvD。

睢党臣、吴承恒：《老年残疾人智能养老产品供给问题研究》，《西安财经大学学报》2022年第6期。

《微软AI，让沟通没有障碍》，2018年5月21日，微软新闻中心，https://news.microsoft.com/zh-cn/。

《残疾人辅助器具适配率仍存缺口 孙建博建议为残疾人、老年人免费提供高质量辅器》，2021年3月9日，华夏时报网，https://www.chinatimes.net.cn/article/105151.html。

厉才茂等：《2019年全国残疾人家庭收入状况调查报告》，《残疾人研究》2020年第2期。

黎建飞等：《我国无障碍立法与构想》，《残疾人研究》2021年第1期。

张瑜、王建忠：《我国信息无障碍建设立法研究及完善对策》，《残疾人研究》2020年第3期。

李静：《论残障人信息无障碍权：数字时代下的理论重构》，《中外法学》2023年第3期。

《信息无障碍白皮书（2022年）》，2022年5月18日，中国信息通信研究院，http://www.caict.ac.cn/kxyj/qwfb/bps/202205/t20220518_401483.htm。

《"无障碍智能社会"为人工智能产业探新提供何种机遇？》，2023年7月8日，中国新闻网，https://baijiahao.baidu.com/s?id=1770855866984829206&wfr=spider&for=pc。

陈刚、李沁柯：《"大音希声"：数字媒介时代听障者的声音转码、感官漫游与生命力重塑》，《现代传播》（中国传媒大学学报）2022年第11期。

魏寿洪等：《残疾人社交媒体使用研究进展》，《残疾人研究》2018年第2期。

郭亚军、李帅、张鑫迪：《信息无障碍：演化历程、研究热点与发展前瞻》，《图书情报知识》2023年第3期。

郭亚军、卢星宇、张瀚文：《人工智能赋能信息无障碍：模式、问题与展望》，《情报理论与实践》2020年第8期。

赵媛等：《我国信息无障碍建设法律法规保障体系研究》，《图书馆论坛》2011年第6期。

喻国明、兰美娜、李玮：《智能化：未来传播模式创新的核心逻辑——兼论"人工智能+媒体"的基本运作范式》，《新闻与写作》2017年第3期。

胡正荣：《智能化：未来媒体的发展方向》，《现代传播》（中国传媒大学学报）2017年第39期。

陈丽花、刘鑫、赵伟捷：《深度老龄化背景下智能媒体的适老化现状研究》，《传播与版

171

权》2023年第13期。

廖立东：《"新"要让你看见——浅谈人工智能手语播报的直播价值》，《声屏世界》2021年第4期。

淳姣、赵媛、薛小婕：《有声读物图书馆及其构建模式研究》，《图书情报工作》2010年第54期。

张兴旺、郝彦娜、王璐：《面向听障用户的数字图书馆信息无障碍智能交互技术研究述评》，《图书馆学研究》2020年第21期。

赵世峰：《基于行动者网络的博物馆无障碍交互设计策略研究》，硕士学位论文，江南大学，2021年。

# 行业篇
# Report on Sector

# T.9 AIGC在新闻传媒业的应用、问题与前景展望

张新俏　杜智涛[*]

**摘　要：** 目前，以ChatGPT为代表的大语言生成模型使得AIGC概念强势出圈。在AI大模型的技术加码下，AIGC应用进入破圈爆发阶段，互联网企业与专业媒体共同构筑起当下的智媒传播生态。AIGC应用不断迭代更新，各级新型主流媒体加紧智媒布局，基本覆盖文字、图片、音频、视频、虚拟数字人等多元技术场景，智媒应用有望百花齐放。面对AIGC下数智融合的传媒变局，信息失序、数据安全、版权归属等问题渐成显性话题。从内容供给侧来看，作为虚实融生趋势下内容创作的新型范式，传媒业将迎来内容增长的爆发期。同时，AIGC将赋能媒体生产，推动各级媒体与数字技术深度融合。AIGC时代，亟须储备新型智媒人才，从法律规制和责任规范两个方面构建技术风险防范体系，走好新时代媒体数智化探索之路。

**关键词：** AIGC；生成式AI；智能媒体；数智融合

2022年12月，由美国OpenAI公司研发的大型语言生成模型ChatGPT火爆全网，在其推出后的两个月便刷新了互联网产品达到1亿月活用户的新纪录。人工智能生成内容（AI-Generated Content，AIGC）强势出圈，引起广泛关注。全球各大科技企业都积极拥抱AIGC，百度、谷歌、科大讯飞、腾讯等互联网公司不断推出相关的技术、平台和应用，在国内掀起一

---

[*] 张新俏：中国社会科学院大学新闻传播学院硕士研究生；杜智涛：中国社会科学院大学新闻传播学院副院长、教授、博士生导师。

股 AIGC 热潮。

目前，学界对 AIGC 概念的界定尚处于理解与探索阶段，国内外对此尚无规范统一的定义。从国内来看，AIGC 的概念是相较于以往的 PGC（Professional Generated Content）和 UGC（User Generated Content）提出的。有研究者认为，AIGC 既是从内容生产者视角进行分类的一类内容，又是一种内容生产方式，还是用于内容自动化生成的一类技术合集。① 从国外来看，AIGC 在国际上对应的词"人工智能合成媒体"（AI Generated Media）是指通过人工智能算法对数据或媒体进行生产、操控和修改的统称。② 此外，在国外研究中多采用生成式 AI（Generative AI）的概念，指"利用机器学习等方法从现有数据（图像、音频、文本）中学习内容要素，生成与原始数据相似的内容"③。

人工智能在创作速度、内容创意、表现力和传播力方面表现出令人亮眼的成绩，被公认为继 PGC 和 UGC 之后的新一代内容创作方式。随着人工智能技术的不断发展，AIGC 技术在新闻传媒业的应用也日益成熟，在新闻信息采集、生产、分发、反馈等各环节不断渗透，推动着内容产业全链条的变革和重塑。AIGC 正推动着虚实融生趋势下内容创作的范式转化，对数智融合环境中 AIGC 应用场景和发展机遇的探索，有助于促进 AI 技术的高效赋能和内容生态的价值实现。④

## 一 智能媒体 AIGC 在新闻传媒业的应用现状

### （一）发展历程：AIGC 应用进入破圈爆发阶段

2022 年是 AIGC 爆火出圈的一年，不仅被消费者追捧，而且备受新闻传媒业的关注。结合人工智能的演进历程，AIGC 的发展大致可以分为三

---

① 《人工智能生成内容（AIGC）白皮书》，2022 年 9 月，中国信息通信研究院、京东探索研究院，https：//www.caict.ac.cn/sytj/202209/P020220913580752910299.pdf.
② "Synthetic media"，Wikipedia，https：//en.wikipedia.org/wiki/Synthetic_media.
③ W. PatrickWalters, Mark Murcko, "Assessing the Impact of Generative AI on Medicinal Chemistry", *Nature Biotechnology*, Vol. 38, No. 2, 2020.
④ 詹希旎、李白杨、孙建军：《数智融合环境下 AIGC 的场景化应用与发展机遇》，《图书情报知识》2023 年第 1 期。

# T.9 AIGC 在新闻传媒业的应用、问题与前景展望

个阶段,即早期萌芽阶段(20 世纪 50 年代至 90 年代中期)、沉淀积累阶段(20 世纪 90 年代中期至 21 世纪 10 年代中期)、快速发展阶段(21 世纪 10 年代中期至今)。① 利用人工智能方式生成内容的想法最早可以追溯到艾伦·图灵的"图灵测试"。在近半个世纪的技术迭代中,随着数据量快速积累、算力性能不断提升、算法效力增强,当前的 AI 在与人交互的过程中还可产出写作、编曲、绘画、视频制作等内容,具有跨模态、高通量、大模型等特点。

对于新闻传媒业而言,将人工智能技术用到具体的新闻生产环节集中出现在 AIGC 的快速发展阶段。2010 年以来,人工智能在国际顶尖新闻编辑室中得到广泛应用,帮助记者和编辑们更高效地处理大量信息和生成高质量的新闻报道。其中,2012 年 BBC 新闻实验室首次引入的"Juicer"机器人能够处理来自 850 个新闻机构、政府部门和社交网站的 RSS 信息推送,通过语义辨识整理归档信息并为记者提供相关内容的清单。美联社则在 2013 年首次使用 AI 生产新闻内容,通过名为"Wordsmith"的机器人自动生成财经新闻报道。此外,美联社的 AI 新闻分析平台"NewsWhip"能够追踪和预测社交媒体上的讨论趋势。② 在国内,从腾讯的 Dream Writer、今日头条的"张小明"、新华社的"快笔小新"等写作机器人频频亮相,到今日头条、一点资讯等新闻聚合平台推出根据用户个人喜好进行精准推荐的新闻分发平台,再到《人民日报》等主流媒体纷纷打造虚拟主播,利用 VR、AR 等虚拟现实技术重塑用户新闻体验,都能看到人工智能在传媒业的广泛应用。这些 AI 技术的应用,使得记者和编辑能够更快速地获取信息、更高效地生成新闻稿件,从而推动新闻传媒内容形态的创新。2021 年之前,文字是 AIGC 生成的主要场景;2022 年之后,AIGC 产品密集发布,其技术应用场景涵盖了文字、语音、代码、图像、视频、机器人动作等,AIGC 与主流媒体进入加快融合阶段。

---

① 《人工智能生成内容(AIGC)白皮书》,2022 年 9 月,中国信息通信研究院、京东探索研究院,http://www.caict.ac.cn/sytj/202209/P020220913580752910299.pdf。

② 《自动化新闻案例集结:国际媒体新闻编辑室如何利用 AI?》,2019 年 9 月 18 日,36 氪,https://www.36kr.com/p/1724373598209。

## （二）应用布局：互联网企业与专业媒体共同构筑智媒生态

### 1. 互联网企业争相布局 AI 大模型，应用领先专业媒体

算法、数据、算力是人工智能的三大要素。5G、大数据、云计算等技术应用使得互联网企业在数据传输、算力基础上具有深厚的技术积累，为更好发力人工智能奠定了基础。随着算法技术不断迭代优化，相对于针对特定应用场景需求进行训练的"小模型"，更具通用性的大模型成为互联网企业的共同追求。从技术革新来看，AI 大模型是实现通用人工智能的重要方向，包含自然语言处理、计算机视觉、多模态大模型等。有 AI 大模型的加持，AIGC 有望带来内容生成新突破。

目前，国内已有百度、阿里巴巴、腾讯、华为等公司对 AI 大模型进行开发，如百度文心大模型、阿里巴巴通义大模型、腾讯混元大模型、华为盘古大模型、知乎中文大模型"知海图 AI"、网易的"玉言大模型"、商汤的"日日新 SenseNova 大模型"等，基本覆盖计算机视觉、自然语言处理、多模态内容理解、文案生成、文生视频等多个领域。AIGC 领域热度持续上升，众多国内企业正尝试将相关技术应用于自身业务。2023 年 4 月，钉钉接入阿里巴巴的"通义千问"，金山办公推出生成式 AI 应用"WPS AI"，其背后都有来自大模型平台的支持。虽然生成型人工智能的商业化落地仍处于探索阶段，但以内容服务为特色新闻传媒业潜力巨大，有望迎来市场机遇期。

### 2. 头部新型主流媒体加紧智媒布局，AI 赋能媒体生产

在当前中国智能媒体生态中，新型主流媒体和头部互联网商业平台是最重要的两股力量，二者持续竞合将形塑智媒生态的未来格局。① 早在 2019 年，央视网就曾推出 AIGC 平台（人工智能编辑部），涵盖智能创作、智能采集、智能生产、智能审核、智能运营、智能分发、智能监测等多个环节。随着智能写作、AI 绘图、虚拟数字人等 AIGC 应用在媒体行业逐渐发展成熟，2023 年 4 月，中国新闻技术工作者联合会 AIGC 应用研究中心（广西实验室）正式成立，这是国内首个全国性的媒体类 AIGC 研究机构。

---

① 《中国智能媒体发展报告：智媒发展迎来量质齐升 应用生态格局初显》，2021 年 3 月 26 日，央广网，http://ent.cnr.cn/chuanmei/20210326/t20210326_525446402.shtml。

T.9 AIGC在新闻传媒业的应用、问题与前景展望

基于新华智云的技术创新能力和广西云的媒体融合实践，实验室将把AIGC技术应用到媒体"策、采、编、审、发"全流程。① 此外，新华网创建的大数据人工智能科技公司新华智云，凭借多年来在 AIGC 领域的技术积累和优势，结合 AIGC 模型和 MGC（Machine-generated Content）的长期实践，推出国内首个 AIGC 驱动的 Web 端元宇宙数字底座"元卯"，充分整合了数字人、元魔方、积木 AIGC 视频生产系统等多类虚实融合软硬件产品的系统，助力元宇宙数字人、数字内容、数字场景的智能化生产。

AIGC 正逐步从突发性、灾害性报道向重大时政报道拓展，作为新型融媒体生产技术在 2023 年全国两会期间频频亮相。央视新闻采用 AIGC 技术和 3D 超写实数字人推出了《开局之年"hui"蓝图》系列报道，《大众日报》采用了中科闻歌翰墨丹青、百度文心一格等 AI 绘画技术平台推出报道《AIGC 眺望未来山东新模样》，该创意短视频是人机互动、协同生产的典型作品。除此之外，2023 年还有《2023，"拼"出新蓝图》《绘说两会》《最炫中国风！这支双语宣传片是懂中国的》《青小霞两会播报》等报道。结合 AI 绘画、手绘创意字和实景视频等元素，对政府工作报告和热点话题进行深度挖掘，数字技术深度赋能报道创意。

**（三）技术场景：AIGC 在新闻传媒业的多元化应用**

1. 文字生成

在文字生成方面，按照 AIGC 的生产形式可以分为交互式文本和非交互式文本两种。交互式文本主要应用于聊天机器人或社交机器人。对于新闻写作而言，AIGC 生成的文字大多属于非交互式文本，主要应用于结构化写作和辅助性写作。从新闻写作的发展历程来看，自动化新闻写作在发展历程中经历了不同阶段。早期的写作机器人由于算法简单、语言学习能力较弱，只能适用于某些特定类型的新闻写作，如体育新闻、财经新闻和突发新闻等。例如，中国地震台网在九寨沟发生地震后，利用写稿机器人仅花费了 25 秒就生成了一篇配有图片的 540 字新闻稿。随着技术本身的迭代更新，AIGC 开始满足不同层次群体的不同体裁的新闻写作。以 Chat-

---

① 《首个全国性媒体 AIGC 研究机构，缘何落子广西?》，2023 年 4 月 14 日，新华网，http://www.news.cn/fortune/2023-04/14/c_1129522145.htm。

179

GPT 为代表的 AIGC 应用可以通过学习和理解人类的语言甚至是职业规范来完成对话、内容创作、邮件撰写、视频脚本设计、翻译、编写代码等任务，使得人工智能的文字生成不再局限于特定领域的结构化写作，以新的身份重新融入新闻生产的场域之中。

在辅助性写作上，语音文字转录成为主要应用领域，字幕自动生成器、语音智能转换文字等 AIGC 应用被广泛应用于新闻生产。例如在 2022 年北京冬奥会期间，科大讯飞的智能录音笔通过跨语种语音转写机制，两分钟内就可快速写出新闻稿，极大提高了内容产出效率。另外，AI 生成文字类工业品还被广泛应用于生成创作型文本，适用于剧情续写、营销文本等细分场景。例如，在影视剧本智能写作环节，目前国内已经有相当一部分科技公司开始提供智能剧本生产相关服务，推出了备受行业追捧的"小说转剧本""智能素材推荐"等智能写作功能，服务了包括《流浪地球》等影视剧作品的制作。总体来看，文本辅助生成是目前国内工具落地最为广泛的场景，AI 技术将写稿机器人和媒体资料库结合起来，在视频、图像、音频等方面进行内容快速生产，甚至能有一定的个性风格和价值取向。

2. 图片生成

与文本生成类似，图片生成在形式上也可分为图像自主生成和图像属性编辑。与自主生成相比，图像属性编辑应用早已成熟。基于 AI 驱动的内容感知技术在图片编辑领域广泛应用，可以自动识别、一键抠图、涂抹消除、虚化背景、更换背景等。随着国内外科技公司相关技术不断成熟，在图像自主生成领域，其落地场景不断丰富。其中，AI 作画最为大众所熟知，国内外相关产品不断涌现。2022 年 10 月，DALL-E 2、Stable Diffusion、MidJourney 等可以生成图片的 AIGC 模型提供了完整的文本生成图片功能。作为创意辅助工具，AIGC 大大提高了艺术创作的效率，同时降低了大众文化创作和内容生产的门槛，为自媒体作者带来更多的创作可能性。美国游戏设计师杰森·艾伦使用 AI 作画工具 Midjourney 生成的《太空歌剧院》，就成为首个获奖的 AI 数字艺术作品。在国内，百度推出的文心一格是 AI 绘画应用的典型代表，可以基于用户的文本描述生成特定风格和元素的图片，可以为视觉内容创作者提供灵感和辅助创作，也可以为文

## T.9 AIGC 在新闻传媒业的应用、问题与前景展望

字内容创作者提供高质量、高效率的配图。此外，视觉中国在 AI 生成图片方面较为成熟，依托视觉中国 500px 摄影社区海量优秀摄影师及摄影作品搭建的 500px-AI 平台，已推出近 20 副 AI 生成作品，展现出良好的视觉效果。

3. 音视频生成

音频生成是指通过深度神经网络模型对大量音频数据进行训练学习，以生成多种音频类型，包括语音、音乐和自然声音等。随着技术的发展，音频生成变得越来越复杂，从最初的语音克隆到拟人化语音合成，再到乐曲、歌曲生成，不断攀升。现在，语音合成的声音真实性和语气丰富度十分高，例如国外应用 LOVO 可以表现出 30 多种情感语气，Wellsaid 可以支持多语言、多风格以提供语音虚拟人产品，而 Voicemod 可以完成 AI 实时变声。在国内，百度利用 AIGC 技术生成的虚拟数字人主播"度晓晓"，可以独立完成音乐的词、曲、MV 创作，通过动画特效、配音等手段，甚至可以生成完整的歌曲。

在视频生成方面，AIGC 可以完成部分视频属性调整和视频剪辑工作，助力智媒转型和视频创作提质增效。视频生成技术在自动化视频集锦、视频拆条、视频超分等领域拥有广泛的应用前景，并且有效节省了人力时间成本。依据给定的输入条件就可以完成视频去噪、色彩校正、边缘增强等后期处理，在保持视频逼真度的同时，实现对生成视频的精细化控制以及细节的修复与优化。例如，人民日报社的"智能云剪辑师"、央视频的 AI 智能内容生产剪辑系统可以实现自动字幕匹配、实时人物追踪、抖动修复、横转竖屏等技术操作，在提高制作效率、缩短发布周期的同时，适应多平台精准分发要求，为观众提供更加优质的视听体验。值得一提的是，在电商和影视剧制作领域，视频修复和 AI 生成模型之人脸变换得到了广泛的应用。央视频依托腾讯云智媒体 AI 中台，成功修复了《地道战》《小兵张嘎》等 10 部老电影。基于 AI 生成音视频的功能，不少电影实现了已故演员的"复活"，从而保证了作品的完整性。

4. 虚拟数字人生成

近两年来，虚拟数字人主播频频出圈，人工智能生成的虚拟数字人在广播电视和网络视频领域得到了广泛应用，各级媒体纷纷推出自己的虚拟

数字人主播。从《人民日报》的"果果"、中央广播电视总台的"小小撒""AI王冠",到北京广播电视台的"时间小妮"、东方卫视的"申芢雅""东方嫄"等,越来越多虚拟主播应用于全国两会、冬奥会等重大报道活动。虚拟数字人主播的出现和发展对于拓展数字媒体的应用场景具有重要意义。除了新闻播报,虚拟数字人主播也可以应用于晚会主持、记者报道、天气预报等更广泛的场景。例如,央视频AI手语主播"聆语"首次实现了AI手语解说赛事直播,为重大主题报道赋能。虚拟主播通过AIGC技术可以实现24小时不间断播报,可以在短时间内适应各种语调和风格,满足不同类型节目的需求。在保证新闻时效性的同时,降低新闻生产成本,提高了新闻播出的效率。借助"分身"技术,真人主播可以将更多精力投入深度报道,不断提升内容质量。

## 二　风险与隐忧:几个亟待解决的问题

### (一)深度合成服务下面临信息失序风险

近年来,"深度合成"技术在新闻传播、影视娱乐等领域广泛应用。与此同时,深度合成技术的滥用引发舆论治理和社会信任危机。具体来说,深度合成服务的滥用可能会导致信息失序和恶意传播问题。信息失序是指向网络公共领域中有意或无意传播的,具有误导性、虚假性或有害性的各类信息,包括"虚假信息"(disinformation)、"错误信息"(misinformation)和"恶意信息"(malinformation)三种类型。[①] 这是因为深度合成服务可以生成高度逼真的虚假文本,这些虚假内容可能会被误认为是真实的。2023年4月,在OpenAI发布的GPT-4的报告中指出,GPT模型所生成的内容可能存在"Hallucinations"。有研究通过认知反思测试发现,大模型LLMs有可能产生微妙的错误。这些错误很难被发现并且可以流畅地融入到对话中。[②] 近年来,利用AIGC强大的内容生成能力伪造信息的案例屡见不鲜。俄乌冲突是深度伪造首次被全面运用于战争场景中,两条有关俄

---

[①] 杨洸、郭中实:《数字新闻生态下的信息失序:对数据主义的反思》,《新闻界》2021年第11期。

[②] T. Hagendorff, S. Fabi, M. Kosinski, "Machine Intuition: Uncovering Human-like Intuitive Decision-making in GPT-3.5", arXiv preprint, 2212.05206, 2022.

T.9 AIGC在新闻传媒业的应用、问题与前景展望

乌双方最高领导人的深度伪造视频是标志性案例。[①] 在国内,由ChatGPT所写的关于杭州市政府2023年3月1号取消限行的"假新闻"被广泛传播;广州一女子在地铁上的照片被他人使用AI技术"一键脱衣",一时间谣言四起。公众如果缺乏独立思考能力和严谨验证,很容易被其误导。

自媒体时代,技术赋权使得人人皆有麦克风,这也进一步加剧了利用AIGC进行恶意传播的风险。不法之徒可以以更低的成本、更高的效率,来伪造文本、图片甚至视频等资料。从2022年Stable Diffusion开源之后,大量AI生成的色情图片被恶意传播。国外网络安全平台GBHackers披露,已经出现部分犯罪组织利用ChatGPT实施网络诈骗。这些案例表明,AIGC很可能沦为网络攻击的工具,其内容可能被滥用于欺诈和传播错误信息等有害活动。

**(二) 数据管理和隐私泄露问题成为潜在威胁**

随着AIGC的应用越来越广泛,数据管理和隐私权侵犯问题也越发凸显。AI模型的训练和优化都需要建立在大量的数据的基础上,从网络上爬取的数据很可能涉及一些用户的私人隐私,个人信息泄露和数据违规使用将成为AIGC应用过程中不可逃避的问题。尤其是这些数据属于敏感个人信息时,需要明确告知用户收集哪些数据并取得用户同意。2023年2月3日,以GPT-3为核心技术的美国加州聊天机器人公司Replika因未建立年龄审核机制,违规处理未成年人数据,被意大利监管机构叫停。此前,算法推荐技术的广泛应用,暴露出算法偏见甚至算法歧视的风险。对于AIGC应用而言,与之类似的是数据毒化问题。别有用心的人如果在训练数据集中加入被精心构造的有毒数据,就可以破坏模型的可用性、可靠性甚至达到操纵内容生产的目的。

对于新闻传媒业而言,AI生成的新闻报道和文章需要大量高质量文章数据的支持,新闻机构、传媒公司等组织或个人的敏感信息、数据一旦被非法获取、泄露,或这些主体被黑客攻击,将产生无法挽回的后果。同时,AIGC可能会受到训练数据的影响而存在偏见。如果训练数据不够全

---

[①] 何康等:《认知的罗生门效应制造:深度伪造在俄乌冲突中的案例分析》,《新闻界》2023年第1期。

面和平衡，AI生成的新闻报道和文章也会存在偏见。

### （三）法律主体性争议与著作权归属模糊

保护人工智能生成物的著作权的核心难点在于，如何确定人工智能是否具有法律主体资格。强人工智能的到来，引起了人们对人工智能主体性的重新讨论。目前，一些国家和地区的法律已经开始探索对于AI生成内容著作权归属的问题。例如，欧盟已经制定了一些法规和指南来规范AI生成内容的著作权问题。同时，一些学者提出将AI生成的内容视为一种合作创作，或是进行特殊的著作权安排等。在中国，法学界一般认为人工智能不具法律主体资格，其生成物不构成作品；但抛开人工智能的法律主体性，人工智能生成物符合作品构成要件，可以认定为著作权法上的作品。① 人工智能生成物应当作为人利用人工智能创作的作品，并按照现行著作权法关于作品的构成要件判断其独创性。② 目前AI生成的内容主要是基于已有的数据进行训练和生成。因此，AI生成的内容具有一定的智能特性，但是并不具备独立的法律主体性，使用者在具体创作中具备独创性。在AI绘画中，使用者要通过输入光影、构图、主题等提示语，设定逻辑条件并不断进行递进式修正，才能最终完成创意构思，这就是其独创性的体现。

在新闻传媒业的实际应用中，AI生成的内容的著作权归属仍存在一定的模糊性和争议。如果AI生成的内容被商业使用或者进行二次创作，著作权的归属问题就更加复杂。因此，需要在新闻传播的具体实践中，进一步加强对AI生成物著作权保护的探讨和规范，明确其著作权归属，防止著作权的滥用和侵权行为的发生。未来的发展也需要在加强对AI生成物著作权保护的探讨和规范的基础上，进一步推进AI技术的发展和应用，促进其在新闻创作、报道创新和舆论引导等方面发挥作用。

### （四）建设成本过高成为规模化应用的主要限制

毋庸置疑，AI技术正在成为新闻传媒业融合发展的重要推动力之一。

---

① 许春明、袁玉玲：《论人工智能的法律主体性——以人工智能生成物的著作权保护为视角》，《科技与法律》2019年第2期。
② 李扬、李晓宇：《康德哲学视点下人工智能生成物的著作权问题探讨》，《法学杂志》2018年第9期。

T.9　AIGC在新闻传媒业的应用、问题与前景展望

随之而来的是不断涌现的新应用场景，以及带来的新机遇和新挑战。虽然AIGC可以大幅降低新闻生产过程中的制作成本和人力成本，但从近些年人工智能技术在新闻传媒业的应用实践来看，AIGC应用主要集中在一些新型主流媒体，主要落地的场景为大型会议报道和突发性报道，难以实现日常化、规模化的应用。其中，建设成本过高提高了许多中小型媒体的进入门槛，成为人工智能规模化应用和推广的主要制约因素。新闻媒体尽管对技术创新异常敏锐，由于其主流媒体的事业单位属性，往往难以承载技术的高成本。AIGC应用反而在影视、电商、游戏、教育等其他传媒领域，展现出较强的市场潜力。据艾媒咨询预测，预计2023年中国AIGC核心市场规模将达79.3亿元，2028年将达2767.4亿元。①

从新闻媒体的具体实践来看，AIGC在新闻业的技术落地多通过技术合作的方式展开，《人民日报》、新华社、中央广播电台基于科大讯飞、百度智能云、阿里云等公司的AI技术，先后成立相关智能编辑部。前期人工智能的平台搭建和后期人工智能的日常训练，都需要负担高昂的数据成本、算法成本、算力成本。以AI合成主播为例，制作一位虚拟主播，主要有真人操作、AR+AI、全AI化三类模式。无论是何种模式，都需要对主播的语音、情绪、动作数据进行采集，配合动捕设备或全息投影进行制作再加工。将虚拟乃至后期制作需要的图片、视频都集成到后台编辑系统中，仍需要很高的算力成本。对于新闻业而言，在AI技术的通用性和工业化水平日益提升的当下，降低应用成本、提高应用效率和利润是其被大范围应用的关键。

## 三　前景展望：智能媒体传播新生态

### （一）创作赋能：推进媒体内容形态创新，助推内容供给侧改革

马歇尔·麦克卢汉曾言："任何媒介对个人和社会的任何影响，都是由新的尺度产生的，我们的任何一种延伸都要在我们的事务中引进一种新的尺度。"②

---

① 《2023年中国AIGC行业发展研究报告》，2023年3月31日，艾媒网，https://www.iimedia.cn/c400/92537.html。
② ［加拿大］马歇尔·麦克卢汉：《理解媒介：论人的延伸》，何道宽译，译林出版社2011年版，第18页。

185

AI作为一种新的媒介尺度，正在重新改造和整合人们对外界的感知和互动方式，这也意味着新闻业内容生产方式的变革。内容科技作为一种新型生产力，必然催生与之相符的生产关系，在此过程之中也必然会对媒体产业产生深刻影响和变革。① 从内容供给侧来看，AIGC可以持续、实时、高效地供给内容，传媒内容将打开增量市场，迎来内容增长的爆发期。同时，AIGC也将赋能更多非专业人士，从而促进UGC的创作浪潮。AIGC的内容爆发，进一步推动元宇宙的数字场景不断落地，带来内容生产、内容消费、数字营销的新变革。

在内容供给质量上，随着数字内容数量和多样性的迅速增长，AI的创作能力得到了提升，从限定式、模板化、特定范围的模仿转变为智能化、灵活性、多模态、多感官的内容生成。传统新闻媒体的内容形式大多局限于文字、图像、音频、视频等形式，而AI的跨模态生成可以帮助媒体创造更多元、更个性化的内容形态，如3D动画、虚拟现实、可视化数据等，让读者获得更加沉浸式、互动式的内容体验。此外，AIGC可以提高新闻传媒业的内容创新和创意价值，在新闻事件分析、情感分析、话题探索等方面为编辑提供更多有价值的信息和素材，从而优化内容生产、提升报道质量。

### （二）助推深融：加快媒体数智化探索，智媒应用有望遍地开花

根据《2023中国AIGC应用研究报告》，在全球营收Top20的企业中，媒体行业AIGC的应用率高达95%。② 在内容领域，AIGC对新闻、广告、电商、游戏等领域的渗透不断加强。随着数字化媒体的不断普及和多样化，传统媒体已经不能再满足公众对于丰富、多样化内容的需求。人工智能生成内容作为一种新型媒体生产方式，正逐渐成为媒体深度融合的关键支撑。其高效、精准、个性化的特点，极大地满足了智能媒体的发展需求。

AIGC已经成为当前智能媒体发展的重要趋势之一。各级媒体正依托AIGC的快速发展实现其业务数字转型，并且不断扩大AI技术在媒介内容生产和分发领域的应用范围和应用场景。例如，新华社联合中科闻歌等科

---

① 黄楚新、曹曦予：《内容科技助推新时代传媒业内容供给侧改革》，《青年记者》2020年第24期。

② 《2023中国AIGC应用研究报告》，2023年4月25日，流媒体网，https://vv.lmtw.com/mzw/content/detail/id/224210/keyword_id/10。

T.9 AIGC在新闻传媒业的应用、问题与前景展望

技生态伙伴发布"新华全媒体生态引擎",在AI、安全、运营、流量等十大方面赋能地市级融媒体中心,推动地市级媒体与数字技术的深度融合,加速媒体数智化探索,为智媒规模化应用铺平道路。此外,一些媒体平台也开始接入AI技术,实现人机协同生产,推动媒体融合。例如,上海报业集团旗下的澎湃新闻、重庆日报报业集团旗下的上游新闻、河南广播电视台的大象新闻、每日经济新闻等多家媒体平台宣布接入百度"文心一言",建立生态合作伙伴关系。这些媒体平台包括主流新闻媒体、财经类媒体、行业类媒体、户外媒体等,通过文心一言提供的智能化工具,实现了智能新闻写作、智能视频剪辑、AI合成主播等功能,提高了生产效率,并带来了新的视觉化、互动化体验,推动传媒向智媒转变。可以预见的是,在不远的将来,智媒应用有望遍地开花。

### (三)人才变革:亟须培养"内外兼备"的交叉型、创造型人才

人工智能技术推动了智能传播的兴起和传媒行业生态格局的重构,促使媒体内部加速了生产模式的全面转型、经营理念和组织架构的相应调整,也更新了对媒体从业者的工作要求和职业定位。① 对于新闻传媒领域的各参与主体而言,AIGC作为一种全新社会生产力,必然会重塑新闻传媒业现有的生产关系,从而造成新闻传媒人才队伍的新一轮变革。脉脉高聘人才智库数据显示,2023年AIGC人才招聘需求激增,1—2月发布的AIGC岗位数量同比增长35%。使用人工智能和使用人工智能辅助的办公室工作,已成为专业人士的必修课。② AIGC时代,传统媒体传播优势地位将进一步消解,人机协同生产成为常态。如何应对未来的传媒变局,已成为不可回避的重要生存命题。在此背景下,新闻传媒业需要以更具前瞻性的眼光,探索出适合当下及未来的人才培养模式,才能够更好地应对行业的发展变化。

面对技术革新带来的传媒变局,新闻业需要更多精进技术、业务扎实的交叉型、创造型人才。其一,新闻传媒工作者要不断精进技术,以把握

---

① 曹晚红、余子奕、余思梦:《智媒人才能力结构与人才培养现状探析——基于对媒体智能人才需求的调研》,《中国新闻传播研究》2021年第6期。
② 《2023AIGC人才趋势报告》,2023年3月27日,搜狐网,https://www.sohu.com/a/659723845_121238562。

新工具与新技术所带来的优势。在深耕专业技能的基础上，具有人工智能技术背景的人才可以立足行业实践，进一步优化人工智能技术在新闻传媒领域的应用。需要注意的是，新闻传播从业者要以正确的价值观和专业观念引导和干预智能技术，确立信息生产过程中人的主体性地位，避免成为追赶智能技术的附庸。① 其二，新闻传媒业需要具备跨学科背景和创新思维的"创造型"人才。这些人才可以从专业的角度出发，为人工智能生成的内容提供更好的指导和设计，让内容更具有艺术性和可读性。经济学、社会学、心理学等领域的专业人才可以帮助新闻传媒机构更好地理解新闻消费者的需求和心理，为新闻传媒业的数字化转型和发展提供有力支持。

随着智能传播时代的到来，数据和算法驱动的信息传播与生产，必然会创造出一个更为复杂、多元和综合的信息传播生态。② 毫无疑问，数据已成为驱动媒体智能化转型的重要引擎之一。基于原创内容、精品栏目所积累的"高质量内容数据"是主流媒体的立足根本，也是其赋能 AIGC 的关键所在。新闻工作者仍需不断增强"脚力、眼力、脑力、笔力"，创作出更多思想精深、艺术精湛、制作精良的好作品，践行新闻人的职责和使命。

### （四）风险防范：生成式 AI 的法律规制与责任规范

在 ChatGPT 应用场景落地，大模型技术广泛受到关注的当下，多部针对以 ChatGPT 为代表的生成式 AI 的法律与管理规定相继出台，对人工智能安全风险的规制已成为一个亟待解决的全球性议题。国际上，欧美多国加速人工智能立法，回应近期隐私及内容管理等多项安全争议。2023 年 4 月，科学技术部科技监督与诚信建设司发布关于公开征求对《科技伦理审查办法（试行）》意见的公告，国家互联网信息办公室发布了《生成式人工智能服务管理办法（征求意见稿）》，国内正加紧对生成式人工智能相关产业的监管指导，以促进人工智能的健康发展和规范应用。传媒领域作为未来 AIGC 重要的应用领域，应对 AIGC 应用所带来的的数据安全、个人信息保护、知识产权、虚假信息、人机伦理等问题给予充分关注，从法律规

---

① 李明德等：《智媒时代新闻传播人才能力培养的目标、困境与出路》，《西安交通大学学报》（社会科学版）2020 年第 2 期。

② 方兴东、顾烨烨、钟祥铭：《ChatGPT 的传播革命是如何发生的？——解析社交媒体主导权的终结与智能媒体的崛起》，《现代出版》2023 年第 2 期。

## T.9 AIGC在新闻传媒业的应用、问题与前景展望

制和责任规范两个方面构建风险防范体系。

首先,就法律规制而言,在《生成式人工智能服务管理办法(征求意见稿)》中规定了利用生成式人工智能产品服务的组织和个人应当承担的责任和义务。当前尚缺乏明确、全面的法律框架,来规范生成式AI在新闻传媒业的应用。一方面,由于生成式AI技术的快速发展,各类AIGC产品如雨后春笋般密集发布,法律规制往往滞后于技术创新的步伐。另一方面,生成式AI应用在新闻传媒业中存在许多应用风险,诸如数据质量、算法可解释性、信息安全与隐私保护等方面的问题。因此,需要建立一套科学、合理的法律框架,明确生成式AI在新闻传媒业应用的法律责任和法律限制。

其次,构建责任规范是规制生成式AI在新闻传媒业应用的另一种重要手段。生成式AI技术在新闻传媒业中的应用存在不可避免的风险,因此需要建立一套有效的责任规范体系,以确保新闻传媒业在使用生成式AI技术时,能够遵守道德规范和职业准则,保证信息的真实性、客观性和公正性。责任规范包括职业道德规范、技术伦理规范、安全保障规范等方面,需要建立相应的评估体系。监管机构应该加强对新闻传媒业使用生成式AI技术的监督和管理,确保其遵守相关的规范和标准。

最后,还需要加强对人工智能生成的文本的监管,建立人工智能生成的相关识别机制。通过对生成的文本进行水印或者数字签名等可识别标识,以确保文本来源的可追溯和内容的可控性;同时明确人工智能生成的文本与人工创作的文本的权益归属和责任分配等问题,为人工智能生成的文本创作提供相应的保护措施,包括专利、著作权等方面的保护。为有效规范人工智能的发展,需要统筹制定一系列法律、行政法规、部门规章和技术标准,形成政府、行业、企业和社会各方多元治理格局,为技术发展的可持续性与安全性提供有力保障,共同推动人工智能技术的健康发展。

## 参考文献

《2023年中国AIGC行业发展研究报告》,2023年3月31日,艾媒网,https://www.iimedia.cn/c400/92537.html。

《2023中国AIGC应用研究报告》,2023年4月25日,流媒体网,https://vv.lmtw.com/mzw/content/detail/id/224210/keyword_id/10。

《2023 AIGC 人才趋势报告》，2023 年 3 月 27 日，搜狐网，https：//www.sohu.com/a/659723845_121238562。

曹晓红、余子奕、余思梦：《智媒人才能力结构与人才培养现状探析——基于对媒体智能人才需求的调研》，《中国新闻传播研究》2021 年第 6 期。

方兴东、顾烨烨、钟祥铭：《ChatGPT 的传播革命是如何发生的？——解析社交媒体主导权的终结与智能媒体的崛起》，《现代出版》2023 年第 2 期。

何康等：《认知的罗生门效应制造：深度伪造在俄乌冲突中的案例分析》，《新闻界》2023 年第 1 期。

黄楚新、曹曦予：《内容科技助推新时代传媒业内容供给侧改革》，《青年记者》2020 年第 24 期。

李明德等：《智媒时代新闻传播人才能力培养的目标、困境与出路》，《西安交通大学学报》（社会科学版）2020 年第 2 期。

李扬、李晓宇：《康德哲学视点下人工智能生成物的著作权问题探讨》，《法学杂志》2018 年第 9 期。

［加拿大］马歇尔·麦克卢汉：《理解媒介：论人的延伸》，何道宽译，译林出版社 2011 年版。

《人工智能生成内容（AIGC）白皮书》，2022 年 9 月，中国信息通信研究院、京东探索研究院，http：//www.caict.ac.cn/sytj/202209/P020220913580752910299.pdf。

《首个全国性媒体 AIGC 研究机构，缘何落子广西？》，2023 年 4 月 14 日，新华网，http：//www.news.cn/fortune/2023-04/14/c_1129522145.htm。

许春明、袁玉玲：《论人工智能的法律主体性——以人工智能生成物的著作权保护为视角》，《科技与法律》2019 年第 2 期。

杨洸、郭中实：《数字新闻生态下的信息失序：对数据主义的反思》，《新闻界》2021 年第 11 期。

《中国智能媒体发展报告：智媒发展迎来量质齐升 应用生态格局初显》，2021 年 3 月 26 日，央广网，http：//ent.cnr.cn/chuanmei/20210326/t20210326_525446402.shtml。

《自动化新闻案例集结：国际媒体新闻编辑室如何利用 AI？》，2019 年 9 月 18 日，36 氪，https：//www.36kr.com/p/1724373598209。

T. Hagendorff, S. Fabi, M. Kosinski, "Machine Intuition: Uncovering Human-like Intuitive Decision-making in GPT-3.5", arXiv preprint, 2212.05206, 2022.

W. Patrick Walters, Mark Murcko, "Assessing the Impact of Generative AI on Medicinal Chemistry", *Nature Biotechnology*, Vol.38, No.2, 2020.

"Synthetic media", Wikipedia, https：//en.wikipedia.org/wiki/Synthetic_media.

# T.10 虚拟数字人在新闻传播业的应用现状及发展趋势研究报告

王思文　刘文冉[*]

**摘　要：**随着人工智能技术的快速发展，虚拟数字人已逐渐应用于各个领域，如社交媒体、公共服务、政务活动、电子商务、游戏科技等。在新闻传播领域，虚拟数字人的运用逐渐从幕后转向台前。通过精密的数据处理分析以及流程化的服务模式，虚拟数字人给新闻工作者带来了更多的便利，同时也为用户获得新闻信息提供了优质化的体验。新闻传播业的发展也不断地朝着"智能+体验"的方向推进，扩大了新闻传播业的发展空间与增值空间。与此同时，虚拟数字人可能带来的伦理风险也引发人们广泛的讨论和关注。本文整理了虚拟数字人在新闻传播领域的现有表现，通过探索虚拟数字人在新闻传播业的应用，分析其未来的发展，唤起更多人对虚拟数字人的关注，推动虚拟数字人健康良性地应用于各个行业。

**关键词：**人工智能；虚拟数字人；新闻传播业

随着大数据、人工智能、媒介融合等技术的发展，以计算机为载体的社会行动者和以数字编程为运算逻辑的虚拟数字人，广泛地应用于人们生产、生活的各个领域。基于技术逻辑的虚拟数字人具有具身性、媒介性、智能化、人格化等特点，能够提高信息传递的速度与效率，给人们带来了更精确和个性化的定制服务、更沉浸式的体验。在社会主义市场经济的驱动下，虚拟数字人产业逐渐趋于成熟。2021年10月31日，虚拟博主"柳

---

[*] 王思文，浙江传媒学院新闻与传播学院教师、硕士生导师，研究领域：新闻伦理与法规（新媒体著作权、数据保护）；刘文冉，浙江传媒学院2022级数字媒体与智能传播专业硕士研究生。

夜熙"通过发布一条视频一炮而红，被称为"现象级"虚拟人，让公众看到了虚拟数字人的市场潜力；此后，针对"柳夜熙""洛天依"等虚拟偶像的研究逐渐增多；2023年，"AI孙燕姿"爆火，多部作品播放量破百万，① 再次引发公众对虚拟数字人"粉丝经济"的关注。

在新闻传播领域，2021年10月20日，国家广播电视总局下发《广播电视和网络视听"十四五"科技发展规划》，提出"推动虚拟主播、动画手语广泛应用于新闻播报、天气预报、综艺科教等节目生产，创新节目形态，提高制播效率和智能化水平"。② 新华社旗下的"新小微"、CCTV旗下的"新科娘"、上海广播电视台旗下的"申芘雅"等有个性的虚拟人，在传递信息、弘扬正能量等方面发挥着越来越重要的作用。③ 艾媒咨询发布的《2022年中国虚拟人产业商业化研究报告》数据显示，2021年中国虚拟数字人带动超过1000亿元的产业市场规模，预计2025年将达到6400亿元的规模。④ 工业和信息化部等五部门联合发布的《虚拟现实与行业应用融合发展行动计划（2022—2026年）》提出，到2026年，虚拟现实在经济社会重要行业领域实现规模化应用，中国虚拟现实产业总体规模（含相关硬件、软件、应用等）将超过3500亿元。面对如此庞大的市场空间，虚拟数字人产业的投融资信心和活跃度也进入新高潮。⑤ 然而，随着虚拟数字人进入商业化模式，人们开始逐渐反思虚拟数字人的智能性、创新性和人格化等特点与功能对社会产生的负面影响，学界相关研究也逐渐从虚拟数字人的结构式探讨转变为对其功能性的反思。

## 一　虚拟数字人概念

目前学界对于虚拟数字人的界定较为模糊，其中的关键词包括"虚拟

---

① 于蒙蒙：《虚拟人热度飙升 行业生态亟待完善》，《中国证券》2023年5月15日第A4版。
② 《广播电视和网络视听"十四五"科技发展规划》，2021年10月20日，国家广播电视总局，http：//www.nrta.gov.cn/art/2021/10/20/art_3713_58260.html。
③ 崔洁、童清艳：《解构与重构："人格化"虚拟AI新闻主播再思考》，《电视研究》2022年第2期。
④ 《艾媒咨询：2022年中国虚拟人产业商业化研究报告》，2022年5月2日，网易新闻，https：//www.163.com/dy/article/H6COA85Q051998SC.html。
⑤ 张孟月、李佳琪：《虚拟人产业的投资机会与发展》，《科技与金融》2022年第11期。

## T.10 虚拟数字人在新闻传播业的应用现状及发展趋势研究报告

人""数字人"。虚拟人最早的概念出现于医学领域。早期,医学通过几何建模以实体形式来表现人体生理结构,其形成具有拟真性和视觉保真度。早期,虚拟人多用于医学研究、军事训练、科研实验等领域。在一些特定的实践场景中,因为真人可能会遇到较大的安全威胁,因此人们寻求可替代品去模拟场景训练,降低安全风险。V. Vinayagamoorthy 等侧重于对虚拟人面部视觉效果进行分析,认为虚拟人行为和视觉保真度应当保持一致,虚拟人的表情应该贴近交流语境。[1] N. E. Alessi 等进一步拓展了虚拟人的定义,认为其应当具有社交能力、情感表现力和互动性,[2] 聚焦于其交互能力。C. Nass 等认为,虚拟人应当具有乐于助人和友好性等人格特征。[3] 根据国际电信联盟(International Telecommunication Union)的定义,虚拟人是指集计算机图形学、计算机视觉、智能语音和自然语言处理技术于一体并借助多模态输出设备呈现的虚拟人物,[4] 侧重于虚拟人的实际化功能。可见,目前学界对虚拟人的认识较为宽泛,只要其在数字技术的逻辑下设计并具备人的某种特质,即可认定为虚拟人。

与虚拟人不同,数字人则侧重于强调生命科学与信息科学的结合,研究重点逐渐从物理人转换为生理人。如果说虚拟人是从结构上注重人体机能结构的相似性,那么数字人则侧重于强调人类功能的相似性。基于计算机领域的发展,数字人依托技术而生。与虚拟人相似,数字人最早也同样应用于医学领域,但数字人更强调运用数字技术和计算机运行逻辑。钟世镇认为,数字人作为新的技术载体,将在航天、航空、体育、影视、国防、医学等众多领域拥有应用发展的空间。[5]

整合既有研究,虚拟数字人主要依托于信息科学的发展,是基于计算机技术所生产的,具有互动性、拟真性,智能化、媒介化、人格化的虚拟

---

[1] V. Vinayagamoorthy et al., "Building Characters: Lessons Drawn from Virtual Environment", *Proceedings of Toward Social Mechanisms of Android Science at CogSci*, Stressa, Italy, 2005.

[2] N. E. Alessi, M. P. Huang, "Evolution of the Virtual Human: From Term to Potential Application in Psychiatry", *CyberPsychology & Behavior*, Vol. 3, No. 3, 2000, pp. 321-326.

[3] C. Nass, Y. Moon, "Machines and Mindlessness: Social Responses to Computers", *Journal of Social Issues*, Vol. 56, No. 1, 2000, pp. 81-103.

[4] International Telecommunication Union, "Framework and Metrics for Digital Human Application Systems", https://www.itu.int/rec/T-REC-F.748.15-202203-I/en.

[5] 钟世镇:《数字人——信息与生命科学结合的新领域》,《科技导报》2005年第2期。

数字产物,具有社交化、商业化、服务性功能。

## 二 虚拟数字人发展沿革

技术的发展成为虚拟数字人趋于成熟的助推力,其品类逐渐增多,功能亦越来越智能化。随着粉丝经济、直播文化的兴起,虚拟数字人也被赋予新的发展力。目前,针对于虚拟数字人的研究也逐渐转向其功能方面。从其功能性质来看,可以将虚拟数字人分为公共属性的虚拟数字人和经济属性的虚拟数字人。

### (一)公共属性的虚拟数字人

虚拟数字人的生产与发展被赋予了一定的使命。在新闻传播领域,智能虚拟人已从早期Dreamwriter在新闻生产写作与分发中的灵活应用,发展到2020年两会开幕前AI主播进行新闻播报。在2022年冬奥会上,AI裁判与教练"观君"、AI气象主播"冯小殊"的出现都进一步展现了技术更加精准的计算能力和判断能力,有效贯彻了新闻发布的"时度效"。其进一步解放了人们的双手,用更加智能化的形式精准处理了复杂数据,并且能够更加及时地呈现标准化的内容。

在文旅领域,虚拟数字人已作为博物馆等公共服务领域的讲解员、模拟导游,频繁出现在大众面前。其一方面提高了讲解内容的趣味性,让用户更深刻地理解其背后的历史知识;另一方面增强了用户在游览过程中的互动体验,受到公众的好评。

在教育领域,虚拟数字人已作为知识传授者出现。通过2D形象建模,结合大数据分析,设置特定的算法程序,可以生产出讲课风格不同的任课老师;合理化分解各个小知识点,更有利于学生学习;也辅助解决了地域教育发展的不均衡问题,为山区等落后偏远地区带来更优质的教育体验。

在社会服务领域,虚拟数字人已运用于陪护老人等医护领域。一方面,通过大数据、云计算以及传感器,可以实时检测老人的身体健康,并提供对应的养护建议;另一方面,虚拟数字人也可以作为一种情感陪伴,守护孤寡老人,给予老人更多的情感需求。虚拟数字人很大程度上符合中国人口老龄化社会的需求,促进了中国养老服务体系的发展。

## T.10 虚拟数字人在新闻传播业的应用现状及发展趋势研究报告

ChatGPT 的横空出世再次引发公众对虚拟数字人的讨论。作为人工智能技术驱动的自然语言处理工具，ChatGPT 在智能化检索发布与算法逻辑上也可称为虚拟数字人。从论文写作到情感问答，从诗歌创作到代码编写，ChatGPT 都能巧妙完成。从人机交互的角度看，ChatGPT 更像是人体大脑的补充与增进。它基于人类的语言文字，配以算法计算合成，最后生成人们需要的作品或内容，很大程度上能够帮助人们节省时间、提升效率。例如通过搜索文字，设定特定的创作风格就可以快速生产出特定的视频内容。但这种功能性的虚拟数字人，也被某些人视为人类生产力的威胁。通过智能算法系统生产出来的一般化产品，被控诉挤压了人们的职场生存空间；在新闻传播领域，虚拟数字人生产的新闻产品相较于人工产品仍然缺乏深度，只能按照模板写作，缺乏人文关怀及质疑批判思维。

### （二）经济属性的虚拟数字人

随着粉丝经济、直播文化、社交媒体的发展，虚拟数字人作为虚拟现实产业的重要产品，其经济生产的潜力巨大。一方面，在社交媒体上，KOL 虚拟数字人拥有大批粉丝，能够通过流量经济进行盈利，实现经济增长。例如现象级网红"柳夜熙"，通过美妆博主的标签可以进行广告植入获利；小红书时尚博主"AYAYI"也因为其精致的五官迅速出圈，通过 IP 形象与产品海报，为产品代言；中国首创虚拟大学生"华智冰"，在清华大学计算机系学习，一经官方发布，迅速出圈，被不少网友关注。在流量经济的时代，拥有流量就代表具有盈利的可能性，而虚拟数字人获得的流量让更多人看到了它的商机。

另一方面，虚拟数字人已代替真人从事部分简单的工作，进而满足公众的需求，具有巨大的经济潜力。例如在各个政务大厅、银行营业厅、车展、医院等场所，人们可以看到虚拟数字人进行导航，承担客服任务等工作；在游戏领域，虚拟数字人的发展可以简化游戏动画的制作过程，也能在游戏中设计出更精细的面部表情和更完整的肢体动作，给予玩家更丰富的游戏体验，配以 3D 技术，还可以加强玩家在游戏中的参与感和互动感，给玩家带来沉浸式的互动体验。

从技术层面看，基于大数据、物联网、可视化等技术生产的虚拟数字人，可分为实体承载的虚拟数字人和计算驱动的虚拟数字人。

## （三）物质承载的虚拟数字人

实体的虚拟数字人技术流程先是通过设计师进行形象设计及数字建模，再通过数字技术进行表演捕捉、驱动渲染，最后生成实体内容，与受众进行交流互动。其特点是计算机算法的智能推送。自虚拟直播诞生以来，虚拟数字人背后的实际操纵者"中之人"一直是决定该虚拟形象能够走多远的重要影响因素之一。"中之人"是来自日本的舶来词，特指虚拟主播、虚拟形象背后的扮演者。"中之人"的表演质量对虚拟数字人的整体形象造成直接影响。[①] 他的优势在于能够与受众进行物理空间上的互动，提升受众的参与感与体验感。基于"元宇宙"的概念，从三维空间的感受与体验来看，物质承载的虚拟数字人又可以分为实体互动性和基于实体的虚拟互动性。

实体互动性是指大数据、算法和计算程序依托实际载体，与人们进行面对面的接触。这种实体互动的真实感较强，在政务大厅和各个公共服务场所进行导航引领以及发挥客服功能。例如宁波银行的"小宁"，基于计算机程序和大数据技术生成的实体虚拟大堂经理，能够对前来办理业务的顾客进行亲切问候和耐心接待，对客户需求进行针对性、智能化的分发服务，提高银行的工作效率。同时，实体互动性具有自动化属性，海底捞的智能 AI 上菜员，通过机器指令实现自动化上菜的服务；菜鸟裹裹也通过虚拟数字人进行包裹的整理、分类与派送，实现自动化生产。

基于实体的虚拟互动性是指以既有的实体形象为原型，通过计算机编码逻辑和数字技术生产出来的虚拟人物与其进行互动。这种虚拟人物的互动感可以通过虚拟现实技术给受众营造出全新的虚拟环境，基于传感器技术可以实现与人体的虚拟现实互动，延伸人们进行虚拟互动的体验感，能够给用户带来沉浸式体验和临场化感触。相较于实体互动性而言，虚拟互动性以实体人物为原型，所制造的虚拟 3D 人物的延伸功能性更强。

---

① 喻国明、杨名宜：《元宇宙时代的新媒体景观：数字虚拟人直播的具身性研究》，《当代传播》2023 年第 1 期。

T.10　虚拟数字人在新闻传播业的应用现状及发展趋势研究报告

**（四）计算驱动的虚拟数字人**

计算驱动的虚拟数字人是指以计算机运行逻辑为基础，以媒介技术为核心，以受众需求为导向所生成的个性化、功能性虚拟数字人。从生产逻辑而言，计算驱动的虚拟数字人与物质承载的虚拟互动性数字人的差别在于，前者在很大程度上是依托数字技术生产出来的、全新的、独一无二的虚拟数字人，现实生活中没有设计原型，是完全依托于受众的功能性需求所制作生产出来的；后者则是依托于现实生活中既有的原型，根据受众需求进行功能性升华所制作出来的虚拟数字人。

计算驱动的虚拟数字人在游戏领域较为常见，一般制作流程：先是通过设计师进行人物原型设计，再通过3D建模技术进一步建构人物的初步原型。根据用户的需求，以媒介技术为支撑进一步完善虚拟数字人的功能性进而成型。值得一提的是，成型后的虚拟数字人并不代表固定不可改变，受众需求的不断变化以及数字技术的不断升级，可以使虚拟数字人继续优化、完善功能。

## 三　虚拟数字人产业链全链条

粉丝经济、直播经济的发展，使用户对虚拟数字人产生情感和功能需求，进而使用户更愿意对虚拟数字人产生消费行为。目前虚拟数字人已经被广泛运用到娱乐、教育、广告、社会公共服务等领域，虚拟数字人产业链显示出了强大的生命力。有研究聚焦于元宇宙虚拟数字人，将其产业链分为基础层、平台层与应用层，① 该分类具有对未来的想象性。本文基于目前技术支持下的虚拟数字人展开，将其链条分为生产、传播、用户消费。其中，产业链上游决定产品的质量，产业链中游促进产品功能性展示，产业链下游促使用户产生消费行为。

**（一）产业链上游（生产）**

在虚拟数字人产业链上游领域，对参与终端制作的工作人员具有较高

---

① 《元宇宙虚拟人产业链》，《中国科技信息》2022年第6期。

的要求。首先需要利用数据技术预测人们对虚拟数字人产品的一致化需求，从而满足垂直领域的受众需求。同时，需要根据数据预测结果来进行形象初步策划和建构，其中需要生产者把自身的个性思维和理性工具相结合，建构初级模型。

在生产过程中，生产者需要运用Unity3D、Unreal Engine、Maya等3D建模软件，通过设计角色、3D建模、材质贴图、骨骼绑定和动画制作、语音合成和交互设计来完成虚拟数字人的生产。其中需要用到的技术手段包括3D扫描、骨骼动画、程序化虚拟人、混合现实技术等。

（1）3D扫描：3D扫描是指通过专业的3D扫描仪设备，对真实的实体进行扫描后形成的基于实体原型的虚拟模型。利用这种方式可以使虚拟数字人具有高拟真度，并且可以生产出"千人千面"的产品内容，具有个性化定制的性质，能够满足不同用户的消费需求。

这类产品生产成本较高，一般用于对真实感、精细化要求较高的场景建构。例如两会相关的H5交互式新闻报道，通过场景建构和H5交互式设计可以实现，用户在阅读新闻的时候具有临场真实感和互动深化感。

（2）骨骼动画：骨骼动画是指利用骨骼系统进行动画生产，通过对虚拟数字人的骨骼控制，来实现动画系统和交互系统的动态转变。这种技术一般用于虚拟动画的制作以及游戏开发，通过骨骼动画来实现虚拟数字人目的性移动。例如网易出品的"明日之子"，通过骨骼动画的形式可以实现对游戏中虚拟人物的交互行为设计。这种设计一般会有固定的程序设计，难以全面覆盖人物的高难度动作，只能实现一些基础动作的转化。

（3）程序化虚拟人：程序化虚拟人是指通过代码逻辑对特定的虚拟人物进行一定的周期设计，利用程序化设定来实现大批量等类虚拟人物的制造。这种生产形式基于程序化的运行逻辑，根据周期性需求可以批量化生产大量产品，常见于游戏场景的运用。例如打怪类游戏中，通过程序化可以大批量生产出等级相同的怪兽。

（4）混合现实技术：混合现实技术是指将虚拟人物与现实相结合，达到交互的临场化和沉浸式体验。虚实融合的效果可以提升虚拟数字人的互动价值。这种技术常见于博物馆的AR讲解、灾难报道中的场景还原、虚拟直播带货以及游戏领域。这种虚拟现实的交融能够使用户的感触更真实、印象更深刻，增强互动性，并且也能让受众深切感受到现实中难以触达的场景体验和功能服务。

### (二) 产业链中游（媒介）

虚拟数字人的产业链中端主要用于虚拟数字人产品的运用推广。基于新媒体平台的发展，针对虚拟数字人产业链中端的活动范围主要集中于各个数字平台。例如，以"柳夜熙"为代表的活跃在抖音短视频平台的虚拟博主，以"AIYA""一禅小和尚"为代表的活跃在小红书平台的虚拟模特和动画人物，以"初音未来"为代表的活跃在 Bilibili 平台的虚拟偶像，在各个平台实现虚拟数字人的消费。

1. 娱乐性新媒体平台

娱乐性新媒体平台主要是指以抖音、快手、B 站等为主的、具有娱乐化性质的新媒体平台。虚拟数字人生产后，在这类平台上进行有目的地传播，会提高曝光率，甚至会诞生现象级博主。当虚拟数字人成为虚拟网红时，会得到大量变现机会，例如植入广告、直播带货、品牌代言等。

同时，在抖音平台没有粉丝基础的情况下，也可以直接通过场景和人物的虚拟建构实现商业盈利。这是虚拟数字人产品在这类娱乐性新媒体的另一种变现方式。由于目前虚拟场景和虚拟数字人搭建的技术趋于成熟、成本可控，很多品牌逐渐走向虚拟人带货的道路，虚拟数字产业呈现出蓬勃生机。

2. 知识分享类平台

知识分享类平台主要是指以知乎、悟空问答、小红书为主的，具有知识输出性质的平台。虚拟数字人在这类平台的生存和发展同娱乐性新媒体的底层逻辑相似，都需要通过输出优质内容来增长粉丝量，以大流量为基础，最终实现商业化变现。知识分享类平台的输出内容需要以垂直领域的知识干货为主，对输出内容的质量有较高的要求。

此外，在个别知识分享类平台上会出现智能机器人，可以向其进行一对一提问。这种虚拟数字人的形式是基于既有数据库的内容，对用户提问的信息进行筛选化处理和匹配，最终帮助用户解答。这类产品一般用于平台官方客服，虚拟数字人在这方面的运用，可以提升用户对平台的信任度，进而成为平台的私域流量。

#### 3. 私人社交平台

私人社交平台主要是指以微信、QQ为主的，具有私密性社会交往属性的平台。一般来讲，在这类平台中虚拟数字人的运用和变现主要结合线上线下的商品推广。例如微信社群运营中的智能机器人、具有客服属性的企业微信等。虚拟数字人在社群运营中，主要用于抽奖、互动、答疑解惑、渲染氛围等，以维护社群用户的黏性。

另外，虚拟数字人在社交媒体上还有一种特殊的运用方式，例如虚拟恋人。用户可以根据自身需求在第三方平台购置虚拟恋人属性的社交机器人，与其进行微信互动。这类虚拟数字人链接微信运营程序，为用户提供智能化的情感陪伴式服务，实现虚拟数字人的商业化价值。

#### 4. 购物平台

购物平台主要是指以淘宝、京东、天猫、唯品会等为主的商品交易平台。虚拟数字人在购物平台上的运用主要是以虚拟客服为主，如"淘宝小蜜"的在线一对一解答。另一种使用方式是虚拟主播，商家店铺在直播时通过植入技术内容，生成虚拟主播，后由虚拟主播进行带货。这类虚拟主播一般常用于知名品牌的直播带货中，能够有效节省品牌直播带货的成本，但目前虚拟主播直播时语调较为僵硬，自然流畅度不够。

#### 5. 游戏类平台

游戏平台主要是指以王者荣耀、英雄联盟、和平精英等为主的交互性娱乐平台，具有一定的社交属性。虚拟数字人主要是通过游戏角色的设定来应用。开发者通过人物设计建构模型，刺激用户购买不同的虚拟数字人物模型，最终实现获利。一般来讲，虚拟数字人覆盖所有的游戏领域，只要涉及人物出场，都需要构建虚拟数字人。

同时，虚拟数字人在游戏领域的变现能力也较强，尤其是大型手游。例如在王者荣耀里，设计师会设计不同的英雄角色皮肤，用户更愿意使用新皮肤来进行游戏操作。一方面是因为付费皮肤做工精细华丽，另一方面拥有新皮肤是游戏中社会地位的象征。

### （三）产业链下游（用户）

虚拟数字人产业链下游对接用户，主要针对用户的行为习惯、需求体

## T.10 虚拟数字人在新闻传播业的应用现状及发展趋势研究报告

验、产品反馈等数据去整理、归纳、分析，并将既有的倾向性结果注入产品设计中，优化产品服务，提升用户体验，最终提升用户对产品的忠实度，提高用户黏性。本部分主要通过生成用户画像、细化用户需求、优化用户体验来进行详细分析。

1. 行为层面：生成用户画像

在虚拟数字人产品的生产和互动中，需要针对用户的属性、用户偏好、生活习惯、用户行为来抽象出标签化用户模型，即用户画像。继而通过用户画像来划分特定用户群体的属性，最终确定目标市场。生成用户画像可以覆盖生产传播的全过程，在具体实践中能够精确定位目标受众。

2. 需求层面：细分用户需求

在描摹用户画像后，产品系统需要针对各个用户的数据来将用户标签化，这是一个海量筛选的过程。通过用户画像将属性相同的用户归为一类，针对相同属性的用户需求，提供他们所需要的产品服务和体验。这种细分用户需求的方式跟划分市场的底层逻辑有异曲同工之妙，通过细分用户需求能够对标受众群体，更好地汇聚私域流量，将产品服务提供给对应市场，能够提升用户对产品的忠实度。

3. 互动层面：优化用户体验

人工智能技术可以通过海量数据生成的用户画像对标用户需求。在不断与用户互动的过程中学习成长，将用户的需求反馈到产品服务的链条上。产品在产生服务时，可以通过数据的反馈来调节自己的服务特性，从而更好地升级产品功能，满足用户需求。目前虚拟数字人是融合多种感官技术和媒介共同呈现的综合体。在视觉感知层面，虚拟数字人已经在看上去像人的"形似"层面达到较高水平，其中包括可以呈现300多种面部微表情和虚拟人的视觉模型可以达到8K超高清水平等，但"空有其表"也只能成为让受众眼前一亮的画像，"有趣的灵魂"才是虚拟数字人的核心。①

随着深度学习型人工智能技术的发展，目前，人工智能技术加持下的

---

① 杨名宜、喻国明：《赋能与"赋魂"：数字虚拟人的个性化建构》，《编辑之友》2022年第9期。

虚拟数字人已经突破了简单化服务，但是需要用户以更多的数据"投喂"，提升其性能。随着作为基础设施的技术的发展，虚拟数字人必将越来越近似于真实人，甚至在功能应用、用户触感等方面超过真人所提供的体验。

## 四 虚拟数字人在新闻传媒领域中的应用案例

### （一）虚拟主播

随着直播形态不断更替升级，虚拟主播迎来了爆发式生长阶段。目前虚拟主播具有较强的商业价值和社会价值，它的发展也逐渐朝着拟人化—同人化—超人化不断演进。

1. 用于新闻播报的虚拟主播

全国两会期间，《人民日报》新媒体联合业界前沿团队推出的AI数字主播"任小融"正式"上岗"，它通过一个自我介绍视频和一个互动H5与网友见面。AI数字主播无须熟悉稿件，只要给到一份文本，即可无延迟输出视频流。其声纹可以快速自由替换，播报语音速度均可调整，还有多个地方方言、外语语种声音可以使用，可满足丰富立体的表达需要。

相比于真人主播，虚拟主播能够随时随地开始工作，无须搭建专业演播厅，只要制作虚拟演播厅就可以进行播报、访谈和连线，工作的消耗成本较低。同时，AI主播可以通过提取用户行为偏好数据和关键词来为用户提供感兴趣的内容。例如"任小融"在自我介绍和相互打招呼之后，会根据用户行为数据为用户推介可能感兴趣的两会关键词，并根据用户的选择和喜好进行相对应的口播。由于"任小融"的播报内容来自主创团队搭建的两会新闻数据库，用户多次点击同一个关键词，可能会随机获得不同的播报内容。

2. 具有娱乐性质的虚拟主播

用于娱乐性质的虚拟主播主要运行于新媒体平台，是娱乐主播的虚拟数字化表现。娱乐性质的虚拟主播往往通过直播给用户提供互动价值，刺激用户打赏进而盈利。例如，虚拟主播"Shoto"在B站直播2小时收入超过百万元。①

---

① 《B站直播2小时收入超百万 虚拟主播呈爆发势态?》，2022年6月30日，中国小康网，https：//www.thepaper.cn/newsDetail_forward_18807669。

T.10 虚拟数字人在新闻传播业的应用现状及发展趋势研究报告

**3. 用于销售性质的虚拟主播**

用于销售性质的虚拟主播主要是运用于电商领域,其生产的目的在于商品的推广和宣传。主要分为两类:第一类是用于电商直播的虚拟主播,第二类是用于天猫商城、淘宝平台的店铺导购员。例如在天猫、淘宝店铺里的虚拟导购员"AI Wendy",为消费者个性化推荐合适的口红。2022年2月,京东推出了美妆虚拟主播"小美",不断亮相欧莱雅、科颜氏等超20个美妆的大牌直播间进行带货;2022年冬奥会期间,阿里推出虚拟员工"冬冬",在淘宝直播中售卖冬奥会的周边产品;2022年年末,蒙牛乳业推出了虚拟主播"奶思",它在直播间身穿蒙古族服饰,手拿蒙牛产品与观众实时分享乳品知识,首场直播就吸引近300万人观看。①

**(二)虚拟主持人**

虚拟主持人是通过数字技术处理的仿真人物,具有主持人的功能和作用,能够用于栏目化节目的主持、大型活动的主持以及信息的讲解。与真人主持人相比,虚拟主持人缺乏人文特色和随机应变能力,对于内容的播报大部分是在既有的程序中进行机械化的重复,难以和真人主持人播报的体验相一致。2001年,英国PA New Media公司推出世界上首位虚拟主持人阿娜诺娃(Ananova),CNN将其描述为一个可播报新闻、体育、天气等的虚拟播音员,堪比一个真实的有血有肉的主持人。② 随后美国、日本、韩国先后推出自己的虚拟主播,中国最早的虚拟主播可追溯至2004年,央视频道制作推出的虚拟主持人"小龙",不过囿于技术水平,该虚拟主播智能化程度较低,应用范围有限。③ 随着数字技术的发展,虚拟主持人的功能越来越完善,种类也较多,可适用于各个场景。

**1. 用于节目主持的虚拟主持人**

2022年,世界5G大会中采用虚拟主持人"阿媪"("AVA")来进行

---

① 《蒙牛推出首个虚拟数字员工奶思"出道首秀"即火速圈粉》,2022年12月15日,新华网,http://www.xinhuanet.com/food/20221215/c6c5a7f45ad84d06a37d4ebb2365c833/c.html。
② 郭全中、黄武锋:《AI能力:虚拟主播的演进、关键与趋势》,《新闻爱好者》2022年第7期。
③ 《爆火的虚拟主播能走多远》,2022年1月4日,光明网,https://m.gmw.cn/2022-01/04/content_1302748259.htm。

203

节目主持，虚拟人物形象高端大气，播报内容进行中英文流畅切换，符合高端会议的形象需求，与会议主题相呼应，体现出会议的科技感以及前瞻性。2022 年 3 月，中央电视台综合频道、中央电视台科教频道播出"典赞·2022 科普中国"节目，虚拟主持人"橙络络"在节目中带领大家畅游科普世界。"橙络络"不仅是节目首位虚拟主持人，还是运营商中唯一一位登上央视舞台的数智人。中央电视台突破性引入虚拟人技术等前沿数字技术的新尝试，开创了国内首个科普节目虚拟人物交互体验的先河。① 在 2022 年《天赐的声音 3》节目中，出现从南宋临安"穿越"而来的虚拟主持人"谷小雨"，首次正式登场与歌手张韶涵共唱了一首《但愿人长久》，② 节目一经播出，"谷小雨"就登上微博热搜。

图 1 动感地带数智代言人"橙络络"担任虚拟主持人

### 2. 用于制作人的虚拟主持人

2022 年，百度旗下的虚拟数字人"度晓晓"主持了百度元宇宙歌会。在直播过程中，"度晓晓"与粉丝实时互动，持续爆梗回复网友的弹幕留

---

① 《动感地带数智代言人上央视，带你玩转"科普元宇宙"》，2023 年 3 月 27 日，中国网，http://ydyl.china.com.cn/2023-03/27/content_85193005.htm。
② 《行业 | 虚拟主持人上岗，如何推动行业变革?》，2022 年 7 月 17 日，搜狐网，https://www.sohu.com/a/568503812_698063。

T.10　虚拟数字人在新闻传播业的应用现状及发展趋势研究报告

言。在百度元宇宙歌会中,"度晓晓"同时兼任主持人、出场嘉宾、记者等多重角色,为观众表演《每分每秒每天》《3189》《最伟大的AI作品》等。在候场期间,"度晓晓"跟嘉宾互动提问玩游戏,不停地调动现场氛围,带来精彩的舞台呈现效果,助推活动成功举办。据悉,百度元宇宙歌会以"未来"为主题,整合旗下数字人、数字藏品等web3.0产品,将AI融入每个节目和环节的制作和演出中,包括作词作曲、编舞、舞美设计等。这场长达两个小时的沉浸式歌会的背后,是数字人"度晓晓"AIGC能力的完美展现。①

图 2　AI 探索官"度晓晓"担任 AI 制作人的歌会

**3. 用于信息讲解的虚拟主持人**

2021 年 11 月,中央广播电视总台新增了央视新闻 AI 手语虚拟主持人,自北京冬奥会起全年无休,为听障人士提供赛事新闻报道和手语直播。北京卫视以其主持人春妮的形象为原型打造了虚拟主持人"时间小妮",在"北京时间"客户端里实现播报新闻、讲解知识、广告代言、交互问答、客户服务等全智能视频服务。

---

① 《百度元宇宙歌会直播观看 5000 万背后:数字人度晓晓担任 AI 制作人》,2022 年 9 月 27 日,新华网,http://www3.xinhuanet.com/info/20220927/78d70b70efd94e15bb292c64ca5802f3/c.html。

205

## （三）虚拟偶像

### 1. 商业代言层面的虚拟偶像

2022年，掌阅在其短视频账号上推出了旗下首位阅读推广虚拟数字人"元壹梦"，同时也是数字阅读领域首位阅读推广虚拟代言人。这个数字代言人推出的目的主要是通过全新的阅读推广方式，将更多优质文学作品带给广大读者，讲好中国故事。通过"元壹梦"带领大家阅读优质文学作品，推广书籍内容，鼓励大家多阅读。

另外，百度旗下的AI数字人"希加加"成为麦当劳产品首位虚拟推荐官，代言麦当劳新品，引领场景式品牌营销新趋势。屈臣氏AI品牌代言人"屈晨曦"，屈臣氏计划未来将"屈晨曦"与其自身的大数据系统打通，针对顾客的不同消费喜好和需求提供专业化和个性化的咨询服务。由元圆科技打造的首位国风虚拟数字人"天妤"宣布签约壹心娱乐，成为首个与国内经纪公司合作的国风虚拟人，开始向全能艺人进阶，开拓数字化泛娱乐新赛道。汽车之家签约虚拟数字人IP"宫玖羽"，担任"汽车之家特邀AI体验官"；依托超写实虚拟人全流程实时渲染技术，"宫玖羽"以贴近真实的"机车女神"形象与用户建立情感联结。

### 2. 娱乐唱跳领域的虚拟偶像

早在2013年周杰伦的演唱会上，就出现了虚拟"邓丽君"。通过AI技术手段，周杰伦和虚拟的邓丽君跨时空同台演唱，惊艳全场。2022年8月26日，讯飞音乐推出旗下首位AI虚拟歌手"Luya"并官宣出道，29日进入上海音乐学院"音乐工程系·讯飞音乐联合研发中心"，获得粉丝、媒体广泛关注，登上热搜榜，其发布NFT盲盒《音乐无界》、在优酷视频献唱《沈园外·少年白马醉春风》、与广西卫视合作登上其元旦及春晚舞台，基于优质内容持续涨粉。

### 3. 网红经济中的虚拟偶像

2022年4月22日，元圆科技"天妤"正式出道。"天妤"成为首个文化出海的国风虚拟数字人，它以手机壁画碎片为线索，发布系列正片及番外内容，向世界讲述中国传统文化故事，在海内外产生了热烈反响。在海外平台，"天妤"粉丝已突破11万人，总播放量突破120万人次。目前

T.10 虚拟数字人在新闻传播业的应用现状及发展趋势研究报告

"天妤"全网粉丝数超过500万人，视频播放量超4亿人次，抖音点赞量近2000万人次，相关话题浏览量破9亿人次。①

2021年11月出道的"金桔2049"，凭借炫酷的外形和搞笑的个性，每场直播都能吸引成千上万人驻足，其账号主页作品内容基本上是以连麦PK的直播片段为看点，在抖音平台上粉丝量破90万人。②

## 五 虚拟数字人在传媒领域的发展前景

### （一）不间断播报，全天式主持

技术革命的发展会使虚拟数字人不断迭代升级，现在虚拟数字人在新闻领域的应用已经能实现24小时不间断播报。未来，虚拟数字人在传媒领域中的应用会更为广泛。在许多突发性灾难事件的现场报道中，可以将场景技术与虚拟现实技术相结合，还原极端化的灾难场景，由虚拟记者来进行第一现场的不间断跟进报道，能够给观众呈现出更有冲击力的场景感观，同时也能实时更新现场的详细情况。除此之外，虚拟数字人还可以广泛运用于手语播报，通过设置指定程序让虚拟数字人实时翻译新闻报道，给更多残障观众提供更广泛的信息来源。

### （二）IP式吸粉，顶流级的商业变现

虚拟数字人通过IP式吸粉所带来的商业变现能力，也能够给新闻行业拓展盈利带来新思路。虚拟数字人的发展所带来的技术变革，可能给媒体行业带来二次冲击。随着智能机器人的功能优化升级，新闻媒体在自身的发展中需要协调好与虚拟数字人的关系。从虚拟数字人在新媒体平台上的现象级崛起和商业化发展来看，新闻媒体打造以虚拟数字人为技术支撑的IP形象，可以助其在新媒体平台上与用户进行广泛互动。与此同时，媒体还可利用虚拟数字人的影响力进行直播带货以及植入广告，实现其商业价值的最大化，为新闻媒体的发展提供新的经济来源。

---

① 《天妤已完成高精度模型实时互动 进化的虚拟人正扛起内容营销4.0时代的大旗》，2022年10月28日，河北网络广播电视台，https://news.bjd.com.cn/2022/10/28/10200675.shtml。
② 《如何从0到1，打造一个百万级虚拟主播？| 对话金桔2049》，2022年12月21日，搜狐网，https://www.sohu.com/a/619546190_121260908。

同时，新闻媒体打造的 IP 形象更理性化，具有令人信服的能力。IP 人物本身通过技术的迭代，其功能不断优化升级，带给用户更好的体验，吸引更多粉丝并发挥正确的舆论引导作用。

### （三）场景式呈现，横跨时空优化体验

场景化的发展或将是虚拟数字人的发展方向。随着场景化的发展，虚拟数字人能为用户传达信息、提供娱乐并进行环境监测，转换时间与空间的关系，给用户带来跨时空的场景化体验。例如，在传达信息方面，虚拟数字人在播报地震新闻时，可以通过传感器带给用户如临其境之感。在这个过程中，将用户的身份转换为"当事人"的身份，以更真切地感受、获取信息并加深印象。在提供娱乐方面，在游戏中加入虚拟现实技术、LBS 技术、传感器技术等，使真人与游戏中的虚拟数字人达到合二为一的状态，通过定位用户所在位置来描摹游戏场景、佩戴 VR 眼镜实现眼睛触达下的场景变化，实现临场化娱乐互动。在环境监测中，当虚拟数字针对某一重大舆论事件进行舆情预测时，可以通过标签化的数据来生成不同的网友形象，将网友争论进行现场式还原，将舆情转化过程进行逻辑化的排列组合，呈现出剧情式的画面场景，给用户展示舆情转变的动态过程。一方面，可以使舆情监测者更好地了解舆情的走向；另一方面，这种趣味化呈现在进行舆论正向引导时，也具备一定的吸引力和说服力。

## 六 总结

虚拟数字人的发展实际上也代表着时代变革的进程。技术变革所带来的新的发展机遇需要我们共同把握。随着虚拟数字人不断迭代升级，新闻传播领域需要恰当运用这种智能技术，加速生产与发展，加快转变传播的思维模式和发展方向，将新闻传播与虚拟数字人高效结合，使虚拟数字人能够为传媒业的发展提供更优质的服务、更立体化的表达。

在发展进程中，我们也需要警惕虚拟数字人的发展给我们带来的隐患。比如在数据构建的网络节点中，隐私问题广泛存在。在智能机器不断升级更新中，如何平衡好人类对于机器的理性诉求和感性寄托，人机关系在机器智能化中是否会发生主体性变化和能动性缺失。当前学界针对这些

T.10 虚拟数字人在新闻传播业的应用现状及发展趋势研究报告

问题仍然处于探讨和摸索的阶段，我们对于未来的畅想需要基于智能化时代的考量，也需要事先预想虚拟数字人的最大化功能，在此基础上进行无限设想，并提出具有针对性的预防措施。

毋庸置疑，机器的发展也伴随着人类文明的进步。在未来的发展中，机器和人类、机器和社会必须是同轨前进的模式。在虚拟技术不断进步的同时，我们也需要规避相关风险，平衡好技术与人类的关系，让虚拟数字人的发展更加符合行业需要，推动行业良性发展。

# 参考文献

《元宇宙虚拟人产业链》，《中国科技信息》2022年第6期。

崔洁、童清艳：《解构与重构："人格化"虚拟AI新闻主播再思考》，《电视研究》2022年第2期。

《天妤已完成高精度模型实时互动 进化的虚拟人正扛起内容营销4.0时代的大旗》，2022年10月28日，河北网络广播电视台，https：//news.bjd.com.cn/2022/10/28/10200675.shtml。

《爆火的虚拟主播能走多远》，2022年1月4日，光明网，https：//m.gmw.cn/2022-01/04/content_1302748259.htm。

《广播电视和网络视听"十四五"科技发展规划》，2021年10月20日，国家广播电视总局，http：//www.nrta.gov.cn/art/2021/10/20/art_3713_58260.html。

郭全中、黄武锋：《AI能力：虚拟主播的演进、关键与趋势》，《新闻爱好者》2022年第7期。

《如何从0到1，打造一个百万级虚拟主播？|对话金桔2049》，2022年12月21日，搜狐网，https：//www.sohu.com/a/619546190_121260908。

《百度元宇宙歌会直播观看5000万背后：数字人度晓晓担任AI制作人》，2022年9月27日，新华网，http：//www3.xinhuanet.com/info/20220927/78d70b70efd94e15bb292c64ca5802f3/c.html。

《蒙牛推出首个虚拟数字员工奶思"出道首秀"即火速圈粉》，2022年12月15日，新华网，http：//www.xinhuanet.com/food/20221215/c6c5a7f45ad84d06a37d4ebb2365c833/c.html。

杨名宜、喻国明：《赋能与"赋魂"：数字虚拟人的个性化建构》，《编辑之友》2022年第9期。

《行业丨虚拟主持人上岗,如何推动行业变革?》,2022年7月17日,搜狐网,https://www.sohu.com/a/568503812_698063。

喻国明、杨名宜:《元宇宙时代的新媒体景观:数字虚拟人直播的具身性研究》,《当代传播》2023年第1期。

于蒙蒙:《虚拟人热度飙升 行业生态亟待完善》,《中国证券》2023年5月15日第A4版。

张孟月、李佳琪:《虚拟人产业的投资机会与发展》,《科技与金融》2022年第11期。

《动感地带数智代言人上央视,带你玩转"科普元宇宙"》,2023年3月27日,中国网,http://ydyl.china.com.cn/2023-03/27/content_85193005.htm。

《B站直播2小时收入超百万 虚拟主播呈爆发势态?》,2022年6月30日,中国小康网,https://www.thepaper.cn/newsDetail_forward_18807669。

钟世镇:《数字人——信息与生命科学结合的新领域》,《科技导报》2005年第2期。

C. Nass, Y. Moon, "Machines and Mindlessness: Social Responses to Computers", *Journal of Social Issues*, Vol. 56, No. 1, 2000.

N. E. Alessi, M. P. Huang, "Evolution of the Virtual Human: From Term to Potential Application in Psychiatry", *Cyber Psychology & Behavior*, Vol. 3, No. 3, 2000.

# T.11 智能媒体内容生产与传播中的数字劳动图景

隗静秋 陈雅倩[*]

**摘 要**：本文立足于智能媒体时代的内容生产与传播过程，从作为生产者的数字劳工和作为消费者的数字劳动，呈现各个领域中的数字劳动现象。智能媒体时代诞生了"数字灵工""知识劳工""数字玩工""游戏陪玩师"等新的劳工工种，在新兴的短视频、直播、虚拟现实等行业也充斥着数字劳动。在智能媒体时代，产消融合已经实现，资本对其用户进行了新一轮的控制，它的控制目标从对劳动者身体的规训转移到对劳动者情感资源的掌控，让劳动者可以自愿地去完成超额劳动。

**关键词**：智能媒体；数字劳工；数字劳动

## 一 智能媒体时代数字劳工与数字劳动的内涵

### （一）智能媒体时代的数字劳工

随着信息资本主义时代的到来，数字媒介用户被卷入数字媒体价值链中，服务于生产、消费和市场多个环节。在此过程中，一种新的理论概念——"数字劳工"（Digital Labour）随之诞生。数字劳工的理论源起可以追溯到马克思关于劳动的阐述。在数字经济环境下，免费的受众劳动已从文化知识消费转化为生产性行为。正如弗里德里克·詹姆逊所言，资本

---

[*] 隗静秋，浙江传媒学院新闻与传播学院副教授，融合出版系主任，硕士生导师，研究方向为用户信息行为、出版新媒体运营等；陈雅倩，浙江传媒学院硕士研究生，研究方向为数字媒体与智能传播。

主义是一种最富有弹性和适应能力的生产方式。① 数字劳工是指那些以免费的方式为数字经济生态系统做出贡献的人，他们的无偿劳动已成为数字媒介生产、消费和市场营销的重要支撑。数字劳工的免费劳动包括建立网页、浏览网页、阅读和撰写邮件等行为。

数字劳工的免费劳动对数字经济的发展有着重要的意义。数字经济是以信息技术为基础的新经济，它的兴起和发展离不开数字劳工的无偿贡献。数字劳工的免费劳动为数字经济提供了一种低成本的生产方式，同时也为数字经济的营销和推广提供了强有力的支持，也推动了数字经济的快速发展。

然而，数字劳工的免费劳动也存在一些问题。虽然免费劳动往往被视为自愿行为，但实际上隐藏着一定的强制性。数字劳工的免费劳动，往往是在用户使用数字媒介的过程中自发进行的，但这些行为也受到了数字媒介平台的操纵和控制。数字媒介平台通过各种手段，包括算法推荐、广告营销等方式，让用户在不知不觉中为其提供免费劳动。这种潜在的强制性，使得数字劳工的免费劳动存在一定的伦理和法律问题。

处于"未受雇用"的网民既是生产者，也作为消费者，沉浸在"互联网资本"所创造的"虚拟世界"中；表面上，他们为自己提供着免费的娱乐，但实际上，他们的休闲娱乐可以看作为平台进行免费的生产活动，在不对等的位置上，进行着不对等的数字劳动。

在智能媒体时代，社交媒体、移动互联网、大数据等为媒体智能化奠定了基础；同时，人工智能、物联网、VR/AR等新兴技术又为新闻传播注入了新的活力。"智能化"已成为媒体发展的主流趋势，而内容生产和传播过程中所涉及的劳动形态和劳动关系也变得更加复杂。

### （二）智能媒体时代的"数字灵工"

目前，关于数字劳工的定义众说纷纭。从广义上讲，数字化技术是一股变革的力量，它连接了社会的大部分，从事数字化工作的主体就是数字劳工，它们都是受数字化的影响而不注重区分物质性和非物质性。有

---

① ［美］弗里德里克·詹姆逊：《论现实存在的马克思主义》，王则译，《马克思主义与现实》1997年第1期。

T.11 智能媒体内容生产与传播中的数字劳动图景

学者根据劳动内容的不同,将数字劳工分为制造和服务业中的数字劳工、媒介产业中的数字劳工、产消合一者和玩工以及数字经济中的劳工组织。①

之后,"数字灵工"的概念在传媒界兴起。"数字灵工"这一概念所指向的是一种创造性的无形工作。虽然已经突破了数字零工的琐碎和重复性,但其平台工作仍存在"无边界""过度工作""不稳定"等弊端。② 平台成员的日常行为也可以转变为平台的价值,比如 Keep 社区的成员可以通过社交、印象管理、参与、品牌使用等自发的使用行为,为平台创造出各种价值。③

"数字灵工"是指在平台上从事脑力劳动、非物质劳动的数字工人,与餐饮外卖、网约车等以体力劳动为主要特征的兼职工作不同,"数字灵工"的工作具有灵感和灵活的文化特质,它的工作方式以脑力劳动或精神劳动为主体,根据个体自身的特长所产生的灵感,"数字灵工"创造出了包含知识、文化等创意的内容与服务,并且可以通过资源共享的方式灵活地链接外界的资源,形成自主内容创作的群体。④

## 二 智能媒体时代产生的数字劳工"新工种"

### (一) 知识劳工

知识劳工起源于马克卢普(Fritz Machlup)的知识产业理论,指专门从事知识生产的职业人,包括原创性的创作者、分析家、翻译者、加工者、改编者、传送者六个类型。⑤ 在智能媒体时代,知识劳动主要是以互联网平台为依据,为满足人们的物质需求或精神需求,以具有特定能力从事观点、概念生产并从平台获得一定经济收入的劳动者为主体,以灵活的工作任务、时间、地点为特征,能够最大限度地实现与内容供求相匹配的

---

① 姚建华、徐偲骕:《全球数字劳工研究与中国语境:批判性的述评》,《湖南师范大学社会科学学报》2019 年第 5 期。
② 牛天:《赋值的工作:数字灵工平台化工作实践研究》,《中国青年研究》2021 年第 4 期。
③ 姚建华、王梦卉:《Keep 社群成员如何创造平台价值》,《青年记者》2019 年第 18 期。
④ 牛天:《数字灵工的内卷化困境及其逻辑》,《中国青年研究》2022 年第 3 期。
⑤ 陈晓东:《浅析马克卢普知识产业理论》,《中外科技信息》2002 年第 6 期。

数字劳动模式。①

当今社会,知识生产正向人们的生活和工作中渗透。在智能媒体时代,知识劳工的表现形式,主要表现在网络小说平台和知乎、得到这样的知识付费平台,以及短视频和直播平台中的科普、干货类的博主。在网文平台上,各种"更新字数""作品点击量"等榜单都在不停地刷新着,作者只有及时更新才能保证排名,才能获得稳定的读者群体。在智能媒体时代,要想获取流量,往往在前期要生产让目标用户觉得"有用"的内容,并且是免费分享,例如现在很容易被搜索到的美妆教程、烹饪教程,还有直播间进行免费的课程讲授。这看似没有什么经济成本,时间成本却是不可估量的,有的创作者坚持发内容,可这种坚持不一定能带来回报。

知识劳工最显著的特征是,用户和平台都对知识劳工进行着双重的控制。在知识付费的环境中,平台根据用户对已购课程的评分,对课程和生产者实施优胜劣汰。用户看到自己喜欢的视频就点赞、评论、收藏,他们会通过实际的数据来表达自己的喜好和厌恶。在用户的反馈中,知识劳工的工作行为受到了用户和平台的影响,其生产行为逐渐规范化。

### (二) 数字"代工"

与知识劳工不一样,数字"代工"代替他人批量生产内容。在内容生产中,他们是不能署名的。

随着网络文学平台的出现,以平台为载体的网络文学创作逐渐形成了一种新的创作形式;网文公司的出现,与网络文学的创作相结合,对其创作逻辑进行了重新建构。受雇于网文公司的续写作者,就像传统的"代工"外包一样,他们的劳动实践存在"概念"与"执行"、"作家"与"作品"的双重分离,使其成为网文创作中的"幽灵劳工"。② 由于网络写作的灵活性,对工作自由的乌托邦般的幻想,以及工作的公平交换等特

---

① 张钰玲:《互联网零工经济中的知识劳动:兴起、劳动控制及劳动者认同》,《新闻知识》2021年第7期。

② "幽灵工作"是格雷(Mary L. Gray)和苏里(Siddharth Suri)在《销声匿迹:数字化工作的真正未来》一书中提出的,用来指代新技术背景下的影子工作,如在线审查网络图片。一方面,他们的工作成为整个人工智能运转中的重要一环;另一方面,他们的工作又不为消费者所知晓,处于一种隐性的状态。

T.11 智能媒体内容生产与传播中的数字劳动图景

点,网络作家们都愿意加入勤奋写作的"续作"大军之中。然而,这些都无法掩饰续作的投入与收益之间的不匹配,以及它所面临的利益损失与向上流动的阻碍。①

截至2020年,在国内文学网站上,有超过1900万名的网络作家,有接近5亿的读者。网络写作已经从一开始的一种个人爱好转变成了一种职业,网络文学也已经成为整个文化产业中的一个重要组成部分。随着读者数量的增加,平台上的内容供应出现了严重的短缺,优秀的作者和顶尖的作者成了稀缺资源。于是,就有了网文公司,这种公司介于网络文学写手和平台之间,专门从事网络小说的生产与收集。网文公司一般都是先买下一本书,或者编辑创作一本书,然后再雇用作者,作者在编辑的帮助下,写出一本书的故事,这样就可以出版了。因为续写作者是按照已经写好的开头或大纲所建立的框架去接续后面的内容,这就造成了他们的工作附加值下降,创造性的知识生产沦为简单地计算机码字,同时还会影响他们的工资收入。他们的工作变成了"幽灵工作"。另外,现在有很多短视频MCN公司和一些个人博主都有代写脚本团队。

**(三) 数字读工**

智能媒体时代,越来越多的人的阅读方式从纸质图书转向数字媒体阅读,人们使用诸如微信读书这样的的平台进行社会化阅读。在平台的使用中,阅读积累起来的流量,以及观看之后生成的相关内容,都是平台工厂通过"读"来进一步剥削用户剩余价值的行动。在移动阅读平台上,看似是用户为自己读书,但是他们读书时产生的数据资料和所产生的网页内容,都为平台工厂所得。事实上,他们变成了移动阅读的劳工,变成了阅读的工人。简而言之,数字读工是移动阅读媒体生存和发展所必需的劳动组成部分,不是被工作职位控制,而是他们在网络上所投身的阅读领域和其中资本对他们进行剥削。

微信读书一直在致力于做经典出版读物,推动深度阅读,通过赠送无限阅读卡、阅读小分队组队阅读等方式,来对用户的阅读习惯进行培养,

---

① 蔡小华、王盼盼:《数字"代工":网络文学写手的另类劳动实践及其隐忧》,《中国劳动关系学院学报》2023年第2期。

从而形成用户的使用习惯。尽管它只是一个手机阅读应用，但其社交属性与阅读功能的密切结合，扩展了阅读的范围，让读书不再孤独，让用户能够与朋友一起读书。通过与朋友进行交流讨论、与朋友一起看书时进行比拼等方式来提升用户的阅读体验，通过用户与读者之间进行思想上的碰撞，加深双方之间的相互影响，形成良性循环。①

用户在进入微信读书后，首先要做的事情并不是马上就开始阅读，而是进入排行榜查看阅读排名，这样他们就可以在一天当中用自己零散的时间来阅读，积少成多，产生阅读分钟数。有的读者并不关心阅读质量，只关心榜单上的数字是否符合他"爱读书"的标准。这是一个很好的机会，用这样的奖励方式，微信读书激发了读者的好胜心。这样不仅可以让用户的使用时间更长，还可以让用户的使用习惯更持久。

### （四）游戏陪玩师

从 2019 年开始，随着《中国电子竞技陪练师标准》的出台，中国电子竞技陪练师已经逐步成为一个规范化、专业化、生态化的职业。一般而言，"游戏陪练"包括了"电竞陪练"这个职业，经过多年的发展，在各个网游平台上已经随处可见。这个产业还在不断地冲击着数字时代的使用者。游戏陪练具有入门门槛低、工作时间灵活、工作内容新颖等优点，因而吸引了一大批年轻人。它不仅具有数字劳动的一般特性，而且还具有游戏行业自身的特点。其中，陪练玩家更倾向于享受游戏带来的快乐，并希望通过自身的自律来提升自己的游戏体验；同时，他们也乐于将更多的时间花在虚拟世界中与客户保持联系。

游戏陪练是一种很特别的职业，他们不仅要跟客户进行交流，还要在游戏的场景中去感知并满足自己的情绪，而这些情绪的满足就会变成他们不断工作的动力。已有研究表明，陪练的游戏动机可以归结为社交需求、成就需求和沉浸需求。社交需求是指有些陪练师会觉得，自己是在陪着老板，而老板也是在陪着自己。成就需求是指游戏参与者通过投入时间、精力来提升自己的游戏水准，获得游戏中的奖励，并获得同伴及对手的认

---

① 陈麒：《困在关系里的"数字读工"？平台的隐性剥削与用户的甘愿劳动——以微信读书为例》，硕士学位论文，武汉体育学院，2022 年，第 10 页。

可。沉浸需求是指玩家对游戏的渴望，玩家在游戏过程中，会产生一种令人愉悦的心理状态和暂时性的主观体验。①

## 三 智能媒体时代各新兴产业中产生的新型数字劳动

### （一）短视频产业中的数字劳动

1. 本地生活达人团购

短视频产业已经进入了发展沉淀期，各大短视频平台都在不断拓展变现渠道，以求对短视频平台的商业价值和社会价值进行更深层次的挖掘。其中，短视频团购本地业务的开展，加快了短视频平台对实体生态消费市场份额的占领。比如快手的"团购带货"项目，抖音的"团购达人""星探计划"项目，都是为了吸引更多的流量。

2. 虚拟偶像

虚拟偶像文化起源于日本，中国虚拟偶像市场在2011年后开始以较快的节奏发展，如今已经与日本的发展水平基本持平，产业链趋于完备。艾媒咨询的数据显示，2022年中国虚拟人带动产业市场规模和核心市场规模分别为1866.1亿元和120.8亿元，预计2025年将分别达到6402.7亿元和480.6亿元，呈现强劲的增长态势。随着娱乐需求的增加，在AI等技术不断迭代的环境下，中国虚拟人产业高速发展，元宇宙的热潮加速推动虚拟人产业升级。②

而且，随着二次元概念的"泛化"，圈子的融合已经成为一种潮流，中国的二次元用户将会越来越多。这两年来，抖音也在不断地吸引着一些拥有上百万粉丝甚至上千万粉丝的虚拟偶像加入这个平台，从而达到双向引流的效果。虚拟偶像可以利用算法的学习与更新，完成更精确的命令，这给了他们新的发展机会，而他们遵从命令行事的本质，注定了他们要沦为"数字劳工"。

---

① 李晗、郭小安：《游戏陪练的情感劳动与情绪劳动：劳动实践、隐性控制与调适机制——一项对MOBA类游戏陪练师的网络民族志考察》，《新闻界》2023年第3期。
② 《2023年中国虚拟偶像产业发展研究报告》，2023年3月30日，艾媒咨询，https://www.iimedia.cn/c400/92516.html。

很多企业都意识到虚拟偶像的前景,纷纷加入了这一行业,使得虚拟偶像成为一种新型的"数字劳工"。数码科技的发展、传播主体的多元化、传媒属性的凸显、传媒自觉的商品化,都是促使"虚拟偶像"向"虚拟劳工"转变的催化剂。虚拟劳工也渐渐被划分成不同的来源和功能,具体有三种类型,分别是服务于真人明星的衍生型、榨取 IP 价值的改编型以及被迫卷入风口的原创型。尽管在某种意义上,虚拟偶像可以满足观众的情感需要,但是它在资本剥削、文化价值和性别凝视等问题上的表现也值得我们反思。①

### (二) 直播产业的数字劳动

"直播经济"产生的经济价值已成为网络社会的主要经济成分,而"直播经济"的形成离不开用户的"数字劳动"。一方面,用户通过内容创作,帮助直播平台积累资金;另一方面,用户的免费工作也会促进直播经济的不断循环,给网络经济的发展带来新的生机和活力。随着媒体科技的发展,网络直播作为一种新型劳动关系与消费模式而产生。其主要包括两个方面的主体:一是主播,二是粉丝。他们都在做着数字化的工作,都在为平台创造着价值,只有平台才是最大的赢家。

#### 1. 主播的劳动

从实质上讲,主播的精神和身体活动都是为平台的数字资产提供服务的数字化劳动。②在直播的过程中,主播被商品化的情绪已经不再是个人真实情绪的流露,它变成了一种被组织操控和规训后的商品。也就是说,网络主播在其直播过程中,可以"压制或者伪装自己的情绪"(情感管理)和"展现出良好的面部表情或者身体语言"(情感表达),从而让顾客获得良好的服务体验。

在这种状况下,网络主播表面上的情绪流露与内心世界的真实情感、台前演绎出来的自我与幕后真实的自我之间的矛盾冲突不断,从而造成现

---

① 徐淑秋:《虚拟劳工:人工智能时代数字劳工虚拟化现象探析——以抖音 APP 为例》,《现代商贸工业》2021 年第 22 期。
② 胡鹏辉、余富强:《网络主播与情感劳动:一项探索性研究》,《新闻与传播研究》2019 年第 2 期。

## T.11 智能媒体内容生产与传播中的数字劳动图景

实层面的失落感、自身情感被遏制、劳动异化、自我认知的偏离和自我认同危机等一系列问题。①

涂永前、熊赟的实验结果也证明了这一观点。他们在对 13 名在泛娱乐直播平台上的签约女主播进行的半结构式访谈的基础上，得出结论：在直播过程中，她们会竭尽所能地展现自己美丽的容颜和身材，树立正面形象，并利用与受众口味相符的虚拟人设，以及与受众进行积极互动，让自己的粉丝能够得到一种愉快的感受，②进而更深层次地从粉丝那里获得经济利益。因此，女主播日常工作的首要任务就是利用她的语言和话术来运营她与粉丝之间的情感。他们也从调查中了解到，目前女性主播的工作内容有扩大到直播以外的倾向。为了保持高收入，这些女性主播在非直播时段，也会尽力维护自己的社会关系，与一些忠诚大方的粉丝进行私下交流；保持每天的交流，才能确保自己能持续得到粉丝们的礼物，才能抓住"情"和"钱"之间的关键转化点。③

此外，在受疫情影响的情况下，电商直播对中国的经济恢复有一定的贡献。随着电商平台从"打赏"转为"带货"，电商平台的数码工作形式也从传统情感工作变成了数字表演工作。主播给观众带来了精彩的演出，激发了他们的消费欲望，并将其转化为消费者，进而增加了商品的销量。④

2. 粉丝的情感劳动

数字化信息时代，以数字化技术为主导的新的劳动形态，已经从数字化转向了个人情感。网络直播的崛起，创造了更多的可能性，网络直播更具现场感和实时性，营造出了更接近于生活中交谈的真实感觉。从某种意义上说，这扩大了人们在网络世界里的感情表达。观众在进行直播互动的过程中，主要是为了寻求情感满足和情感支持，主播也会将自己的情感投入进去。从这一点可以看出，互联网是一个以感情为纽带的网络空间。

---

① 姚鹏举：《传播政治经济学视域下我国网络主播的数字劳动研究》，硕士学位论文，西南财经大学，2022 年，第 10 页。

② ［美］阿莉·霍克希尔德：《心灵的整饰：人类情感的商业化》，成伯清、淡卫军、王佳鹏译，上海三联书店 2020 年版，第 33—37 页。

③ 涂永前、熊赟：《情感制造：泛娱乐直播中女主播的劳动过程研究》，《青年研究》2019 年第 4 期。

④ 王斌：《自我与职业的双重生产：基于网络主播的数字化表演劳动实践》，《中国青年研究》2020 年第 5 期。

在线直播构筑起一种隐秘的工作时间控制模式，即"工人""商品""粉丝"的情感；在网络直播中，资本的相互影响更为显著，用户在工作时间主动地参与到消费中，而情感劳动则成为主流，用户的劳动过程由"数字劳工"向"情感劳动"转变。① 在观看直播的过程中，粉丝受众会在无形之中受到平台方的控制，这极大地削弱了他们的主观意愿。但是，因为这是一个自主选择的过程，所以他们会积极地配合到对劳动的控制中，这样平台资本就可以获得巨大的流量和经济价值。

### （三）游戏产业的数字劳动

在数码游戏中，玩家必须通过充值、购买装备和"皮肤"等消费活动，才能获得相应的收益。但现在，在社交媒体如此普及的情况下，游戏和社交媒体结合在一起，以一种更加隐蔽的方式，让玩家去做一些事情。

2022年9月，大家的朋友圈被名为"羊了个羊"的小游戏霸屏，"羊了个羊"小游戏在微信小程序和抖音小游戏盒子上架，基于两者庞大的用户基数，"羊了个羊"可以在短期内积累大部分的初始用户。

"羊了个羊"玩家在游戏中所产生的诸如发泄不满情绪、寻求好友帮助等私人经历，都是游戏产品的重要价值源泉，作为生产体系的一部分，被技术和资金异化。当玩家无法完成游戏的时候，就只能通过看广告来获取道具，这时就成了游戏公司的"免费劳工"。虽然玩家们没有花钱，但他们把所有的精力和时间都投入这款游戏中，为的就是给游戏公司打工。他们将成为公司的自由"数字劳工"。虚拟劳动使生产与消费、工作与休闲的界限变得模糊不清，游戏向玩家索取精力、时间和情感，赋予他们"自由"和"娱乐"，娱乐利益与虚拟劳动的界限变得模糊不清，闲暇时间的休闲活动变成了数字经济的生产实践。

### （四）人工智能行业的数字劳动

人工智能（Artificial Intelligence，AI）是研究、开发用于模拟、延伸和扩展人的智能的理论、方法、技术及应用系统的一门新的技术科学。人工

---

① 刘懿璇、何建平：《从"数字劳工"到"情感劳动"：网络直播粉丝受众的劳动逻辑探究》，《前沿》2021年第3期。

T.11 智能媒体内容生产与传播中的数字劳动图景

智能是计算机科学的一个分支,它企图了解智能的实质,并生产出一种新的能以人类智能相似的方式做出反应的智能机器,该领域的研究包括机器人、语言识别、图像识别、自然语言处理和专家系统等。

目前,在新闻传播行业,人工智能得到了广泛应用,例如 AI 对话、AI 写作、AI 生成漫画等。这些都为人们提供了方便,同时也取代了人工劳动。但凡是涉及人工智能的领域,都要对有关人员进行一些培训,然后再进行计算机的自动运算和自动运行。

在现实生活中,如软件开发等商业实践中,信息产品的复制成本较低,但是其开发初期的成本很高,而且需要耗费大量的人力。这一点,从 IT 行业之前闹得沸沸扬扬的"996 工作制"事件就能看出来。就像苹果这样的数字信息产品,表面上看起来很时髦,实际上"从头到脚"都处在"劳动的烈火之下",程序员们做着似乎很轻松但实际上很不稳定的工作。

### (五) 虚拟现实与增强现实行业的数字劳动

增强现实技术(Augmented Reality,AR)是一种实时地计算摄影机影像的位置及角度并加上相应图像、视频、3D 模型的技术,是一种将真实世界信息和虚拟世界信息"无缝"集成的新技术,这种技术的目标是在屏幕上把虚拟世界套在现实世界并进行互动。

虚拟现实技术(Virtual Reality,VR)又称灵境技术,是 20 世纪发展起来的一项全新的实用技术。虚拟现实技术囊括计算机、电子信息、仿真技术,其基本实现方式是计算机模拟虚拟环境从而给人以环境沉浸感。

简而言之,虚拟现实就是将真人带入虚拟世界,眼前所见皆为虚幻;而增强现实就是让一个虚拟的形象,以真实的形象出现在现实中。人们能看出什么是真实的,什么是虚假的。当前 AR 技术已被广泛地应用于会展和展览业,多应用在智能展厅、展馆、发布会、博览馆等场景,比如 AR 互动、虚拟试衣、虚拟射击、虚拟滑雪、虚拟驾驶等。

无论是 VR 还是 AR,随着人们对真实感、沉浸感的追求越来越高,这类产品的开发也就需要越来越强的技术。比如当前美颜的各种照片模板、短视频 AR 特效丰富了用户的使用体验的背后,有无数设计师无偿提供劳动服务,他们设计出产品并自发地提交到平台上,根据平台的规则不断进行修改,隔一段时间就点开平台看一看,渴望自己的产品点击率、使用率

221

能够激增。因为只有这样，才能获取经济报酬。比如抖音的短视频特效平台，起初给予 100 元的创作者激励，用户只要发布一个特效作品就可以获得 100 元的报酬，随后需要根据作品的点击数、使用数量，给创作者分等级，俨然是采用没有底薪的方式灵活用工。

## 总结与思考

在智能媒体时代，已经实现了产消融合的资本对其用户进行了新一轮的控制，它的控制目标从对劳动者身体的规训转移到对劳动者情感资源的掌控，让劳动者可以自愿地去完成超额劳动。哈特（Michael Hardt）与奈格里（Antonio Negri）将这种不断加深的控制过程，称为资本主义社会从"规则社会"向"控制社会"的演变。在规训社会中，"规训力量的统治手段是建构思想和行为的参数与限制，它预设正常行为，禁止反常行为"，强调对劳动者身体的控制，这时期超额剩余价值主要存在于体力劳动过程中。① 如今，"智能化"成为未来媒体发展的一种主要趋势，内容生产和传播中的劳动形式与劳动关系越来越复杂。数字劳工是随着信息资本主义时代的到来而诞生的新概念，它的免费劳动为数字经济的发展提供了新的生产力和推动力；同时，数字劳工的免费劳动也存在一些问题，需要社会各界共同关注和解决。

## 参考文献

《2023 年中国虚拟偶像产业发展研究报告》，2023 年 3 月 30 日，艾媒网，https：//www. iimedia. cn/c400/92516. html。

陈晓东：《浅析马克卢普知识产业理论》，《中外科技信息》2002 年第 6 期。

陈麒：《困在关系里的"数字读工"？平台的隐性剥削与用户的甘愿劳动——以微信读书为例》，硕士学位论文，武汉体育学院，2022 年。

蔡小华、王盼盼：《数字"代工"：网络文学写手的另类劳动实践及其隐忧》，《中国劳

---

① ［美］麦克尔·哈特、［意］安东尼奥·奈格里：《帝国——全球化的政治秩序》，杨建国、范一亭译，江苏人民出版社 2003 年版，第 24 页。

动关系学院学报》2023年第2期。

胡鹏辉、余富强：《网络主播与情感劳动：一项探索性研究》，《新闻与传播研究》2019年第2期。

李晗、郭小安：《游戏陪练的情感劳动与情绪劳动：劳动实践、隐性控制与调适机制——一项对MOBA类游戏陪练师的网络民族志考察》，《新闻界》2023年第3期。

刘懿璇、何建平：《从"数字劳工"到"情感劳动"：网络直播粉丝受众的劳动逻辑探究》，《前沿》2021年第3期。

牛天：《数字灵工的内卷化困境及其逻辑》，《中国青年研究》2022年第3期。

牛天：《赋值的工作：数字灵工平台化工作实践研究》，《中国青年研究》2021年第4期。

涂永前、熊赟：《情感制造：泛娱乐直播中女主播的劳动过程研究》，《青年研究》2019年第4期。

王建华、徐偲骕：《全球数字劳工研究与中国语境：批判性的述评》，《湖南师范大学社会科学学报》2019年第5期。

王斌：《自我与职业的双重生产：基于网络主播的数字化表演劳动实践》，《中国青年研究》2020年第5期。

徐淑秋：《虚拟劳工：人工智能时代数字劳工虚拟化现象探析——以抖音APP为例》，《现代商贸工业》2021年第22期。

姚建华、王梦卉：《Keep社群成员如何创造平台价值》，《青年记者》2019年第18期。

姚鹏举：《传播政治经济学视域下我国网络主播的数字劳动研究》，硕士学位论文，西南财经大学，2022年。

张钰玲：《互联网零工经济中的知识劳动：兴起、劳动控制及劳动者认同》，《新闻知识》2021年第7期。

［美］阿莉·霍克希尔德：《心灵的整饰：人类情感的商业化》，成伯清、淡卫军、王佳鹏译，上海三联书店2020年版。

［美］弗里德里克·詹姆逊：《论现实存在的马克思主义》，王则译，《马克思主义与现实》1997年第1期。

［美］麦克尔·哈特、［意］安东尼奥·奈格里：《帝国——全球化的政治秩序》，杨建国、范一亭译，江苏人民出版社2003年版。

# T.12 人工智能在新闻传播业应用现状及发展趋势研究报告[*]

赵 磊 陆心慧 林佳倩[**]

**摘 要：** 随着ICT技术的快速发展和普及，人工智能在新闻传播行业的应用和结合变得更为深入，并碰撞出新闻传播行业变革的火花。人工智能凭借数据挖掘、内容自动生成、个性化分发和追踪反馈等特点，重塑了传统新闻生产和传播的流程，也影响着以内容为核心的新闻传播业。本文旨在阐述当前人工智能在新闻传播业的应用、分析人工智能对新闻传播业的影响以及未来人工智能在新闻传播业的应用趋势。

**关键词：** 人工智能；新闻生产；信息传播；新闻传播业

## 一 人工智能及近期进展

### (一) 人工智能概述

人工智能（Artificial Intelligence）简称AI，最早在1956年的DARTMOUTH学会上提出，目的是让日益成熟的计算机系统能够代替人类解决一些感知、认知甚至是决策上的问题，之后由美国学者约翰·麦卡锡引入学术研究领域。[①]

---

[*] 本文为国家社科基金重大项目"融媒体环境下互联网平台型企业现代治理模式研究"（项目批准号：20&ZD321）的阶段性成果。

[**] 赵磊，博士，浙江传媒学院新闻与传播学院副教授，硕士生导师，主要研究方向：新媒体传播；陆心慧，浙江传媒学院新闻与传播学院硕士研究生；林佳倩，浙江传媒学院新闻与传播学院硕士研究生。

[①] 段蕾：《人工智能时代新闻业面临的挑战与对策》，《传媒》2019年第15期。

## T.12 人工智能在新闻传播业应用现状及发展趋势研究报告

当搭载人工智能技术的计算机系统具备了生成媒体内容或者负责内容推送的能力时，人工智能开启逐渐融入新闻传播业的进程。最初人工智能在新闻传播领域的使用是为了代替重复性高的简单工作，随着智能传播的进一步深入，人工智能在推动新闻传播实践创新的同时，也成为新闻媒体提升其影响力和公信力的"助推器"。①

人工智能在传媒领域的深化和发展，正在以数据化、自动化、模式化的状态重塑工业生产样态，打破了人类单纯依靠机械与人类智力结合进行生产的格局。这不仅将改变媒体内部的生产模式，还会带来实践思维上的冲击和变革，并引发不同主体之间关系的变革。从哲学层面来看，人工智能的出现模糊了人类社会与人类思维之间的关系，作为人类社会当中的一部分的机器人也开始成为具备一定程度人类思维的个体。

### （二）新闻传播领域人工智能技术概述

随着5G技术在基础通信上的广泛应用，人工智能技术在新闻传播领域多层次的使用和融合不断被优化，推动了以智能传播为核心的理论与实践创新。总的来说，目前人工智能在新闻传播行业的前沿运用主要是助力生产效率的提升、呈现方式的多样化和分发的精准化，②即当下人工智能的前沿运用正在通过自动化、智能化功能的不断升级来优化、变革新闻生产链，从而提升新闻从业者工作效率。

在当下的新闻生产链，人工智能首先可以自动搜寻和收集具有新闻价值的事件，提供给记者以完成新闻采集；然后通过智能语音技术，将新闻记者和编辑从信息整理等重复工作中解放出来；之后通过对数据的深入分析与可视化呈现，丰富不同领域新闻的表现方式，增强新闻互动性；最后基于内容的算法推荐和用户之间的协同过滤，实现对用户新闻内容的个性化推送。

2022年，人工智能技术在大数据与算法技术进步的推动之下，在拟真度和功能维度上取得了巨大的进步。以ChatGPT为代表的新型生成式人工

---

① 洪杰文、常静宜：《人工智能的新闻传播实践及反思》，《青年记者》2023年第1期。
② 史安斌、高姝睿：《人工智能在新闻传播中的运用：实践探索与伦理困境》，《青年记者》2022年第19期。

智能通过对于人类语言与职业规范的学习，开始以不同的角色被应用于新闻传播领域之中，包括新闻事件的信息收集、新闻报道的写作润色、不同语言新闻的翻译转换和个性化新闻的选择与分发等。在当前媒体深度融合的情况下，新闻传播业结合人工智能技术实现了以"智能传播"为核心形式下的采编全自动流程探索，将智能化采集、编写与虚拟自动化播报呈现相结合，进一步提升了新闻传播业的技术应用率，也加快了媒体深度融合步伐。

## 二　人工智能在新闻传播业应用现状及分析

### （一）人工智能在新闻传播业内容采集中的应用

对于新闻传播业而言，做好内容的生产和管理工作，不仅是显著提升媒体企业口碑的有效方法，更是传统媒体向新媒体转型，实现有效媒体融合的根本。在ICT技术日益发达兴旺的今天，内容"把关"的部分权利已经让渡给了机器和技术系统。这是因为在自媒体时代，快速便捷的网络和广泛遍在的社交媒体，降低了用户内容生产的门槛，每个人都可以通过便携移动设备，快速将目击到的事件以文字、图片乃至视频的形式发布到社交媒体或者是向新闻媒体曝光。新媒体平台海量、冗余、良莠不齐的内容给新闻线索的挑选带来了巨大的机会和挑战，这就需要人工智能发挥强大的数据采集和数据分析能力，在海量的UGC信息中自动挑选出恰当的线索供新闻采编人员参考，以此来形成报道的方向。

人工智能利用自然语言理解等技术过滤和分析网络上的海量内容，成为"信息"的捕手，帮助新闻工作人员捕捉到有价值的新闻线索，再利用多种媒体类型相互融合的呈现方式来吸引用户。最早使用人工智能搜集新闻线索并生成稿件的写稿机器人可以追溯到2009年，Stats Monkey通过数据以及固定模板为美国职业棒球大联盟季后赛独自撰写了一篇新闻稿件，Buzzfeed推出的Buzz Bot、路透社推出的Reuters News Tracer能够利用网络上的海量信息帮助记者筛选出有价值的新闻线索，同时还能够预测事件的发展趋势。在国内，写稿机器人的应用同样是发源于灾难预警、赛事报道、股市变动等"可模板化"的主题写作，最早可以溯源到2017年8月8日的九寨沟地震中，中国地震网通过实时数据以及人工模板，新闻机器人

## T.12 人工智能在新闻传播业应用现状及发展趋势研究报告

仅用 25 秒就完成了 540 字的地震报道。报道完整，数据清晰，能够极快地向外界传递当时九寨沟的情况。

随着技术的发展，人工智能在内容采集上也化身"信息捕手"，逐渐进入法制新闻、社会热点等专业领域的报道。在国外，一套名为"立法新闻提示表"（LNTS）的人工智能新闻报道系统被广泛运用于法治新闻的报道场景当中。这个由 AI 驱动的新闻报道辅助工具可以通过系统搜索和收集与美国各州立法会议有关的具有新闻价值的事件，为记者及时提供事件背景数据，从而便于后续进行深入采访。① 在国内，江苏广电总台市县融媒体打造的荔枝云平台为新闻编辑提供了定制化服务，每日采集网站、客户端等超过 2000 个，日均提供的新闻数据超过 5 万条，为新闻线索采集工作提供了非常强大的数据支持。

语音文字转换技术不断成熟，基于语音识别和自然语言处理技术，语音智能转换文字软件被广泛应用于传媒领域的各个环节，人工智能又成为内容采集过程中"转述"的助手，极大地降低记者和编辑人员的劳动强度。2020 年，上海交通大学—思必驰智能语音技术联合实验室俞凯教授团队，用人工智能技术"听"完整场世界人工智能大会开幕式，将嘉宾演讲内容自动转写为文本，并即时生成了"2020 世界人工智能大会开幕论坛高频词"词云图。

除了能够在后台进行内容采访之外，人工智能也能在前台直接参与现场采访与报道，成为报道的帮手。2019 年全国两会上，科大讯飞研发的助理记者机器人"小白"通过对人声的采集、分析，制造出央视主持人白岩松的合成音库，并以助理记者的身份在现场采访了多位两会代表和委员。2022 年北京冬奥会上，新华社搭载多模态双工互动（Multi-Mode Duplex Interaction，MMDI）和智能脚本生成（AI Script Generation，AISG）功能的数字记者冬冬在直播间与观众实时互动，并不断输出内容。这种利用人工智能协助记者进行新闻采集的方式，既能够满足采访时的人力需求，又能够提升采访过程中的趣味性，吸引观众观看。

随着人工智能在新闻传播行业的广泛应用，内容生产对传统记者的依赖性不断减弱，选题和传播领域的边界被无限延展。这说明人工智能的介

---

① 洪杰文、常静宜：《人工智能的新闻传播实践及反思》，《青年记者》2023 年第 1 期。

227

入拓宽了新闻价值取向，让更多声音成为被参考的对象，在一定程度上提升了新闻的客观性；同时也需要注意隐藏在人工智能背后的技术偏见，为此传统媒体的把关人角色变得更加重要和不可或缺。

### （二）人工智能在新闻传播业内容生产中的应用

利用人工智能进行内容生产已经成为当下新闻传播行业较为普遍的生产方式，主要有两种写作模式。一是新闻模板填充模式。这种模式主要使用自然语言生成（NLG），利用软件自动将数据转换为用自然语言编写的叙述。二是摘要与组合模式。这种模式使用自然语言处理技术（NLP）深度学习解析人类语言，根据用户提供的关键词搜索相关新闻资讯，自动提取新闻资讯的关键词与摘要，按照规则重新组合并输出新闻。

在内容生成领域，人工智能还能够利用传感器挖掘周围环境信息并生成文字等信息。在2020年的两会报道中，中国军视网记者使用亮亮视野5G+AR采访眼镜，通过提前录入信息快速识别抓取采访人物；眼镜上集成的微型摄像机，实时录制和上传视频，后台提取视频中的音频，并快速转为文字、形成稿件。对于阅读文字存在困难的用户，人工智能通过新闻内容"可听化"的方式满足了信息获取的需求。Newsela倾情研发的阅读水平转换器，可以调整新闻报道的词汇和语法的复杂程度，从而提供更适应用户需求的个性化内容。2020年，英国《BMC生物信息学》杂志的一篇论文将新冠病毒的基因拆解为G、A、U等三万多个英文字母，将病毒基因数据通过吉他和鼓的音效来表示，并为单词配上音符辅以视频的呈现形式，有效地填补了视觉难以呈现的空白，提高内容的可读性。①

在新闻内容的图片方面，人工智能主要应用于图像修复和绘画两个领域。2022年，为庆祝香港回归祖国25周年，腾讯光影焕新计划项目团队与央视军事合作，通过智能影像修复技术和自主研发的人脸修复模型逐帧还原，将历史影像画质提升至4K超清。2023年的第十四届全国人大一次会议的报道中，江苏新闻荔直播视频号《AI带你读报告，绘出2023新图景》作品以AI绘画的形式，将政府工作报告中构建的2023年新图景直观

---

① 《倾听新闻的声音：数据新闻可听化的"新生"与"崛起"》，2022年4月15日，金羊网，https://www.ycwb.com。

## T.12 人工智能在新闻传播业应用现状及发展趋势研究报告

地展现在观众面前,画面生动贴合,解读也准确清晰。

在视频剪辑与制作领域,人工智能运用图像识别和镜头语言理解能力等,能够在极短的时间之内完成视频剪辑和制作。2023年,Adobe公司为其视频剪辑软件Adobe Premiere Pro推送更新,带来了一项全新的AI辅助功能。该更新模块基于Adobe Sensei机器学习技术引入了文字编辑视频功能,将视频转换为可搜索的文字稿,用户通过匹配特定的单词和短语来快速剪辑视频。①

另外,在利用人工智能进行视频新闻的主持方面,AI主播也呈现出如火如荼的趋势。2001年,英国报业联会媒体公司推出了世界上第一个虚拟主持人阿娜诺娃(Ananolra),并迅速引起世界范围内对人工智能主播的探索。2017年,国内首位虚拟主持人"小龙"由CCTV推出。当前,AI主独自播报或是AI主播与真人主播合力进行播报都已成为新闻节目播报的常态。大多数AI主播都以真人为原型进行设计,能够实时与用户进行互动交流。2021年3月全国两会期间,智能主播"爱加"现身"AI主播说两会"节目,科大讯飞公司为"爱加"引入了自然语义理解技术,使其能够智能理解和决策文字内容,自主生成与观众的对话文本并精确播报,提升用户与虚拟人交互过程中的视觉效果和交互体验。此外,AI主播的功能设计也越来越人性化,考虑到不同群体的特殊使用需求。在2022年北京冬奥会期间,央视新闻推出AI手语主播,以《国家通用手语词典》为手语词汇规范,搭载语音识别、自然语言理解等技术驱动的手语翻译引擎和自然动作引擎,让其具备高可懂度的手语表达能力和精确连贯的手语呈现效果,从而能够让听障朋友更加便捷地获取比赛资讯。

人工智能在新闻内容生产方面的广泛应用,在一定程度上打破了传统媒体当中人力对新闻生产和传播权利的垄断。人工智能引入以后,"人"不再是唯一的新闻内容生产者。内容生产从以人为核心转化成人与人工智能共同运作,呈现媒介真相的主动权也从新闻工作人员主导转变成受众和人工智能主导,从而更加有利于事实真相的呈现和受众话语权利的巩固。与此同时,人工智能的加入还将消解以往传媒行业抢时效的现象,因为人

---

① 《AI加持,编辑文本剪视频:Adobe推倒了视频创作的门槛》,2013年4月15日,澎湃新闻·澎湃号·湃客,https://www.thepaper.cn/newsDetail_forward_22698251。

工智能会在第一时间进行自动化采集并以统一的标准进行量化内容的生产，减少传统媒体时代新闻报道的时效性等于主导权的问题，进而改善新闻报道的规范。彭兰指出，未来人与机器的边界将被打破，"人机协同"将成为新的新闻生产方式。① 通过人与人工智能共同运作，"人机协同"的新闻生产新模式也成为新闻生产模式的主流，人与人工智能可以在实践当中形成全新的内容生产分工模式，这需要人进行更加精细化、专门化的判断和思考，从而使得媒体专业化成为现实。

### （三）人工智能在新闻传播业内容分发中的应用

初代"新闻推送"功能主要是基于时效性的考量，辅以人工智能可以将基于内容的推荐、协同过滤和时序流行度相结合来推送。在数字化生存的时代，用户在网络上的使用记录和访问足迹都会被大数据记录下来，人工智能会根据用户的个人特征、使用习惯等数据，为用户定制画像。使用人工智能根据画像对新闻内容进行有针对性地分发，不仅能够提高新闻分发的触达率，还能够实现新闻内容的定制化。

在国外，首先由社交类 App 掀起了个性化推荐浪潮。1992 年，GroupLens 对美国兴趣社交网站 Usenet 讨论区里的内容排序后，指引用户发现他们尚未发现但有可能感兴趣的内容。谷歌和 Facebook 将算法技术应用于新闻搜索、分发与推荐等服务，标志着算法推荐直接介入人类编辑把关领域。2006 年，Facebook 网页版开始运用边际排名算法的 Newsfeed 项目，开启了用户随时共享好友、实时更新的推荐方式。随着技术的发展，由人工编辑的算法模式也逐渐让渡于机器主导模式。2016 年，Facebook 决定根据该话题的帖文数量和相关文章数等，由以往的人工编辑转变为由机器算法执行热门话题的编辑、推荐和排名。

在新闻媒体领域，新闻的算法分发也得到充分应用。2021 年，芬兰广播公司 YLE 开发了 Voitto 智能助手，该系统根据继续使用 Voitto 智能助手的用户数量以及用户是否对收到的推荐数量和类型感到满意等指标，通过与用户建立持续对话，在锁定屏幕上直接收集用户对人工智能推荐的反馈。

---

① 彭兰：《无边界时代的专业性重塑》，《现代传播》（中国传媒大学学报）2018 年第 5 期。

## T.12 人工智能在新闻传播业应用现状及发展趋势研究报告

在国内，各类新闻类 App 为了能在注意力匮乏的时代吸引更多用户注意力资源，率先强化算法推荐在新闻分发中的角色。2013 年 7 月，一点资讯上线，根据用户喜好为用户提供私人定制的精准资讯；2014 年 11 月，搜狐新闻 5.0 版更新，推出个性化推荐功能；2018 年 1 月，今日头条资深算法架构师曹欢欢博士首次公开今日头条的算法原理，以期推动整个行业问诊算法、建言算法。这些产品结合人工智能分析建构起对用户使用习惯的深度学习，从而为用户量身打造个性化内容。随着时间的发展，算法分发内容也逐渐引起主流媒体关注。2021 年 8 月，中央广播电视总台推出媒体专用的"总台算法"，综合主流价值和用户收视喜好，借鉴国内外先进算法模型，以"央视频""央视新闻"两个旗舰媒体平台为基础，分别建立面向综艺类节目和新闻类节目的有导向的、自主可控的推荐算法。"总台算法"推出后，在央视频客户端影视、综艺、文史等 10 多个业务板块取得了良好的应用效果，多项指标相较算法应用前取得了 50% 以上的增长，部分指标增长幅度超过 300%。[①] 无论是各类新闻媒体还是传统主流媒体，都注重对算法的开发和利用，并且伴随着技术的发展，都对算法推荐技术进行升级换代。这说明基于人工智能的个性化推荐更能满足用户的需求，呈现的信息也更能抓住受众的注意力。这种以人为本的技术运用也在当下注意力匮乏时代给新闻媒体带来了不少的关注，实现了传受双方的共赢。

尤瓦尔·赫拉利认为，未来的上帝将不再是客户，生态的顶端将是算法，算法将会帮我们做出越来越重要的决定，帮我们分析和解码，这也恰恰说明人工智能在内容分发领域的重要地位。目前，人工智能在新闻分发方面虽然仍是较为浅层化的操作，但是随着人工智能手段的不断发展与技术进步，新闻传播业的标准化和全球化传播程度会继续加深，将会给新闻传播业带来视觉、语言、体验等多方面融合的深刻改变。同时，我们也要清楚地看到"如何划定威胁与效用之界限"的问题，看到算法滥用背后的隐忧，从而最大限度地发挥技术的效用，使得人工智能成为追求新闻公共性的推动力。

---

[①] 胡睿：《2012—2022 年中央广播电视总台媒体融合发展科技成果》，《中国传媒科技》2022 年第 11 期。

### （四）人工智能在新闻传播业内容管理中的应用

事实是新闻的本源。社交媒体时代，传播权的下放使得传播门槛大大降低，人人都可以成为内容生产者，内容管理成为新闻传播领域极其重要的环节。在传统媒体环境下，新闻真实性的查证多依靠现场调查、走访等方式进行，耗费了大量的时间、人力和物力。而人工智能基于互联网大数据与算法，实现对实时消息的全天候检测，凭借着对网络宣发平台的实时监控与内容抓取，最终形成对基本新闻事实的建构和把握，从而可以从技术层面在信息采集、信息源头挖掘、信息真伪鉴别与把控等方面取得先机。

目前，国内外媒体对于人工智能的应用更加普遍，对于新闻事实的核查路径更为多样，除了人工智能自动识别假新闻技术，各种自动化事实核查（AFC）技术也不断发展，促生了多样新闻事实核查路径。比如，由爱尔兰记者 Mark Little 创立的 Storyful，致力于对社会媒体的真实性进行验证。其研发的信息监测工具 Newswire，能够实时地监测 Twitter、Facebook 等社交媒体上的 UGC，并将它们抓取到的有新闻价值的热点素材向人工编辑推送。Chrome 浏览器扩展程序，在诸如总统辩论这样的新闻现场，提供即时的弹幕事实检查；Share the Fact 的小部件，帮助搜索引擎查找事实、核查文章。而在国内，人民网设置建立"AI 编辑部"，运用事实核查技术融合人脸识别、语音识别等技术，实现对文字、图片、音频、视频等多种形态信息的审核；人民日报社传播内容认知全国重点实验室、中国科学技术大学、合肥综合性国家科学中心人工智能研究院联合推出国内首个 AI 生成内容检测工具 AIGC-X。

当下，通过人工智能与区块链技术相结合来实现自动化事实核查的方法受到国内外媒体的广泛关注。在自动核实工作中，识别信息来源是一个比较困难的事情。由于网络内容的可复制性，消息、图片与视频等极易被证伪的内容持续传播，通常会经过加工，甚至篡改后再上传，用来混淆人们的视线。一些学者认为，利用区块链技术可以从信息传播的角度来解决虚假消息的问题，因为区块链技术能够对内容生成数字证书，具有永久保存性和不可篡改性。区块链技术将内容与个体捆绑，使得所有内容有据可查，从而解决信息难以追溯的问题。另外，如果将原创信息作为个人资

## T.12 人工智能在新闻传播业应用现状及发展趋势研究报告

产,用户需要对所发布的信息负责,这对抑制假新闻的传播会有一定效果。例如,端传媒主编张洁平、方可成等参与创办的 Matters,试图利用区块链的数字货币激励机制、内容"上链"和去中心化的特质,重塑公众讨论。

数字出版物版权方面,人工智能的迅猛发展填补了知识产权保护技术的空白,能够有效助力数字出版产业发展。出版行业中主要使用的数字水印、云计算、DRM 等版权技术,已经满足不了当前版权保护技术的需要,而目前比较热门的区块链技术,其具有的技术优势契合了数字版权保护的需求。而区块链与人工智能的结合,能够有效填补其存证机制和哈希算法上的缺憾。区块链技术可以将同一平台内的数字作品与版权流转记录等信息计入区块链中,依靠智能合约完成合同的自动签订,时间戳与哈希树根值可为收益分配提供数据支持;这两种技术在实际推广中却面临着实施效果差的困境。利用时间戳进行版权登记与传统模式相似,若对创作的全部环节进行记录,其数据繁杂、无法篡改的特性使其难以进行修正;而哈希值仅是一串数字,通过算法赋予作品一个简化代号,无法完整反映作品内容;公开透明的特性增加了作者隐私泄露的风险,隐私权益无法得到有效保障。人工智能所拥有的智能化、自动化技术能够通过对作者文稿的风格进行抓取跟踪,对可能出现的侵权出版物进行实时监测。通过技术对内容进行监测对比,计算内容相似度,可帮助识别内容是否为原创,助力版权内容保护,提升媒体对版权资产的管理、运营和维护能力,繁荣版权内容生态。例如,新华智云"媒体大脑 3.0"嵌入了区块链版权认证工具,全方位保护内容创作者版权。人工智能与区块链技术结合使用是必然趋势。

### (五)人工智能在提升新闻传播业用户体验中的应用

传统媒体时代的用户体验是均一化的,采编人员和编辑通过标准化流程生产出标准化的新闻产品,受众看到的信息只能是采编人员选择性呈现的部分信息。进入网络时代以后,针对更大的信息量,网络用户可以根据自己的兴趣点和自身需求有针对性地阅读内容,这就与传统的标准化新闻制作与生产产生了冲突。人工智能的引入是应对这种冲突的有效解决方案,在每个个体以及每个采编人员之间进行桥梁的搭建,由人工智能基于用户的使用习惯进行用户肖像刻画,并借助大数据形成数据库,真正实现新闻传播内容生产的定制化与个性化。在新闻分发中，人工智能极大地提升了新闻传播效率，并基于数据生成个性化新闻推荐，极大地满足了用户的阅读需求，提升了用户阅读新闻的体验，也为媒体机构或平台运营提供精准的决策支撑。这样的内容分发方式已被国内外的媒体广泛应用，成为新闻传播业的常态。

2015年11月，中国首款新闻写作机器人Dreamwriter问世两个月后，新华社开始启用新闻写作机器人快笔小新，标志着中央级媒体首次试水人工智能写作。快笔小新目前供职于新华社体育部、经济信息部和《中国证券报》，可以输出体育类新闻的中英文报道和财经类新闻，并且根据职能不同，有多套写作程序可以切换。针对不同受众需求与阅读习惯，快笔小新能够迅速智能地生成不同风格与类型的新闻。

同时，人工智能也能够显著提高受众观看新闻时的体验。随着人工智能背景下虚拟现实技术、增强现实技术与混合现实技术的发展，媒体开始尝试并提出利用VR与AR技术生产"沉浸式新闻"，为受众打造"身临其境"的在场感，实现全方位的新闻现场呈现，将用户"直接置身"于新闻场景之中。除了对新闻场景的还原，为了满足受众感官上的丰富体验，交互式新闻感受也被提出。VR与AR技术的采用使得新闻报道能够以第一人称视角呈现在受众面前，让受众能够以最直接的叙事角度、逻辑参与到新闻事件之中。2018年，新华社利用AR技术成功实现了《AR看两会｜政府工作报告中的民生福利》的两会报道。用户通过在官方客户端上使用AR功能扫描，便可用更具科技感的方式浏览政府工作报告。利用虚拟现实技术构建真实立体的要闻，不仅有助于媒体以更真实、多维的角度传递事实，也有助于提升用户对新闻事实的参与认同感。此外，沉浸立体式的报道方式也能帮助用户培育情感认同，有助于媒体以更具可操作性的方式实现新闻报道背后所要引出的情感共鸣。2019年10月，澎湃新闻根据国家统计局相关年鉴资料，整理了1949—2018年的中国城镇化数据，推出AR新闻《70年来中国的城镇化进程》，为用户呈现了可视化、全景化的新闻报道。

同时，生成式人工智能的不断发展也提升了用户的新闻体验感与交互感。2022年11月，由马斯克等投资创立的OpenAI实验室推出了最新版的聊天机器人ChatGPT（全称Generative Pre-trained Transformer，生成型预训

## T.12 人工智能在新闻传播业应用现状及发展趋势研究报告

练语言转换器）。① 生成式人工智能能够通过形成接近真人对话的人机交互体验，有效提升用户交互体验的拟真度，进而提升用户在新闻传播流程中的体验感。用户能够通过与生成式人工智能进行多次反复的聊天对话，将个性化新闻要求识别、整合为新闻报道的个性化要素；最终经过提问、对话输出用户可操控的个人新闻，并呈现在互联网上，变身具有个性化色彩的专业公民新闻，加速了智媒时代下公民记者这一用户身份的构建。

此外，人工智能还能够促进用户反馈机制的完善。人工智能能够与用户实时交流反馈自身意见和想法，甚至可以与媒体人员直接进行交流与意见的表达，从而推进媒体行业以观众需求为导向，及时调整自身的传播倾向与传播策略，更好地为用户量身定制信息。同时，人工智能以可视化的数据呈现方式直接反馈用户对新闻的喜好程度，强化用户意见反馈效果。智能反馈工具可细化传播效果数据分析的颗粒度，从浏览量、评论量、转载量、点赞量、粉丝量等显性数据逐步深入至用户个性化消费的行为、偏好、趋势等隐性数据，让传播效果评估更加全面精准。例如《人民日报》《光明日报》对新闻报道进行实时监测、动态排名，从而提高采编效率。

### （六）人工智能在新闻传播教育中的应用

新闻传播教育是新闻传播业的基石与未来。人工智能发展的技术逻辑给新闻传播教育带来的冲击正在重构新闻传播教育的生态格局，促进新闻传播教育的逻辑与技术进行结合，新闻传播教育事业下技术思维的引入是保证新闻传播事业与时代发展同步的关键。在人工智能技术的影响下，传统的新闻传播教育理念与教学实践正在遭遇不同程度的解构，其生成的知识体系、市场效应以及人才质量已经无法与人工智能时代的需求实现完美的接洽与融通，使新闻传播教育陷入了徘徊不前，甚至倒退的窘迫境地。②

以人工智能技术的学习为接口，其一，能够搭建起新闻传播行业学生的技术思维，帮助新闻传播教育体系下的每个学生深刻体会到互联网传播平台背后的技术逻辑；其二，技术对新闻传播生产全流程的生动呈现，能够有效帮助学生理解全流程的具体步骤，从而强化学生对新闻传播教育的

---

① 史安斌、刘勇亮：《聊天机器人与新闻传播的全链条再造》，《青年记者》2023年第3期。
② 赵红勋、冯奕翡：《人工智能时代新闻传播教育的变革逻辑》，《中国编辑》2021年第1期。

235

兴趣，进而参与到不断变革的新闻传播的生产理念及话语实践之中，完善技术发展下媒介传播理论与实践的不足之处。例如，人工智能摄像机作为辅助教学用具，借助媒体云技术与物联网对接远程的数据中心，被运用到传媒教育的摄像实验教学项目中，实现摄像机的结构、按键、构图、光圈、快门等基础性、普及性的传媒教育。① 在新闻传播教育中，人工智能结合大数据，能够极大提升教学项目的呈现水平，以更轻便智能的方式搭建起基础知识与学生之间的桥梁，促进教学目标的实现。

随着云平台时代的到来，以ICT为代表技术支撑下出现的新型新闻应用与呈现模式纷纷出现，以人工智能技术为代表的新技术促使新闻报道往可视化呈现、形象化表达的方向不断发展，推动着新闻传播教育进行变革升级。"数据新闻"或称"数据驱动新闻"，是"基于数据的抓取、挖掘、统计、分析和可视化呈现的新型新闻报道方式"，也就是利用各种技术软件，对数据进行抓取、处理、分析并将其可视化展现出来，并对数据化叙述的新闻价值进行挖掘。数据新闻融合报道的关键是对数据的挖掘与分析，其发展深深契合媒体纵深融合的大趋势，也指明了未来新闻传播教育的发展方向。过去十年，全球的数据新闻教育飞速发展。数据新闻与可视化研究成为新闻传播领域的新鲜话题，各大高校下属新闻传播学院纷纷开设相关课程，甚至开设相关专业，培养针对性人才。在国外，数据新闻专业化教育的实践发展更加深远且专业。2018年，哥伦比亚大学便开设了独立的数据新闻硕士专业。人工智能技术作为工具，其支撑发展的新型新闻形式彰显了新闻未来发展的方向，也提醒着新闻传播教育必须结合时代新元素进行升华变革，才能适应新闻事业的发展和进步。

同时，人工智能技术的发展也给新闻传播业的理论革新提出了新的要求，推动了新型技术下的教育创新。自2021年开启"元宇宙元年"之后，2022年中国的元宇宙市场中不仅有众多互联网公司，也出现了多家主流媒体集团的身影。其深层原因在于，元宇宙的概念框架集成了近年来传媒产业的多项技术创新，基于虚实混融与人机互动的核心特征，理论层面的"深度媒介化"越来越生动地呈现在日常传媒消费之中。② 基于此，

---

① 陈晓兵：《人工智能+传媒教育跨界融合生态重构》，《中国出版》2021年第6期。
② 黄淼：《传媒技术：元宇宙潮流下的探索与适应》，《青年记者》2022年第24期。

## T.12 人工智能在新闻传播业应用现状及发展趋势研究报告

Web3.0与元宇宙等系列概念与理论被提出，与之相关的创新研究也在新闻传播界迅速展开。2022年4月16日，"清华大学新闻与传播学院元宇宙文化实验室"正式成立，标志着中国高校将元宇宙系列研究正式纳入创新研究体系，佐证着人工智能技术在新闻传播高等教育中的重要性，也表明教育发展将与技术场景研究相结合，意在培养具有技术思维与逻辑的新时代传媒人才，形成技术背景下的新时代智能化、全能化教育风格。

以人工智能等技术为基础的元宇宙校园场景的应用与搭建，也将全面改革教育的场景呈现与方式。借助元宇宙技术，人们可以在全方位还原的虚拟校园等场景之中实现各类校园活动或学术活动。例如，中国传媒大学还原校园的运动场、图书馆、教学楼，打造云毕业典礼，学生在云平台领取学士服，观看毕业设计展。元宇宙技术将学术会议、论坛与游戏结合，在虚拟世界还原现实生活的社交关系，提供丰富的场景体验。[1] 网易游戏《易水寒》举办会议，参会者化身北宋历史应用新闻研究人物，在古色古香的虚拟世界交流，观看虚拟舞蹈表演，体验沉浸式会议。[2] 在人工智能等媒介技术的驱使下，新闻传播学科范式的变革决定了新闻传播学科教育的创新，新闻传播学需要进行自身的改革，加强虚拟空间的传播、沟通和认同，构建和健全网络空间的社会性社区。新闻传播学教育则需要紧跟技术发展步伐，形成技术思维下新闻传播学科的独特视角，将技术从实践与理论两方面进行运用，满足新闻传播学教育与时代同频的必然要求。

## 三 人工智能在新闻传播业应用发展趋势

### （一）人与机器协作共生化，重塑新闻生产流程

新媒体时代的海量信息，已很难完全用人工方式来完成处理，人工赋能信息处理已经成为必然。人工智能在新闻内容生产领域的"多线程式"应用渗透到信息采集、生产、分发、核查、判断、反馈等各种环节。人工智能在微观上重新塑造新闻生产环节与链条的同时，也在宏观上革新了新

---

[1] 赵广义：《元宇宙：新时代新商业新场景》，北京电子工业出版社2022年版，第93页。
[2] 战令琦、张海斌：《元宇宙技术逻辑下传媒人才培养模式探析》，《新闻爱好者》2022年第10期。

闻传播业的样貌。人工智能与人工的相互配合在未来新闻传播行业的应用会更加深入，人机协同将会形成相互融合、无法分割，你中有我、我中有你的状态。

在信息收集方面，人工智能将会通过传感器和智能穿戴设备获得更强的信息采集能力，不仅能够完成对数据信息的采集，还能够通过增强现实等技术手段完成对环境信息的采集，人工智能化身信息的采集者、传递者甚至是加工者。这意味着，人工智能可以成为"人"的感官延伸，触达新闻工作者以往不能到达的层面，为新闻生产带来新的思路和资源。在内容生产方面，人工智能也逐渐朝着全自动化、更深度化的方向努力，在文字、图片、视频甚至是主持方面，人工智能都可以实现流水线式的自动生产。在数据挖掘上，人工智能正在从以往的"浅加工"过渡到"深挖掘"，逐步提升人工智能的未来预测和事实提炼能力，从而提升新闻内容的深度。在新闻的事实核查上，人工智能的加入使得传统的"事后把关"转变成"事前把关"。人工智能可以提前通过语义分析和模式识别来快速辨别虚假信息，并且在新闻发布后也可以通过演变跟踪技术来及时跟进用户反馈，实现新闻效果的实时监测。

虽然人工智能参与新闻生产流程已经成为各大媒体机构的常态，无论是媒体大脑、虚拟主播，还是增强现实和虚拟现实，人机协同已经成为未来新闻传播业生产的主流模式，但在这一模式中，还需明确人的主体地位。这是因为，一方面人工智能目前参与新闻生产所创作的内容还较为模板化和套路化，在一些情况复杂、反复变动的新闻实践中难以跳出算法和模板的窠臼，而具备主体性的人在新闻线索的选择、新闻选题的确定、观点价值的呈现等方面都具备无可替代的优势。另一方面，人工智能的内容生产大多是依靠关键词生成，内容离不开人的把关，需要依靠人工来进行新闻价值的判断和倾向，所以未来在人工智能接手部分工作的情况下，新闻工作者将会从事一些具备创意性、敏感性、深度性的新闻报道。

人工智能以多方面、多环节的方式在技术层面对新闻传播业施加影响，重新塑造了新闻生产流程乃至整个新闻传媒行业。从人工智能科学家们的共识来看，人机共生应是人工智能时代的一种常态，人机关系也会成

## T.12 人工智能在新闻传播业应用现状及发展趋势研究报告

为未来一种必须时时面对的关系。[①] 在面对人与人工智能的关系时,应保证人始终都是新闻生产要素的核心,在与人工智能的合作中最大程度地发挥人的核心价值和能力。

### (二) 媒体融合进程纵深化,引发内容生产革命

2020年9月,中共中央办公厅、国务院办公厅印发了《关于加快推进媒体深度融合发展的意见》,其核心就是要进一步推进全媒体传播体系建设,其中提到要以先进技术引领驱动融合发展,用好5G、大数据、云计算、物联网、区块链、人工智能等信息技术革命成果,加强新技术在新闻传播领域的前瞻性研究和应用,推动关键核心技术自主创新。[②] 从微观上看,媒体融合指的是不同的媒体形态融合在一起产生"质变",形成一种全新的媒介形态;从宏观来看,媒体融合指的是包括一切媒介及其有关要素的结合、汇聚甚至是聚合。人工智能在新闻传播领域的应用,将在微观和宏观上实现媒介具体形态和媒体整体业态的纵深融合。

在具体的媒介形态上,人工智能在新闻呈现上有着多样化的融合表现方式,例如AI主播、H5新闻、VR/AR技术所营造的沉浸式体验新闻,都已成为当下新闻传播行业内容呈现的常态。这表明人工智能的应用将逐渐影响到整个新闻传播行业,乃至与受众之间的互动关系,为用户提供更加沉浸式的体验。在宏观的媒体业态上,5G和6G技术的加持,会让人工智能进一步推动媒体融合的深化。这种融合不仅包括传统媒体与新媒体的融合、主流媒体与其他商业媒体的融合,更包括与物联网、计算机技术的融合,搭建起全媒体传播平台。全媒体融合的内容生产,加上人工智能与大数据技术,将实现更高效的精准传播。

同时,人工智能在新闻传播行业的嵌入,使得内容生产、分发、消费的界限日益模糊,三者相互渗透、相互驱动,正逐步构建起新的内容生态。[③] 人工智能技术的应用成为改变内容生产的底层架构,一方面它以数

---

[①] 彭兰:《增强与克制:智媒时代的新生产力》,《湖南师范大学社会科学学报》2019年第4期。
[②] 《中共中央、国务院发文,加快推进媒体深度融合发展(附部分相关政策梳理)》,2020年9月26日,中国广电媒体融合发展大会组委会,https://www.bjmtrh.com/index/list2/id/204394。
[③] 彭兰:《智能时代的新内容革命》,《国际新闻界》2018年第6期。

239

据与技术来模拟人的经验；另一方面，它也在开拓超出人的经验的新方向。在内容分发上，人工智能通过不断地学习逐渐优化算法的分发模式，实现更为精准化、场景化的触达。在内容消费上，通过人工智能分析用户的消费习惯和需求，实现用户需求的定制化，从而反推新闻内容的优化升级。

### （三）内容传播个性化更加明显，传播格局分化愈演愈烈

新闻生产如同其他生产一样，最终目的是触达受众用户并为用户所接受，因此新闻生产环节的完成离不开有效的传送渠道。① 人工智能在新闻内容的分发上所构建起产品推送的个性化数据通路，使得内容的分发更能契合用户的使用习惯，实现真正的按需分发。人工智能技术所支持的算法分发，打破了传统媒体时代固有而单一的传播路径，为用户提供特定场景下最优化的需求供给匹配。

特别是聊天机器人的出现，通过用户日常与聊天机器人的交流，勾画出特定的用户画像，使得个人新闻需求能够更加准确地被满足。2022年，由 OpenAI 公司开发的一种 AI 语言模型 ChatGPT，可以根据给定的输入生成类似于人类语言的文本，经过大量文本数据集的训练，具备问题回答、长文本总结、故事创作等能力。ChatGPT 上线两个多月就已经吸引了上亿用户，这说明 ChatGPT 这样的智能内容生成工具带给用户的不只是新奇体验，更是实际帮助，从而产生强烈的用户卷入效应。② 相较于被动接受算法分发产生的搜索结果，用户更喜欢在对话和主动搜索中获取知识和内容，从而能够更加主动地披露自己的使用需求和爱好习惯。2023年2月，上海报业集团旗下的澎湃新闻、重庆日报报业集团旗下的上游新闻、河南广播电视台的大象新闻、每日经济新闻等多家媒体平台宣布接入百度"文心一言"，成为生态合作伙伴，这表明国内媒体也开始重视聊天机器人在新闻分发中的妙用。

"人—机"交互和人工智能技术的普及，打破了时间和空间的界限，

---

① 喻国明：《智化：未来传播模式创新的核心逻辑——兼论"人工智能+媒体"的基本运作范式》，《新闻与写作》2017年第3期。

② 陆小华：《ChatGPT 等智能内容生成与新闻出版业面临的智能变革》，《中国出版》2023年第5期。

## T.12 人工智能在新闻传播业应用现状及发展趋势研究报告

用户不再受制于时空的束缚，能够进行直接的信息交互。终端的定制化传播成为传媒业发展的一个重要方向，终端与渠道融合的趋势进一步显现，传播格局将进一步深化。未来，通过技术的不断发展，那些通过终端监测到的重要信息或许可以直接通过"人和物相互连接"的方式就能直接到达目标受众，这将会进一步削弱专业媒体的中介性作用。这时，传播格局将会在人工智能的作用下进一步分化，以此来重新定义新闻传媒业。

### （四）人工智能影响维度多元化，相关法律法规会更加完善

随着人工智能等技术广泛应用到新闻传播生产流程与传播过程之中，新闻传播业涌现出许多新业态，拓展了新闻传播业的边界与维度，但同时也带来了许多前所未有的新问题。新闻传播作为带有公共产品属性的活动，应时刻将关注点放在内容生产与用户感受上，而并非以人工智能等技术工具的应用作为核心。当智能传播成为社会新闻信息获取的主要途径时，通过法律法规制度的完善来约束技术传播的行为就成为必然的选择。

人工智能技术的应用正冲击着新闻传播业的不同构成部分，引发了不同维度的新问题。首先，不管是机器人写作或是以ChatGPT为代表的输入反馈型生成式人工智能内容生产，都代表着新闻生产的全新变革，其基础是大量信息数据，这种基于智能化抓取的信息获取、信息处理与信息输出过程，将造成数据安全与版权侵犯的担忧；同时，这种智能化新闻写作生产方式的作品版权与责任归属并不确定，存在着版权纠纷隐患。其次，个性化推荐的新闻分发模式基本都是根据用户过往浏览行为来预测用户喜好偏见从而进行推送，这使得用户的使用行为数据被平台收集，造成隐私侵权担忧；同时，在不透明的人工智能算法技术下，用户陷入"算法黑箱"之中，干扰了用户对真实世界的认知和判断，进而影响其社会公共参与。最后，以全方位、多维度呈现为卖点的沉浸式新闻体验可能对新闻的客观性和真实性构成挑战。在VR新闻中，制作人员并不能完全掌控观众在观看屏幕时的思维方式，观众极易脱离新闻主题或产生观看错觉，使得虚假信息与偏见信息被传播。

针对人工智能应用发展所产生的不同问题，国内外提出并实施了许多法律法规。基于数据分析所带来的数据安全问题，欧盟于2016年出台《数据保护通例》，但如何从根本上解决算法的问责和透明度问题，还需进

智能媒体发展报告（2023）·行业篇

一步探究。中国现有多部法律法规对互联网安全、数据保护与跨境输出等作出规范。2017年6月1日，《中华人民共和国网络安全法》正式实施，促进了中国网络安全领域各类政策法规日益完善，使得中国应对新增网络风险的策略更加成熟，对中国网络空间安全具有划时代的重要意义；自2021年9月1日起施行的《数据安全法》确立了中国数据分类分级管理，数据安全审查，数据安全风险评估、监测预警和应急处置等基本制度；自2021年11月1日起施行的《中华人民共和国个人信息保护法》，明确不得过度收集个人信息、大数据杀熟，对敏感个人信息的处理进行规制，完善个人信息保护投诉、举报工作机制等。为促进生成式人工智能技术健康发展和规范应用，2023年4月11日，国家互联网信息办公室发布关于《生成式人工智能服务管理办法（征求意见稿）》公开征求意见的通知，这也是国家层面首次针对生成式AI产业发布的规范性政策。人工智能技术所带来的社会热点问题不断被关注，并以法律的形式被破解。

正如学者彭兰所言，通过技术发现与弥补人的能力局限，通过人的力量来纠正机器的偏狭与误区，才是人工智能的要义。作为新闻传播生产扩散的利器，在看到人工智能有益之处的同时，也应注意到其带来的问题。尤其是媒体及政府部门，必须时刻关注技术发展下的社会变动，才能根据问题完善技术法规与制度。

**（五）加速新闻职业伦理道德重建**

人工智能技术的应用使得新闻传播的生产工具和生产方式出现巨大变化，如今的新闻生产早已变成专业媒体与自媒体共存的局面，媒介环境与生态的巨变迫使新闻专业主义与职业道德规范进行重新定位，也重新定义了新闻价值判断中"真相"的含义，瞬时性的部分真实和细节真实未必能够反映事件的全貌，[①] 遵从客观、公正、最小伤害的新闻伦理传统面临冲击。同时，在"信息爆炸"的趋势下，事实核查和把关极易缺位，传统媒体时代媒体从业人员的"把关人"角色被人工智能与机器冲击，让位于人工智能的价值判断一定程度上消解了人性化的道德考量。所以，作为新闻职业伦理道德核心的媒体，必须重新找回其核心地位，重视新闻职业道德

---

① 秦瑜明、周晓萌：《新闻职业道德建设与互联网诚信环境构建》，《传媒》2021年第15期。

## T.12 人工智能在新闻传播业应用现状及发展趋势研究报告

的重建与塑造。新媒体时代，新闻职业道德受到很大冲击，需要坚守新闻的真实性原则，以互联网思维与新技术力量辅助职业道德规范建设。[①]

在人工智能技术背景下，专业新闻记者面临着道德失范的窘境，所以首先应坚持职业伦理，坚持新闻公正与真实；其次，除了坚持真实性和客观性，还要做一些更有人情味的深度报道，更加注重对新闻业上层结构的把握，并在一个理性的框架下创造出更加有深度的新闻内容；然后，还要坚持新闻真实性的基本原则，对第一手材料进行收集和核实，以求最大限度地还原新闻真相；最后，基于以用户为核心的基本原则，要掌握平台算法审核与用户体验的平衡规则。除了媒体从业者的自律之外，还需要上级领导部门、社会舆论、行业协会共同发力，形成综合性监督机制。有必要设立一个独立于媒体机构领域的专门性监督机构，专门从事对新闻工作者的监督工作，规范职务行为，定期对新闻传播业从业者进行职业道德相关教育。

### （六）推动全能素质新闻传播人才培养

智媒时代，技术在传媒业应用越深入，其对于身处行业中的不同角色的要求就越高。无论是新闻生产还是呈现，技术变革后多样的新闻形式都在推动着传媒业的不同参与者提升自我，培养全能素质。

对于传媒业的关键核心"受众"而言，媒介素养教育的学习与进步至关重要。在技术下放带来信息爆炸的背景下，受众唯有不断提高媒介使用能力，才能提升新闻辨别能力。对于新闻记者而言，在学习传媒知识的基础上培养技术思维、掌握技术逻辑是未来从业发展的关键。相对于人工智能新闻的现实环境，其所需的高水平计算机人才成为关键的制约因素。尽管许多人工智能项目都是为了帮助记者制作新闻，但由于缺乏计算思维和相关知识结构，其新闻专业知识表达与呈现相对匮乏。所以，新闻专业人才对于计算技术思维的培养与发展十分重要。同时，新闻记者作为传媒业的核心角色地位被自动化机器写作替代，人工智能技术的强势崛起不可避免地替代了许多新闻人的工作，倒逼新闻职业人员提升技术应用能力，成为全能人才。这是新闻行业人员发展的必经途径，也是新闻业在技术助力

---

① 秦瑜明、周晓萌：《新闻职业道德建设与互联网诚信环境构建》，《传媒》2021年第15期。

下行至深远的唯一路径。

# 参考文献

陈晓兵：《人工智能+传媒教育跨界融合生态重构》，《中国出版》2021年第6期。

段蕾：《人工智能时代新闻业面临的挑战与对策》，《传媒》2019年第15期。

洪杰文、常静宜：《人工智能的新闻传播实践及反思》，《青年记者》2023年第1期。

胡睿：《2012—2022年中央广播电视总台媒体融合发展科技成果》，《中国传媒科技》2022年第11期。

史安斌、刘勇亮：《聊天机器人与新闻传播的全链条再造》，《青年记者》2023年第3期。

黄淼：《传媒技术：元宇宙潮流下的探索与适应》，《青年记者》2022年第24期。

陆小华：《ChatGPT等智能内容生成与新闻出版业面临的智能变革》，《中国出版》2023年第5期。

彭兰：《无边界时代的专业性重塑》，《现代传播》（中国传媒大学学报）2018年第5期。

彭兰：《增强与克制：智媒时代的新生产力》，《湖南师范大学社会科学学报》2019年第4期。

彭兰：《智能时代的新内容革命》，《国际新闻界》2018年第6期。

秦瑜明、周晓萌：《新闻职业道德建设与互联网诚信环境构建》，《传媒》2021年第15期。

《倾听新闻的声音：数据新闻可听化的"新生"与"崛起"》，2022年4月15日，金羊网，https：//www.ycwb.com。

史安斌、高姝睿：《人工智能在新闻传播中的运用：实践探索与伦理困境》，《青年记者》2022年第19期。

喻国明：《智化：未来传播模式创新的核心逻辑——兼论"人工智能+媒体"的基本运作范式》，《新闻与写作》2017年第3期。

战令琦、张海斌：《元宇宙技术逻辑下传媒人才培养模式探析》，《新闻爱好者》2022年第10期。

赵红勋、冯奕翡：《人工智能时代新闻传播教育的变革逻辑》，《中国编辑》2021年第1期。

赵广义：《元宇宙：新时代新商业新场景》，电子工业出版社2022年版。

# 产业篇
**Report on Industry**

# T.13 智能媒体科研赋能产业的模式创新

## ——以新华网"源数据"产业应用的探索为例

鞠　靖　刘胜男　曹素妨等[*]

**摘　要：** 新华网以"源数据"赋能行业为主要方向，利用"水晶球"源数据洞见系统在金融科技、智慧城市、乡村振兴等领域取得了显著成效。该技术不仅提供了新的商业模式，还拓展了媒体在多领域的服务空间，实现媒体的全新可能。新华网的媒体优势与科技研发的双重优势，使其成为国内媒体融合领域的开拓者，推动着智媒数字化融合和数据中国建设的进程。

**关键词：** 媒介融合；源数据；智慧媒体；科技赋能

媒体融合是时代变革和中国式现代化建设对新闻传播行业提出的重要课题，是建设社会主义文化强国的重要组成部分。2020年以来，中国密集出台有关媒体融合发展的顶层设计，对媒体融合发展工作提出了新要求和新目标。特别是2020年9月，中共中央办公厅、国务院办公厅印发的《关于加快推进媒体深度融合发展的意见》指出，要发挥市场机制作用，增强主流媒体的市场竞争意识和能力，探索建立"新闻+政务服务商务"的运营模式，创新媒体投融资政策，增强自我"造血"机能。

媒体融合发展由此发生重大转变，不只把视野圈定在传媒这一范围

---

[*] 鞠靖，新华网融媒体未来研究院副院长；刘胜男，新华网融媒体未来研究院助理研究员、科技记者；曹素妨，新华网融媒体未来研究院助理研究员、科技记者；何坤，新华网融媒体未来研究院实习生，河北传媒学院新闻传播学院硕士研究生。

内,实现自身业务的"小融合",而是将宣传品牌价值、达成资源共赢、实现业务互补、深化政务服务等作为实现融合发展的新方向,完成不同领域间的"大融合"。①

## 一 "新闻+政务服务商务"——媒介融合的新境界

媒体的核心价值在于其独特的连接属性,结合不同方向、不同领域,建构一条全新的媒体价值链。"新闻+政务服务商务"的提出,要求传统媒体在打破原有的流程和秩序的同时,还需要将重点向综合性服务转变,在媒体自身定位、能力、特色等方面实现转型升级。媒体不仅要将本身提供的内容作为基础的新闻服务,还要与政务、服务、商务结合,在市场中磨炼,接受来自市场的考验和用户的反馈以优化自身,并获得收益与回报,从而打造出强而优的有建设性的主流媒体。②

事实上,回到媒体的本质和传统,上述这些转变并非突发奇想,而是媒体融合发展的应有之义。近年来,将媒体融合引申到产业层面而不局限于内容生产环节,已经成为一种主要趋势。喻国明直接提出"产业融合"。③ 陈力丹等从电信业和媒介业的融合,预测未来会产生"大媒体"产业,即具备跨国家、跨产业、跨媒介特点的新型产业生态和产业群。④

黄旦等则从卡斯特(Manuel Castells)的网络社会理论出发,提出"社会形态意义上的媒介融合"。在产业视野中,媒介机构很可能被认为是网络中的一个固定据点,"媒介融合"就相当于围绕这个据点开辟多向空间,积蓄能量,介入水流并操控水势,形成以点制面的放射型传播。要达到这样的目标,有一个根本前提是媒介机构可以主宰所有波动,成为唯一的"程序员"。社会形态意义上的"媒介融合",媒介机构就是网络中的一个节点式渠道,最大可能是一个"水利枢纽",让各种水流通过并尽可

---

① 唐绪军、黄楚新、王丹:《媒体深度融合:中国新媒体发展的新格局——2020—2021年中国新媒体发展现状及展望》,《新闻与写作》2021年第7期。
② 陈欣妤、范以锦:《"新闻+政务服务商务":做大做强主流媒体的运营模式》,《新闻论坛》2022年第6期。
③ 喻国明:《中国传媒产业的融合与发展》,《新闻前哨》2010年第2期。
④ 陈力丹、付玉辉:《论电信业和传媒业的产业融合》,《现代传播》2006年第3期。

## T.13 智能媒体科研赋能产业的模式创新

能发挥汇流、储存、归整、分流和转输的作用,"迅速扩散,并通过自己的流动波及更多的地方"①。

"新闻+政务服务商务"运营模式的提出,为主流媒体探索深度融合发展指明了业务拓展方向,但具体到实践层面,主流媒体在"新闻+"模式中"加什么""怎么加"成为亟待思考与解决的难题,也关系着媒体融合发展的纵深推进。

郭全中等提出,"新闻+"运营模式需要把握"九字诀",即"大融合、强运营、深服务"。其中,大融合是根本思路,确定"新闻+"运营模式的融合线路;强运营是核心能力,提升"新闻+"运营模式的融合效能;深服务是落地场景,增强"新闻+"运营模式的造血能力。②

无论是"社会形态意义上的媒介融合"还是"九字诀",都指向媒体自身能力的提升,唯其如此,才能真正成为"水利枢纽"。而这其中,技术能力是最为重要而又常被忽视的能力之一。

"理应最为敏感与敏锐的媒体行业对个体和群体的变化失去感知能力。传统的信息收集手段如读者热线、投诉等渐渐式微,渠道、终端影响力减弱带来与公众、行业连接的疏离,媒体信息来源和更新远远落后于互联网企业、社交媒体公司、音视频及线上交易平台等。感知力缺乏带来媒体的分析能力和判断力失准,市场依赖与行业竞争力持续下降。"③ 2019 年,新华网融媒体未来研究院院长杨溟提出,媒体行业摆脱失敏之痛、提升洞察力的关键在于突破传统媒体边界的惯性思维,真正重视科技素养和技术研发在业务创新中的作用,将融合转型与人工智能等技术的发展结合起来,通过科技赋能构建与个人、行业、社会的新型连接关系。

新华网融媒体未来研究院的科研团队,包括认知心理学、脑科学、神经学、计算机算法、无线通信、影视、艺术等多学科的专家,是国内主流媒体中最早从事媒体融合技术研发和感知智能应用的研究机构,承担新华社媒体融合生产技术与系统国家重点实验室生物感知智能应用研究部的研

---

① 黄旦、李暄:《从业态转向社会形态:媒介融合再理解》,《现代传播》2016 年第 1 期。
② 郭全中、张金熠:《媒体深度融合的"新闻+"运营模式分析》,《青年记者》2023 年第 11 期。
③ 杨溟:《媒体失敏与"水晶球"洞察——生态学视角下人机智能融合的趋势》,《青年记者》2019 年第 18 期。

发任务。近年来，新华网融媒体未来研究院围绕"源数据"为核心的技术能力建设取得了突破性的成果。2022年，以"源数据"赋能行业为主要方向，新华网融媒体未来研究院在产业应用上开展了大量探索，并在经济效益和社会效益上都取得了明显成效，为"新闻+政务服务商务"提供了全新的案例。

## 二 从传感器新闻到源数据——媒体感知能力的延伸

我们已经进入一个数字化生存的物联网时代，物联网是多元异构的，每一个人、企业、各种行为都可以用一串数字加以表达。未来，智能媒体的核心就在于对非线性的多源异构①系统的深度识别。面对各种信息真伪难辨、鱼龙混杂，虚假新闻在深伪技术与人工智能的助力下更加泛滥等情况，跨领域、跨属性、跨物种的"源数据"至关重要，源数据是数据智能的基础。

最主要的源数据感知途径来自传感器。过去几年，新华网融媒体未来研究院在传感器新闻特别是生理传感新闻方面做了大量探索。包括卫星遥感新闻在内的传感器新闻，体现了物联网环境下新闻生产方式的一种数据调查的新趋势。

实际上，传感器技术近年来的蓬勃发展给传媒理念、管理、运营模式已经带来了冲击，卫星新闻、无人机新闻等传感器新闻成为媒体新业态中一个令人瞩目的类别。而"源数据"理念和相关技术的应用，不限于传感器新闻、卫星新闻、无人机新闻等辅助报道手段。它将影响新闻采访、写作、编辑、评论、直播等方方面面，对于未来传媒业而言意义深远。②

物联网技术的发展为媒体重视并建设"源数据"感知网络提供了现实基础，外部合作与开放式生态的形成为多源异构数据体系创造了发展的有利条件。围绕媒体未来竞争力——深度态势感知与真相解读能力的建设，新华网融媒体未来研究院发起"水晶球智能洞见生态合作计划"。2022

---

① 多源异构是指在一个共生系统中，多类数据源的体系化建构。
② 杨溟、鞠靖：《源数据在人机智能融合发展中的意义及逻辑》，《青年记者》2021年第19期。

T.13 智能媒体科研赋能产业的模式创新

年,新华网融媒体未来研究院在承担国家重点实验室"源数据"课题的基础上研发的"水晶球"源数据洞见系列数据产品,已在上海数据交易所挂牌交易。

研究院从自主核心生物感知智能技术出发,广泛与第三方源数据专业机构展开合作,聚合多行业、多领域科研力量与大数据资源,使"水晶球"源数据洞见系统实现了环境感知(物理)、情绪感知(生理与心理)及社会感知(行为、社交与互联网媒体)等不同层面的态势感知采集,挖掘与分析在多领域的知识成果及商用转化,成为新华网融媒体未来研究院探索"新闻+政务服务商务"经营模式的技术基础和核心能力。这种能力与新华网的品牌优势和连接能力密切结合,面向未来智慧城市框架进行多场景、多行业及多维度数据融合、交叉研究与业务洞察,实现空天地一体化源数据整合分析与业务预测/预警等态势感知定制服务,产生了拓展媒体传统经营业务之外的全新可能。

## 三 从洞察真相到风险发现——媒体视角的金融科技赋能

大数据技术使互联网平台企业进入多源异构的生态环境,并日益面临信息传播模式、数据处理能力、媒体内容生产与传播认知的挑战,呈现出交互而非单线、交叉而非径直、动态而非稳态的非线性传播特征。围绕这种特征,对复杂关系的识别,数据溯源与辨伪,正成为当下互联网平台企业治理的难题之一。

就互联网平台内容信息失真而言,技术溯源与核证的能力本质上说是媒体批判性的价值体现,是数据形式体现的科学实证和哲学思辨的基本观念。具体而言,数据能力构成了互联网平台企业治理的重要内容。其大致可以分为感知能力、计算能力、算法能力、资源转换和场景能力。

媒体曾被认为是社会的"瞭望者"。从某种意义上说,这意味着媒体天然是社会风险的发现者。新华社作为党中央的智库,更具有发现问题、预警风险的职责。媒体这种发现风险、预警风险的能力,其实不仅可以用于媒体履行自身职能,更可以用于社会各行各业,特别是那些以信息不对称为主要特征的产业,关键是这种能力必须与需要服务的行业自身所具有

251

的能力互补。

"水晶球"源数据产品的特色之一就是识别风险、发现机会，可以对区域、行业和企业进行深入观测，辅助传媒从业者进行多维度调查分析。即便受特殊环境或疫情影响不能及时抵达现场，也可获得数据分析、提出问题。①通过源数据，媒体可多维分析、溯源、辨伪和再造现场，能在设定的时间维度中充分展现新闻事件的内涵、洞察事物的变化形态与逻辑。由此，通过感知网络、以人工智能的手段察觉人、事、环境变化的能力成为媒体智能化的重要竞争力。

金融市场最大的特征就是信息不对称。"水晶球"源数据产品提供的另类数据和感知能力，为金融机构基于财务数据的风险发现系统提供了有力的补充。金融机构作为企业的重要资金支持来源，其针对企业的贷后服务和监测至关重要。但传统的贷后监测方式和风险控制方法存在数据分析不准确、监测不及时等问题，难以满足金融机构对企业风险状况的快速响应要求。为了解决这一问题，基于传感器物联通信网关技术的企业贷后服务和监测方法，通过实时采集、清洗、分析并建立监测与风险控制模型，为金融机构提供快速响应企业风险的手段和渠道，减少风险损失。再如，在担保行业中，建筑项目是重要的担保品之一，因此需要动态监测和控制建筑项目的实施进度以防范风险。目前，传统的建筑进度监测方法主要采用人工巡查或者基于激光雷达等设备进行测量，无法实现实时监测和数据分析，并且需要较高的成本，特别是异地甚至是跨国服务项目。因此，需要一种基于遥感技术的建筑进度风险控制监测技术方法，实现对建筑进度的实时监测和动态控制，降低担保行业的风险。

正是基于这一基本原理，新华网与重庆三峡融资担保集团共建了金融科技智能联合实验室，发挥各自优势、协作赋能，充分实现数据要素价值，促进西部金融中心发展，推动智媒数字化融合进程与数据中国建设。这也是国内第一个由主流媒体与金融机构共建的金融科技智能实验室，在国内媒体融合探索中首开先河。

---

① 杨溟、曹素妨：《溯源：互联网平台企业的数据治理与技术逻辑——以新华社国重"源数据"研发为例》，2020年国家社科基金重大项目"融媒体环境下互联网平台型企业现代治理模式研究"（项目批准号：20&ZD321）。

## T.13 智能媒体科研赋能产业的模式创新

金融科技智能联合实验室2022年1月启动建设，目前已顺利完成基于"源数据"的智能感知风险洞见预警、智能辅助决策与反舞弊系统、企业非财务数据风控、多维数据底座等一期多项研发计划，已经进入二期产品开发阶段。

## 四 从空天地态势感知到溯源中国——媒体参与乡村振兴的新着力点

自2021年4月新华网"蓝星球"号遥感卫星的成功发射，新华网正式开启将空天地态势感知机器人系统嵌入区县融媒体建设的智能模块，通过特定轨道绕地运行开展遥感信息采集与侦测，实现对指定区域的异动识别和影像播映，辅助突发事件或特定环境的多角度报道和溯源分析、真相挖掘，并可根据应用方需求共同探索对可能发生的危险或趋势进行预警、预告。该感知智能机器人系统是新华网"水晶球"源数据平台的重要组成部分。

有了空天地一体化的加持，新华网积极推进人机融合智能研究、遥感卫星与空天地深度态势感知研究，尤其在数字经济领域不断发力。

新华网作为"国网"和舆论宣传的"国家队""主力军"，是主流媒体中最早的高新技术企业，具有媒体与科研的双重优势，在带动科技及其他产业的落地、降低跨界整合的成本、助力体制机制优化、创建权威的标准体系及渠道方面具有显著优势。凭借这种优势，新华网积极开拓媒体服务的空间、功能和赛道，精准服务民生和社会，推动国家方针政策的贯彻执行。

针对政府和企业客户的不同需求，新华网打造了助力区域品牌向行业品牌蝶变升级的"溯源中国·可信品牌赋能计划"，[1] 助力区域农产品公用品牌"标准化、数字化、品牌化、电商化"升级的"溯源中国·百县地标优品行动"以及助力城市"新基建、新应用、新生态"高质量发展数字经

---

[1] 《走进雄安！高邑县新型建材产业入驻新华网溯源中国·可信品牌赋能计划》，2020年5月12日，新华网，http://big5.xinhuanet.com/gate/big5/m.xinhuanet.com/he/2020-05/12/c_1210615964.htm。

济体系的"溯源中国·区域性数字经济总平台"等一系列定制化解决方案。溯源中国瞄准新消费时代市场供需矛盾三大痛点——"有品质、无品牌"的产品卖不出,"大品牌、被仿冒"的产品卖不好,"小品牌、缺渠道"的产品卖不快,为助力解决供需矛盾痛点,新华网发挥"科技+传媒+产业"的产业赋能资源优势,利用物联网、区块链、大数据及5G富媒体等前沿技术,联合国家权威机构及领先企业共同打造"可信溯源认证、可信品牌传播、可信电商营销"三位一体的产业生态服务赋能平台和高质量数字经济生态赋能解决方案,打通生产、加工、流通、销售等全环节,构建"万物互联、万物皆媒、价值互通"的新消费服务生态,为服务乡村振兴、品牌强国等国家发展战略提供一体化解决方案。

新华网的"水晶球"源数据洞见系统,进一步拓展了媒体服务的空间与功能。"水晶球"将智能感知功能嵌入乡村振兴的基础设施建设中,通过物联网数据(土壤、水质、空气……)、互联网数据(农作物生产指数、农产品价格及供需监测、农产品朔源系统……)等的全方位应用,为农户和政府提供农业智能信息和生产服务,高效利用农业资源,实现农业管理服务的实时化、可视化、精细化、智能化,提升农业风险的防范能力,挖掘农业市场机会。

## 五 从传播效果评测到了解用户——媒体赋能教育的新模式

随着5G、物联网、VR等前沿技术升级,推动教育信息化更加追求卓越与智慧,是创新人才培养模式的必然选择。2019年年初,中共中央、国务院印发《中国教育现代化2035》,其中指出要建设智能化校园,统筹建设一体化、智能化教学、管理与服务平台;利用现代技术加快推动人才培养模式改革,实现规模化教育与个性化培养的有机结合。

为促进科学技术与教育教学进行多维度深层次融合,应用技术支撑教改、赋能创新,新华网利用自主创建的源数据"水晶球"系统打造了一套科学教育实验课程体系,基于生理信号的智能注意力评测系统和生物感知智能实验室方案,开发出高效稳定的便携式无线传感采集设备,实现了群组式生理数据的采集与数据处理。由此,可以科学、定量地进行课堂教学

T.13 智能媒体科研赋能产业的模式创新

效果评测、学情分析及感知智能实验教学改革。"水晶球"已经在中小学等合作院校构筑联合实验室生态群,开展脑认知与心理学、新闻传播学等实践探索,例如北京市中小学幸福实验室项目。从多维度跨界融合、数据智慧化流转等方面,给智慧教育提供新方案。

不仅如此,新华网研究院还与英国诺丁汉大学以及国内的清华大学、中国人民大学、中央美术学院、东南大学、吉林大学、南京艺术学院等开展深度合作,建立了针对播音主持、影视艺术、新媒体等多个专业、多个层次的联合实验室,已经成为 AI 创新示范探索。以实验室为纽带创建产学研平台,给高校影视传媒专业的日常教学工作开展提供实验平台。

## 六 智能感知技术的广阔赋能空间

作为主流媒体,新华网要有效拓展服务功能,既需要深刻把握自身的核心优势,又要理解拓展服务功能的关键,即"互联网+跨界"思路的多元化服务功能拓展。①

除了上述在智慧媒体、智慧教育、金融科技和乡村振兴领域的应用探索,源数据智能感知技术还广泛应用于智慧城市、智慧交通、影视科技、医疗大健康等领域和全方位场景,拓展了媒体在多领域的预测、预警、溯源、重建等方面的服务空间与服务功能。

新华网通过"水晶球"源数据洞见系统引入生理传感与感知智能理念及技术,基于"人"的真实感受和认知体验对影视剧进行科学定量智能评测,为制作人员提供更加精确的用户感知和客观反馈,结合视频打分模型和算法,辅助创作人员对粗剪视频作品进行针对性修正与优化,适用于媒体和 MCN 机构的视频制作。在此基础上,观众、读者、听众真正成为新媒体时代的"用户",与传媒、影视及其他行业用户建立起良性交互,对节目、作品、内容生产者提供有效的数据分析。可挖掘用户体验的真实效果,进而优化节目策划创意、内容生产、解读表达、传播过程和营销对象。

国内首个以科幻电影为主题,并跨界科学、科技、科教、科创、科普

---

① 郭全中:《国有媒体服务功能拓展的类型和关键》,《青年记者》2020 年第 34 期。

255

等领域的大型文化科技融合平台——蓝星球科幻电影周，设立科幻电影STAR奖，就是基于新华网用户感知评测系统，对大众评审的生理信号采集分析后评出的奖项。

"水晶球"结合"5G+北斗+无人机"等导航、遥感卫星数据资源与技术服务，通过大数据、云计算、人工智能等技术，针对智能交通行业进行多模态传感数据采集与分析，已进行人车路协同下的交通大数据治理研究与技术应用，构建"空—天—地"一体化的智能交通监控服务体系和综合服务大数据平台。该平台由感知层、网络层、数据资源层、大数据分析层、服务层、应用层"六横"和交通安全法律法规以及行业技术标准体系"两纵"的技术架构，实现高效、实时、精准的交通沿线形变监测服务、交通路况实时预测服务、驾乘人员健康行为监测、交通沿线环境安全监测、多源数据智能风险评估等应用服务，并实现智能交通运行全方位、全生命周期安全监控分析，建立人车路协同的智能生态及控制系统。

汽车是一个不同于手机的应用场景。用户在驾驶中，只能靠语音交互。"水晶球"基于智能座舱人—车—环境交互数据分析，以"车媒体情绪流新闻""情绪流音乐"等感知技术，为车载用户提供个性化服务。在智能车媒体领域，新华网与中国一汽集团联合打造了"情绪流"车媒体系统，这是国内第一款基于先进生理计算技术的车载人工智能信息推荐系统。在此基础上，新华网又与中国移动咪咕公司合作研发车内娱乐智能交互及情绪减压系统。

与其他个性化内容推送系统不同的是，"情绪流"车媒体系统的用户画像过程不仅融入用户的兴趣以及浏览行为，还加入新华网核心技术——生理传感。以用户在浏览、聆听相关内容时的情绪反应作为重要的感知维度，实现线上行为数据、线下情绪数据的全数据贯通。在疲劳驾驶智能感知方面，通过用户情绪数据，可获取用户驾驶状态，并根据驾驶状态动态调整推荐内容。产品将通过一枚智能戒指来收集司机的生理疲惫信号，及时获取用户在车内的疲劳状态，通过个性化的内容推送机制缓解驾驶疲劳，并结合管理机制实时提醒及干预。"情绪流"车媒体系统展示了在掌握"源数据"的前提下，媒体可以抵达的全新边界。后续该系统还将融合车的数据、环境的数据、用户的行为和图像数据，给用户提供更加精准和智能的信息推荐。

## T.13 智能媒体科研赋能产业的模式创新

"水晶球"还通过无线传感技术、数据挖掘与分析、情绪识别和情感计算等技术,在医疗健康领域开展深度融合,赋予计算机识别、理解、表达和适应人情感的能力,建立和谐的人机环境。通过人因与工效学,在运动健康领域开展以人的客观反应为核心的交互机制,实现儿童自闭倾向早期发现及诊疗、运动辅助及矫正;更是在康复与元宇宙技术交互、评测等方面,开展了多方位探索。

从 2013 年开始,与荷兰国家数学和计算机科学研究中心(CWI)开展基于人因工程并利用生物感知智能方向的研究,先后与英国诺丁汉大学和国内的上海交通大学、中央美术学院、东南大学以及芬兰经济发展局等多家机构开展深度合作。在与江苏省人民医院共建的生物传感与人工智能联合实验室、与中德纳米研究院基于材料级医疗传感器的研制和产业转化合作项目,以及中央美术学院艺术治疗联合实验室项目中,"水晶球"感知智能系统应用于对患者特别是有表达障碍的患者情绪状态的洞察,进行预警、预防并有针对性地实施有效干预。

媒体融合发展至今,从组织融合、系统融合、品牌融合到终端融合等,都不可避免地涉及跨学科、跨专业的交叉与融合。也正是这样的跨界,给媒体组织和媒体人带来革命性的挑战,它迫使媒体人学习用另一种武器、在另一个战场上和新的对手竞争。从某种意义上说,是对媒体人所处行业和既有经验的一种颠覆。

人机融合智能是媒体发展到数据化时代的技术选择,它正在推动媒体行业的观念变革以及融合方式的智能化创新。

## 参考文献

曹滢、刘胜男、郭思芊:《新华网研发的 Star 机器人如何融入新闻生产》,《中国记者》2020 年第 6 期。

《内嵌"服务价值",央视频如何以"国聘行动"引领媒体功能"扩增"?》,2022 年 5 月 13 日,搜狐网,https://www.sohu.com/a/546586476_570245?_trans_=000019_wzwza。

陈力丹、付玉辉:《论电信业和传媒业的产业融合》,《现代传播》2006 年第 3 期。

陈欣妤、范以锦:《"新闻+政务服务商务":做大做强主流媒体的运营模式》,《新闻论坛》2022 年第 6 期。

郭全中：《国有媒体服务功能拓展的类型和关键》，《青年记者》2020 年第 34 期。

郭全中、张金熠：《媒体深度融合的"新闻＋"运营模式分析》，《青年记者》2023 年第 11 期。

黄旦、李暄：《从业态转向社会形态：媒介融合再理解》，《现代传播》2016 年第 1 期。

黄荣怀：《智慧教育的三重境界：从环境、模式到体制》，《现代远程教育研究》2014 年第 6 期。

唐绪军、黄楚新、王丹：《媒体深度融合：中国新媒体发展的新格局——2020—2021 年中国新媒体发展现状及展望》，《新闻与写作》2021 年第 7 期。

《新华网溯源中国 5.0 平台：区块链技术赋能 助力数字经济发展》，2020 年 9 月 24 日，新华网，http：//m. xinhuanet. com/he/2020 - 09/24/c_ 1126533393. htm。

《走进雄安！高邑县新型建材产业入驻新华网溯源中国·可信品牌赋能计划》，2020 年 5 月 12 日，新华网，http：//big5. xinhuanet. com/gate/big5/m. xinhuanet. com/he/2020 - 05/12/c_ 1210615964. htm。

杨溟：《媒体失敏与"水晶球"洞察——生态学视角下人机智能融合的趋势》，《青年记者》2019 年第 18 期。

杨溟、鞠靖：《源数据在人机智能融合发展中的意义及逻辑》，《青年记者》2021 年第 19 期。

喻国明：《中国传媒产业的融合与发展》，《新闻前哨》2010 年第 2 期。

曾祥敏、董华茜：《2023 年媒体融合发展展望》，《青年记者》2023 年第 1 期。

张旸、柳慧斌、王洋：《深度融合推动主流媒体打造公共服务新平台》，《新闻战线》2022 年第 16 期。

# T.14 智能媒体时代计算广告产业发展现状与趋势研究

刘 祥 任 艳*

**摘　要：** 互联网的海量资源和数据要求广告产业的数字化走向，广告主、用户的迫切需求也要求广告产业精确化发展，互联网广告平台需要将流量资源进行分配变现，计算广告业应运而生。随着计算广告的不断发展，技术为传统广告产业注入了新鲜"血液"，使广告产业从业务流程到组织管理，再到经济范式都朝着"智能化"方向迈进，智能化渗透到计算广告的每个环节。获取数据是计算广告的首要流程。依托诸如大数据、人工智能、定向技术、优化工具等技术的推进，计算广告及其产业架构不断发展，实现广告与优化的精准匹配、实现以用户为中心打造沉浸式广告。数据和技术是推动计算广告发展演变的关键要素，两者把计算广告推向了精准化和智能化的时代。随着各项技术的成熟发展，计算广告产业也将实现对全方位、全领域广告投放与广告效果的测量，实现与用户基于全媒体的沉浸式互动，实现安全性高、智能性强的广告代理和商品交易，实现计算广告企业内部融合与计算广告产业的整合协同发展。我们需要警惕的是，算法技术复杂性增强的同时，解释算法的工作原理和决策也会变得更加困难，诸如隐私、虚假流量等问题仍是要重点关注和解决的问题。

**关键词：** 计算广告；智能化；广告产业

---

\* 刘祥，浙江传媒学院新闻与传播学院教师、硕士生导师、博士，研究方向：计算广告、数字营销、内容电商、品牌文化等；任艳，浙江传媒学院2022级数字媒体与智能传播专业硕士研究生。

"计算广告"这一概念最早由雅虎研究院资深研究员兼副总裁 Andrei Broder 提出。他指出，计算广告的核心挑战是在指定文意（context）中实现特定用户与合适广告间的"最佳匹配"。[①] 广告产业分为广义的广告产业和狭义的广告产业：广义的广告产业由广告主、广告公司、广告媒体和广告受众所组成，狭义的广告产业则是广告公司的集合。[②] 无论是广义的"组成"，还是狭义的"集合"，当广告产业面对新兴技术席卷而来的浪潮时，"扶摇直上"或"摇摇欲坠"都会发生在顷刻之间，因此如何"乘风破浪"是广告产业中的每个角色都要思考的问题。

## 一　计算广告产业发展现状

### （一）平台崛起，各司其职

从互联网广告的简单交易到广告交易平台化的发展完善，再到如今全媒体化的计算广告交易平台的构建，广告交易朝着智能计算的方向逐步发展。现代广告的发展离不开互联网技术的加持，互联网为现代广告发展提供底层技术支持。在 Web1.0 的门户网站时期，像雅虎、新浪、搜狐等都是"静态"的网页，内容主要由网站的所有者提供，用户只能浏览网页的内容，无法对其进行修改和交互。因此这个时期的广告交易，还是沿袭传统的广告交易思维和模式，只是对线下广告的媒介延伸，没有任何"计算"需求。到了 Web2.0 阶段，网络不仅是"可读"的，也变得"可写"，用户可以参与到网页的内容创作与分享中，社交驱动个性互联网成为 Web2.0 最大的特点。随着互联网用户规模的指数级增长，广告主对互联网媒体的认识不断深化，越来越多的广告主意识到了互联网广告的潜在价值，因此产生了作为互联网广告资源"交易中介"的广告网络，其接受互联网媒体的"托管"实现流量变现。但与此同时产生了如何分配流量、如何精准匹配投放等问题，也就是此时互联网广告交易模式中至关重要的计算问题。

---

[①] 段淳林：《技术变革背景下中国计算广告的发展趋势》，《山西大学学报》（哲学社会科学版）2022 年第 5 期。

[②] 刘传红：《广告产业研究的几个基本问题》，《武汉大学学报》（人文科学版）2007 年第 2 期。

## T.14 智能媒体时代计算广告产业发展现状与趋势研究

Web3.0也称"智能Web"或"语义Web",这一概念由比尔·盖茨于2005年提出,指物质世界与人类社会的全方位信息交互,人与物质世界的联接。Web3.0是对Web2.0的改进,是对Web2.0"参与、展示、互动"所造成的用户大量参与且无有效管理办法,致信息纯净度和可信度大大降低、搜索引擎精准度下降之弊端的有效改进,其核心理念是"个性、精准与智能"。平台媒体也是Web3.0的最大特征。为了更有效地聚合广告资源、满足广告主需求,广告交易也开始平台化发展。广告交易平台是一种大量聚合各类互联网媒体剩余广告资源或流量,并按照实时竞价方式实现流量变现的全新广告交易形态,它能够编织出巨型的传播网络。随着诸如雅虎、谷歌、亚马逊、脸书、阿里巴巴、腾讯、百度等互联网巨头对广告定向投放和实时竞价系统的提升,以及整个互联网广告市场的深化和产业分工的细化,越来越多的产业新进者和信息新技术逐渐对广告交易平台进行了更细致的改造、对互联网广告市场进行了更全面的重塑。在这个过程中,智能算法的场景匹配策略会以用户线上线下一体化的数据为基础,不只是依靠用户的数字足迹,还会参照用户的实际生活轨迹,对其展开立体的用户画像,从而明确锁定目标用户的动态化场景,再通过智能算法优化推荐,以及实时的渠道数据反馈,实现对智能化场景的应对和动态调整,让广告自然渗透进用户生活的全场景,实现用户与场景的最佳适配,建立与用户之间的情感联系。①

### (二)产值增效,各显神通

2012年,阿里巴巴打造了中国第一个广告交易平台——TANX。它是一个依据淘宝用户访问浏览习惯性而进行消息推送的一种广告投放服务平台,是基于实时竞标的自动化程序采购。由此,中国的程序采购市场正式开启。之后,百度、腾讯、谷歌、新浪等互联网巨头相继发布了其在线广告交易平台。依靠社交平台起家的腾讯则依靠其10.98亿月活和腾讯QQ平台的8.07亿月活用户,将数字资产转化为商业价值,牢牢占据行业龙头的地位。与此同时,腾讯旗下的垂直类应用平台也都保持着较高的活跃度,具有强大的用户群。腾讯广告联盟应用平台作为行业领先者,通过智

---

① 李文昕:《计算广告对广告生产模式的重构》,硕士学位论文,山东师范大学,2021年。

能工具实现跨屏传播，打通线上线下壁垒，形成高效率的营销闭环。2021年，百度广告收入为 740 亿元，同比增长 12%。① 近年来，政府也发布了一系列政策文件，积极鼓励广告业发展，这给广告业的总体发展营造了很好的宏观政策环境。随着《广告法》等法律法规进一步修订完善，广告产业减税降费逐步落实。自 2016 年 5 月 1 日起，对月销售额不超过 2 万元的增值税小规模纳税人免征文化事业建设费；自 2019 年 7 月 1 日起，减半征收文化事业建设费；2020 年和 2021 年全年免征文化事业建设费，广告行业组织改革正在稳步推进。

同时，计算广告所带来的广告产业经济增长也是可观的。观研报告网数据显示，中国广告业的经营单位数量自 2013 年来逐年增加，到 2018 年已经增长至 137.59 万户，同比增长 22.51%；而到了 2019 年，中国广告行业经营单位数量则达到了 163.31 万户，同比增长 18.7%。随着经营单位数量的增长，中国广告行业从业人员数量也持续上升，到 2018 年达到 558.23 万人，同比增长 27.4%；2019 年中国广告行业从业人员数量达到 593 万人左右。2020 年中国广告经营额达到 9425 亿元，但占 GDP 的比重只有 0.9%。② 根据《中国传媒产业发展报告（2019）》，发达国家的广告营业额占其 GDP 的比重约为 2%，其中美国为 2.5%，日本为 1.6%。虽然与发达国家相比仍存在一定差距，但仍能看出中国广告业未来发展空间和发展潜力巨大。得益于互联网广告的迅猛发展，2021 年全国广告业事业单位和规模以上企业的广告业务收入首次突破 1 万亿元，达到 11799.26 亿元。③ 广告产业发展态势稳中向好，集约化发展水平不断提升，以 29 家国家广告产业园区为骨干、省级及以下广告产业园区为基础的广告产业集聚区框架体系基本形成。

---

① 《百度有望走出低谷：2021 财报显示新业务同比增长 71%，广告开始复苏》，2022 年 3 月 1 日，经济观察网，http://www.eeo.com.cn/2022/0301/523584.shtml。

② 《全球广告支出已超 6700 亿美元，我国广告产业年均复合增速达 9.4%》，2022 年 8 月 4 日，财闻网，https://www.caiwens.com/index/index/getnews?id=472。

③ 《预见 2023：一文深度了解 2023 年中国广告行业市场规模、竞争格局及发展前景》，2022 年 12 月 20 日，前瞻产业研究院，https://bg.qianzhan.com/trends/detail/506/221220-28c48ba5.html。

T.14 智能媒体时代计算广告产业发展现状与趋势研究

**（三）客户用户，各得其所**

美国百货公司之父、世界著名广告大师约翰·沃纳梅克说："我知道我的广告费有一半浪费了，但我不知道是哪一半。""浪费的一半广告费"被人称为广告营销界的"哥德巴赫猜想"。要想做到广告完全不浪费，几乎是不可能的。从广告主的角度来看，都想要对其广告投放和效果的度量更为集约化、精准化，用精细化的营销策略来提高整体收入质量和利润水平。这就要求将计算广告的概念和技术运用于更大范围的全媒体广告采购和投放，以实现在所有媒体上的整合、定向、自动化、智能化的广告传播。同时计算广告技术不仅要能够实现在线广告的快速反应、计算和投放，还必须能够基于用户在不同类型媒体上的浏览内容，结合时间、地点、行为等要素构建的特定场景，以程序化购买的方式实现全媒体、全方位、立体式、即时化的广告购买与投放。在这种情况下，就需要通过构建全新的全媒体广告交易管理平台，来实现对广告资源的购买、交易、匹配的有序管理，甚至要求能够将电视广告的交易体系、互联网广告的交易体系、户外媒体广告的交易体系以及更多类型的广告交易体系进行整合，并在用户、数据、技术、效果等广告传播的基本要素的基础上，建立一个广告资源价值评估和广告传播效果衡量的统一标准。

从用户的角度来看，每一位用户所使用的媒体终端以及所需要的媒体内容都呈现出多元化发展趋势，不同的用户在媒体接触习惯以及终端使用规则上也存在着很大的差异。因此，如何根据不同用户的媒体使用习惯与规则来制定具有个性化的广告传播策略，已成为产业和学界都关注和研究的焦点。在广告产业发生巨变的同时，广告主对目标受众的了解也越来越深刻，逐渐认识到用户态度转变也是促进广告产业转型的重要因素。用户在社交媒体平台上的行为是具有自我意识的，他们对平台上的内容有着不同的偏好，对同一产品的反应也是不同的，因此他们对广告的需求偏好本身也是多样化的。通过大数据技术进行分析和预测，计算广告可以给出用户的广告需求偏好，并以不同的用户对产品的反馈为基础，展开有差异的创意生产，并与用户当前的场景、需求、购买意向等相结合，将其广告推送给用户。从某种程度上讲，用户扮演着更加积极的角色，他们自己决定要看什么样的广告，还会分享品牌与他人互动。用户与品牌的互动也不止

智能媒体发展报告（2023）·产业篇

于接触、认知，还包括像情感、行动、社会资源等的自愿投入。计算广告的数字生态系统改变了用户与品牌的互动方式，而用户在各平台和设备上的互动也会被捕捉、量化、衡量，品牌会进一步调整品牌的广告决策。品牌同时也会借助第三方流量营销，与自有渠道结合形成叠加效应。

### （四）海外计算广告产业发展实践

有学者指出，在计算广告生态系统中，新广告业包括三大类：一是产生广告信息的新广告内容创作者；二是作为广告交付渠道的新媒体平台和媒体内容提供商；三是促进数据收集、分析和基于数据的广告交付的新广告技术基础设施提供商。[①] 无论是国内还是海外的计算广告产业生态分布，都呈现出类似的发展脉络，老牌的搜索引擎类、稳健发展的电子商务类以及新兴的社交媒体平台、短视频平台类构成了广告产业发展的多极化。中国互联网企业迅速占领了移动支付、物流运输等支撑性服务的领先地位，在应用投放上也超过西方国家。集中的流量不仅带来更高曝光机会，也带来更高转化率和更精准的人群定位。以丰富的内容和高可见度为基础，各互联网巨头可以建立起属于自己的站内转化通道，并构建出一个智能计算广告投放平台。这样，在站内就可以直接对流量进行消化。对广告主来说，在广告投放时可操作的环节会增加，跨平台损耗会降低。因此，由站内转化贡献的投放占比会迅速提高。

搜索引擎是谷歌利润最高的部门。数据显示，2020年，谷歌公司的"搜索及其他"收入达到1040亿美元，占谷歌广告收入的71%，占Alphabet（谷歌的控股公司）总收入的57%。[②] 从事电子商务的企业，可以根据以往的购物行为来定位用户。当前广告市场中，谷歌依然面临着强大的市场竞争者。2021年，亚马逊将背后的"推手"——广告业务收入从"其他收入"中拆分出来，独立统计和报告。2022年，亚马逊广告收入达到380亿美元，超过任何一家传统媒体公司，也超过了全球报纸行业收入的总和。在美国，也成为了仅次于谷歌和Meta的存在。380亿美元的广告收

---

[①] Helberger Natali et al., "Macro and Exogenous Factors in Computational Advertising: Key Issues and New Research Directions", *Journal of Advertising*, Vol. 49, No. 4, 2020, pp. 377–393.

[②] 《吸金巨兽！拆解谷歌千亿美元广告业务》，2021年6月16日，新浪科技，https://finance.sina.com.cn/tech/2021-06-16/doc-ikqcfnca1388412.shtml。

T.14 智能媒体时代计算广告产业发展现状与趋势研究

入只占亚马逊总收入（5020亿美元）的一小部分，不到亚马逊云业务AWS的一半，但因为不像AWS那样需要大量的基础设施投入，经营利润率远超50%，导致广告业务的利润与AWS近似，为200亿—250亿美元。从2022年第四季度的财务报表来看，包括Facebook、Instagram、Messenger、WhatsApp和其他服务在内的社交媒体系列本季度的营业收入为314.38亿美元，广告收入达312.54亿美元，占比为99.41%，其总体广告收入环比增长15%。[①] 可见，海外各互联网公司的广告收入仍是其主要收入来源。

## 二 计算广告发展对广告产业的影响

随着机器学习的不断演化，广告业也将进入个性化、高效率、低成本的新时代，而广泛运用于广告业的人工智能技术，将会加速广告业的智能化进程。从博弈论的角度来看，广告生态系统正在从一个"准平衡"移向另一个"准平衡"，因此处于系统中的每一方角色都应该使用强化学习等技术不断调整其行为以适应环境。[②] 对于广告产业来说，随着计算广告与技术对产业的影响不断加深，无论是业务架构还是人才技能都将焕然一新。

### （一）业务流程重构

在进行智能化转型的过程中，传统的广告公司、传媒平台应该快速地对自己的组织部门架构进行更新，转变传统的广告营销理念，充分利用自己在过去所积累的运营经验和媒体资源，主动地向以智能广告为核心的数据型、技术型企业进行转型。而新兴企业在追随智能浪潮进行创业时，应该在确保基本广告服务的前提下，加强自己的核心竞争力。比如，对广告业进行智能化的数据处理和分析，达到实时监控和优化的目的；智慧型广告科技公司加强运营过程的底层建设，为更多中小型企业提供基于云计算

---

[①] 《Facebook｜日活用户突破20亿，广告市场回温!! Meta开盘大涨23%!》，2023年2月27日，聚汇盈科技，https://mp.weixin.qq.com/s/XFJDl3RCs7DSGv6TwGhZCQ。

[②] Theo Araujo et al., "From Purchasing Exposure to Fostering Engagement: Brand-Consumer Experiences in the Emerging Computational Advertising Landscape", *Journal of Advertising*, Vol. 49, No. 4, 2020, pp. 428–445.

的技术支撑；在运用人工智能技术进行创意生产的过程中，也应重视广告创意人员的想象力和策划输出能力。计算广告颠覆了传统广告产业的业务流程，每个环节都在消解与重构中焕发出新的时代特色，具体表现在广告受众前馈、广告内容创意生产、广告呈现方式、广告传播模式四个方面。同时，数据、算法越来越受到广告行业重视，成为广告决策的核心。

广告在前期准备时，要进行大量的市场调查，这一过程即受众前馈。模糊的产品定位和目标用户不仅会使广告投放的效果大大降低，还会降低用户对品牌的好感度。但计算广告可以结合各类用户信息，例如用户消费数据、行为数据、实时位置等信息分析用户的偏好，不会打扰用户的正常生活，能得到真实可靠的信息效果反馈。在智能算法上，流式的多层截断型算法和因果算法的提出与应用，能够让智能决策系统更好地理解数据与行为之间的关系。预测用户可能存在的需求，从而达到"所见即所需"的精准化营销。① 叠加了人工智能的计算广告可以实现广告内容制作的人机协作。在广告创意阶段，利用人工智能技术对广告信息进行有效处理，可以实现广告信息的有效传播。从内容生产的角度来看，利用机器对大量广告信息的深度学习，持续地对人工智能进行测试和训练，使其产生的广告内容在一定程度上与人们的信息接收习惯以及更为深层次的含义相一致。在广告内容呈现上，万物互联会使"媒介"成为一个泛化的概念，多屏互动消除了传统大众媒体时期单向传播的多种弊端。如今，计算广告也出现了"去广告"的倾向，例如"饿了么""美团""大众点评"等O2O（Online To Offline）生活类平台应用，能够方便地提取线下用户的生活数据，并在地铁、商超、交通等生活化场景中展开精准投放，让广告信息呈现变得更加自然。而计算广告的功能，就是在合适的时机，将适合每个用户的信息推送到他们面前，实现广告传播的精准和高效。

### （二）人才培养与管理重构

习近平总书记在党的二十大报告中强调，人才是第一资源。人才是广告产业运作的最基本单位，也是广告公司最核心的资源之一。相关研究认

---

① 蔡润珩、宋若涛：《智能决策：计算广告运作环节的功能性重构》，《新闻爱好者》2021年第4期。

为,技术进步带有明显的降低人力资本就业水平的偏向。计算技术对广告产业的嵌入所造成的人才需求的改变,正印证了上述研究论断。有学者曾做过中国广告市场人工智能应用下,广告产业人力资本变迁的质性研究,结果显示,广告产业的技术进步导致一般型与技能型人力资本贬值及其需求量大幅下降,不仅数量减少,还引起诸多岗位消失和技术性失业。技术进步对广告产业人力资本的"破坏",主要指向广告产业内部的初级人力资本。而创新人力资本价值提升、创新岗位的设置,更导致市场对计算机、数学、统计学等异质性人才需求量的急剧增加。① 但是,由于广告学一直以来都是一门人文学科,当该行业整体向智能化转型时,不可避免地会遇到新兴科技人才匮乏、传统从业者难以适应的难题。为了解决这一问题,每一所大学的广告学专业都应该认识到培养"广告+技术"综合型人才的重要意义,加强跨学科的培训,并与计算机、数学、统计学等学科展开联合培训,保证为智能广告行业提供与之相适应的人才资源。与此同时,还应该加强"学术+产业"之间的沟通和互动,让智能广告行业的专家们来学校做讲座,为学生们讲解一些优秀的前沿案例,并进行一些仿真项目的运作。另外,广告产业应该对其内部的人才结构进行优化,除了引进技术人员之外,还要重视对传统人才的转型培养,开展"新兴技术人员+传统广告从业者"的协作工作方式,向其提供与智能广告、计算技术等有关的培训课程,对智能广告产业组织内部的人才结构进行优化。

### (三) 组织结构重构

从单一的业务模块来看,广告产业大多属于一种小型化、个性化、异质性的业务类型,而它却一直采取类似于大工业的生产组织方式,因此长期存在业务类型与生产组织方式的冲突。无论是从理论逻辑还是实践逻辑来看,流水线作业方式只是批量化产品大规模生产的一种最佳框架,具有大量职能部门、科层化的金字塔式组织结构是工业化大生产的产物,也只与工业化大生产相适应。在广告产业的生产组织中,常见的是一个个独立、异质的小型广告业务在客户部、策划部、创意部、制作部、媒体部等独立分散的业务部门流转运作着,小型化、个性化的业务类型却复制着工

---

① 秦雪冰:《人工智能应用下广告产业的人力资本变迁研究》,《新闻大学》2019年第6期。

业化大生产的组织结构,其业务类型与工业化大生产组织结构的矛盾与冲突,是造成广告产业低效率、低效益的一个重要因素。在互联网新兴技术的冲击下,传统组织架构的弊端也逐渐显露,取代它的将是灵巧的小型化与一体化的生产组织和管理组织。广告产业的最新发展是在计算机与互联网的背景下展开的。计算技术嵌入下的互联网广告产业,其业务运作迅速实现着从用户识别到广告投放的一体化发展,广告业务与广告市场交易也在程序化交易的技术框架下实现一体化运作。这种业务运作方式的改变,也带来广告生产组织形态的改变。目前尽管各互联网广告平台与各代理公司的广告组织结构并不完全相同,但从总体趋势上看,都一致朝向平台化、小型化、灵巧化、一体化方向发展,从而极大提升广告产业的生产效率与生产效益。

### (四) 经济范式重构

有学者认为,传统广告产业曾有过一次经济范式的转变——从劳动密集型产业转向智慧密集型。① 无论是劳动型还是智慧型,由于广告业的人文学科属性,新兴技术的纳入并非使其处于前端。21 世纪初,大数据计算技术开始深度嵌入广告产业的业务运作,大数据已经成为驱动社会发展的重要力量,传统广告公司在大数据及其技术的冲击下面临转型发展。从广告定向到广告程序化交易,再到后来的程序化创意,机器迅速替代人力、替代人的智慧,成为广告产业最核心的资源要素,广告产业才由此步入一个真正的技术密集的时代。② 在计算广告时代,数据是智能决策与用户画像的基础和依据,是计算广告组织运作的核心要素,数据的来源、质量和算法决定了广告匹配的效率,也决定了计算广告的交易价格与价值,成为计算广告最大的驱动力。算法赋予了计算广告"智能"的基因,智能算法寻找用户兴趣与广告主需求的连接点,间接实现了用户与场景的匹配。在计算广告时代,广告的效果衡量方式更为精细化,广告效果的渐趋精准也使广告主有了更为精准集约的广告投放选择。通过大规模的数据利用将广

---

① 曾琼、刘振:《计算技术与广告产业经济范式的重构》,《现代传播》(中国传媒大学学报) 2019 年第 2 期。
② 曾琼、张金海:《结构、关系与制度:计算技术嵌入与广告产业变革》,《武汉大学学报》(哲学社会科学版) 2022 年第 5 期。

T.14 智能媒体时代计算广告产业发展现状与趋势研究

告决策前置,用数据驱动决策,成为广告业的常态。

广告产业经济范式的重构,这一变化的重要性毋庸置疑。因为这提高了广告业的市场准入门槛,使广告业的产业结构发生了巨大变化。传统上,广告是大众传媒产业收入和利润的主要来源。传播媒介首先将广告产品售卖给受众,然后再将获得的受众注意力售卖给广告主,"二次售卖理论"是主要的经营模式。此时,因为传播技术与传播手段的局限,广告主通常通过粗犷地全渠道单一灌输产品信息,进行广撒网式的信息输出。这种传播思维无法实现广告信息的精准传播,广告效果难以保证。传统的广告实践因为缺少数据,广告从业者经验性的个人智慧主导了广告从用户洞察、创意策划、广告投放渠道到广告优化等环节。大众媒体时代,"精准营销"方面的成果乏善可陈,广告决策居于广告链的后端。在互联网行业中,越来越多的互联网公司和相关的信息技术公司取代了传统的媒介和广告机构,成为新兴的网络行业中的主力军。这种转变也促进了广告业由一个低效的行业向高效率、高效益的行业转变。因此,传统广告业和计算技术嵌入下的智能计算广告产业,在市场集中度、户均营业额和人均营业额上存在明显的差别。

## 三 计算广告产业趋势预测

### (一)高效可测:全链全域智能应用

计算广告的起源可以追溯到19世纪兴起的收集分析用户数据式的市场调查,此后多以问卷等形式进行广告效果、受众偏好的测量。传统数据调查式的广告传播效果具有不确定性,运作效率低下、应用范围窄,这就加剧了广告主、媒介和用户之间的矛盾与不信任。真正意义上的现代化广告即早期互联网在线广告为计算广告发展打下了基础,而随着大数据和人工智能等技术的升级迭代,计算广告产业逐步萌芽发展。互联网广告具有受众特征明显、统计性强、表达方式丰富、交互性强等特点,同时在互联网广告的基础上,加之大数据、人工智能等技术优势,使得计算广告实现了从萌芽到快速发展的转变。计算广告产业也形成了寡头垄断、数据孤岛的现象,各互联网公司的运营也各有特色。腾讯以社交作为主要特点,其计算广告的运营模式便带有以社交为主的特性;阿里拥有众多用户行为意

269

向的数据,包括搜索、浏览、收藏、加购物车、购买等行为数据,在对用户的行为兴趣意向进行定向投放方面,阿里更胜一筹;百度的数据洞察包括行业、品牌和人群洞察三个方面,其数据洞察能力较阿里和腾讯而言是更为丰富的,可为广告主进行媒体决策提供更多维度的参考。

大数据技术在广告行业更多地应用,改变了传统广告行业的产业链条,无论是广告制作、投放还是广告效果评估都在发生着巨变。精准传播是计算广告的核心诉求之一,当前广告主和用户的需求都不约而同地指向了个性化、精准化方向。大数据可以实现广告的精准投放,通过定向广告让广告主在合适的时间和地点,将合适的产品以恰当方式提供给目标用户。数据驱动下的计算广告也必将减少广告主的广告投入和用户的媒介使用成本。依托大数据技术建立的腾讯 DMP 数据管理平台就可以管理和分析用户数据,为广告主决策提供依据,同时人工智能技术可以利用大数据收集的用户信息作为学习来源,运用机器学习、自然语言处理或语音、图像识别等技术完成设定的广告创作任务。①

大数据不仅是一项技术,更是一种理念和解决问题的思路。随着计算广告从底层技术架构到应用场景以及相关产业管理的不断变革升级创新,计算广告产业将会实现营销聚合效应。未来的广告平台,谁能以模板化的产品形式,输出更丰富的实践,承接多类型的媒介形式,把各式各样的流量都利用起来,谁就能在服务开发者的竞争中占得先机。而各式的广告实践依托于大数据进行分析、投放,通过大数据分析,可以实现广告效果的量化、优化以及进行决策。过去,广告主的单向数据实用性不强,难以判断信息的真实性和准确性。基于大数据的计算广告,能够方便实时链接、实时洞察,广告商能够通过大数据来了解他们的广告在市场上的表现,从而能够适时地调整投放策略;这对于广告公司来说,也是一个很好的参考,可以让他们更好地利用这些数据来完善自己的广告内容,从而更好地满足用户的需要。

## (二)互动沉浸:内容匹配智能建设

传统广告的出现会切断原生场景,比如在电视节目中插播广告,就打

---

① 温进浪:《腾讯计算广告的运营模式研究》,硕士学位论文,广西大学,2021 年。

## T.14　智能媒体时代计算广告产业发展现状与趋势研究

断了用户原本享受的原生场景，切断了用户的情绪延续，反而会引起用户的不适和负面情绪。抖音 App 上被称为"抖音广告天花板"的抖音博主"艺术菜花"为阿玛尼口红拍摄的《受伤的天鹅与她的红丝绒》《红墙下的南风》，凭借其丰富生动的画面和电影质感的形式与内容引起用户注意，获得百万点赞。博主"艺术菜花"的作品内容即广告，对称性的画面设定，让广告内容精致与时尚兼备，同时这种场景设定也让用户乐于接受。现下并非所有的广告都能如此，因此沉浸式、颇具创意的内容可以成为很好的营销点。腾讯计算广告对人群洞察的过程实际上也是对用户信息进行标签化，从而构建出具有显著特征的用户画像的过程。人群洞察的数据来源是广告主上传的人群包数据，因此用户画像的建模对象不是单一用户，而是相当数量的特定用户群体。这类群体在使用产品或服务时，呈现出相似的行为或者兴趣偏好等特征。

2022 年年底，基于 Transformer 语言模型的 ChatGPT 的出现引起巨大关注，ChatGPT 能够生成连贯的、符合语境的文本，同时能够完成多种任务，如文本生成和对话式人工智能等。① ChatGPT 和 AI 绘画、AI 写作等都是 AIGC 的分支。比起搜索广告，ChatGPT 以更自然的交互方式和用户进行对话，其产品本身能满足更丰富的场景和更具体的需求，再加上对话交互模式，无疑会增加整体的流量。ChatGPT 可以将与用户对话中的问题内容进行智能生成，不同于传统的预设语料库和人工转接，ChatGPT 会成为更智能的"客服"。ChatGPT 等智能内容生成应用是针对用户问题、依据已收集的数据和资料生成一段内容，并运用智能内容生成技术的搜索引擎，如微软的 NEW BING，在生成内容的同时还会提供一些链接。② 同时，ChatGPT 的日益普及将有利于大规模模型研究和即将到来的智能工业时代，智能计算广告也将会将用户与广告内容智能匹配，实现沉浸式互动。据财联社 2023 年 4 月 4 日消息，"阿里版 ChatGPT 语音助手"现身网络，天猫精灵团队通过音箱端接入阿里大模型，该智能音箱展示出较强的多轮对话、

---

① F. Wang et al.，"What Does ChatGPT Say：The DAO from Algorithmic Intelligence to Linguistic Intelligence"，*IEEE/CAA Journal of Automatica Sinica*，Vol. 10，No. 3，2023，pp. 575 – 579.
② 陆小华：《ChatGPT 等智能内容生成与新闻出版业面临的智能变革》，《中国出版》2023 年第 5 期。

AIGC、个性化表达的能力。[①]

以自然语言呈现结果的类 ChatGPT 产品在广告呈现方面会做得更原生、更自然、更切中要害，同时通过构建数据标签，开发预测性广告。随着技术的发展，类似 ChatGPT 的生成式人工智能也会逐步被数字营销采用，从而理性地提升商业化决策的效果。而 AIGC 在智能广告中的应用更加广泛，商业应用最合适的莫过于生成广告素材。后续这类产品接入生活场景的各种设备，将实现真正意义上的智能计算物联网广告。其实用价值和用户频次有望进一步增加，实现从网络平台到多屏硬件的智能计算物联网广告，实现用户与内容的智能匹配建设。从生活、娱乐到工作等各个场景，用户所使用的设备以及与之相关的传感器设备都将成为广告投放的媒介，广告主可将个性化的广告信息实时推送给用户，确保符合用户当前位置、情绪及需求，越来越考虑用户的体验。计算广告以用户为中心的特征体现在：一是广告与用户的精准匹配，二是创造用户沉浸式的广告体验。如何实现广告与用户的精准匹配，这一直是广告主努力想要解决的问题。将人工智能技术应用于用户行为分析、广告设计和文案写作等领域，以加强广告的个性化和精准度。计算广告洞察用户需求并进行感性、量化分析，基于用户分析的大规模个性化广告制作、全渠道精准媒体规划和购买等正在逐步实现广告精准匹配的问题。基于物联网高连接性和可扩展性的特点，叠加物联网技术的智能计算广告的传播模式从单一的信息收集，拓展到信息系统化及建立环境媒体广告传播模式。这意味着在物联网中，每个物联设备都是一个重要节点，能实现数据收集和生成。

### （三）协同优化：代理模式智能交易

无论是何种广告都希望通过媒介投放传递符号，从而影响用户的思想、行为。商业广告最直接的用户效果反馈就是消费行为达成，在线广告效果的衡量主要通过 Cookie、用户网页日志、眼动仪、热力图等，它们能够轻松了解广告转化率、广告可见性，追踪用户后续点击、购买等行为，并针对监测结果进行创意、出价等实时优化行为。但反观现下互联网交易

---

[①] 《ChatGPT：智能音箱成为个性化大模型的流量入口》，2023 年 4 月 6 日，伏白的交易笔记，https://xueqiu.com/2305761063/246690800。

T.14 智能媒体时代计算广告产业发展现状与趋势研究

风险仍然存在，隐私风险、流氓网站以及财产安全等问题都在降低用户的互联网交易体验，只有智能化、安全性能高的合约交易模式才能在未来更受用户青睐。根据CNNIC发布的第51次《中国互联网网络发展状况统计报告》，截至2022年12月，65.9%的网民表示过去半年在上网过程中未遭遇过网络安全问题，较2021年12月提升3.9个百分点。工信部在《2018年中国区块链产业白皮书》中所言："区块链技术几乎在所有的产业场景都能落地应用，因为当前的经济环境和制度下所有的产业场景都涉及交易，都有降成本、提效率、优化产业诚信环境的需求，而这正是区块链技术落地应用后能够迅速发挥作用的原因。"

区块链的智能化技术是基于"如果发生X，则执行Y"的合约条款来进行价值交换的，即共事双方所签订的合同可以在区块链上预先编好代码，然后基于事件数据开始执行。[1] 区块链的核心技术基础就是智能合约，合约由去中心化的区块链技术系统进行处理，并且会提供共同的参考框架，从而能够确保信息内容的安全性、透明性和公平性。比特币的核心开发者Nick Szabo在1994年首次描述了智能合约，将其定义为一种通过将协议与用户界面相结合来形式化和保护计算机网络的工具。智能合约涉及合同协议的各个领域的潜在用途，例如信用系统、支付处理和内容权限管理。区块链智能合约允许创建无信任协议，这意味着两方可以通过区块链做出承诺，而无须相互了解或信任。他们可以肯定，如果条件不满足，合同就不会被执行。除此之外，使用智能合约可以消除对中介的需求，从而降低运营成本。智能合约在涉及两方或多方之间的资金转移或交易的情况下特别有用。

计算广告的核心诉求是在特定语境下实现特定用户与特定广告之间的最佳匹配，其实质是计算逻辑与大数据的结合。要想实现语境、用户、广告三者之间的最佳匹配，需要完善计算广告的两大基石——互动与数据。就计算广告发展现状来看，数据的结构性缺失和用户与环境互动的实时数据缺失，导致用户与广告的互动存在隔阂。而区块链的技术特性将突破现有的"数据孤岛"现象，重塑用户与广告的互动模式，带来计算广告发展的新业态。在这种机制下，广告主、广告平台和用户将处于完全对等的状

---

[1] 肖璇：《区块链技术背景下计算广告优化机制探析》，《科技传播》2021年第13期。

273

态，在每个区块和节点间以信任价值进行连接，用户对自身所产生的数据信息具备了完全的所有权和支配权，从而保障自身隐私不被侵犯；同时可以以自身某些信息为交换对象获取利益，具有自主性。在智能化交易阶段，广告投放依靠智能化、自动化的人工智能技术驱动完成，能实现业务流程智能化，比自动化的匹配更先进。区块链技术对于品牌的塑造也具有特殊的意义，尽管现在看来可能对品牌的范围有所限制——强调产品的来源、安全属性，比较突出的就是果蔬、饮食以及超市行业，IBM 为沃尔玛开发的区块链技术就在很大程度上为沃尔玛塑造了新鲜的品牌形象。[①]

### （四）整合系统：实时共享智能服务

计算广告产业内部和外部的双重割裂、媒介闭环化、品牌自主性进一步加强，是阻滞计算广告产业发展的重要原因。其一，像腾讯、阿里巴巴旗下有众多子公司，数据流量分散。其二，数据市场由于多方利益博弈造成的数据割据，乃至形成数据孤岛的现象愈加明显，这也成为制约行业发展的瓶颈。市场垄断造成的数据垄断使得广告主、广告公司被边缘化，不得不依附于互联网巨头；同时互联网寡头背景下的数据是片面的，背离了大数据的数据价值。这种片面数据不仅存在着一定的局限与偏颇，也不能完全地说明用户的消费行为与广告的投放效果。互联网寡头还会打着保护用户隐私的旗号，独占用户的数据，掌握着绝对的场域规则，挤占了中小型广告产业的生存和发展空间。智能广告产业所覆盖的公司范围广泛，对技术的应用情况参差不齐，大小型公司之间也存在明显的技术鸿沟。

广告公司内部的系统整合不仅有利于提高运作效率，更有助于将不同方向的流量、社交以及交易等业务规模化。腾讯广告就通过将腾讯系社交产品整合统一，让腾讯系的流量变现能力大大提升，同时上线了新的投放管理平台。在整合后的统一产品中，广告主可以只利用一个账号就可以一站式触达腾讯系的所有流量，完成同一个市场目标的营销工作。广告公司要增强其连接与整合的能力，不仅要将外部的各种媒体资源进行整合，而且要在内部实现广告、营销、公关的深度融合。广告公司要达到这个目的，最重要的就是连接与整合：一方面，将数字能力构建于数据库之上，

---

① 石张、徐增展：《互动与数据：计算广告发展的关键路径》，《新闻潮》2020 年第 12 期。

T.14 智能媒体时代计算广告产业发展现状与趋势研究

构建与用户、媒体相连接的生态体系，使其能够即时响应用户的需要，并在共享的过程中对用户产生影响；另一方面是将电视、互联网、视频、搜索、社交媒体、移动互联网打通，将人、时间、空间、服务集中到一个平台上，改变参与者的全流程，从而达到较好的营销效果，消弭智能广告产业内部公司之间的技术鸿沟。

从事计算广告这一领域的媒体平台，不仅包括我们通常概念中的互联网角色，还包括网络运营商、智能终端，以及一些传统媒体经过数字化转型和融媒体发展后成功搭建的计算广告平台。混媒环境下，媒体业态、服务的融合，广告和公关、社交、内容、体验与用户之间的边界越来越模糊，计算广告技术平台间也出现了整合的态势。大型公司可通过与其他公司战略合作的方式扩充服务覆盖面，了解多样化的技术；而小型公司则可以通过互相合作，建立智能广告产业园区来保证技术资源的互相配合。这样才能构建一个与云计算相连接的国家中心数据库，推动突破数据壁垒，进行资源整合，开放共享，进而最大限度地发挥大数据在产业中的作用，实现"中央厨房式"的数据共享与智能服务。

## 四 计算广告产业发展建议

计算广告是广告发展历程中最终实现数字化与精准化的必然结果。计算广告离不开对用户的数据采集与分析、算法推送，这就决定了它可能存在侵犯隐私、算法控制、数据造假等问题。这些问题的出现将对用户、媒体平台、广告行业乃至国家和社会造成不利影响。如何把握好用户隐私侵犯和精准广告推送之间的"度"，这将是计算广告在未来发展中面临的最大挑战。

### （一）价值理性与工具理性的统一

1. 人文关怀

虽然精准的智能营销提高了广告投放的效益，但忽略了人在其中的重要作用。未来，仍应该通过人机协同增加人文关怀去优化技术伦理。目前中国智能计算广告产业仍处于初级阶段，技术应用尚未成熟，相关智能计算广告技术公司、数据公司在应用算法、用户数据等方面或多或少存在算法偏见、隐私侵犯、广告欺诈等行为。大数据技术使公民隐私以"整合型"方式呈现，且侵犯带来的后果具有滞后性，这会导致隐私主体不能及时感知侵犯后果。为保证人工智能技术在广告产业应用的基本信誉度，应进一步加强人机协同操作，优化技术伦理的相关问题。

品牌效果这种广告的隐性的、滞后的影响是无法以显性的量化追踪来表达的。参与广告的各方行动者被技术驯化，都无意识或有意识地期待精准匹配和高转化率，导致行动者在数据分析和广告创作投放环节被效果裹挟，只追求结果准确，追求"纯粹的量化"，忽视了过程正义。这最终导致用户隐私侵犯、工具理性等伦理问题。计算广告场域内，对这一理念的坚持则体现在对技术从业人员的教育与规制，对技术黑箱的道德性监督。特别是强势的互联网平台，作为重要的服务提供商，应该积极参与新伦理准则的共建，形成各主体共同参与的责任链条。例如腾讯提出的"科技向善"理念和百度提出的"人工智能伦理四原则"，皆是企业方对伦理法则建设的回应。

2. 消费心理

广告创意不仅是针对目标用户展示精美的图片、视频和个性化定制的广告语，还要考虑产品投放的场景和用户消费心理的变化。在智能计算广告语境下，结合场景融合的实时智能广告投放将会实现，但用户的浏览兴趣、生活需求和购买需求并不是简单的对等关系，通过用户的平台使用数据可以有效地推断其兴趣偏好，但用户的消费需求仍需要更加全面的综合评估。在高度匿名的互联网环境下，用户的兴趣行为反而会与其所处的身份标识相冲突，导致其基础信息与行为数据之间的不一致，给算法分析带来严峻的挑战。此外，有些用户对广告存在一种抵触心态，特别是在用户接触到可以满足自己需求的广告后，首先想到的就是自己的信息数据被跟踪了，由此产生一种抵触心理，并会有意识地拒绝这类广告。在这样的情况下，数据质量本身是高的，但用户对待广告的态度会让它变得毫无意义。

当前人工智能技术正处于弱人工智能阶段，计算广告在运作过程中，对用户非结构化数据的利用停留在较浅层面，智能捕捉与预测用户情绪和

## T.14 智能媒体时代计算广告产业发展现状与趋势研究

行为离不开对非结构化数据的开发利用。作为广告投放重地的社交媒体平台,与传统的大众媒体最大的区别就在于社交影响力成为重要维度,基于广告的互动影响纳入算法模型的考量因素,提高了对用户与广告产生互动概率预估的准确性。也就是说,如果用户的好友给朋友圈广告留言并和其他留言的好友进行互动,会非常显著地提升用户与广告互动的意愿。同时,在获取人际效用的过程中,也会受到来自同伴发布的内容的影响。在社交媒体中,用户会发布、分享生活与消费经验,这无疑可以满足用户的社交需求,他们因此会对社交媒体产生积极态度。对社交媒体的积极态度可能转化为对社交媒体广告的积极态度。另外,用户更倾向于相信口碑和用户生成内容。用户因此更有可能将社交媒体视为非广告商赞助的免费媒体,并可能对社交媒体上的广告有更高的信任度。社群是建立场景强连接的重要策略,场景强连接能给计算广告带来更好的传播效果。社群的建立,需要基于用户的社交关系链,彼此间建立情感关系。同时,需要基于智能数据打造优质的社群文化,将用户与场景相融合,有效提高广告的触达效果。

3. 算法正义

解构一个"黑箱"不是为了进入另一个"黑箱"。除了经济资本之外,在以智能为核心的计算广告时代,技术资本这一新兴的资本力量同样对产业运作产生了巨大的作用。布尔迪厄(Pierre Bourdieu)认为在场域中存在一种"符号暴力",在计算广告的生产场域,工具理性在广告内容制作和分发过程中成为场域核心观念,也成为场域内的"符号暴力"。[①] 算法在计算广告中的作用毋庸置疑,而随着算法在互联网应用中作用的深化,算法控制问题也随之产生,主要体现在大数据杀熟、信息茧房以及算法压榨三个方面。对于广告主来说,基于算法自动进行广告位选择的投放机制,节约了广告投放中的人力资源成本、提高了投放效率。由于技术"黑箱",广告主在进行广告投放时,同样可能存在品牌安全问题,不恰当的投放位置、投放时间易造成广告主声誉受损,甚至触犯广告法。

算法的公平正义是指在算法实施的每一个环节中,都能实现利益相关

---

① 魏中曼、穆思颖:《场域理论下计算广告的伦理问题及对策研究》,《新闻研究导刊》2022年第6期。

方的平等权利。因此，在具体的操作层面上，应用算法的平台或企业应该做到以下三点。首先，要保证数据的公正，同时要对数据主体的可见性和自主性进行平衡，对儿童、老年人、残障人士或其他少数群体等弱势群体的利益进行保护。其次，要在"算法透明"的基础上，确保数据公开、易获取、可理解。2021年9月，国家互联网信息办公室、中宣部等部门联合发布了《关于加强互联网信息服务算法综合治理的指导意见》的通知,①要求推送算法公开透明。2022年12月，中共中央、国务院印发了《关于构建数据基础制度更好发挥数据要素作用的意见》，提出要全面加速数据价值释放，纵深推进数字化发展。数据价值的释放离不开深度学习等算法的赋能和加持，算法透明作为算法治理的重要手段，将迎来发展新阶段。②最后，构建多主体协同的算法责任机制，发挥多方合力，提升技术风险管理的效能。推动建设更具人文关怀、更长期的算法公益，将"科技向善"的理念深植于企业乃至社会发展的结构之中是未来人类的发展方向。

### （二）自律与监管双管齐下

#### 1. 虚假流量

在互联网广告中，流量作弊、流量劫持等现象似乎成了难以根除的弊病。Facebook在2016年关闭了其DSP（需求方广告平台）产品，原因是有75%的流量质量不佳，其中还有虚假的机器人流量。③ 在计算广告中，广告活动是广告主、媒体与用户之间三方交互的行为，因此广告中的作弊行为主要有媒体作弊和广告平台作弊两种情况。④ 媒体或广告平台由于自身流量不足，通过流量作弊增加虚假流量来满足广告主的投放需求，以满足自身利益，因此互联网上如刷单、买赞、水军等"冲量"行为司空见

---

① 《关于印发〈关于加强互联网信息服务算法综合治理的指导意见〉的通知》，2021年9月17日，国家互联网信息办公室，https://www.gov.cn/zhengce/zhengceku/2021－09/30/content_5640398.htm。
② 《中共中央 国务院关于构建数据基础制度更好发挥数据要素作用的意见》，2022年12月19日，新华社，http://www.news.cn/mrdx/2022－12/20/c_1310685338.htm。
③ 马澈：《关于计算广告的反思——互联网广告产业、学理和公众层面的问题》，《新闻与写作》2017年第5期。
④ 吴庆富：《基于人工智能技术的计算广告场景传播策略研究》，硕士学位论文，暨南大学，2019年。

## T.14 智能媒体时代计算广告产业发展现状与趋势研究

惯。虚假流量从根本上损害了计算广告行业的价值,造成信任危机和不正当竞争。因此,对其进行打击和治理的力度也应非常大。机器人刷量带来的低成本、隐蔽性强等特点,也给计算广告行业的流量造假提供了便利。根据腾讯安全联合腾讯防水墙发布的《2021年移动广告反欺诈白皮书》,2021年广告主因欺诈致损高达220亿元。这一数字比2020年预估的180亿元增加了22%。①

在法律法规层面,国家互联网信息办公室关于《移动互联网应用程序信息服务管理规定》明确提出,应用程序提供者应当规范经营管理行为,不得通过虚假宣传、捆绑下载等行为,或者利用违法和不良信息诱导用户下载,不得通过机器或人工方式刷榜、刷量、控评,营造虚假流量。同时在行业自治层面,应该通过完善监控监测技术、反欺诈手段、引入广告可视性评价标准,建立更为全面的评价体系,为广告客户提供第三方数据的认证,开展行业监督、公开审计等服务。②腾讯安全天御广告反欺诈系统可以过滤掉大部分异常流量,秒针公司通过"流量签名安全认证",帮助广告主识别流量中的异常流量,针对社交媒体和KOL"去水"也推出了专门的技术服务。通过长期的数据分析,构建具有设备属性、IP属性等的黑名单数据库,如同一个过滤引擎,将不符合正常逻辑的设备与行为进行过滤。

2. 隐私保护

智能计算广告是以全方位的用户数据为出发点,对用户画像进行智能描绘,记录人们的行动轨迹等信息并以"数据流"方式保存下来的一种广告。它在很大程度上提升了广告的精准度及转化率,但这一系列基于用户人口属性、网络使用行为等数据造成的隐私侵犯问题同样严重。在网络环境下,有时会发生"非法泄露""恶意销售"等事件,给个人隐私的保护造成了极大的威胁。目前,仍有很多企业机构通过非法获取并交易用户个人信息、偏好习惯数据来获得高额利润。2021年11月1日,《中华人民共

---

① 《〈2021年移动广告反欺诈白皮书〉发布:欺诈导致广告主损失220亿》,2022年4月1日,腾讯安全,https://new.qq.com/rain/a/20220401A04GO700。
② 《新修订〈移动互联网应用程序信息服务管理规定〉强化服务提供者主体责任》,2022年6月14日,新华社,http://www.news.cn/2022-06/14/c_1128741468.htm。

和国个人信息保护法》正式开始实施；同时《中华人民共和国电子商务法》第 23 条规定，电子商务经营者收集、使用其用户的个人信息，应当遵守法律、行政法规中有关个人信息保护的规定；①《中华人民共和国民法典》在现行法律规定的基础上，对隐私权和个人信息保护作出了专门的规定，明确了禁止实施的侵害隐私权的行为类型，处理个人信息应遵循的原则与合法性要件、个人信息的合理使用，还对隐私权和个人信息保护的关系问题作出了规定。

对于计算广告行业而言，这些管理制度的出台无疑增加了合理合法获取用户数据的成本。对于一些无法获得用户合法授权的监测机构而言，可能面临生存风险。媒体平台、广告主和第三方监测服务机构，都需要适应新环境做出调整。边缘计算可以为数据隐私及安全提供较好的保护机制。一方面，用户的源数据在上传至云中心之前，首先利用距数据端最近的边缘节点直接对数据源进行处理，以实现对一些敏感数据的保护与隔离。另一方面，边缘节点与云中心之间建立功能接口，边缘节点仅接收来自云计算中心的请求，并将处理的结果反馈给云计算中心。这种方法可以降低隐私泄露的风险。

3. 数据物权

最经典的互联网思维模式就是以免费服务来换取流量和数据，从而通过流量变现等广告业务来获取利益。在使用互联网时，用户需让渡自身的消费、行为数据，但大部分用户可能并不清楚自己有哪些数据已经被深度挖掘，也无法对被挖掘的数据采取措施。在这方面，国际上有两条通行的原则：一是禁止追踪，二是将用户信息的使用仅限定在"可识别身份信息"。② 根据当下物权法的规定，数据并不属于《物权法》的可调控范畴。但无论是之前广为讨论的元宇宙还是数字孪生，以数字方式创建真实实体的虚拟实体，数字分身将会影响现实生活。《中华人民共和国民法典》第 127 条虽然确立了依法保护数据和网络虚拟财产的原则，但对

---

① 《中华人民共和国电子商务法》，2018 年 8 月 31 日，中国人大网，http：//www. npc. gov. cn/zgrdw/npc/lfzt/rlyw/2018－08/31/content_ 2060827. htm。

② 马澈：《关于计算广告的反思——互联网广告产业、学理和公众层面的问题》，《新闻与写作》2017 年第 5 期。

数据和虚拟财产的具体范畴、概念并没有作出规定。

计算广告产业乃至智能工业的发展都离不开数据使用，只是如何丈量不被过"度"使用亟须厘清。一是要认识到数据的价值，即数据的所有权人对其提供、转让、交易的范围、流程以及利益共享的权利；二是要厘清数据的所有权，不管是搜索引擎、社交网络、电商网站还是广告平台，都只是将其作为平台的数据存放者，其数据的所有权与财产权应该属于平台所有人，尤其是涉及个人隐私的核心数据，其所有权更应该属于个体。明确了这两个问题，就可以对相关的市场行为进行规范。在借鉴欧美对于数据安全保护的经验如"被遗忘权"时，也要结合中国计算广告产业的发展现状。

## 结　语

数字经济的基础与保障是做好数字治理与数据价值化，同样，依托于各类数字技术的计算广告产业是数字经济发展的重要组成部分。对计算广告的伦理问题展开研究，是合乎广告产业现实发展趋势的选择。计算广告的伦理问题并非一朝一夕可以解决，它需要多方协同、通力合作。无论是广告主、用户还是媒介，都不可能独善其身。技术主体与广告主应该提高自身道德意识，强化社会责任感，建立健全行业规范，倡导行业自律，加强行业监管，并积极利用新兴手段突破技术壁垒，最大限度地保障用户的权益。坚持价值理性与技术理性相统一，让行业自律与他律双管齐下。

## 参考文献

蔡润珩、宋若涛：《智能决策：计算广告运作环节的功能性重构》，《新闻爱好者》2021年第4期。

《全球广告支出已超6700亿美元，我国广告产业年均复合增速达9.4%》，2022年8月4日，财闻网，https://www.caiwens.com/index/index/getnews?id=472。

段淳林：《技术变革背景下中国计算广告的发展趋势》，《山西大学学报》（哲学社会科学版）2022年第5期。

《ChatGPT：智能音箱成为个性化大模型的流量入口》，2023年4月6日，伏白的交易笔记，https：//xueqiu.com/2305761063/246690800。

《关于印发〈关于加强互联网信息服务算法综合治理的指导意见〉的通知》，2021年9月17日，国家互联网信息办公室，https：//www.gov.cn/zhengce/zhengceku/2021-09/30/content_5640398.htm。

《百度有望走出低谷：2021财报显示新业务同比增长71%，广告开始复苏》，2022年3月1日，经济观察网，http：//www.eeo.com.cn/2022/0301/523584.shtml。

《Facebook｜日活用户突破20亿，广告市场回温!! Meta开盘大涨23%!》，2023年2月27日，聚汇盈科技，https：//mp.weixin.qq.com/s/XFJDl3RCs7DSGv6TwGhZCQ。

李文昕：《计算广告对广告生产模式的重构》，硕士学位论文，山东师范大学，2021年。

刘传红：《广告产业研究的几个基本问题》，《武汉大学学报》（人文科学版）2007年第2期。

陆小华：《ChatGPT等智能内容生成与新闻出版业面临的智能变革》，《中国出版》2023年第5期。

马澈：《关于计算广告的反思——互联网广告产业、学理和公众层面的问题》，《新闻与写作》2017年第5期。

《预见2023：一文深度了解2023年中国广告行业市场规模、竞争格局及发展前景》，2022年12月20日，前瞻产业研究院，https：//bg.qianzhan.com/trends/detail/506/221220-28c48ba5.html。

秦雪冰：《人工智能应用下广告产业的人力资本变迁研究》，《新闻大学》2019年第6期。

石张、徐增展：《互动与数据：计算广告发展的关键路径》，《新闻潮》2020年第12期。

《〈2021年移动广告反欺诈白皮书〉发布：欺诈导致广告主损失220亿》，2022年4月1日，腾讯安全，https：//new.qq.com/rain/a/20220401A04GO700。

魏中曼、穆思颖：《场域理论下计算广告的伦理问题及对策研究》，《新闻研究导刊》2022年第6期。

温进浪：《腾讯计算广告的运营模式研究》，硕士学位论文，广西大学，2021年。

吴庆富：《基于人工智能技术的计算广告场景传播策略研究》，硕士学位论文，暨南大学，2019年。

肖璇：《区块链技术背景下计算广告优化机制探析》，《科技传播》2021年第13期。

《吸金巨兽！拆解谷歌千亿美元广告业务》，2021年6月16日，新浪科技，https：//finance.sina.com.cn/tech/2021-06-16/doc-ikqcfnca1388412.shtml。

## T.14 智能媒体时代计算广告产业发展现状与趋势研究

《新修订〈移动互联网应用程序信息服务管理规定〉强化服务提供者主体责任》,2022年6月14日,新华社,http://www.news.cn/2022-06/14/c_1128741468.htm。

《中共中央 国务院关于构建数据基础制度更好发挥数据要素作用的意见》,2022年12月19日,新华社,http://www.news.cn/mrdx/2022-12/20/c_1310685338.htm。

曾琼、刘振:《计算技术与广告产业经济范式的重构》,《现代传播》(中国传媒大学学报)2019年第2期。

曾琼、张金海:《结构、关系与制度:计算技术嵌入与广告产业变革》,《武汉大学学报》(哲学社会科学版)2022年第5期。

《中华人民共和国电子商务法》,2018年8月31日,中国人大网,http://www.npc.gov.cn/zgrdw/npc/lfzt/rlyw/2018-08/31/content_2060827.htm。

Helberger Natali et al.,"Macro and Exogenous Factors in Computational Advertising: Key Issues and New Research Directions",*Journal of Advertising*,Vol. 49,No. 4,2020.

Theo Araujo et al.,"From Purchasing Exposure to Fostering Engagement: Brand-Consumer Experiences in the Emerging Computational Advertising Landscape",*Journal of Advertising*,Vol. 49,No. 4,2020.

F. Wang et al.,"What Does ChatGPT Say: The DAO from Algorithmic Intelligence to Linguistic Intelligence",*IEEE/CAA Journal of Automatica Sinica*,Vol. 10,No. 3,2023.

# T.15 2022年中国智能媒体产业投融资研究报告

陆朦朦　苟圆林　周雨荷[*]

**摘　要：**人工智能技术在传媒领域的应用带来了"智能媒体"的发展，2022年，中国智能媒体产业在政策利好释放与技术不断升级的时代背景下，整体投融资势头迅猛。本文旨在聚焦智能媒体产业发展的投融资维度，通过梳理和统计智能媒体产业的投融资数据，从投资数量、投资轮次、投资领域、投资机构等方面对投融资整体状况进行分析，在此基础上总结投融资区域上"获投区域集中于经济发达地带，北上广成为地区领头羊"、投融资额度上"投资总额累计近400亿元，平均单笔融资额达到3.38亿元"、投融资领域上"游戏领域横向获投比例占据高地，VR游戏赢得资本青睐"、投融资机构上"CVC与VC齐头并进，CVC机构业务整合投资倾向明显"四大特点。最后，结合2022年智能媒体行业投融资情况，探讨智能技术贯穿新闻采集、生产、呈现、分发和核查全流程的发力点与发展方向。

**关键词：**智能媒体产业；投融资；人工智能；大数据；区块链

## 一　智能媒体产业投融资宏观环境分析

2022年，中国智能媒体产业发展进入新阶段。无论是媒体融合的指导意见还是"十四五"规划，都围绕技术发展、产业融合以及人才培养等提

---

[*] 陆朦朦，浙江传媒学院新闻与传播学院讲师；苟圆林，浙江传媒学院新闻与传播学院硕士研究生；周雨荷，浙江传媒学院新闻与传播学院硕士研究生。

出建设智能媒体、大力发展智慧城市等战略实践。除了政策的支持，技术的迭代演进不断推动媒体的智能化变革，人工智能、大数据、AR/VR以及云计算等新兴技术为媒体发展生态的重构带来了机遇。

**（一）政策支持为智能媒体产业提供规范环境**

自2014年《关于推动传统媒体和新兴媒体融合发展的指导意见》审议通过以来，经过为期6年的传媒实践与融合转型，2020年多数传统媒体完成了从"相加"到"相融"的理念业务转变。2020年，中共中央办公厅、国务院办公厅印发了《关于加快推进媒体深度融合发展的意见》，指出技术赋能成为开创媒体融合新局面、加快媒体融合纵深发展的重要支撑，使技术创新驱动媒体实践信息服务全流程，加快构建集内容生产业务、要素审核机制、信息分发渠道、网络空间治理为一体的新型智慧系统，推动技术服务机构与信息传播平台同调同频发展，满足用户迭代创新技术与高价值含量内容深度互嵌的综合诉求。2021年，《中华人民共和国国民经济和社会发展第十四个五年规划和2035年远景目标纲要》明确提出加快数字化发展、建设数字中国的美好愿景，"培育壮大人工智能、大数据、区块链、云计算、网络安全等新兴数字产业"将成为"推进媒体深度融合，做强新型主流媒体"强有力的技术及产业支撑。党的二十大报告提出加强全媒体传播体系建设、实施国家文化数字化战略、加快建设"数字中国"等新要求、新部署。上述重要政策的出台与实施，为智能媒体产业的全面落地与企业实践，提供了坚实的政策基础与蓬勃发展的沃土，智能媒体技术的行业应用布局将为智慧城市、数字社会建设持续注入新动能，为数字中国健康发展提质增效。

**（二）新兴技术为智能媒体产业发展注入智能基因**

随着互联网技术的发展和5G技术的切实落地，人工智能、区块链、物联网、VR/AR等新技术逐步将媒体发展推向智能化。正如克莱·舍基在《未来是湿的：无组织的组织力量》中提到的一样，"互联网并非在旧的生态系统中引入新的竞争者，而是创造了一个新的生态系统"。技术的变革为智能媒体的发展注入智能基因，5G时代的媒体生态更加多元化，也为智能媒体行业投融资提供外部支持。有很多媒体在新兴技术的助推下开发新型数字产业和智能互动媒体,并获得了资本的青睐。例如,广州凡拓数字创意科技股份有限公司(Frontop)在 2022 年 9 月获投 6.46 亿元,该轮融资主要用于多媒体展馆、三维动画、立体影像、互动媒体应用、虚拟现实等方面。以技术为主体的 MGC 的加入使得人机深度协作成为新闻生产的新格局,也使得媒体发展的活力得到了最大程度的释放。例如,杭州前方信息技术有限公司于 2022 年 12 月在 A 轮获投,公司专注于数字出版领域的新技术探索,专业从事传媒科技研究及信息资源开发。类似这样的文娱传媒公司,也在技术的带动下向智能行业迈进,智能基因的注入拉动公司自身的市场投资价值。从整体来看,传统媒体发展在技术的引导下不断提速,并迈向全新的智能化转型阶段,也为智能媒体投融资营造了良好的氛围。

## 二 智能媒体产业投融资整体概况

近年来,智能媒体领域的商业投资规模迅速增长。2018 年后,人工智能投融资市场渐趋冷静,交易量减少,投资开始向头部企业靠拢,总体呈现价值导向、技术驱动、头部集中等态势。[①] 在宏观政策的影响下,技术不断为智能媒体产业注入发展活力,2022 年智能媒体产业投融资项目和规模有所变动。本文以 IT 桔子网站的分类为依据,按照行业 = "VR/AR""大数据""区块链""人工智能""文娱传媒""游戏",时间 = "2022",地区 = "国内",筛选出 2022 年智能媒体产业投融资事件 539 起,并从投融资数量分布、投融资轮次分布、投融资领域分布、投融资机构分布四方面归纳总结 2022 年智能媒体产业投融资整体情况。

### (一)投融资数量分布情况

从投资数量的月份来看,2022 年智能媒体投融资事件平稳波动,其中 8 月和 10 月为投资数量的最低峰,同为 30 件。11 月开始投资热度上涨,相比 10 月增长 24 起;12 月为全年投资高峰,高达 57 起。从季度来看,

---

① 梁冬晗:《人工智能投融资市场从喧嚣走向理性》,载尹丽波主编《人工智能发展报告(2018—2019)》,社会科学文献出版社 2019 年版,第 141—148 页。

各季度投资数量相差不大。2022年第二季度投资较为集中且是一年中投资数量最多的季度，为146起；其前后的第一季度和第三季度投资数量大致相当，分别为124起和128起。

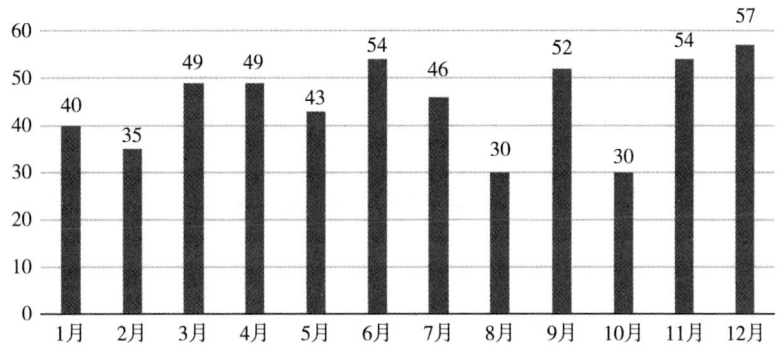

**图1　2022年智能媒体产业投融资事件数量月度分布情况**

### （二）投融资轮次分布情况

从投资的轮次来看，2022年的智能媒体产业投融资轮次主要是早期轮次，集中在天使轮和A轮（见图2）。其中，天使轮以及A轮的投融资事件共为227起，占比高达53.6%。从投融资轮次可以看出，目前国内智能媒体行业的投融资事件集中在股权融资的起始阶段。这部分的智能媒体相关企业还处于"初创"阶段，往往初具规模，是融资相对困难的群体。事实上，资本是助力企业发展的强力推动剂。部分智能媒体相关企业在天使轮获得资金支持后，持续迭代，为吸引资本长期关注竭力打造成熟的产品体系和完整详细的商业及盈利模式。此外，Pre-A轮和战略融资轮的投融资占比也相对较多，分别为45起和39起。由此可以窥见，智能媒体领域的风险投资偏好有逐渐走向成熟的趋势。整体来看，智能媒体行业总体仍处于早期投资占主导的阶段。

### （三）投融资领域分析

在六大智能媒体产业细分领域中，文娱传媒以157次的被投次数位列第一，人工智能紧随其后。文娱传媒行业囊括与智能媒体关联的数字出

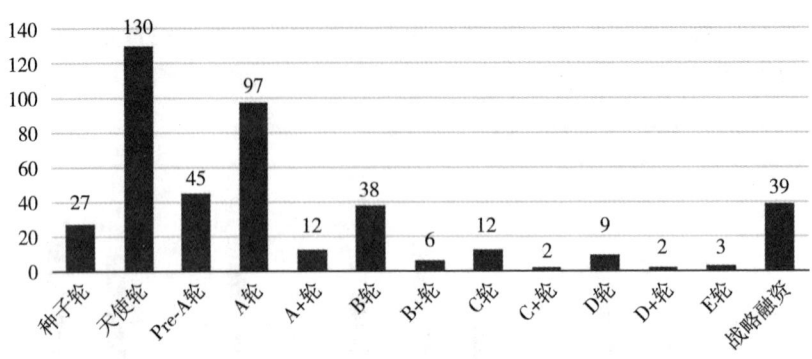

图2　2022年智能媒体产业投融资事件轮次分布情况

版、直播运营、视频制作、虚拟偶像、音频媒体、游戏开发等多项子领域，近几年在新兴技术赋能下文娱传媒不断构建竞争壁垒，交易市场气氛活跃，行业规模持续壮大。人工智能技术开发是媒体从数字化向智能化转型、实现纵深发展的重要驱动力量，在竭力为智能媒体提供图像识别、语音识别、自然语言处理等核心技术支撑的同时，打造信息生产与传播新生态，构筑媒体深度融合发展格局。目前，人工智能更青睐于在行业应用领域的智能化转型升级，为落实智慧城市建设计划，积极响应人们在教育、交通、制造、零售层面的新增需求。

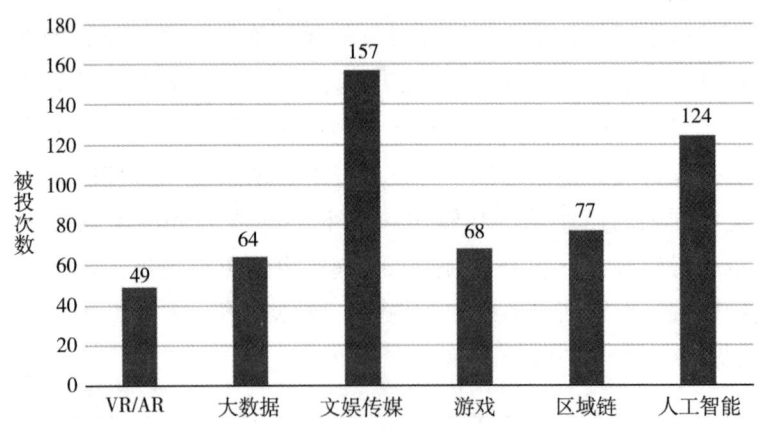

图3　2022年智能媒体相关产业投融资事件领域分布情况

T.15 2022年中国智能媒体产业投融资研究报告

#### （四）投融资机构分析

在2022年智能媒体产业投资次数排名前十的机构中，哔哩哔哩与红杉中国并列第一，专业投资公司与互联网公司齐头并进，但总体来看，专业投资机构仍占据投资活动的主流阵地。哔哩哔哩作为以ACG起家的内容制作与分享平台，在2022年集中投资多家动画、视频制作与游戏开发公司。而红杉中国从2007年便开始了第一次对人工智能领域的投资，此后的投资项目始终集中于前沿科技创新赛道，2022年在区块链、VR/AR、大数据、人工智能方向均有所涉猎，致力于实现智能科技创新企业的价值增量。

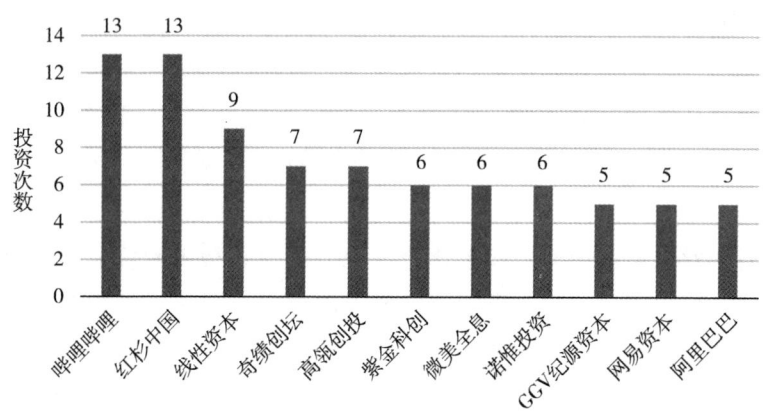

图4　2022年智能媒体相关产业投资机构Top10

## 三　智能媒体产业投融资特征分析

2022年互联网技术新概念、新形态纷纷在智能媒体领域布局，彰显了智能媒体良好的发展前景，智能媒体投融资市场也呈现出新的面貌特征。总的来说，2022年智能媒体产业投融资领域的特征分为四个方面：从投融资区域来看，经济发达地区是智能媒体产业投融资的偏好区域，其中北上广地区以其技术氛围、商业环境和人才优势成为智能媒体产业的重点投融资区域，为智能媒体产业的应用落地发挥示范带头作用；从投融资额度来看，智能媒体产业累计投资近 400 亿元，人工智能领域应用场景边界不断拓展，资本介入度也最高；从投融资领域来看，游戏细分领域横向获投能力超前，但纵向维度的游戏市场环境不容乐观，虚拟现实技术有望重新定义游戏未来生态；从投融资机构来看，CVC 与 VC 作为两大投资主体，共同为智能媒体演变衔接助力，作为 CVC 代表的哔哩哔哩 2022 年的投资半径多数稳定于公司业务价值之内，谋大局、促产业仍是哔哩哔哩的投资主动向。

### （一）获投区域集中于经济发达地带，北上广成为地区领头羊

从融资区域分布来看，2022 年智能媒体投融资项目主要分布在北京市和广东省，分别有 119 个和 96 个项目获投，瓜分了全国智能媒体行业 54% 的公司，成为智能媒体产业投融资交易的主战场。从以往的行业投融资报告来看，北京市和广东省一直都是项目投融资交易的热门区域。一方面得益于当地数字经济发展的区域优势与较高的行业集中度；另一方面，两地的技术与媒体行业的高质量人才较为突出，为智能媒体产业的发展提供了最为基本的资源保障。此外，北京和广东两地的投融资体系相对成熟，具备相对完整的投融资体系化服务，为企业获得投融资营造了良好的金融环境。阿里巴巴、哔哩哔哩和红杉中国等大型投资方，也倾向于在两地寻找有潜力的智能媒体企业。例如，在收集到的 539 个样本数据中，哔哩哔哩共进行了 13 次投资交易，获投企业中位于北京和广东的分别有 6 次和 3 次。另外，在中国数字经济高速发展的东部地区，投资交易也较为活跃，上海市、浙江省和江苏省分别以 68 起、60 起和 41 起投融资交易事件位居全国前 5。

此外，当地的智能媒体发展纲要也会对行业的投融资产生影响。例如，2019 年 2 月国务院印发的《粤港澳大湾区发展规划纲要》指出，大力发展智慧交通、智慧能源、智慧市政、智慧社区等领域。2020 年 6 月，北京市委、市政府出台《关于加快培育壮大新业态新模式促进北京经济高质量发展的若干意见》，以"1＋5"的政策支持体系，抓住数字化转型和产业链调整重大机遇，将科技优势转化为新业态、新模式成长优势。近年来，随着数字经济的持续发展，在当地的数字经济发展纲要的指导下，北京和广东等经济发达地区不约而同地加快培育壮大智能媒体产业的市场主

T.15　2022年中国智能媒体产业投融资研究报告

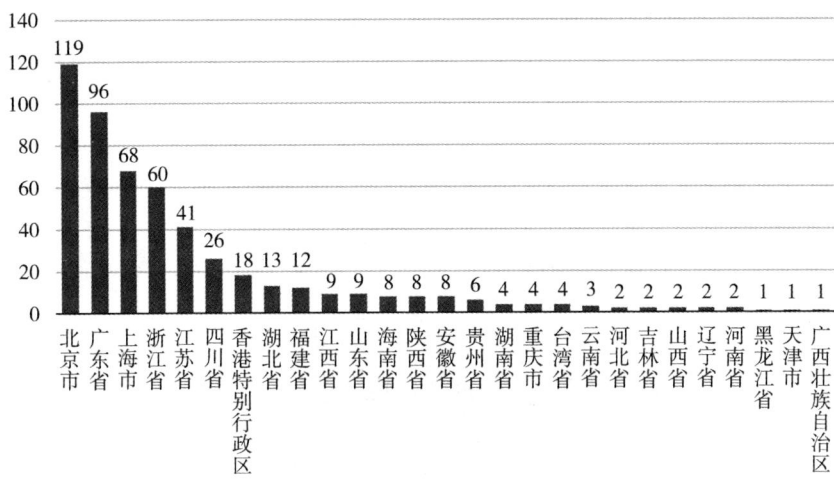

图5　2022年智能媒体产业投融资事件区域分布情况

体,优越的战略位置成为智能媒体企业萌芽发展的肥沃土壤。

## (二) 投资总额累计近400亿元,平均单笔融资额达到3.38亿元

鉴于部分投融资实践未披露具体额度,为统计投资额度需要,在539个初始样本中过滤并剔除了未透露投资金额的项目后,得到230个可统计的项目数据。统计2022年智能媒体产业累计获投390.35亿元,主要集中于区块链、文娱传媒和人工智能领域,分别占总项目的25%、24%和23%(见图6)。从统计的数据来看,2022年智能媒体产业平均单笔融资额达到3.38亿元,数值较高。在政策的支持下,智能技术不断将触角延伸至媒体行业,在人工智能媒体、区块链等领域崭露头角,成为资本重点关注的对象。所统计项目中超1亿元的投资事件有70起,主要集中于人工智能领域,占比31.4%;超过10亿元的项目有10起,其中50%都是人工智能领域。整体来看,人工智能领域的投融资金额累计高达139亿元,是所有领域中投资额总数最高的,占总投资额的35.6%(见图7)。可见,人工智能逐渐成为智能媒体投融资的新引擎。这主要得益于政策的利好释放,在《关于加快场景创新以人工智能高水平应用促进经济高质量发展的指导意见》《新型数据中心发展三年行动计划(2021—2023年)》等产业政策的助推下,大批资本涌入人工智能赛道。

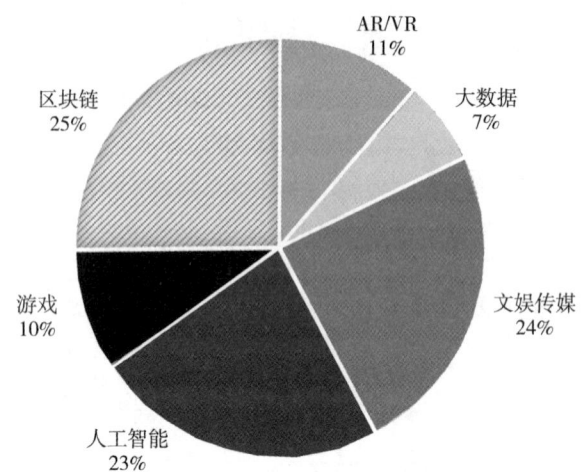

图6 2022年智能媒体产业投融资事件投资领域分布情况

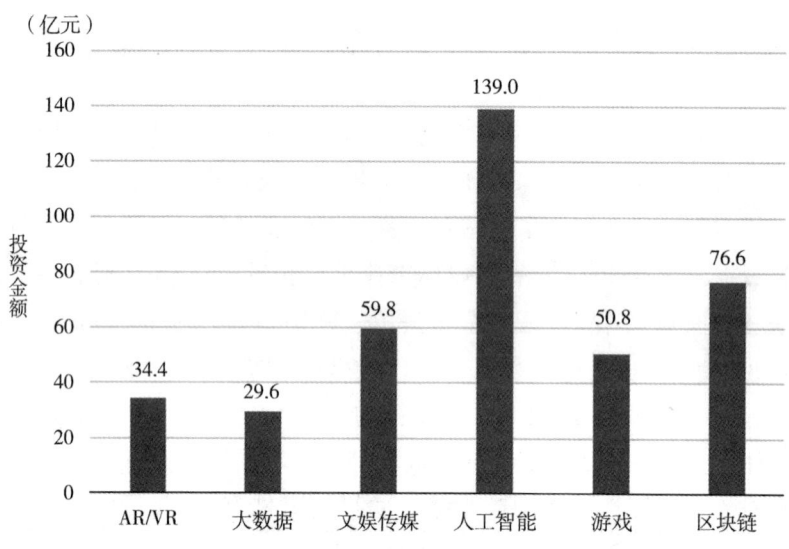

图7 2022年智能媒体产业投融资事件金额分布情况

值得关注的是，所统计的项目中投融资金额最高的项目（32.37亿元）也属于人工智能领域。获投项目隶属于杭州萤石网络股份有限公司，该公司于2022年12月15日和2022年12月28日获投两次，分别获投6.83亿元和32.37亿元。萤石作为一个开放的云平台，依靠自身强大的视频能力，可以提供各种类型的创新智能视频应用服务。自2016年该公司

T.15 2022年中国智能媒体产业投融资研究报告

发布多功能互联网摄像机萤石"居家暖男"C1s以及运动相机萤石S5 PLUS等智能新品后,其智能硬件及服务产品阵容逐年扩大,备受投资方青睐,天风证券还给予萤石网络增持评级。近年来,中国的人工智能产业受到各级政府的高度重视,并得到国家产业政策的支持,这有望成为智能媒体发展和竞争的焦点。在未来,人工智能技术仍有突破创新的空间,新的应用场景不断涌现,总体来看智能媒体行业走势良好。

**(三)游戏领域横向获投比例占据高地,VR游戏赢得资本青睐**

以被投资次数不小于3次为标准对样本数据筛选后,得到57家智能媒体技术相关公司的细分领域。在名列前十五的获投公司(≥3次)中,获投游戏机构涵盖游戏开发、手机游戏、网络游戏、区块链游戏、线上剧本杀、VR游戏六大细分领域,约占获投次数≥3细分领域总数的25.5%。游戏开发公司是获投对象的主力军,表明相比于游戏发行商、游戏平台运营商,公司的核心研发能力更具吸金属性,游戏市场在智能媒体产业投融资方面横向表现能力突出。而就游戏市场整体环境来看,《2022年中国游戏产业报告》统计数据显示,2022年,中国游戏市场实际销售收入为2658.84亿元,同比减少306.29亿元,下降10.33%;游戏用户规模为6.64亿,同比下降0.33%。游戏行业收入与用户规模自2008年以来首次出现负增长,且自主研发游戏、移动游戏、区块链游戏收入规模均呈走低态势。

在几大游戏子领域中,2022年VR游戏领域获投七次,VR游戏以新兴技术嵌入模式迎来成长红利期。东方财富网数据显示,2022年,全球VR内容市场收入预计达到31亿美元,占电子游戏市场总收入的比例约为1.7%。《2021—2026年中国VR游戏行业市场需求与投资咨询报告》指出,在2022年全球VR内容市场的总收入中,VR游戏营收占比大约为89%,表明在国内细分游戏产业纷纷凋敝的市场趋势下,VR游戏具备明显的技术前瞻优势。近几年VR技术与游戏产业破圈互融趋势也赢得了政策支持与资本关注,2016年虚拟现实技术便作为政策导向被反复提及,2018年工信部出台《关于加快推进虚拟现实产业发展的指导意见》,中国首个虚拟现实专项产业指导规划诞生,几年持续不断的设备优化、技术攻坚和产业链整合工作为VR抢占游戏市场份额打下了坚实基础。

## （四）CVC 与 VC 齐头并进，CVC 机构业务整合投资倾向明显

在智能媒体相关产业投资机构 Top10 分布图中，哔哩哔哩与红杉系列 VC 公司并列第一。红杉中国作为中国资本市场的标杆机构，本着挖掘帮扶新创团体的社会责任落实与财务导向的策略制定，始终活跃在资本嗅觉聚集的前端赛道。由表1可知，受经济驱动的 VC 投资机构红杉系基金在 2022 年的投资项目中横跨游戏、VR/AR、大数据、文娱传媒、区块链、人工智能全领域。

表1　　　　　　　　2022 年红杉系基金投资事件概览

| 序号 | 项目名称 | 行业领域 | 子领域 | 投资轮次 | 投资金额 | 投资方 |
|---|---|---|---|---|---|---|
| 1 | 钛壳树 | 游戏 | 游戏开发 | 天使轮 | 未披露 | 红杉中国种子基金 |
| 2 | 超参数科技 | 游戏 | 游戏开发 | B 轮 | 1 亿美元 | 红杉中国 |
| 3 | 彼真科技 | VR/AR | 人机交互 | 天使轮 | 未披露 | 红杉中国种子基金 |
| 4 | 元象 XVERSE | VR/AR | VR/AR 技术 | A+轮 | 1.2 亿美元 | 红杉中国 |
| 5 | 魔珐科技 | VR/AR | 人机交互 | B 轮 | 2000 万美元 | 红杉中国 |
| 6 | 神策数据 | 大数据 | 大数据营销 | D 轮 | 2 亿美元 | 红杉中国 |
| 7 | 鱼乐游 | 文娱传媒 | 直播技术 | A 轮 | 未披露 | 红杉中国 |
| 8 | 次世文化 | 文娱传媒 | 虚拟偶像 | A++轮 | 未披露 | 红杉中国 |
| 9 | read2N | 区块链 | Web3.0 | 种子轮 | 200 万美元 | 红杉中国 |
| 10 | Animoca Brands | 区块链 | 区块链游戏 | 战略融资 | 3.59 亿美元 | 红杉中国 |
| 11 | 心识宇宙 | 人工智能 | 智能交互 | 天使+ | 数千万人民币 | 红杉中国种子基金 |
| 12 | 靖安科技 | 人工智能 | 智慧城市 | 天使轮 | 近亿人民币 | 红杉中国种子基金 |
| 13 | 心识宇宙 | 人工智能 | 智能交互 | 天使轮 | 数千万人民币 | 红杉中国种子基金 |

相较于 VC 的代表红杉系列机构投资布局大而全、多而杂的特性，Top10 中 CVC 模式的两支分流——互联网 CVC 与企业 CVC 在 2022 年的投资走向则紧贴机构内部业务自上而下大展拳脚，多数投资项目均在预期业务增长点增量目标上运行，投资步伐较为稳健。以投资次数榜单前十的投资机构为例，哔哩哔哩和微美全息分别作为互联网 CVC 和企业 CVC 的活跃投资机构代表，呈现出投资方与融资方双方业务资源深度绑定的关系图谱。如表2所示，哔哩哔哩 2022 年的投资方向仍旧高度集中于游戏与文

## T.15　2022年中国智能媒体产业投融资研究报告

娱传媒两大领域，哔哩哔哩作为国内小众ACG起家的文化社区典范，持续投资二次元游戏、动漫设计公司，提振上游厂商开发信心，独特的二次元属性壁垒、内容分发核心业务积攒的巨大流量竞争优势，成为二次元游戏研发商联运渠道的首要选择，在哔哩哔哩与游戏开发商的双向驱动模式中补全游戏上下游产业链条，刺激游戏板块质量双增，扩展玩家流量的变现空间。文娱传媒侧，除主营业务视频内容制作类的常态化投资外，还借前沿概念"元宇宙"的东风并购了虚拟偶像制作商——迁誉网络。IT桔子数据显示，2016—2020年哔哩哔哩已投资禾念科技、MUTA优他动漫、泽立仕、lategra、迁誉网络5家虚拟偶像公司，运营了"洛天依""言和""乐正绫"等虚拟偶像。近两年在真人偶像接连"塌房"的窘境之下，虚拟偶像完美人设的技术赋能在消解身份差距与粉丝圈层凝聚中缔造自我认同感、满足粉丝的情感补位需求，2022年的投资行为仍旧是哔哩哔哩廓清自身优势、积极拓宽内容边界的持续试水之举。而企业CVC微美全息作为一家专注于计算机视觉全息云服务的公司，其在2022年投资的智能媒体机构均指涉全息行业技术、全息应用软件开发、虚拟现实娱乐服务技术等主体业务的各个流程，大多为VR/AR相关企业。总体来看，2022年哔哩哔哩和微美全息在智能媒体领域的投资行为均是完善公司业务生态闭环的必经之路，投资半径框定在业务能力范围内，凸显了Top10中CVC机构整合投资、创新扩张的长期战略规划目标。

表2　　　　　　　　2022年哔哩哔哩投资事件概览

| 序号 | 项目名称 | 行业领域 | 子领域 | 业务 | 投资轮次 | 投资金额 |
|---|---|---|---|---|---|---|
| 1 | 时之砂 | 游戏 | 游戏开发 | 游戏开发商 | 并购 | 12万人民币 |
| 2 | 被窝网络 | 游戏 | 手机游戏 | 手游研发商 | 股权融资 | 125万人民币 |
| 3 | 双碧堂科技 | 游戏 | 手机游戏 | 手游研发商 | A轮 | 100万人民币 |
| 4 | 火箭拳科技 | 游戏 | 游戏开发 | 主机游戏开发商 | 战略融资 | 166.857万人民币 |
| 5 | 游戏谷 | 游戏 | 网页游戏 | 网页游戏研发商 | C轮 | 1125万人民币 |
| 6 | 心源互动 | 游戏 | 手机游戏 | 动作类游戏研发商 | 并购 | 333.411万人民币 |
| 7 | 龙拳风暴 | 游戏 | 手机游戏 | 顶级游戏研发团队 | B轮 | 1063.8298万人民币 |
| 8 | 魔爆网络 | 文娱传媒 | 网络游戏 | 动漫游戏开发商 | 并购 | 20000万人民币 |

295

智能媒体发展报告（2023）·产业篇

续表

| 序号 | 项目名称 | 行业领域 | 子领域 | 业务 | 投资轮次 | 投资金额 |
|---|---|---|---|---|---|---|
| 9 | 白纸文化 | 文娱传媒 | 动画制作 | 电脑动漫设计服务商 | 战略融资 | 117.6471万人民币 |
| 10 | 迁誉网络 | 文娱传媒 | 虚拟偶像 | 虚拟偶像制造商 | 并购 | 376.25万人民币 |
| 11 | 歪研会 | 文娱传媒 | 短视频平台 | 跨文化视频内容生产机构 | B轮 | 376.5078万人民币 |
| 12 | SF轻小说 | 文娱传媒 | 写作阅读平台 | 轻小说阅读写作平台 | B轮 | 1415.6533万人民币 |
| 13 | 罐头场 | 文娱传媒 | 影视 | 短视频制作商 | B+轮 | 625.6368万人民币 |

表3　　　　　　　　　2022年微美全息投资事件概览

| 序号 | 项目名称 | 行业领域 | 子领域 | 业务 | 投资轮次 | 投资金额 |
|---|---|---|---|---|---|---|
| 1 | 储智赢行 | VR/AR | VR教育 | VR全景教育电商平台 | 战略融资 | 1000万人民币 |
| 2 | 奥兹王国 | VR/AR | VR/AR引擎 | 混合现实应用研发商 | 战略融资 | 52.6316万人民币 |
| 3 | 创景视讯 | VR/AR | VR全息投影 | VR+展览馆应用商 | 战略融资 | 50万人民币 |
| 4 | 铱海云科技 | VR/AR | VR教育 | 浸式虚拟教学的研究与应用服务商 | 战略融资 | 500万人民币 |
| 5 | 节奏互动 | VR/AR | VR游戏 | VR/AR游戏内容制作平台 | 战略融资 | 100万人民币 |
| 6 | 色彩空间 | 文娱传媒 | 影视特效 | 视觉效果方案设计及电影制作服务商 | 战略融资 | 800万人民币 |

## 四　新闻生产链条下智能媒体产业的投融资分布

智能媒体技术架构的优化整合，促成了社会全行业、全过程的突围转型。在新闻生产领域，技术滋养使信息采编播发一体化获得了更高效的运作场景，数字技术的产业价值转化体现在新闻采集、新闻生产、新闻呈现、新闻分发、新闻审核的各个方面。大数据成为挖掘、采集、分析信息的主要智能力量，为新闻生产端的精准、高效筛选助力赋能；区块链在新闻核查、虚假新闻防治、版权溯源等环节崭露头角，为新闻生产主体权益保障提供技术支持；媒体型虚拟主播超越人体生理限制，朝播报主体形象视觉感官的个性化转向,新闻呈现获得了美学层面的互动创新;算法的绘制用户画像技术在提高信息生产与消费适配率上成效显著,为信息超载时代的信息高效筛选创造新的执行模式;人工智能技术的升级为新闻生产品质效能跃迁提供支撑,从早期的公式化智能生产机器到大型智能生成式语言模型 ChatGPT 的公开面世,技术已经从单纯的命令执行工具延伸到情感及人性感知层面的存在。

（一）新闻采集：大数据成为信息收集主力军,不断延伸新闻价值意涵

大数据凭借其泛在的网络链接和海量的数据,已然成为智能时代的重要战略资源。利用科学计算和智能分析技术,大数据可以对庞大且复杂多样的互联网信息进行高速采集和高效处理,从中挖掘可用价值。在当前信息爆炸的时代,作为"石油资源"的大数据为新闻生产领域的创新发展注入了活力,尤其是对新闻信息的收集工作日渐发挥出积极作用。其一是拓宽了新闻信息的来源,大数据技术依赖既有数据库的运行,可以实现非线性多路径地搜寻相关信息,形成全覆盖、地毯式搜索模式,带来更广泛和全面的新闻来源。其二,相较于传统的新闻信息收集和筛选模式,利用大数据可以对信息进行更加高效的过滤和清洗,并实现可视化结果呈现,便于后期进行新闻制作,且在处理信息的过程中大幅降低了人工筛选信息的主观性,所得信息更加客观真实。不可忽视的是,通过大数据技术对海量数据进行分析处理,还能从被量化的结果中预测出事件的走向,进行科学的事实判断,深度挖掘数据内部的关联性,为数据新闻的生成赋能,增强新闻价值。

2022 年,与智能媒体相关的大数据产业获投 64 项,其中 55 项与传媒业相关度较高,例如大数据可视化、大数据预处理、数据采集、数据存储以及舆情分析等。获投数量最高的是互联网数据采集领域,为 14 项;其次是数据分析领域,为 8 项,涵盖了大数据服务商、互联网数据服务提供商、隐私计算应用平台、数据智能产品与解决方案提供商等应用分支。其中获投金额最高的项目是隶属于神策网络科技（北京）有限公司的神策数据,于 2022 年 5 月获投 2 亿美元。作为专业的大数据分析平台服务提供商,神策数据通过对用户行为的洞察和精准分群,进行大数据分析和管理的智能运营,借数据驱动实现客户目标人群的精准触达。

2022年大数据领域的智能媒体获投项目中，很多公司都在大数据挖掘和分析中持续深耕。例如，于2022年11月获投的深圳中贸大数据科技有限公司，基于大数据云计算，结合AI技术及深度学习算法，利用自主研发的分布式引擎，通过多语种智能翻译技术，围绕互联网文本/视频数据采集、存储、索引、数据清洗、深度分析等进行深耕；以及于2022年2月获投数千万人民币的鲸科技，专注于"数据科学协同平台"，致力于服务数据科学家、人工智能工程师、商业分析师等数据工作者，在线完成算法建模、数据分析、数据可视化等任务。

## （二）新闻核查：区块链智能把关，构筑"网状监测"高墙

区块链技术又称分布式记账，本质是一个分布式的数据库系统。作为一种底层协议或技术方案，区块链可以有效地解决信任问题，在公共服务、数字货币、金融贸易、物联网和物流领域有着广泛的应用前景。2022年，与智能媒体相关的区块链产业获投77项，其中62项与传媒业相关度较高，例如区块链文娱、区块链版权、区块链大数据、区块链物联网等。获投数量最高的是NFT（Non-Fungible Token）领域，为17项，涵盖了数字文创平台、元宇宙、数字艺术产品电商平台等应用分支。例如，于2022年10月获投百万人民币的上海藏鲸灵企业，汇聚业界顶尖IP资源，以NFT为基础，将数藏产品与公益活动、IP版权、传统艺术品赋能、品牌营销、元宇宙应用等结合，深挖数藏的价值潜力，形成以数字藏品为核心的生态闭环。

区块链其余投融资项目主要集中在货币与交易、资产管理等垂直于区块链领域的通信和展演平台。例如被并购的海南火币集团，其在2018年推出垂直于区块链领域的即时通信社交平台火信，2022年7月，火信平台累计注册用户超过700万，是目前行业内最知名的即时通信平台。

在新闻核查领域，区块链技术被广泛应用，对打击虚假新闻、保护版权和开发新商业模式有着突出作用。去中心化是区块链的一个重要特征，可以透明公开地记录数据，不经由第三方，每一位参与者都可以记录数据产生区块，这有助于从源头上对虚假信息的发布进行有效检测。借助区块链技术，每一篇新闻生成后都可以通过算法获得唯一的哈希值，使其拥有独一无二的身份标识；同时，任何发布的信息都可以通过该技术进行溯

T.15　2022年中国智能媒体产业投融资研究报告

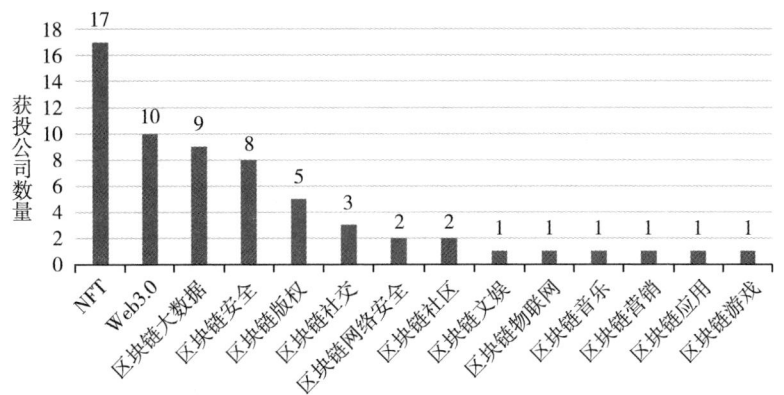

**图8　智能媒体产业区块链企业投融资次数概览**

源，对信息的"一手"发布者进行追踪，规范信息的生产，进一步加强对谣言的有效监管。上述不可篡改和可溯源的特点使得区块链在防治和打击虚假新闻以及版权保护上颇有建树。2022年，与区块链产权保护相关的投融资事件有8起，主要提供基于区块链的确权认证、版权溯源、交易流通、技术服务和监测监管等服务。

另外，区块链和大数据完美结合，可以构筑起网络空间新闻信息分发的"把关墙"。区块链将媒体间的共享数据进行关联，大数据负责对流动的数据进行整体分析和检验其真实性，形成新闻生产的智能把关，同时也催生了区块链大数据的服务商。比如，于2022年3月获投的湖州吴上乐居数字科技有限公司，主要经营大数据服务、人工智能应用软件开发、区块链技术相关软件和服务以及互联网数据服务等。

**（三）新闻呈现：新闻主播视觉形象再造，满足提质增效播报需求**

2021年国家广电总局发布的《广播电视和网络视听"十四五"科技发展规划》指出，推动虚拟主播广泛应用于新闻播报、天气预报、综艺科教等节目生产，创新节目形态，提高制播效率和智能化水平。[1] 在新闻产出智能化转型的现象级浪潮下，虚拟现实技术嵌入新闻播发流程催生新的

---

[1] 《广播电视和网络视听"十四五"科技发展规划》，2021年10月20日，国家广播电视总局，http://www.nrta.gov.cn/art/2021/10/20/art_113_58228.html。

299

空间要素组合。2021年,每日经济新闻和小冰公司联合打造的财经新闻主播"N小黑"和"N小白"连续直播新闻70天,无人识破其数字化身。从真人实时展演到3D虚拟动画模型,再到数字孪生人的仿真尝试,赋予虚拟主播人性化特征和虚实共生场域,在技术幻像中呼唤具身传播的回归及主客体关系的调适,虚拟主播的孵化迭代在面容肢体的动态捕捉、神经网络渲染、语音智能合成、深度学习能力上经历了多轮次技术攻关,是人们对身体在场和AI技术在信息呈现分发环节的人机耦合、美美与共的想象。

艾媒数据显示,2022年中国虚拟主播带动产业市场规模和核心市场规模分别为1866.1亿元和120.8亿元,国内虚拟主播企业数量达948家,同比增长68%,北京、深圳等一线城市在虚拟主播行业投融资活跃度高,融资平均数额达数千万元,业务涵盖动画制作、直播带货、娱乐社交等多项服务(见表4)。①受益于底层技术驱动,各个细分领域纷纷衍生出新的生产消费模式,表明2022年商业主体和资本主体均对虚拟主播行情持上行预期,预计在之后两年,中国虚拟主播市场将迎来爆发式增长,数字智能技术升级迭代将成为媒体型虚拟主播以个性化播报系统补足僵硬的传统表现形式、提升传播效能的强劲辅助。

表4　　2022年虚拟主播公司投融资事件概览

| 时间 | 公司名称 | 业务领域 | 融资轮次 | 投资方 | 融资金额 |
| --- | --- | --- | --- | --- | --- |
| 2022年2月 | 北京次世文化传媒有限公司 | 虚拟生态企业 | A+轮 | 红杉资本中国 | 未披露 |
| 2022年2月 | 神秘绿洲文化科技(深圳)有限公司 | 文创IP数字限定款电商平台 | 天使轮 | 优种区块链加速器 | 未披露 |
| 2022年6月 | 北京鲜花怒马文化传媒有限公司 | 24小时虚拟人自动直播带货 | 战略投资 | 未披露 | 数千万人民币 |
| 2022年6月 | 南京八点八数字科技有限公司 | 影画互动开发服务 | Pre-A轮 | 未披露 | 数百万人民币 |

① 《虚拟主播进军直播市场,预计2025年虚拟人将带动产业市场规模突破6000亿元》,2023年4月12日,艾媒网,iimedia.cn/c460/92666.html。

T.15　2022年中国智能媒体产业投融资研究报告

续表

| 时间 | 公司名称 | 业务领域 | 融资轮次 | 投资方 | 融资金额 |
| --- | --- | --- | --- | --- | --- |
| 2022年8月 | 深圳智梦空间网络科技有限公司 | 实时在线虚拟活动 | A轮 | 蓝驰创投 新浪微博基金 | 数千万人民币 |
| 2022年8月 | 北京世悦星承科技有限公司 | 虚拟数字人及虚拟时尚研发 | A轮 | X美术馆 | 数千万人民币 |
| 2022年10月 | 北京慧夜科技有限公司 | 游戏动画自动制作 | Pre-A轮 | 顺为资本 高瓴创投（领投） | 数千万人民币 |

人工智能技术与人类之间天然的优势互补关系，赋予了新闻生产关系重组的可能。一方面，人类的高心智水平标准和情感能量填补了虚拟主播在隐形内容感知和情绪辐射上的空缺，从而消解后现代"拟像社会"中受众与主播之间的视觉符码操纵逻辑，加深虚拟主播与受众之间的情感连接互通。另一方面，虚拟主播的智能技术依靠高效缜密的数据整合分析法则，能够超越人体生理极限和地理空间限制、压缩主播的形象整饰时间、去除主客观因素干扰，使人工智能技术真正为新闻播报过程赋能增效。

**（四）新闻分发：依托算法，构建精准化新闻触达体系**

所谓算法，即为了解决问题而输入机器的预先设定的清晰指令；也可以理解为用系统的方式解决问题的一种策略，包含一系列复杂的数学规则。就智能媒体行业而言，流媒体服务、云计算平台和人机协同操作等领域都可见算法的身影。在收集到的539个2022年智能媒体投融资项目中，筛选出40个和算法相关的项目，主要分布在人工智能、文娱传媒和大数据等领域；其中有26个项目和传媒业高度相关，散布在虚拟偶像、影视媒体、数据分析、视频技术等子领域。其中获投最高的项目是隶属于云从科技集团股份有限公司的云从科技，于2022年5月获投17.28亿元。该公司主要从事人工智能算法研究及应用，面向客户提供人机协同操作系统和人工智能解决方案。但相关数据显示，近四年该公司受到疫情反复、宏观经济发展低迷、研发投入费用较高等多重因素的影响，公司业务未能有效拓展，业绩下滑，长期处于亏损状态。2019—2022年，该公司合计亏损29.36亿元。对此，云从科技方表示，2025年可能实现盈利，这也是目前的 AI 创新企业中唯一一个正面表示可以实现盈利的公司。因此，如何利用自身先进算法实力和 AI 技术"破冰"产业盈利模式，是云从科技亟待解决的问题。

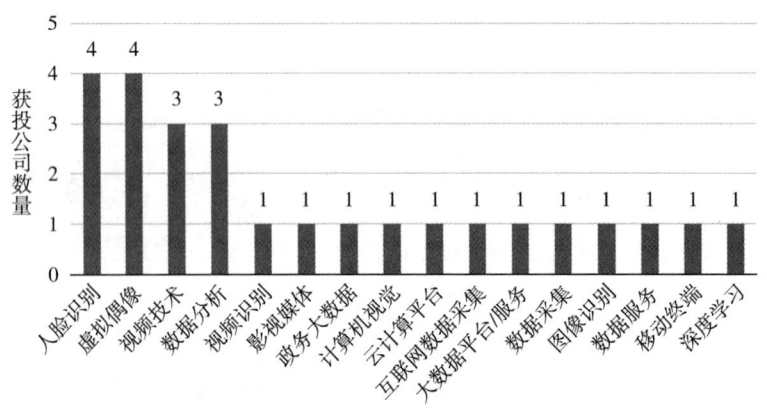

**图 9　智能媒体产业算法应用企业投融资次数概览**

就新闻传播领域来说，算法有广泛的应用，譬如算法助力新闻核查，实现人机协同把关。在移动互联网时代，信息爆炸式增长，用户接收的信息日渐超负荷。为应对新闻信息接收的超载危机，实现内容市场供需适配成为必然选择，算法自然也在新闻分发中发挥举足轻重的作用。基于大数据挖掘的算法分发技术可以更加精准地对用户绘制画像，实现信息的分众化、个性化传播，实现新闻内容的精准触达。但同时也需要注意，新闻媒体将信息分发权力让渡给算法，可能会导致算法掺杂着开发者意志的分发规则、裹挟着其他利益相关者的商业目的，导致算法对新闻价值观引导的操纵。

**（五）新闻生产：AI 助力新闻产业链一体化，催使传媒业生态级转变**

2022 年，人工智能行业以仅次于文娱传媒的获投次数位列第二，人工智能业务功能主要集中于语音识别、图像识别、机器人和决策型人工智能四大类别，智能技术在职场招聘、工业生产、无人驾驶、可穿戴设备、人脸识别、线上客服等应用场景实现了多维覆盖。在 2022 年的 124 次人工智能投融资事件中，有 25 起获投企业与新闻生产智能化转型技术的相关

T.15 2022年中国智能媒体产业投融资研究报告

性较大（见图10）。

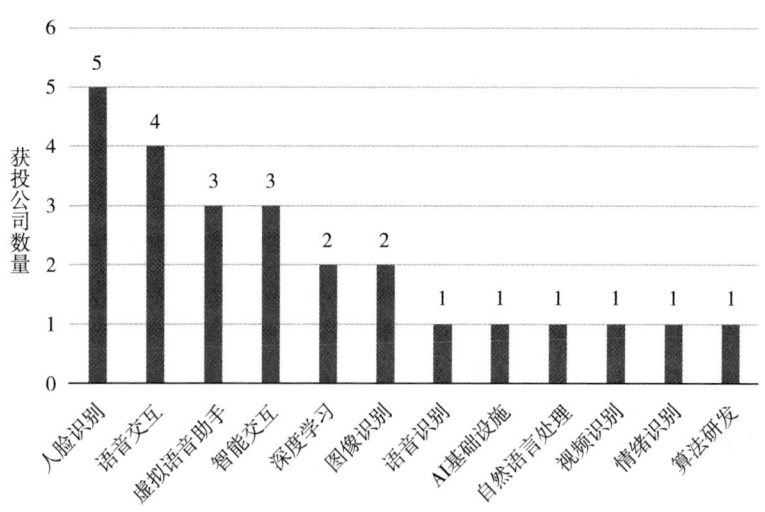

图10　智能媒体产业人工智能企业投融资次数概览

在新闻生产领域，人工智能最初作为内嵌于新闻生产过程的技术辅助，为内容程序化生成赋能，依靠人为设定的算法逻辑和海量数据实现量产，新闻工作者得以从重复的机械劳动中解脱出来从事更具创造属性的工作，是提升新闻生产效率的有力工具，如"快笔小新""Dreamwriter"等智能写作机器人。随着人工智能技术的升级迭代，算法技术也在追踪用户数字活动轨迹、用户画像和节点网状分析中集纳用户数字文化消费偏好，新闻实现了在生产分发审核全链条上的智能化传播，如2020年诞生的《人民日报》智能创作大脑，具备在线图文快编、图片智能处理、智能字幕制作、可视化大数据、智能写作、新闻转视频、社会热点监控、情感分析、人脸语音识别等18项功能，使AI技术贯穿新闻采、写、审、发全流程，为媒介深度融合实践提供一站式智慧解决方案。目前，元宇宙概念正深入开拓新闻生产与呈现新景观，虚拟现实技术参与式存在满足用户深度交互和沉浸体验需求，生成式深度学习模型在巨量数据网络中实现高拟真突破。当资本汇聚和技术设施实现整合注入生成式人工智能之时，ChatGPT及元宇宙相关产品将驱动新闻生产新一轮的升级革新。

# 参考文献

《广播电视和网络视听"十四五"科技发展规划》，2021年10月20日，国家广播电视总局，http://www.nrta.gov.cn/art/2021/10/20/art_113_58228.html。

梁冬晗：《人工智能投融资市场从喧嚣走向理性》，载尹丽波主编《人工智能发展报告（2018—2019）》，社会科学文献出版社2019年版。

《虚拟主播进军直播市场，预计2025年虚拟人将带动产业市场规模突破6000亿元》，2023年4月12日，艾媒网，iimedia.cn/c460/92666.html。

# 国 际 篇
# Report on Intellectual Communication Abroad

# T.16 欧盟智能媒体发展报告2023—2024

巩述林　陈乐薇等[*]

**摘　要**：近年来，欧盟围绕社会的各行各业制定了兼具本土和国际视野的智能媒体发展战略，着力以智能前沿技术和数字素养打造欧盟智媒时代，引发了新一轮智能社会发展浪潮。在法律层面，欧盟委员会针对新闻媒体发展、AI技术监管、网络安全防务和数据战略等领域，先后颁布和补充完善《媒体自由法案》《人工智能法案》《网络团结法案》《数据法案》等法律规范；在技术和产业层面，欧盟通过了"数字欧洲计划"，着力于高性能计算、大数据和元宇宙等智能技术领域的重点投放，助推欧盟智能媒体产业呈现出多元积极的发展态势。在其他应用层面，欧盟一方面依托"创意欧洲"计划，重点推进培养数字素养和赓续文化遗产的创新实践；另一方面又基于"欧洲数字十年"，深耕于欧洲数字身份、人工智能应用、数据战略和卫星空间等领域的进一步数字化和智能化。此外，欧盟在《欧洲数字主权报告》中表明，欧盟委员会在力求规避中美的数字博弈带来的危机感的同时，致力于实现完全独立自主的智能技术应用实践。总体而言，欧盟智能媒体发展和政治共同体密切挂钩，其作用和未来发展都不容小觑。从目前情况来看，欧盟智能媒体产业仍存在很大发展空间。欧盟成员国数字鸿沟、缺乏领先平台、单一数字市场障碍难以消除等问题，以及欧盟与中美之间的经贸摩擦，都为欧盟智能媒体发展带来一定挑战。同时，欧盟数字主权理念落地还需持续性的战略扶持和资金投入，并需要结

---

[*] 巩述林，浙江传媒学院新闻与传播学院讲师，硕士生导师，英国卡迪夫大学新闻学博士，浙江省互联网传播研究中心成员；陈乐薇，浙江传媒学院新闻与传播学院硕士研究生；刘依，浙江传媒学院新闻与传播学院硕士研究生；孙而齐，浙江传媒学院新闻与传播学院硕士研究生；王昊祥，浙江传媒学院新闻与传播学院硕士研究生。

合当下现实情况做更进一步的计划完善和实践整合。

**关键词：** 欧盟；智能媒体；数字欧洲

## 一 欧盟智能媒体战略布局分析

### （一）欧盟智能媒体法律法规变革背景

在全球智能媒体竞争激烈的背景下，智能技术的发展与创兴不仅成为衡量国家经济发展的关键指标，也成为新一轮大国发展的必争领域。各个国家都在数字化转型过程中争夺话语权，维护自身数据主权。[①] 欧盟在智能媒体发展上较为依赖美国，加之英国脱欧的影响，欧盟的媒体实力在国际中缺乏竞争力。相较于美国而言，欧盟国家数字发展驱动模式、数字要素发展水平及整体体量都处于相对弱势的位置。[②] 欧盟在数字领域的相对落后和对外依赖性都限制了其战略自主性空间，同时加剧了其数字资源的政治风险。[③] Statista 数据显示，欧盟的媒体产业正面临着美国数字平台的全面入侵，使得欧盟产生对数据安全以及数字主权的担忧。

此外，欧盟各国尚未对智能媒体所带来的社会问题形成较为全面的法治应对策略，各个国家的相关立法仍然处在探索阶段。就欧盟内部而言，虽然各个成员国在智能媒体的发展与应用水平表现上各有千秋，但智能媒体的技术可以突破国界的限制为人类服务，在技术进行跨境流转的同时，却没有统一的法律框架对智能媒体实行监管。为此，欧盟持续推进数字化转型，不断弥补对于智能媒体方面的立法空缺，在数字监管层面密集出台了一系列法律法规。针对技术上的依赖以及政治中的战略自主空间的压缩，欧盟通过政策与法律这两架马车给出了欧盟答案与欧盟应对。一方面，在政策维度上启动《欧洲数字指南针》，以2020年欧盟数字战略为基础，量化阐述2030年欧盟数字愿景，提出四大行动方向：一是数字技术公民和高技能数字专业人员；二是安全、高性能和可持续的数字基础设施；三是企业数字化转型；四是公共服务数字化。《欧洲数字指南针》为

---

[①] 薛岩、赵柯：《欧盟数字治理：理念、实践与影响》，《和平与发展》2022年第1期。
[②] 李昊林等：《中美欧内部数字治理格局比较研究》，《中国科学院院刊》2022年第10期。
[③] 蔡翠红、张若扬：《"技术主权"和"数字主权"话语下的欧盟数字化转型战略》，《国际政治研究》2022年第1期。

T.16 欧盟智能媒体发展报告2023—2024

欧盟数字化转型提供指引方案,是欧盟推动经济复苏与应对大国竞争的关键抓手,也是欧盟27国具备高度共识的议题。另一方面,在法律维度,欧盟在2020年11月推出《数据治理法》,通过该法案建构全新的欧盟数据治理路径,以替代以往大型科技公司的平台治理模式,[①] 有效干预科技巨头对欧盟用户数据的侵犯行为,提高欧盟数字平台准入门槛。

### (二) 智能媒体领域法律法规变革指向

作为拥有27个成员国的政府共同体,欧盟智能媒体在法律法规上的制定和修正日趋完善,成为欧洲发展智能媒体领域的法律智库与集大成者。特别是在数字应用、数字权利、数字安全、数字治理等领域的立法方面具有较大突破,签署《数字权利和原则宣言》,发布关于《欧盟—美国数据隐私框架的充分性决定草案》,两部数字治理法案《数字服务法》和《数字市场法》正式生效。2023年,欧盟继续推动有关智能媒体战略层面的法律法规变革,在媒体自由、人工智能、网络安全、数据安全、数字主权等多方面进行立法程序。

在新闻媒体发展层面,欧盟理事会在2023年3月通过了欧洲区域委员会有关《媒体自由法案》(European Media Freedom Act)的意见。该法案进一步补充了《视听媒体服务指令》《数字服务法》《数字市场法》等法案在媒体监管上的不足,旨在建立统一监管机构和机制,从而加强成员国之间的监管合作,保护编辑记者的新闻自由,维护媒体的多元性与市场竞争的规范性。[②] 首先,《媒体自由法案》在内容上确定了适用范围,要以媒体服务、媒体服务提供商、公共媒体服务提供商等为核心对象。其次,明确了各类媒体主体的权利与义务,媒体服务接收者有权接收相关新闻实事;媒体服务提供商有在欧盟市场内部开展经济活动和新闻工作的自由,也需履行合法向服务接收者公开相关信息的职责;公共服务媒体提供商享有独立运作的保障措施。再次,《媒体自由法案》对成员国家层面监管机构和欧盟层面监管机构两方建立了统一的监管合作框架,国家层面的监管机构

---

[①] 张韬略、熊艺琳:《拓宽数据共享渠道的欧盟方案与启示——基于欧盟〈数据治理法〉的分析》,《德国研究》2023年第1期。

[②] M. C. Gamito, "The European Media Freedom Act (EMFA) as Meta-regulation", Computer Law & Security Review, Vol.48, 2023.

对相关主体拥有适当调查权,调查措施应当合理、有名、可观和公正,确保市场秩序良好运行;欧盟层面成立欧洲媒体服务委员会,对媒体市场独立督查。最后,《媒体自由法案》针对受众测量系统、广告资源分配等内容明确了规定和程序,要求应当遵循透明、公正、非歧视、可验证等原则。①

在人工智能技术监管层面,欧盟目前正在推动构建世界首部全方位系统性人工智能监管法案。2022年12月,欧盟理事会就欧盟委员会起草的《人工智能法案》(AI Act)达成一致立场,待欧洲议会通过法案后,将进行最终法案磋商,最后颁布施行。对于欧盟而言,对人工智能实行统一的监管立法,这一举措最大的意义就是确保欧盟市场人工智能应用的安全性。从《人工智能法案》内容上看,欧盟将人工智能系统分为三类加以区别处理,分别是禁止、高风险和非高风险三类,并对三类人工智能的实践作出规定。禁止类目指一般会对人特别是弱势群体的生理或心理造成伤害,对自然人或整个群体产生不利影响的人工智能;高风险类目指可能对个人健康、安全及其基本权利产生重大有害影响的人工智能;而非高风险类目指只需要满足最低限度的透明性要求的人工智能。②《人工智能法案》的出台将使人类生活与人工智能的界限有法可依,同时给全世界制定有关人工智能的法案提供范本。但《人工智能法案》时至今日尚未完全通过并落地执行,很大一部分原因受制于人工智能技术发展的进步性,例如OpenAI公司研发的生成式人工智能系统ChatGPT,在动态环境和使用规模两个重要点上与目前市场上通用人工智能系统大相径庭,《人工智能法案》难以对此适用。③

在预防网络威胁层面,欧盟委员会在2023年4月通过了《网络团结法案》(Cyber Solidarity Act)的提案,将进一步促进欧盟网络安全生态系

---

① Max van Drunen, "The Platform-media Relationship in the European Media Freedom Act", Verfassungsblog: On Matters Constitutional, 2023.
② M. Veale, F. Zuiderveen Borgesius, "Demystifying the Draft EU Artificial Intelligence Act: Analysing the Good, the Bad, and the Unclear Elements of the Proposed Approach", Computer Law Review International, Vol. 22, No. 4, 2021, pp. 97-112.
③ N. Helberger, N. Diakopoulos, "ChatGPT and the AI Act", Internet Policy Review, Vol. 12, No. 1, 2023.

统的各个层面对加强网络威胁的监测与应对能力。① 该法案将通过创建欧洲网络安全盾牌和网络应急机制的双重保障,加强欧盟联盟层面的团结,以更好地发现和应对重大规模的网络安全事件。欧洲网络安全盾牌作为泛欧基础设施,将由欧盟各地的国家和跨境安全运营中心(SOC)组成,利用最新的人工智能技术和数据分析能力来进行网络威胁的预警监测。而网络应急机制将测试能源和交通等关键部门的漏洞,并为欧盟各成员国间的互助工作提供财政支持。除了事前监测,《网络团结法案》还要求建立审查机制,对网络安全重要事件进行事后审查和分析,不断完善欧盟网络防御方法。欧盟委会员执行副主席玛格丽特·维斯塔格(Margrethe Vestager)表示,《网络团结法案》标志着欧盟广泛的网络安全战略终于补齐了最后一块拼图,开始具备可操作性。

在保护数据安全层面,为完善《数据法案》(The EU Data Act)中存在争议的部分,欧盟理事会主席国瑞典在2023年1月发布新的妥协方案,回应有关《数据法案》的多个问题。第一是范围,《数据法案》在用户对他们所产生的数据进行访问、解释、使用、分享等行为过程中所涵盖的数据种类存在争议。妥协方案决定将重点放在数据的功能而不是产品上,重新定义并关注传感器自动产生的预处理数据。第二是商业机密,妥协方案加强了共享数据中提供数据的组织的商业机密的保护措施。第三是公共机构访问企业的数据,妥协方案规定,微型和小型企业在特定情况下如大型流行病暴发时需遵守B2G义务,向公共机构提供数据,但是可以要求赔偿。第四是数据跨境流动,妥协方案增加一个有关国际访问与转移的合同透明度义务的新条款,要求云服务商公布数字基建的物理位置。②

在公民数字身份安全性层面,欧洲会议在2023年3月通过了有关数字身份的最新提案,弥补了2014年出台的《电子身份识别和受信服务条例》(eIDAS条例)在实践过程中的不足,核心是增加了有关欧洲数字身份钱包(EUDI Wallet)的规定。欧洲数字身份钱包是欧洲公民个人数字钱包,可在欧盟全体成员国之间通用,欧洲每个公民都有权利而非义务拥有。欧

---

① "The EU Cyber Solidarity Act", April 18, 2023, https://digital-strategy.ec.europa.eu/en/policies/cyber-solidarity.

② W. Kerber, "Governance of IoT Data: Why the EU Data Act Will Not Fulfill Its Objectives", GRUR International, Vol. 72, No. 2, 2023, pp. 120–135.

洲数字钱包可用于识别、存储、管理电子格式的个人身份信息和官方文件，并且可在使用时仅出示限定信息如单一年龄，保护其他信息的私密性。这一提案可以通过要求大型互联网平台在登陆端口接受使用欧洲数字身份的条款，来减少科技巨头对用户个人信息的收集和储存的垄断行为，有利于细化公民数字信息，避免个人隐私信息的泄露以及提高欧盟成员国之间网络身份互通的可操作性。①

## 二 欧盟智能媒体技术应用与产业发展

欧盟智能媒体技术发展在世界处于前列，拥有应用人工智能制造业、掌握5G技术的诺基亚和爱立信公司，以及在关键技术标准领域掌握话语权的欧洲电信标准协会、思爱普等信息技术行业的巨头。②但在新冠疫情期间，欧盟显露出数字经济对经济的支撑力不足、关键技术平台对美国依赖、数字资源安全风险上升等问题。因此，欧盟出台政策计划《欧洲数字十年》，希望在未来数字十年发展计划中，实现可持续发展的数字愿景，增强公民和企业的智能化生存和开发能力。③

### （一）欧盟智能技术应用推动媒体智能发展

1. 高性能计算作为数字欧洲的物质基础

随着智能应用的普及，海量数据呈现出彼此间的相关性，产生巨大的势能，推动人类步入以数据为核心的智能时代。对数据的挖掘及处理能力成为数字时代的核心竞争力，也是欧盟智能产业关注的焦点。高性能计算（High Performance Computing，HPC）是欧盟应对数字挑战的技术应用，也是构造数字欧洲的基础。HPC系统能够通过即时的数据分析及运算来进行工业、地理、科学等方面复杂的模型建构，并能够进一步支持人工智能、

---

① B. Lukkien, N. Bharosa, M. de Reuver, "Barriers for Developing and Launching Digital Identity Wallets", *Easy Chair*, No. 9659, 2023.
② 蔡翠红、张若扬：《"技术主权"和"数字主权"话语下的欧盟数字化转型战略》，《国际政治研究》2022年第1期。
③ "Europe's Digital Decade", February 15, 2023, https：//digital-strategy.ec.europa.eu/en/policies/europes-digital-decade.

T.16 欧盟智能媒体发展报告2023—2024

区块链与大数据的发展,① 而底层智能技术的成熟正不断反哺智能媒体功能拓展,夯实数字欧洲的地基。

2. 云计算、大数据与人工智能重建媒体发展框架

《数字欧洲工作计划（2023—2024）》指出,要进一步加强人工智能应用的落地,包括依托云计算打造数字基础设施、借助大数据塑造数据空间,同时针对人工智能扩张带来的风险,部署可信赖、安全的人工智能,并规划1.13亿欧元用于云计算、大数据与人工智能发展。② 欧盟整体政策上的支持使得媒体在数字转型的过程中进一步深化,具体体现在内容的分类与推荐、自动化写作、实施数据分析、智能语义识别以及网络安全防护等方面。Euronews作为全欧洲最多观众收看的新闻频道,在人工智能应用方面走在传统媒体的前列。Euronews旨在通过语音识别和自然语言处理实现用户交互,通过视频自动剪辑提升新闻时效,通过推荐算法实现个性化推荐,在一定程度上代表了当下欧盟智能媒体的主要技术应用。

3. 智能技术连接"智慧欧洲"

智能技术不仅体现在对媒体生产内容领域的赋能,还体现在技术本身对欧洲的重构。为了使欧盟成为人工智能发展的高地、以技术发展促进人民福祉,欧盟正在为人工智能建立世界一流的测试和实验设施（Testing and Experimentation Facilities, TEF）。开展的项目包括农业食品项目"agri-food TEF"、医疗保健项目"TEF-Health"、制造业项目"AI-MATTERS"、智慧城市与社区项目"Citcom. AI"。欧盟委员会通过数字欧洲计划的资金以及成员国之间的共同资助,推动智能项目不断落地。③ 与此同时,欧盟积极推动元宇宙产业在各国落地,发布关于元宇宙愿景的倡议,呼吁各地方政府积极应对技术机遇与挑战,实现深度数字化时代的弯道超车,④ 使

---

① DIGITAL Europe-High Performance Computing（managed by the EuroHPC Joint Undertaking）: Decision No 03/2023 Amending the Work Programme and Budget for the year 2023（pdf）.

② DIGITAL Europe Work Programme 2023 – 2024（pdf）.

③ "Sectorial AI Testing and Experimentation Facilities under the Digital Europe Programme", April 20, 2023, https://digital – strategy. ec. europa. eu/en/activities/testing – and – experimentation – facilities.

④ "Call for Evidence：Virtual Worlds（metaverses）", April 5, 2023, https://ec. europa. eu/info/law/better – regulation/have – your – say/initiatives/13757 – Virtual – worlds – metaverses – a – vision – for – openness – safety – and – respect_ en.

313

智能媒体发展报告（2023）·国际篇

得智能技术和元技术成为连接智慧欧洲的关键桥梁。

### （二）欧盟智能媒体产业发展

2022年7月，欧盟委员会在《2022年数字经济和社会指数》中表示，虽然大多数成员国在数字转型层面取得了显著的进展，但是中小企业对人工智能、大数据等关键数字技术的使用依旧很少，在关键基础设施5G的部署上仍存在一定差距。[①] 欧盟在具体的智能媒体产业发展上，呈现出多元化态势。

#### 1. 媒体产业

2023年欧盟的媒体市场产值将达到1683.9亿欧元，其中规模最大的依旧是传统媒体，市场产值达1263.4亿欧元。但在新冠疫情期间，用户对数字媒体的需求不断上升，并将这种趋势延续至今。预计到2027年，媒体产业总收入的30%将来自数字和智能媒体。具体而言，传统电视和家庭视频市场收入的年增长率为-0.35%，流媒体市场的年增长率为7.80%，呈现出传统电视受众存量巨大、流媒体奋起直追的态势。图书市场份额达到180.3亿欧元，预计年增长率为-0.80%，其中实体书收入的年增长率为-0.93%，电子书收入的年增长率为0.92%。整体来看，图书产业在智能媒体的发展中处在边缘地位。报纸和杂志市场衰退趋势更加明显，市场收入预计达336.9亿欧元，预计年增长率为-2.78%。值得一提的是，游戏媒介正表现出强劲的发展态势，游戏市场在2023年的收入将达到309.9亿欧元，预计年收入增长率为7.25%，其中大部分收入来自中国，[②] 这也表明欧盟媒体产业与中国市场关系密切。

#### 2. 广告产业

智能技术促进了广告形式的多元化发展。包括影视广告、音频广告、社交媒体广告、搜索引擎广告、数字横幅广告、网红广告以及应用程序里的广告等在内，2023年欧盟广告市场支出预计达1012.7亿欧元，所占市场份额最大的是电视和视频广告，但数字广告增长迅速，预计2027年总

---

[①] "Digital Economy and Society Index (DESI) 2022", July 28, 2022, https://digital-strategy.ec.europa.eu/en/library/digital-economy-and-society-index-desi-2022.

[②] Media-EU-27, https://www.statista.com/outlook/amo/media/eu-27?currency=EUR.

广告支出的 69.7% 来自数字广告。① 数字广告的增长态势也引发欧盟委员会，通信网络、内容和技术总局的关注，指明了依赖个人数据收集、跟踪和大规模分析的数字广告可能会对数据保护权、安全民主环境造成威胁，并表示将针对监管漏洞进行修正。②

3. 电子竞技产业

电子竞技是依托游戏市场而快速增长的产业，随着智能设备的普及，专业的团队、锦标赛和公司的创建，以及直播所带来的广告收益，使得电子竞技迅速发展。中国作为电子竞技的最大市场，与美国、德国共同推动了欧盟电子竞技产业的繁荣。欧盟电子竞技市场的收入预计在 2023 年达到 3.3015 亿欧元，预计年收入增长率为 8.94%，③ 需求的增长使得欧盟电子竞技市场有望实现两位数的强劲增长。

4. AR 和 VR 产业

近年来，欧盟 AR 和 VR 技术不断成熟，对传媒领域变革带来若干可能性。欧盟科技公司纷纷布局 AR 和 VR 产业，2023 年 AR 和 VR 市场的收入预计达到 56.8 亿欧元，预计年收入增长 13.57%，发展势头强劲。④ 其中，Snapchat、Instagram、TikTok 等社交媒体应用程序 AR 嵌入在欧盟市场上的表现尤为突出。欧盟对 AR 和 VR 技术发展的政策支持于 2020 年的《媒体和视听行动计划》中首次宣布，2021 年 11 月—2022 年 2 月，与 100 多个相关部门就 AR 和 VR 行业面临的问题以及媒体应用发展进行了充分讨论，确保 AR 和 VR 产业能够为欧盟提供持续数字文化增长和经济增长动力。⑤

5. 元宇宙产业

目前来看，欧盟元宇宙布局虽然处在早期阶段，但是其发展势头强

---

① Advertising-EU-27，https：//www.statista.com/outlook/amo/advertising/eu－27？currency = EUR.

② C. Armitage et al.，"Study on the Impact of Recent Developments in Digital Advertising on Privacy，Publishers and Advertisers：Final Report"，Publications Office of the European Union，2023，https：//data.europa.eu/doi/10.2759/294673.

③ eSports-EU-27，https：//www.statista.com/outlook/amo/esports/eu－27？currency = EUR.

④ AR & VR-EU-27，https：//www.statista.com/outlook/amo/ar－vr/eu－27？currency = EUR.

⑤ "The Virtual and Augmented Reality Industrial Coalition"，September 22，2022，https：//digital－strategy.ec.europa.eu/en/policies/virtual－and－augmented－reality－coalition.

劲。2023年欧盟元宇宙市场收入预计达到79.7亿欧元，预计收入年增长37.63%。欧盟元宇宙产业布局突出表现在元媒体板块，其2023年收入将达到9246万欧元，预计收入年增长率为12.89%。① 虚拟现实与增强现实、区块链技术、多元应用场景等在欧盟元宇宙市场表现出强大的发展潜力。与此同时，欧盟不断鼓励公众就元宇宙产业布局提出前瞻性建议。②

值得注意的是，美国通过跨国企业渗透到了欧盟智能媒体应用领域和智能媒体产业的各个方面。对美的高度依赖引起欧盟国家的警惕，早在2014年欧盟就曾做出努力以摆脱美国控制。2021年欧盟委员会进一步开展"创意欧洲计划（2021—2027）"，以期保护、发展和促进欧洲文化和语言的多样性及遗产，提高欧盟独立竞争力、开发经济潜力。目前其中的文化遗产项目已经为城市和地区的自由发展带来助力。③ 在智能媒体技术领域，新的技术应用与开发将欧盟国家拉到了较为一致的赛道，而欧盟的主动布局，有助于摆脱对美国的技术依赖，实现数字欧洲与智能欧洲的建构，保证欧盟在政治和文化上的独立性。

## 三 欧盟智能媒体产业发展与政治关系密切

### （一）数字主权

"数字主权"这一概念由来已久，并深植于欧盟发展战略体系之中。2017年9月，法国总统马克龙（Emmanuel Macron）在巴黎索邦大学的演讲中提出了"欧洲主权"概念，涵盖防务、移民、经济、数字化等多个方面，并呼吁欧盟各成员国实施共同战略和政策。此后，欧洲政界将在主权战略研究中重点着眼于"技术主权"和"经济主权"，例如2021年3月发布的《2030数字指南针：数字十年的欧洲之路》，对欧洲未来的经济发展

---

① Metaverse-EU-27，https：//www.statista.com/outlook/amo/metaverse/eu - 27？currency = EUR.

② "The Citizens' Panel Proposes 23 Recommendations for Fair and Human-centric Virtual Worlds in the EU"，April 24，2023，https：//digital - strategy.ec.europa.eu/en/news/citizens - panel - proposes - 23 - recommendations - fair - and - human - centric - virtual - worlds - eu.

③ "Cultural Heritage in Action Concludes with Valuable Outcomes for Cities and Regions"，April 21，2023，https：//culture.ec.europa.eu/news/cultural - heritage - in - action - concludes - with - valuable - outcomes - for - cities - and - regions.

和社会民生层面提出了数字转型要求。2020年7月,欧盟发布了《欧洲数字主权报告》,表明了欧盟建立数字主权的态度和决心。推动欧盟追求数字主权的根本动因在于数字领域国际地缘政治竞争日益激烈,中美两个数字大国的战略博弈正在给欧盟带来前所未有的危机感、紧迫感。美国利用自身在供应链环节的实力和优势,先后切断了中国企业中兴和华为的芯片供应链以胁迫和压制中国科技企业的发展,这让欧盟看到了供应链保护对于科技发展的关键性和重要性;而中国在新硬件设备开发等高新技术领域的发展已远超欧盟。在政治防务上,欧盟与美国的关系密切;但在经济发展中,中国又是欧盟绝不可失去的合作伙伴。欧盟正迫切需要在两者之间寻找平衡点,以维护自身的安全独立,拓宽数字技术的发展空间。

此外,全球化数字技术发展正不断迸发蓬勃动力。2020年,全球数字经济规模达到32.6万亿美元,同比增长3%,成为全球经济新的增长引擎。日益激烈的地缘政治竞争、蓬勃向好的全球经济发展、疫情防控中凸显出的欧盟在数字领域的薄弱性,让欧盟追求数字主权成为必然之势。

欧盟数字主权计划旨在实现在尖端技术领域的完全独立自主,这也是欧盟推动数字创新发展的保护机制及防御工具。一方面,欧洲积极布局数字和新兴技术行业,以减少对中美数字技术的依赖,保障欧洲数据的独立和安全;另一方面,欧盟也正力争成为数字技术监管和数字技术使用伦理规范的全球领导者角色,将数字主权作为新的政治筹码。研究指出,欧盟数字主权的实现分为内外两个维度:对内体现为全力推动本土数字科技企业的发展,期望建立独立供应链,保护欧盟数字技术在供应链上的完整性和安全性;对外体现为打压境外数字巨头(尤其是美国)在欧洲市场的垄断势力,防御可能出现的侵犯行为。①

就当下形势而言,欧盟数字主权的实现道阻且长。其一,难以消除的数字鸿沟贯穿欧盟内部。欧盟各成员国之间的数字经济发展差异始终存在,各国之间实力的悬殊必然导致技术和数据在发展过程中流向实力更强的成员国,实力较弱的成员国必须选择数据本地化的手段来保护本国的数据安全。强弱差异带来的不仅是数字经济发展水平的不平衡,更有可能导

---

① 郑春荣、金欣:《欧盟数字主权建设的背景、路径与挑战》,《当代世界与社会主义》2022年第2期。

致各成员国之间基于发展与自我保护立场的分裂。

其二，欧洲市场缺乏全球领先的数字企业平台。在数字技术领域，欧洲市场缺乏具有强大竞争力的本土企业，让数字主权建立的设想看起来缺乏说服力，也限制了欧盟数字技术的发展。根据欧盟发布的《数字指南针》报告，全球主要数字技术是在非欧盟地区开发的，90%的欧盟数据由美国公司管理，只有不到4%的主流在线平台来自欧盟，且欧盟地区制造的芯片也只占欧盟市场的10%。欧盟市场一直以中小企业为核心竞争力，但在数字领域，数字单一市场建立障碍的难以消除、中小型企业发展缓慢、缺乏领头企业和大平台的现状让市场研发力量难以集中。与境外巨头相比，欧盟市场落后且分散的劳动力资源和研发能力极大地阻碍了数字技术的发展，得不到发展资源的中小企业进而失去扩大规模的能力和机会。在这样的现状循环下，欧盟想要建立属于本土的、能与中美数字大国龙头企业抗衡的平台显得尤为艰难。

## （二）数字领域欧盟对中美的政治博弈

针对美国大型科技企业主导欧洲市场的现状，欧盟采取了协同和反垄断并进的手段。在数字技术安全领域和关键供应链领域，欧盟更注重与美国的协调。如前文所述，美国在供应链环节占据压倒性优势，对这一领域实力薄弱的欧盟而言，与美国的协调是对自身供应链建立和发展的重要渠道之一。另外，欧盟相继推出《数字市场法》和《数字服务法》等一系列法案，以保护数字自主性的名义，通过向美国大型企业平台征收数字税等手段来压制美国在欧盟市场的垄断行为，从而制衡美国大型科技公司。①

欧盟在对华的数字合作中，则遵循政治优先的逻辑，更多的将安全、人权、民主价值观等因素列入考虑标准，原因在于欧盟对"数字主权"的理念定义本身就具有强政治性。然而，中国庞大的数字市场和雄厚的经济基础对欧盟而言是不可失去的，在政治和经济双重因素的作用下，欧盟在处理数字领域中欧关系上选择了合作与"对华脱钩"并存的手段。在经济层面，中欧之间的经贸合作关系久远深厚，完全"对华脱钩"显然是不现

---

① 蔡翠红、张若扬：《"技术主权"和"数字主权"话语下的欧盟数字化转型战略》，《国际政治研究》2022年第1期。

T.16 欧盟智能媒体发展报告2023—2024

实的。中国在尖端技术行业的快速发展，以及庞大市场形成的需求，对欧盟发展数字技术而言是不可或缺的合作伙伴。同时，欧盟企业也有融入中国数字设备和对云数据等平台整合的需要。在政治层面，中欧具有显著竞争关系。在意识形态和地缘因素竞争下，欧盟越来越将数字技术蓬勃发展的中国视为威胁，在发展版图中摆脱对中国的依赖的诉求也更加紧迫。欧洲议会多次对华为、中兴等中国科技企业在欧洲日益增长的作用表示担忧，呼吁欧盟采取行动减少对华科技的依赖。欧盟成员国也被警告不要依赖单一的5G供应商，因其存在潜在的供应中断问题，以及智能设备和重要公共基础设施（如发电厂、医院、学校等）之间数据通信安全的重大风险。

以强化数字主权为立场，欧盟在不断提升自身在制度规范层面的话语权，制衡外国企业在欧洲市场的发展，同时发展自身的数字技术能力，进而寻求数字媒体技术发展的转型道路。①

## 四 欧盟智能媒体发展的其他突出表现

### （一）欧盟智能媒体社会化新应用

智能媒体应用问题一直以来都被欧盟视作欧洲发展战略的一部分。在基于法制和价值观的共通基础上，欧盟提倡促进和实现包容性与参与性并存的全球数字化发展路径，并制定具有全球公认性的符合操作技术标准的管理协议。立足这一理念，欧盟多个成员国在智能媒体文化应用层面不断推出新的实践项目和指导方案。②

从数字素养提升层面来看，作为这一领域的先行者，欧盟用了十余年时间发展优化其数字素养框架，并已成功将该框架推到具有权威性和指引性的国际舞台上。③ 欧盟数字素养框架对数字素养三大组成要素（知识、

---

① Digital Coupling, CAI CUIHONG and ZHANG RUOYANG｜China Daily Global｜Updated：2022-03-31 00：00.
② M. Kop, "EU Artificial Intelligence Act：The European Approach to AI", Stanford-Vienna Transatlantic Technology Law Forum, Transatlantic Antitrust and IPR Developments, Stanford University, September 2021.
③ 汪庆怡：《从欧盟数字素养框架（DigComp2.2）论全民数字素养的提升》，《图书馆杂志》2023年第3期。

技能和态度）的相关实例做出更新升级，以此更好地支持"数字指南针计划"的落地实施。欧盟还明确指出，直至2030年，80%的欧盟公民应拥有基本的数字技能，并计划届时拥有2000万信息通信技术专家。① 作为欧盟数字素养框架的实践试点，希腊教育和宗教事务部与教育政策研究所基于"21世纪技能实验室"教育框架，以欧洲终身学习框架为起点，以提升"媒体与信息素养"（Media and Information Literacy，MIL）为发展导向，着重培养全民的第四关键能力（即数字能力）。2023年4月，欧盟通过了促进欧盟数字教育和培训的提案，着力提升欧洲公民的数字技能，实现高质量和无障碍的数字教育。据欧盟委员会称，数字能力包括对使用参与数字技术活动持有自信、批判性和负责任的态度。从2022年下半学年起，MIL课程教育被纳入希腊所有中小学教育系统的课程当中。此外，芬兰、法国、意大利、西班牙和葡萄牙等国也致力于课程改革，将与数字媒体相关的技能培训纳入基础课程之中。②

从文化遗产保护层面来看，欧盟不断协助成员国在保护和促进欧洲文化遗产方面的行动，并协同欧洲数字平台（Europeana）投资数字工具和尖端技术来赋能文化遗产。"文化遗产"计划作为"创意欧洲"计划中具有竞争力和经济潜力的重要部分，得到欧盟文化和视听部门的重点支持。其中，数字技术已经为文化遗产的保护和修复、博物馆和文化机构的可持续融资、传统工艺的复兴和加强文化创意部门的创新潜力等重要方面提供了技术赋能。③ 欧盟智能媒体对文化遗产保护的具体措施包括：通过XR增强博物馆游客体验，优化个性化内容；④ 以元数据（即对于数据标准化记

---

① European Commission, "Europe's Digital Decade: Digital Targets for 2030", August 30, 2022, https://ec.europa.eu/info/strategy/priorities–2019–2024/europe–fit–digital–age/europes–digital–decade–digital–targets–2030_en.

② Olga Makri, "European Union Media and Information Literacy (MIL) in Education", The Case of the EU Member State Greece: Going Beyond the Implementation of the Initiative "21st Century Skills Lab" ("Competencies Lab") Empowering Learners as Media and Information Literate Future Citizens under the COVID–19 Pandemic Situation, 2023.

③ "Cultural Heritage in EU Policies | European Digital Heritage", 30th August 2022, https://culture.ec.europa.eu/cultural–heritage/cultural–heritage–in–eu–policies/european–digital–heritage.

④ E. Parker, M. Saker, "Art Museums and the Incorporation of Virtual Reality: Examining the Impact of VR on Spatial and Social Norms", Convergence, Vol. 26, 2020, pp. 1159–1173.

T.16 欧盟智能媒体发展报告2023—2024

录语言）去呈现文化遗产的本体性，其中主要以CRM（Conceptual Reference Model）为概念参考模型做数据分析。但由于目前文化信息的差异化，如何用元数据创建差异化最小的文化遗产数据库等问题需要突破性的技术去解决；此外，还有采用数字图像化技术保存和收集历史，如建立大屠杀视觉史（Visual History of the Holocaust，VHH），利用数字保存的形式收集有关纳粹集中营和其他暴行的电影；鼓励用户通过知识共享来改变和深化对文化的认知，在知识共享过程中凝聚海量的大数据，并鼓励博物馆和文化机构参与其中或成为大数据流的一部分，将文化产业和"网络游客"密切联系起来。①

### （二）欧盟智能媒体技术其他应用情况

欧盟委员会从2020年起创设欧洲"数字十年"，强调必须强化其数字主权，并制定一系列相关标准，具体如下。其一，建立健全数字身份体系。数字身份体系一方面能用于整个欧盟的在线或者离线的公共或私人服务，帮助居民和企业确定自己的身份或部分个人信息；另一方面欧盟公民可以依靠数字身份去使用个人数字钱包。欧洲晴雨表调查显示，72%的用户希望了解他们的社交媒体使用数据是如何被处理的；63%的欧盟公民希望能在所有在线服务中得到安全的单一的数字身份证。而欧洲数字身份能满足这一调查对象的数字诉求，拥有这一身份的公民都有权在欧盟任何地方被承认。公民还可使用智能终端完成从租自行车到纳税等各种社会事项办理。② 其二，就人工智能应用而言，基于《欧洲人工智能方法条例》和《人工智能协调计划》的实施和更新，欧盟进一步提升了人工智能技术的适配性，将其运用到社会各个领域，并在健康、环境和打击虚假信息三个领域取得了卓越成效。例如，CDAC项目通过智能技术辅助新冠肺炎重症病人进行神经康复，已经助力了欧洲三千多名中风患者的康复工作；ANTARES计划则是致力于开发智能传感器和大数据技术，帮助农民以社会、

---

① V. Poulopoulos, M. Wallace, "Digital Technologies and the Role of Data in Cultural Heritage: The Past, the Present, and the Future", *Big Data and Cognitive Computing*, Vol.6, No.3, 2022, p.73.

② "European Digital Identity", 30th August 2022, https://commission.europa.eu/strategy-and-policy/priorities-2019-2024/europe-fit-digital-age/european-digital-identity_en.

农业收入和环境可持续的方式生产更多粮食；We Verify 提供了诸如插件的验证系统，帮助欧盟公民、记者和人权专家等查看相关图像和视频，以此核查真相等。为了让人工智能更好更广惠及欧盟各国，欧盟委员会计划每年从"数字欧洲"和"欧洲地平线"计划中拿出十亿欧元持续投资人工智能技术领域。①

就数据战略而言，欧盟正计划发展数据驱动型领导体系，即通过创建一个统一的数据市场，促使海量数据在欧盟内部和跨部门间自由流通，以此实现公平、实用和明确的数据治理。欧盟数据战略在工业和商业领域已有不少应用案例，例如风电场使用工业数据来减少视觉影响、优化风力发电；智能实时交通避障导航的应用，节省了高达 20 亿欧元的劳动力成本；列车晚点实时通知节省了 2700 万个工作小时等。② 欧盟 2025 年数据战略有以下规划：全球数据量相比于 2018 年上涨 530%；数据经济在欧盟的价值达到 829 亿欧元；欧盟的数据专业人员达到 1090 万人。③

此外，欧盟智能媒体产业与卫星空间建设关系密切。欧盟计划在天基安全连接系统和空间交通管理等方面，实施欧盟空间安全通信系统计划。天基安全连接系统将提供移动和固定宽带卫星接入、B2B 服务和运输服务卫星接入，并通过卫星宽带和云服务加强网络，进而服务于边缘计算、物联网、自动驾驶、电子医疗、智能工作和教育、空中和海上互联、智慧农业等。④

### （三）智能媒体与传统新闻业关系

欧盟智能媒体发展不断渗透到社会生活的方方面面，不仅受到传统新

---

① "Excellence and Trust in Artificial Intelligence", August 30, 2022, https://commission.europa.eu/strategy-and-policy/priorities-2019-2024/europe-fit-digital-age/excellence-and-trust-artificial-intelligence_en.
② "European Data Strategy", August 30, 2022, https://commission.europa.eu/strategy-and-policy/priorities-2019-2024/europe-fit-digital-age/european-data-strategy_en.
③ "Space: EU Initiatives for a Satellite-based Connectivity System and An EU Approach on Management of Space Traffic", August 30, 2022, https://commission.europa.eu/strategy-and-policy/priorities-2019-2024/europe-fit-digital-age/space-eu-initiatives-satellite-based-connectivity-system-and-eu-approach-management-space-traffic_en.
④ J. Canavilhas, "Artificial Intelligence in Journalism: Automatic Translation and Recommendation System in the Project", A European Perspective "(EBU)", *Revista Latina de Comunicación Social*, Vol. 80, 2022, pp. 1-13.

闻业的高度关注，还与其进行了业务上的合作，在新闻制作过程中实现突破性的高效运转。以欧洲广播联盟内部正式启动的"欧洲视角"项目为例，该项目计划通过人工智能翻译和推荐算法，打击错误信息、推广欧洲主流价值观，起到引导网络舆论的作用。该项目助力欧洲传统新闻部门依靠人工智能进行新闻制作和推广，并总结认为"人工智能的功能可以取决于编辑记者对它的使用方式，并能准确、低成本实现新闻工作者的主要目标"①。自然语言生成（Natural Languages Generation，NLG）也是新闻业的重要助推力量，NLG能以秒为单位生成新闻文本，并合理优化新闻工作框架，被广泛应用于报道体育、房地产和金融等硬新闻类主题。② AI在调查性新闻中也不断发挥作用，从海量信息当中提炼重要的关系线索，助力新闻记者更进一步探索和调查报道。③

智能媒体技术在新闻产业发展中体现了强大的潜力和适用性，在编辑和记者处理众多繁杂现实事件时提供了有效的帮助。然而，智能媒介技术的高速发展也给传统新闻业带来了新的挑战。从商业层面看，媒体平台的去中心化已然让新闻编辑的边界流动和模糊，广告也因平台化而跳出原有的固定形式，由此大量减少了传统新闻机构的收入来源和收入数额。就从业人员而言，传统的新闻编辑和记者难以靠以往的新闻素养读懂算法新闻背后的底层逻辑，新闻业需要引入大量与数据和算法相关联的专业人员，如引入数据分析师，对专有或第三方数据进行分析，制定应用于特定行业的第三方报告；引入机器学习专家，开发算法、软件和传感器硬件，在保证机器学习并完成特定新闻任务的同时自觉进行错误纠正；引入网络安全专家，通过各种技术手段保护新闻数据、系统和数字流程免受外部攻击，预防网络诈骗等。

---

① S. Sirén-Heikel, M. Kjellman, C. G. Lindén, "At the Crossroads of Logics: Automating Newswork with Artificial Intelligence: (Re) Defining Journalistic Logics from the Perspective of Technologists", *Journal of the Association for Information Science and Technology*, Vol. 74, No. 3, 2023, pp. 354–366.

② M. R. Leiser, "Bias, Journalistic Endeavours, and the Risks of Artificial Intelligence", *Artificial Intelligence and the Media*, Edward Elgar Publishing, 2022, pp. 8–32.

③ Nicholas Diakopoulos, "Algorithmic Accountability Reporting: On the Investigation of Black Boxes", 2014.

## 五　总结

欧盟通过一系列政策与产业组合拳，提升了本土智能产业的市场占有率，使欧盟在全球媒介产业、广告产业中的作用不断增加。其中，欧盟电子竞技产业、VR 和 AR 产业以及元宇宙产业等皆呈现出强劲的增长态势。新型媒介市场的开拓为欧盟中小企业不断创造机遇，将有助于欧洲就业市场的扩大，并带动新一轮技术与经济的增长。此外，欧盟通过建立数字欧盟价值观、实现欧盟的数字自主，为欧洲各国带来更加安全和可靠的数字环境。智能媒体产业在欧洲的发展已突破内容生产的边界，成为串联数字欧洲的纽带。《数字服务法》《数据法案》《人工智能法》与面对新的数字困境组织的广泛沟通，不仅为欧盟提供了可操作的方案，也为世界带来了欧盟智慧，为应对数字隐私、数据安全提供了可供参考的样本。

从数字领域法律法规的布局上看，尤其是在人工智能、云计算、数据库等关键技术领域，欧盟争当国际规则引领者的野心显著，这无疑将给中国企业带来更多的竞争压力。同时，欧盟在数字领域陆续严格立法，对中国企业在欧洲市场中的准入性和合规性建立起了新的壁垒。中欧之间数字监管理念的差异，也给中国企业在欧洲市场的发展带来一定挑战。中国企业在欧洲市场的发展空间在政治层面上被压缩，亟须寻找新的突破口。但客观来看，欧盟数字领域法规制度的建立也给中国完善数字治理规则和立法提供了经验和借鉴。通过制定监管措施和设立更加科学的处理标准，能够在一定程度上解决中国智能媒体企业在海外发展所面临的政治困境。在数字产业发展全球化的背景下，坚持开放合作的理念才能为欧盟以及世界各国数字技术的可持续发展提供持久动力。

## 参考文献

蔡翠红、张若扬：《"技术主权"和"数字主权"话语下的欧盟数字化转型战略》，《国际政治研究》2022 年第 1 期。

李昊林等：《中美欧内部数字治理格局比较研究》，《中国科学院院刊》2022 年第 10 期。

汪庆怡：《从欧盟数字素养框架（DigComp2.2）论全民数字素养的提升》，《图书馆杂志》2023年第3期。

薛岩、赵柯：《欧盟数字治理：理念、实践与影响》，《和平与发展》2022年第1期。

郑春荣、金欣：《欧盟数字主权建设的背景、路径与挑战》，《当代世界与社会主义》2022年第2期。

张韬略、熊艺琳：《拓宽数据共享渠道的欧盟方案与启示——基于欧盟〈数据治理法〉的分析》，《德国研究》2023年第1期。

"Cultural Heritage in Action Concludes with Valuable Outcomes for Cities and Regions", April 21st, 2023, https：//culture.ec.europa.eu/news/cultural–heritage–in–action–concludes–with–valuable–outcomes–for–cities–and–regions.

"Cultural Heritage in EU Policies | European Digital Heritage", August 30, 2022, https：//culture.ec.europa.eu/cultural–heritage/cultural–heritage–in–eu–policies/european–digital–heritage.

N. Diakopoulos, "Algorithmic Accountability Reporting：On the Investigation of Black Boxes", Tow Center for Digital Journalism at Columbia University, 2013.

"European Data Strategy", August 30, 2022, https：//commission.europa.eu/strategy–and–policy/priorities–2019–2024/europe–fit–digital–age/european–data–strategy_en.

"Excellence and Trust in Artificial Intelligence", August 30, 2022, https：//commission.europa.eu/strategy–and–policy/priorities–2019–2024/europe–fit–digital–age/excellence–and–trust–artificial–intelligence_en.

M. C. Gamito, "The European Media Freedom Act（EMFA）as meta-regulation", *Computer Law & Security Review*, Vol. 48, 2023.

G. Gómez-Diago, "Perspectives to Address Artificial Intelligence in Journalism Teaching：A Review of Research And Teaching Experiences", *Revista Latina de Comunicación Social*, Vol. 80, 2022.

N. Helberger, N. Diakopoulos, "ChatGPT and the AI Act", *Internet Policy Review*, Vol. 12, No. 1, 2023.

W. Kerber, "Governance of IoT Data：Why the EU Data Act will not Fulfill Its Objectives", *GRUR International*, Vol. 72, No. 2, 2023.

B. Lukkien, N. Bharosa, M. de Reuver, "Barriers for Developing and Launching Digital Identity Wallets", *Easy Chair*, No. 9659, 2023.

Eryn Parker, Michael Saker, "Art Museums And the Incorporation of Virtual Reality：Examining the Impact of VR on Spatial and Social Norms", *Convergence*, Vol. 26, 2020.

T. Pihlajarinne, A. Alén-Savikko, "Introduction to Artificial Intelligence and the Media", *Artificial Intelligence and the Media*, Edward Elgar Publishing, 2022.

V. Poulopoulos, M. Wallace, "Digital Technologies and the Role of Data in Cultural Heritage: The Past, the Present, and the Future", *Big Data and Cognitive Computing*, Vol. 6, No. 3, 2022.

S. Sirén-Heikel, M. Kjellman, C. G. Lindén, "At the Crossroads of Logics: Automating Newswork with Artificial Intelligence: (Re) Defining Journalistic Logics from the Perspective of Technologists", *Journal of the Association for Information Science and Technology*, Vol. 74, No. 3, 2023.

"The Citizens' Panel Proposes 23 Recommendations for Fair and Human-centric Virtual Worlds in the EU", April 24th, 2023, https://digital-strategy.ec.europa.eu/en/news/citizens-panel-proposes-23-recommendations-fair-and-human-centric-virtual-worlds-eu.

"The Virtual and Augmented Reality Industrial Coalition", September 22nd, 2022, https://digital-strategy.ec.europa.eu/en/policies/virtual-and-augmented-reality-coalition.

M. Veale, F. Zuiderveen Borgesius, "Demystifying the Draft EU Artificial Intelligence Act: Analysing the Good, the Bad, and the Unclear Elements of the Proposed Approach", *Computer Law Review International*, Vol. 22, No. 4, 2021.

# T.17 日本智能媒体发展报告2022—2023

王 飞 陈佳沁[*]

**摘 要：** 本文聚焦2022年日本智能媒体产业，从政府政策、行业发展现状、技术发展趋势三个维度进行调研分析。在政府导向政策维度，日本积极开展数字化改革，为智能媒体产业发展提供了政策及基础设施支持，统合Beyond 5G、大数据、人工智能等智能媒体技术，构建了数字田园都市国家战略。在产业发展现状维度，随着全新媒体技术的迅猛发展，电视、出版、广播等日本传统媒体行业的数字化转型遭遇困境。日本政府不仅以政策大力支持新兴媒体技术的发展，也积极将其应用于国家战略层面。

**关键词：** 数字厅；Beyond 5G；数字田园都市国家计划；人工智能

2021年9月，日本内阁专门成立数字厅，旨在推动日本社会的数字化进程，提高政府和民间的数字服务水平，以及提升日本在全球数字竞争中的地位。数字厅与各级政府、企业、研究机构等多方合作，在制定和推动数字政策、优化政府行政服务、改善民生、促进数字产业发展、强化网络安全等方面推动日本社会的数字化转型。由于政策导向、人文差异等方面的不同，日本对新媒体技术、互联网技术等新兴数字技术的使用与中国呈现出完全不同的状态。本文将从政府政策、行业发展和技术趋势三个维度进行调研分析，展示2022—2023年日本对新兴智能媒体技术的应用以及社会面数字化改革措施及成效，展示深受西方国家影响下的日本媒体行业发展现状，以期对中国媒体行业的发展提供重要的警示和参考意义。

---

[*] 王飞，浙江传媒学院新闻与传播学院讲师，日本驹泽大学国际媒体学博士；陈佳沁，浙江传媒学院新闻与传播学院副教授，博士。

智能媒体发展报告（2023）·国际篇

# 一 日本政府对智能媒体发展的国家级战略执行政策

## （一）数字厅《实现数字社会的重点计划》

2022年6月，日本数字厅颁布《实现数字社会的重点计划》政策，① 希望利用数字技术的力量，提高生产力和人民生活便利性，创建一个"数字乡村、城市和国家"。计划提出公开透明、安心安全、可持续发展、解决民生问题等十项基本原则和七项执行政策，执行政策为以下七项。

（1）实现数字社会的行政结构改革。根据数字厅数字临时行政调查会制定的数字、监管、行政改革的结构改革原则，对阻碍行政现场数字化的规定和制度进行横向审查和整改。

（2）实现"数字田园都市国家构想"。充分利用数字化技术，在充分发挥地区特色和丰富性的同时，推动农村地区具备与城市地区同等甚至更高生产力和便利性的"数字田园都市国家构想"。

（3）推进国际战略。以信任为基础建立国际合作，合理有效地利用国际标准，加强与涉及数字政策的国外机构间的联系，推动向新兴国家提供信息、培训等支持。

（4）确保网络安全。通过扩大云服务使用，实现便利性的提高和数字信息等的安全性保障；同时强化个人信息保护、网络犯罪防治和灾害应对等措施。

（5）推进大数据战略。政府将持有和整备社会基本大数据，使其能在开放的平台（基础设施）上得到有效利用，从而促进经济发展和解决社会问题。

（6）培育数字产业。通过支持云技术的开发、建立下一代计算基础设施、投资IT创业公司、积极开展未涉及领域、打造安全产品基础，培育数字产业。

（7）推进Web3.0。开展区块链等分布式账本技术和与数字资产相关的研究开发和利用环境建设，紧跟世界潮流，实施必要的措施。

---

① 『デジタル社会の実現に向けた重点計画』，2022年6月7日，デジタル庁，https：//www.digital.go.jp/policies/priority-policy-program/。

该政策是一份具有前瞻性和战略性的政策，从多个角度全面布局，以适应数字化带来的挑战和机遇。这些政策也展示了日本政府在数字化转型方面的决心和战略部署，日本政府希望建设一个高度数字化的社会，提高日本在全球数字竞争中的地位，为日本社会带来更高的生产力、便利性和竞争力。

### （二）Beyond 5G 政策现状

Beyond 5G 政策是以日本总务省为主导的国家级科学研究开发战略。Beyond 5G 是"超越5G"之意，是次世代核心信息通信基础设施。日本政府预计将在 2030 年将其作为日本基础通信设施，为各行各业和社会活动提供支持。Beyond 5G 的目标是实现更高的数据传输速度、更低的延迟和更广泛的连接性，以满足未来数字社会的需求。Beyond 5G 涉及许多关键技术，如 5G 技术的完善、量子通信、人工智能、物联网等。日本政府早已在 2019 年就开始了 Beyond 5G 技术的研究和开发。在 2022 年 6 月日本总务省信息通信审议会上，《面向 Beyond 5G 的信息通信技术战略（草案）》①获得通过，从加速日本重点技术领域的研究和开发、增强日本国际竞争力和经济安全保障、建设数字化改革的通信基础设施等多方面提供法律保障。2022 年 12 月，日本政府成立并实施了《国立研究开发法人信息通信研究机构法及电波法的部分修改法律》（令和4年法律第93号），②并计划于 2023 年 3 月根据这项法律在国立研究开发法人信息通信研究机构（NICT）设立永久基金，2022 年基金补助 662 亿日元，2023 年基金补助 150 亿日元。③

2025 年后，该项目将重点推动以下技术领域的研究和开发，以实现社会面实施推广和海外发展。第一，全光网络技术，以实现通信基础设施的超高速、超低延迟和超低功耗化。第二，非地面网络（NTN）技术，如卫

---

① 『Beyond 5Gに向けた情報通信技術戦略の在り方 – 強靱で活力のある2030年代の社会を目指して –』，2022 年 6 月 30 日，総務省。
② 『国立研究開発法人情報通信研究機構法及び電波法の一部を改正する法律案』，2022 年 11 月 21 日，総務省，https://www.soumu.go.jp/menu_hourei/k_houan.html。
③ 『デジタル田園都市国家インフラ整備計画（改訂版）』，2023 年 4 月 25 日，総務省，https://www.soumu.go.jp/menu_news/s-news/01kiban01_02000056.html。

星和高空平台系统（HAPS），以实现陆地、海洋和空中的无缝通信覆盖扩展。第三，安全的虚拟化和集成网络技术，以确保用户安全和高可靠的通信环境。

### （三）数字田园都市国家计划

数字田园都市国家计划是日本总务省提出的一项旨在推动数字化和智能化发展的计划，通过数字技术的应用，促进城市和农村地区的发展，提高生活质量和经济效益。为了实现这个构想，光纤、5G、数据中心、海底电缆等数字基础设施的建设必不可少。日本总务省于2022年3月制定了"数字田园都市国家基础设施建设计划"。随后于2023年4月进行了修订，制定了三个政策执行方向。[1]

第一，加快推进光纤、5G、数据中心、海底电缆等基础设施的建设。

第二，召开"地区协议会"，促进地方政府、电信服务商、企业相关人员等之间的数字实施和基础设施建设的匹配。

第三，加速"Beyond 5G"的研究和开发，将研究成果逐步实施于2025年后，并实现早期的Beyond 5G运营启动，成为2030年的基础设施。

2022年年初，日本总务省要求移动电话运营商制定并提交2022—2025年的年度计划，包括进一步积极开发5G基站、5G基站数量和5G人口覆盖率等。此外，2022年2月，日本提出了修改电波法和广播法的部分法案，[2] 包括设立基站开放的责任等内容，并于2022年2月开始接受针对5G频段（2.3GHz带）的新分配的认证申请。

总务省计划在2027年年末将5G家庭覆盖率提高到99.9%。[3] 此外，还在2022年3月提出了修改电信业法的部分法案，包括创立为了确保在不盈利地区提供宽带服务的交付金制度（普及服务交付金制度）等内容并提交国会。同时，将从2022年起在3年内完成围绕日本的国内海底电缆

---

[1] 『デジタル田園都市国家インフラ整備計画（改訂版）』，2023年4月25日，総務省，https://www.soumu.go.jp/menu_news/s-news/01kiban01_02000056.html。

[2] 『電波法及び放送法の一部を改正する法律案』，2022年2月4日，総務省，https://www.soumu.go.jp/menu_hourei/k_houan.html。

[3] 『5G人口カバー率9割へ 基地局整備 総務省、携帯各社に要請』，2021年12月28日，朝日新聞，https://www.asahi.com/articles/ASPDX444LPDWULFA01R.html。

铺设（数字田园都市超级高速公路），并表示将在5年内建设10个地方数据中心基地。笔者将数字田园都市国家计划的优势总结为以下五个方面。

第一，关注农业生产效率的提高。农业是日本农村地区的主要产业，为提高农业生产效率，该计划引入物联网（IoT）、人工智能（AI）和大数据分析等先进数字技术。通过实现精准农业，提高农作物的产量和质量，从而为农村地区的经济发展提供支持。

第二，致力于推动地方创新产业的发展。该计划鼓励地方政府与企业合作，利用数字技术开发新的农业产品和服务以满足市场需求。除农业外，还支持当地企业开发与农村生活相关的数字技术，如智能家居、远程医疗等，以促进农村地区的就业和经济增长。

第三，重视农村地区生活品质的提升。通过数字化技术改善农村地区的基础设施，提供更好的医疗、教育和社会福利服务，提高居民的生活水平。例如，利用远程医疗技术，使农村居民能够享受到城市医疗资源；通过在线教育平台，提高农村地区的教育质量；通过数字化的社会福利服务，改善农村居民的生活保障。

第四，倡导区域间的协同发展。通过建立数字化信息共享平台，促进区域间的资源共享和合作，实现农村地区的协同发展。这将有助于优化资源配置，提高农村地区的整体竞争力。

第五，强调环境和生态系统保护。利用数字技术实现环境监测和保护，确保农村地区的可持续发展。例如，通过智能水资源管理系统，实现农业用水的合理利用；通过环境监测系统，对农业生产过程中的环境污染进行控制；通过生态系统保护项目，保护农村地区的生物多样性。

为了实现这一计划，日本总务省将与各地方政府、企业和民间组织紧密合作。具体措施包括以下五个方面。①

第一，制定数字田园都市计划的实施方案，明确目标、任务和责任分工。

第二，建立数字田园都市计划的监测评估机制，定期对计划实施情况进行评估，确保计划的有效推进。

---

① 『デジタル田園都市国家インフラ整備計画（改訂版）』，2023年4月25日，総務省，https：//www.soumu.go.jp/menu_news/s-news/01kiban01_02000056.html。

第三，加强政策支持，为数字田园都市计划的实施提供必要的财政、税收和人才支持。

第四，加强国际合作，引进国际先进的数字技术和经验，为数字田园都市计划的实施提供有力支持。

第五，开展宣传推广活动，提高社会各界对数字田园都市计划的认识和支持。

作为一项以数字化技术为核心的城市发展计划，日本数字田园都市计划旨在通过改善农村地区的生活和经济状况，实现可持续发展。通过推动农业生产效率的提高、地方创新产业的发展、生活品质的提升、区域间协同发展和环境保护等方面的工作，日本数字田园都市计划将为日本的未来发展注入新的活力。

## 二 日本媒体产业发展现状

### （一）日本媒体产业市场规模

总的来说，日本的媒体产业市场规模庞大，其中视频内容占据了主导地位。数字广告市场也在不断增长，预计将继续引领市场发展。首先，日本的媒体产业市场规模2020年达到了11.8万亿日元，其中电视节目、网络节目等视频内容占据了近60%的市场份额。除了视频内容外，书籍杂志等文本内容占据了35.9%的市场份额，音乐音频内容占据了6.8%的市场份额。其次，观察全球广告市场，由于新冠疫情所带来的数字化普及，2021年全球数字广告规模达到了39.396万亿日元，相较2020年增长了32.7%，大幅推动了整个广告市场的增长。日本的数字广告市场也大幅增长，2021年互联网广告（2.7052万亿日元）首次超过了传统媒体广告（2.4538万亿日元）。① 此外，基于互联网通信的手机应用媒体市场规模为4.8万亿日元，按照手机应用类别区分，其中视频类应用占据了59.2%的市场份额，文字类应用占据了31.6%的市场份额，音频类应用占据了9.2%的市场份额。日本媒体产业的海外出口也在不断增加，2020年达到

---

① 『世界の広告費成長率予測（2021～2024）』，2022年1月21日，電通グループ，https://www.group.dentsu.com/jp/news/release/000643.html。

了 5711.1 亿日元，其中互联网分销权增加，而广播和视频权益下降。① 信息节目、商业广告和综艺节目是最常见的出口媒体节目。最后，根据日本 IT 行业统计机构 ITR 的调查，2022 年日本机器学习平台、时序数据分析、搜索与探索、翻译、文本挖掘与知识利用、语音合成、语音识别和图像识别 8 个 AI 主要市场的总销售额比 2021 年增长 19.9%，达到 5133 亿日元，预计到 2025 年将达到 1.2 万亿日元。②

### （二）日本媒体产业数字化转型现状

在瑞士洛桑国际管理学院 IMD 每年发布的《世界数字化竞争力排名 2022》③ 中，日本在 63 个国家中排第 29 名，远落后于中国。日本媒体行业的数字化转型进展较慢。2021 年数字营销公司 CARTA COMMUNICATIONS 在国内媒体社相关人员中进行了《关于企业数字转型的实际调查》④。调查显示，实际上正在推进数字转型的媒体企业占总体的 55%，包括计划在内的企业达到了 81%。然而，仍然有一个问题需要注意，那就是专业人才的短缺。关于专业人才和专业部门，有 47% 的企业回答"在公司内不存在"，近一半的企业需要扩大专业人才以推进数字转型。此外，关于数字转型推进的障碍，有 42% 的企业将"员工的媒介素养不足"列为问题，这表明了公司自身单独推进数字转型的困难性。还有一个有趣的数据是，不同规模企业的数字化实施情况有所不同。在员工人数超过 1000 人的媒体企业中，约 80% 的企业回答正在推进数字转型；而对于员工人数少于 1000 人的企业，数字转型的实施比例低于 50%。规模较大的企业拥有丰富的预算和人力资源，因此可以轻松推进数字转型，而中小企业则没有这样的余地。这种情况不只见于媒体行业，也广泛地存在于其他行业。

---

① 『令和 4 年版情報通信白書データ集』，2022 年 7 月，総務省，https：//www.soumu.go.jp/johotsusintokei/whitepaper/ja/r04/html/nf303000.html。
② 《ITR Market View：AI 市场 2021》，2021 年 8 月，ITR，https：//www.itr.co.jp/report/marketview/m22001700.html。
③ "IMD World Digital Competitiveness Rankings 2022"，29th September，2022，IMD，https：//www.imd.org/centers/wcc/world – competitiveness – center/rankings/world – digital – competitiveness – ranking/。
④ 『CCI、メディア業界のDXに関する実態調査を実施～8 割の媒体社がDX推進、課題は人材確保とDXへの理解～』，2021 年 7 月 13 日，CCI，https：//www.cci.co.jp/news/5994/。

### （三）日本媒体产业数字化转型缓慢的原因

日本媒体产业的数字化转型进展缓慢，主要有以下三个原因。一是专业人才短缺。数字转型的推进通常需要设立专门的人才和数字转型推进部门。然而，在以内容制作和媒体运营为主的媒体行业中，在吸收数字转型人才和设立相关部门方面存在滞后性，无法确保数字转型的推进力度。虽然相比以前，ICT领域的应用变得更加容易，但要有组织地推进数字化，需要拥有一定专业知识的人才和能够率先采取行动的部门。二是由于行业内人员的媒介素养参差不齐，许多人并不了解数字化改革是什么，可以获得什么好处，也不知道应当如何推进。三是由于日本的特殊国情和文化原因，日本国内的所有媒体服务都面临着被海外媒体逼入绝境的问题，这一问题已经被讨论了多年。随着年轻人的收视习惯发生改变，主要视听内容正在逐渐转向互联网。日本人最常使用的互联网视频平台YouTube和Netflix都是由美国公司开发的，此外还出现了如TikTok等来自中国的新媒体服务平台。日本本土新媒体产品的生存空间早已被海外媒体吞噬。在日本，如何利用数字转型让传统媒体业摆脱困境，建立能够产生数字趋势的领先商业模式，已经成为一项重大难题。

### （四）日本媒体企业数字化转型的新尝试

作为日本国内最大规模的电视台之一，富士电视台在拓展海外业务的过程中积极推进数字化转型。随着互联网的普及，如今各国的电视节目已经转变为可以在全球观看的内容。电视台不仅要满足国内需求，还要着手制作面向全球市场的内容。富士电视台作为日本电视台的先驱，推出了JET（Japan Entertainment TV programs market）平台。JET平台针对海外电视台和影像分发平台的节目买家，引入了一种能够在互联网上完整实现从节目预览到购买的系统。他们正在致力于将日本的电视节目传播到全世界，同时推进让其他国家的节目在日本也能观看的机制建设，以及注重制作让全世界感兴趣的内容。

图 1　日本综艺影视剧集购买平台 JET

## 三　日本智能媒体综合应用创新案例

### （一）数字孪生与位置信息技术

充分利用物理模型、传感器更新、运行历史等数据，集成多学科、多物理量、多尺度、多概率的仿真过程，在虚拟空间中完成映射，从而反映相对应的实体装备，这就是数字孪生技术。日本国土交通省于 2021 年 3 月宣布启动数字孪生 3D 城市模型项目"PLATEAU"，在已有 2D 城市地图的基础上使用航空测量和其他调查方法获得城市建筑物高度、外形信息，再以国际标准 CityGML 记录地理信息，将现实空间像孪生子一样模拟生成虚拟城市空间，进而在虚拟空间进行深度的数据分析和模拟演练。2021 年，日本已经在 56 个城市开展 3D 都市模型试点，2022 年又增加 60 个试点城市。日本东京都 2021 年的《未来东京战略》城市规划中指出，要在 2030 年之前在整个东京都内完全实现"东京都数字孪生"

335

计划。①

图 2 使用"PLATEAU"制作的东京都涩谷区城市模型

"PLATEAU"不同于谷歌地图、高德地图等城市卫星地图，它可以显示各建筑的用途、构造、建材、建筑年份等数据信息，同时可以记录人流量、车流量等信息。此外它的另一优势在于对外公开的大部分测量数据，数据可以复制、编辑和加工，能够实现商业化发展。日本多家企业将 5G、AR/VR/XR、GNSS 卫星定位技术等智能媒体技术结合，研发多学科融合型技术。截至目前，已经成功利用"PLATEAU"3D 城市模型实现商业化的案例有数百个。以下是具有代表性的应用案例。②

（1）大丸有 Area Management City Index。东京都大手町、丸之内、有乐町地区共同组织的商业活动"大丸有 SDGs ACT5"中使用"PLATEAU"开发手机应用客户端实现了区域地图可视化，利用用户手机应用客户端实时统计地理位置、人流量信息，用户间信息共享，并且对活动者进行采访、问卷调查等回访活动。

---

① 「インターネット白書 2023　分断する世界とインターネットガバナンス」，2023 年 2 月，インターネット白書編集委員会，インプレス NextPublishing。

② "PLATEAU"网站，https：//www.mlit.go.jp/plateau/。

T.17 日本智能媒体发展报告 2022—2023

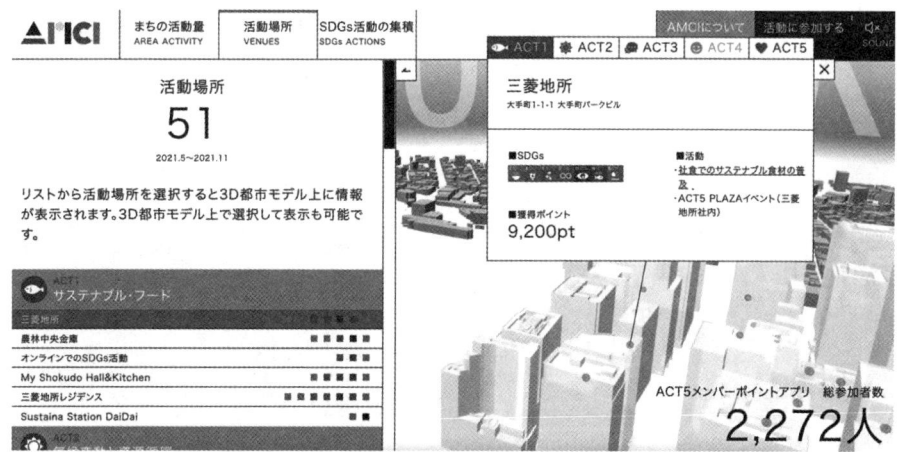

图 3 "大丸有 SDGs ACT5"活动网页

（2）车辆自动驾驶的位置锁定。日本三菱综合研究所等开发的车辆自动驾驶系统中使用 VPS（Visual Positioning System）技术与"PLATEAU"结合，达到高精准度的车身位置实时监控。

图 4 三菱公司自动驾驶试验现场

（3）AR 灾害可视化工具。日本福山顾问公司开发的"PLATEAU"插件，可以实时监测洪水灾害时的水深，并且利用 AR 可视化为避难者提供

337

逃生路线，现在插件已经在某些地区的防灾训练中进行试验性使用。

图5　日本福山顾问公司开发的"PLATEAU"灾害可视化插件

（4）广告效果模拟测试系统。该系统由日本Symmetry Dimensions公司研发，利用3D城市模型和人流量数据组合分析户外广告效果，并且测试了在特定地点设置AR广告。

图6　使用手机应用客户端STYLY看到的AR广告

（5）垂直定位系统。日本Metcom公司于2022年10月开始提供垂直定位服务，服务范围是日本关东、关西的部分地区，预计2023年将扩大

T.17 日本智能媒体发展报告2022—2023

服务范围。只要用户使用智能手机下载该公司开发的 Pinnacle 手机应用客户端，即可通过公司气压网络和 5G 网络环境做到室内水平和垂直距离的精准定位，测量误差为 2—3 米。

图 7　Pinnacle 手机应用画面

### （二）人工智能技术应用

2022 年 11 月，由美国人工智能研究公司 OpenAI 研发的一款人工智能聊天机器人 ChatGPT 问世。发布仅 5 天，其注册用户数量突破 100 万，截至 2023 年 2 月初，月活跃用户预计达 1 亿。作为对比，脸书（Facebook）在其发布后的 10 个月才突破 100 万用户，抖音（TikTok）达到 1 亿月活跃用户用了 9 个月的时间，由此可见这款聊天机器人的火爆程度。日本对人工智能技术的开发也紧随其后。日本总务省 2022 年发布《总务省 AI 战略规划》，尝试通过政府、高校、企业联合进行技术层面的开发研究，通过政府政策导向完善社会面基础设施布局。① 目前总务省对多种人工智能技术进行研究开发，包括高精度遥感数据收集分析传输、用于多语言翻译的

---

① 『AI 戦略における総務省の取組』，2022 年 4 月 14 日，総務省，https：//www8.cao.go.jp/cstp/ai/senryaku/9kai/siryo4.pdf。

自然语言处理技术以及基于脑科学的人工智能开发等多个领域，旨在建立"国家韧性化人工智能"目标，改善数据基础设施，以支持人工智能的利用和促进全社会实施。以下为两个人工智能应用案例。

1. CLOVA Chatbot

CLOVA Chatbot 是日本知名企业 LINE 推出的一款基于人工智能技术的聊天机器人，其名字来源于"Cloud Virtual Assistant"，意为"云端虚拟助手"。LINE 公司于 2017 年推出了 CLOVA 人工智能平台，并在 2022 年进一步推出了 CLOVA Chatbot 人工智能模型，以实现更加智能化的沟通方式。LINE 作为日本市场份额最大的即时通信软件，有着"日本微信"的别称，这也是 LINE CLOVA 不同于国内的人工智能模型的先天性优势。它依附于日本最大的互联网移动端媒介平台，有着更加广阔的应用市场前景。

CLOVA Chatbot 采用自然语言处理技术、深度学习技术，能够理解并回应用户的语言输入。这让用户可以用自然的方式与其进行交流，人工智能可以从大量的数据中学习并不断优化自己的回答和推荐，而无须学习特定的指令或语法。CLOVA Chatbot 具备丰富的知识库，涵盖生活、娱乐、科技等多个领域。通过分析用户的使用历史和兴趣爱好，可以为用户提供个性化的推荐，包括新闻、音乐、电影等。这样，用户可以更轻松地发现自己感兴趣的内容，提升使用体验。CLOVA Chatbot 可以帮助用户解答日常生活中的各种问题，如查询天气、交通信息、附近餐厅，根据用户的喜好推荐音乐、电影等娱乐内容。CLOVA Chatbot 可以提供学习资料、解答疑难问题等服务，可以协助处理日常工作事务，如安排日程、查询会议信息等。同时，CLOVA Chatbot 也将与其他 CLOVA 人工智能平台的产品和服务进行深度整合。例如，CLOVA 语音助手可以帮助用户实现语音控制，通过与其他智能设备的连接，CLOVA Chatbot 还有可能成为智能家居、智能出行等领域的核心控制器，为用户提供更加智能化的生活体验；CLOVA Face 识别技术可以为用户提供安全的身份验证服务等。

（1）应用案例：行政窗口业务处理

日本法政大学与 LINE 公司开展合作，将 LINE CLOVA Chatbot 应用于大学的行政窗口业务。学生只需要使用 LINE 手机应用软件，就可以 24 小时办理学校的缴费、各项申请等业务；① 同时，CLOVA Chatbot 承担了常见的问题咨询工作，使行政员工可以专注于应由人处理的咨询和其他工作。员工的工作效率得到提高，加班时间减少，推动了工作方式的改革。

图 8 日本法政大学校舍内张贴 LINE CLOVA Chatbot 业务咨询二维码

（2）应用案例：日本东京电视台电视剧与 LINE CLOVA Chatbot 联动

日本东京电视台的电视剧《主厨是名侦探》与 LINE CLOVA Chatbot 联动，② 使用声音模拟 AI 技术模仿电视剧中主人公的声音，用户在使用 LINE 给电视剧账号打网络电话时可以与"AI 主人公"对话，使用户沉浸在电视剧的世界中。

2. "像人类一样思考，像人类一样成长"的次时代新媒体 AI——"Media Gnosis"

2022 年 11 月，日本最大的国营电信运营公司 NTT 发布 AI 模型"Media Gnosis"。它是一款可以进行声音音效处理、画面影像处理、自然语言处理，并且对声音、画面、语言等不同媒介之间的关联性进行学习的

---

① 『窓口の対応時間を約 80％削減！学生が使い慣れている LINE 公式アカウントで新しい問い合わせサービスを提供』，2021 年 2 月，LineClova，https：//clova.line.me/case-studies/hosei_university/。

② 『【テレビ東京×LINE】「シェフは名探偵」ドラマの世界観をリアルに感じる新たなユーザー体験を AI で実現』，2021 年 9 月，LineClova，https：//clova.line.me/case-studies/tv-tokyo/。

生成型 AI。目前全球已有的生成型 AI 只能在同一媒介载体上进行信息学习和处理，比如声音辨识、多语种翻译、情感推测等，不同媒介环境下学习的知识不能相互参照。与其他人工智能不同，Media Gnosis 具有独特的优势：它能够像人类一样从视觉、听觉等多个媒介中获取信息，并通过融合处理实现学习、推论和判断。

（1）应用案例：使用"Media Gnosis"进行网络会议

"Media Gnosis"可以通过自然语言处理系统实时记录会议发言，并且通过面部识别技术判断发言人和参会者表情，并以简单的表情符号呈现，从而帮助参会者直观地理解他人状态和会议氛围。同时，"Media Gnosis"可以进行发言数量检测，用于平衡会议中参会者发言，还可以用参会者注意力集中程度、活跃程度、共鸣程度等数值量化会议效果，优化会议质量。可以预测的是，"Media Gnosis"能够在线上教学、线上会议等应用场景产生正面效果，提高学生线上学习质量和企业线上会议质量。

（2）应用案例：使用"Media Gnosis"进行视频采访记录

使用"Media Gnosis"实时记录采访画面，可以将采访声音记录成文字，并且可以将被采访者的话语润色、概括成更加精练的书面语句，还可以翻译成他国语言。此外还可以通过人物面部识别技术来判断人物的年龄、性别以及情感变化。使用"Media Gnosis"进行视频采访记录，可以极大地提升工作效率，提高生产效率。

## 四 结语

日本在数字化改革方面并不处于全球领先地位，这主要是因为日本在数字基础设施、人才储备和市场环境等方面相对滞后造成的。日本媒体产业的数字化改革相较于中国也并没有展现出优势，特别是在数字内容创作、分发和消费等方面，日本尚无法与美国、中国等国家相抗衡，并且仍不断地被蚕食市场份额。然而，日本政府对 5G、AR/VR、人工智能等新兴数字信息技术的研发应用非常重视。为了提升国家在数字经济领域的竞争力，日本政府积极出台《数字田园都市国家计划》和《实现数字社会的重点计划》等新政策，这些国家级战略政策相互关联、相互辅助，在战略方向和执行层面有着深厚的逻辑关联和规划。同时，日本企业在新兴技术的应用上有明显的学科交叉、融合创新的应用特点。这些企业善于以数字信息技术为底层设计，积极融合多种技术，实现复合型科技的创新。尽管日本在数字化改革方面并不领先，但日本政府持续加大政策支持、企业积极进行研发和创新，这使其在当今的国际环境下仍具有一定的竞争力。面对日本在数字化发展方面的竞争态势，中国应当采取积极应对措施，继续加大数字基础设施建设，提高网络覆盖率和速度。在为数字经济发展提供坚实基础的同时，加强政策法规的制定与完善，为数字化发展提供良好的法治环境。另外，中国还应加强与日本在数字经济领域的合作与交流，学习日本融合创新方法，开展合作项目，共同应对数字化发展过程中面临的技术和应用挑战，实现互利共赢。

# 参考文献

『デジタル社会の実現に向けた重点計画』，2022年6月7日，デジタル庁，https：//www.digital.go.jp/policies/priority‐policy‐program/。

『Beyond 5Gに向けた情報通信技術戦略の在り方 ‐強靭で活力のある2030年代の社会を目指して‐』，2022年6月30日，総務省，https：//www.soumu.go.jp/menu_news/s‐news/01tsushin03_02000352.html。

『国立研究開発法人情報通信研究機構法及び電波法の一部を改正する法律案』，2022年11月21日，総務省，https：//www.soumu.go.jp/menu_hourei/k_houan.html。

『デジタル田園都市国家インフラ整備計画（改訂版）』，2023年4月25日，総務省，https：//www.soumu.go.jp/menu_news/s‐news/01kiban01_02000056.html。

『電波法及び放送法の一部を改正する法律案』，2022年2月4日，総務省，https：//www.soumu.go.jp/menu_hourei/k_houan.html。

『令和4年版情報通信白書データ集』，2022年7月，総務省，https：//www.soumu.go.jp/johotsusintokei/whitepaper/ja/r04/html/nf303000.html。

『インターネット白書2023 分断する世界とインターネットガバナンス』，インターネット白書編集委員会，インプレスNextPublishing，2023年2月。

『新たな局面を迎えたコンテンツビジネス 日本のコンテンツ産業の現状と課題』，高橋光輝，インプレスR&D，2021年6月。

『メディア白書2023』，電通メディアイノベーションラボ，ダイヤモンド社，2023年3月。

智能媒体发展报告（2023）·国际篇

『ITR Market View：AI 市場 2021』，2021 年 8 月，ITR，https：//www. itr. co. jp/report/marketview/m22001700. html。

『世界の広告費成長率予測（2021~2024）』，2022 年 1 月 21 日，電通グループ，https：//www. group. dentsu. com/jp/news/release/000643. html。

"IMD World Digital Competitiveness Rankings 2022"，29th September, 2022, IMD, https：//www. imd. org/centers/wcc/world‐competitiveness‐center/rankings/world‐digital‐competitiveness‐ranking/.

『CCI、メディア業界のDXに関する実態調査を実施~8割の媒体社がDX推進、課題は人材確保とDXへの理解~』，2021 年 7 月 13 日，CCI，https：//www. cci. co. jp/news/5994/。

『AI 戦略における総務省の取組』，2022 年 4 月 14 日，総務省，https：//www8. cao. go. jp/cstp/ai/senryaku/9kai/siryo4. pdf。

『窓口の対応時間を約80％削減！学生が使い慣れているLINE公式アカウントで新しい問い合わせサービスを提供』，2021 年 2 月，LineClova，https：//clova. line. me/case‐studies/hosei_ university/。

『【テレビ東京×LINE】「シェフは名探偵」ドラマの世界観をリアルに感じる新たなユーザー体験をAIで実現』，2021 年 9 月，LineClova，https：//clova. line. me/case‐studies/tv‐tokyo/。

# T.18　2022年韩国智能媒体产业发展报告

周恩泽　唐嘉楠　卜彦芳[*]

**摘　要：** 2022年，韩国智能媒体的进展主要集中在传统媒体的智能视听内容制作、娱乐产业的虚拟偶像运营、网络媒体的智能聊天机器人等领域。与此同时，韩国媒体的数字化和智能化转型离不开政府部门的支持、5G通信等相关市场的发展以及本土活跃的文娱消费市场。以元宇宙、大型预训练语言模型为代表的前沿技术开启了新一轮发展机遇，智能媒体在社会治理、智慧城市、AIGC等方面大有可为。然而，随着智能技术对社会信息系统的重构，反思数据、算法和传播伦理，有助于解决潜在的利益冲突，打造可靠、可信、可持续的智能媒体生态。

**关键词：** 韩国；智能媒体；人工智能

根据经济合作与发展组织（OECD）的预测，2022年韩国GDP的实际增长率为2.6%，同比下降1.5%，而2023年和2024年将放缓至略低于2%。[①]在宏观经济增长持续疲软的背景下，韩国智能媒体产业亟待开启新思路。面对由元宇宙、大型预训练语言模型引发的新一轮发展机遇，韩国智能媒体的表现稍显滞后，仍需加强自主研发和广泛合作，将关键技术转

---

[*] 周恩泽，中国人民大学新闻学院传媒经济学博士研究生，主要研究方向为传媒经济、传媒产业；唐嘉楠，中国传媒大学传媒经济学博士研究生，主要研究方向为传媒经济、新媒体运营；卜彦芳，中国传媒大学教授、博士生导师，主要研究方向为传媒经济、媒体融合、媒介经营与管理。

[①] "OECD Economic Outlook, Interim Report March 2023: A Fragile Recovery", March, 2023, OECD, https://www.oecd-ilibrary.org/sites/d14d49eb-en/index.html?itemId=/content/publication/d14d49eb-en.

智能媒体发展报告（2023）·国际篇

化为切实可行的商业化应用，在竞争中取得领先地位。

# 一 韩国智能媒体产业的发展基础

## （一）政策环境宽松，数字新政扶持产业发展

韩国政府部门在2019年提出"人工智能国家战略"，随后通过扩大投资规模，扶持中小企业和初创企业，完善数据生态、基础教育和劳动力培训等一系列数字新政的具体措施，推动以大数据、5G网络、人工智能技术为主的数字化转型，为前沿技术研发和应用提供了政策环境保障。

2023年3月，科学技术信息通信部发布第一个《国家中长期研发投入战略（2023—2027）》，提出韩国将在"2030年建成世界五大科技强国之一"的愿景，计划投资170万亿韩元，其中包括人工智能、5G和6G等先进技术的开发和产业培育。①

在制度层面，韩国在隐私和知识产权保护领域做出了努力。2020年以来，相关部门修改了三项主要的隐私法，制定了智能信息化框架法，以促进数据使用。②总统知识产权委员会则颁布了关于知识产权政策和人工智能的议题草案，收集来自世界各地关于AI和数据保护的意见，与联合国世界知识产权组织建立合作，讨论元宇宙等前沿技术的国际知识产权规范，完善本国的法律体系。③

## （二）5G市场结构稳定，通信运营商布局智能内容生产

人工智能是媒体参与数字经济发展的重要引擎，5G网络作为基础设施，便于设备接入和信息传输。当前，韩国5G用户渗透率逐步提高，通信行业也加快智能化转型，同时将媒体内容产业纳入业务版图，作为其多

---

① "MSIT The First Mid-and Long-Term National R&D Investment Strategy"，2023年4月27日，韩国科学技术信息通信部，https：//www.msit.go.kr/eng/bbs/view.do？sCode = eng&mId = 4&mPid = 2&pageIndex = 2&bbsSeqNo = 42&nttSeqNo = 794&searchOpt = ALL&searchTxt = 。

② "Korea Is Leading an Exemplary AI Transition. Here's How"，10th March，2022，OECDAI Policy Observatory，https：//oecd.ai/en/wonk/korea – ai – transition。

③ "PCIP Continues Discussions on Pending Issues Regarding AI and IP with WIPO"，2021年12月29日，韩国科学技术信息通信部，https：//www.msit.go.kr/eng/bbs/view.do？sCode = eng&mId = 7&mPid = 2&pageIndex = 2&bbsSeqNo = 44&nttSeqNo = 179&searchOpt = ALL&searchTxt = 。

T.18　2022年韩国智能媒体产业发展报告

元化战略的一部分。

中国信息通信研究院的数据显示，2021年美国和中国数字经济规模分别达到153181亿美元和70576亿美元，韩国则为9631亿美元，位列第7。① 截至2022年年底，韩国5G用户数量达到2805.9万人，同比增加714.4万人，超过总人口的一半。② 具体来看，三大运营商中的SK电信占据首位，KT和LG U+位居其次。市场结构整体稳定。韩国科学技术信息通信部表示，计划在2028年推出6G网络服务。③ SK电信将自己重新定位为一家人工智能公司，内部业务也重组为固定和移动电信、媒体、企业、AIVERSE（AI和Universe）、互联智能五个部门。2022年5月，SK电信开始试运行AI助手。其既是聊天机器人，也是内容管理器和日常任务管理器。在内容制作方面，SK电信成立了视觉效果工作室，扩大与海外媒体公司的合作伙伴关系。竞争对手KT也在开发大规模语言模型，并且成立内容制作子公司KT Studio Genie，预计投资5000亿韩元，到2025年推出30部原创剧集和300部娱乐节目。④

### （三）用户媒体消费活跃，对人工智能发展持乐观预期

科技公司在人工智能领域激烈角逐的同时，韩国拥有全球范围内较为活跃的媒体消费市场，受众整体的数字化水平较高，弱势群体的数字鸿沟仍然存在但呈下降趋势，超过半数的人认为人工智能产品和服务利大于弊。

韩国媒体的市场结构相对分散，各家媒体的周活跃度差距不是很大，对传统电视、广播和报业媒体而言尤其如此。Naver作为搜索引擎起家的互联网平台，周活跃用户数量占比最高，达到58%；KBS新闻以接近50%的比例成为大部分用户最常接触的传统媒体，YTN和SBS分别排名第二和第三。

---

① 《全球数字经济白皮书（2022年）》，2022年12月，中国信息通信研究院，http://www.caict.ac.cn/kxyj/qwfb/bps/202212/t20221207_412453.htm。
② 《韩国5G用户能否进入3千万时代，收费制度是关键》，2023年2月8日，商务部网站，http://kr.mofcom.gov.cn/article/jmxw/202302/20230203383483.shtml。
③ "S. Korea Plans to Launch 6G Network Service in 2028"，2023年2月20日，韩联社，https://en.yna.co.kr/view/AEN20230220003000320?section=search。
④ "As Seen in KT's 'Attorney Woo' Experiment, Telcos Making Big Leaps into Content Business"，2022年7月26日，韩联社，https://en.yna.co.kr/view/AEN20220726005200320?section=search。

347

智能媒体发展报告（2023）·国际篇

在数字媒体使用方面，根据科学技术信息通信部的调查，2022年韩国弱势群体的数字化水平为76.2%，同比提高0.8个百分点，其中包括老年人、农民和渔民、残疾人、低收入群体等。针对过度依赖智能手机的情况，高风险和潜在风险人群占比23.6%，同比下降0.6%。[①]关于对人工智能产品和服务的态度，2022年益普索的一项抽样调查显示，韩国62%的受访者表示利大于弊；中国在接受调查的国家中比例最高，达到78%。[②]

## 二 韩国智能媒体产业的发展现状

### （一）传统媒体：效率优先，创新业务类型

传统媒体在内容生产、业务创新、公共服务等方面积极采纳人工智能技术，以及区块链、扩展现实（Extended Reality）等新兴技术。尤其是广播电视媒体的创新动力很足，借助各种前沿技术发展智能视听应用，而通信社和报纸行业除了智能采编、机器写稿外，并未呈现出太多新进展。

韩国广播系统KBS致力于将人工智能技术应用于内容制作，以此提高生产效率、创新业务类型。其研发的多视图制作解决方案VERTIGO，可以将人脸检测与8K超高清视频结合，自动识别和追踪目标对象，并为每个对象创建多种重构视频，适合个人创作者或者团队协作等各种模式。从2019年开始，VERTIGO已经用于《音乐银行》《便利餐厅》等热播节目的制作，并且逐渐从娱乐综艺扩展到新闻生产。[③]针对历史类纪录片《我们的脸》，KBS利用AI色彩复原技术恢复受损部分，将黑白影像转为彩色画面。[④]有线电视网络MBN利用技术公司Deep Brain AI的解决方案，根据真人主播Kim Joo-ha的形象推出了同款虚拟主播，在重大新闻、突发新

---

[①] "MSIT Announces 2022 Survey Result on Digital Divide"，2023年3月28日，科学技术信息通信部，https://www.msit.go.kr/eng/bbs/view.do?sCode=eng&mId=4&mPid=2&pageIndex=2&bbsSeqNo=42&nttSeqNo=782&searchOpt=ALL&searchTxt=。

[②] "2023 AI Index Report"，3rd April，2023，Stanford University Human-Centered Artificial Intelligence，https://aiindex.stanford.edu/report/。

[③] 《KBS 2022年度报告》，2023年4月26日，KBS官方网站，https://padmin.static.kbs.co.kr/nbroad/2023/4/26/1682472836504_nbroad.pdf。

[④] 『KBS, 8·15 기획 영상 '우리의 얼굴'…흑백역사 컬러로 복원』，2022年8月12日，韩联社，https://www.yna.co.kr/view/AKR20220812074800005。

348

T.18　2022年韩国智能媒体产业发展报告

闻报道中发挥了重要作用,易用性和有效性兼具。在区块链方面,新闻集团YTN在2022年将三位总统候选人的宣誓视频作为NFT(非同质化代币)移交至数字交易平台Open Sea进行拍卖,开创了韩国媒体领域的先河。①此外,SBS、MBC等各大广播电视台也在持续研发和利用扩展现实技术,以提升灾难警报等公共服务质量。

### (二)娱乐产业:商业化、差异化运营虚拟偶像

2022年以来,各大娱乐公司进一步深化虚拟偶像布局,差异化运营新媒体账号。韩国市场上活跃着多种虚拟偶像,在已推出的代表中,既有单人也有团体,既有歌手也有模特等类别,风格和特长各异,以女性形象为主(见表1)。由Afun Interactive工作室开发的歌手"Apoki"在TikTok、YouTube、Instagram等多个社交媒体开设账户,拥有超过400万粉丝,代表作经历了从翻唱到原创的转变,内容制作预算逐步提高,并且试图拓展全球市场。2023年2月,"Apoki"发布了与知名国际制作人合作的第5首歌曲 Mood V5,配合AI生成的视觉效果,表达一种梦幻般的未来主义,YouTube视频播放量已经突破200万人次。②

表1　　　　　　　　　　韩国的虚拟偶像代表

| 姓名 | 时间 | 特征 | 粉丝数量(平台) | 工作室 |
| --- | --- | --- | --- | --- |
| Apoki | 2019年 | 兔子形象、K-pop | 450万(TikTok) | Afun Interactive |
| Rozy | 2020年 | 亚洲传统、表情丰富 | 15.4万(Instagram) | Sidus Studio X |
| Rui | 2020年 | 歌曲表演 | 12.1万(YouTube) | DOB Studio |
| Lechat | 2021年 | 猫耳朵、棕色短发 | 330万(TikTok) | Afun Interactive |
| Rina | 2021年 | K-pop | 13.8万(TikTok) | Metaverse Entertainment |
| Han YuA | 2021年 | 游戏角色 | 7.4万(Instagram) | YG KPlus |
| Theo | 2021年 | 混血、男性 | 4.9万(TikTok) | VHP |

---

①『YTN, 대선 후보가 선택한 보도 영상 NFT 최초 발행』,2022年1月21日,YTN,https://www.ytn.co.kr/_ln/0102_202201211204002580。

②『APOKI、5thシングル「Mood V5」MV公開…CG作業としては異例の短期間での制作』,2023年2月27日,Kstyle,https://news.kstyle.com/article.ksn?articleNo=2212567&categoryCode=KP。

349

续表

| 姓名 | 时间 | 特征 | 粉丝数量（平台） | 工作室 |
| --- | --- | --- | --- | --- |
| Eternity | 2021年 | 女子组合（11人） | 视频最高播放量超过600万（YouTube） | Pulse 9 |
| MAVE | 2023年 | 女子组合（4人） | 视频最高播放量超过2000万（YouTube） | Metaverse Entertainment |

资料来源：虚拟人网站（www.virtualhumans.org）。

虚拟偶像的商业前景越来越为广告商、娱乐经纪和科技公司看好，品牌代言、艺人签约、投融资等交易活跃。新韩保险为了吸引新一代年轻人投保，在2021年与Sidus Studio X工作室打造的虚拟网红"Rozy"开展广告合作。随后，"Rozy"又持续收到来自时尚、汽车、环保等多个企业的合作邀约。根据其创始人自述，"Rozy"一年预估能够实现20亿韩元的利润。[①] 另一位虚拟网红"Han YuA"原本是一款VR游戏的女性角色，后来与头部娱乐公司YG旗下的YG Kplus签约，由此作为艺人进行歌曲表演、宣传营销等。2023年1月，韩国头部游戏公司Netmarble和互联网公司Kakao娱乐的合资企业Metaverse Entertainment推出了虚拟女子组合MAVE，首支音乐视频 Pandora's Box 在YouTube的播放量已经达到2000万人次，系列漫画和综艺节目也量身定制，获得不少粉丝追捧。[②]

相比于真实艺人，虚拟偶像似乎更加完美：年龄、性格、形象定位更易于控制，个人丑闻不会出现，运营成本更低而且生产效率更高。全球范围内掀起元宇宙热潮，虚拟偶像受到的关注越来越多，IP商业价值被广泛看好。"Apoki"所属的Afun Interactive工作室已经完成千万美元融资。[③] 这些虚拟偶像背后的技术会进一步迭代成熟，然而能否发展出可持续的商

---

① 《韩国第一元宇宙网红Rozy，完美偶像的真与假》，2022年8月6日，澎湃新闻，https://www.thepaper.cn/newsDetail_forward_19289506。

② "Virtual Idol: Is It Hype or Future of K-pop Industry?"，2023年2月23日，韩联社，https://en.yna.co.kr/view/AEN20230223006100315?section=search。

③ "Afun Interactive Gets $7.6 Million in Series A Round for Virtual K-Pop Concert; 3D Content Production"，13th March, 2023, Tech Times, https://www.techtimes.com/articles/288877/20230313/afun-interactive-gets-7-6-million-in-series-a-round-for-virtual-k-pop-concert-3d-content-production.htm。

T.18　2022年韩国智能媒体产业发展报告

业模式、艺术审美能够达到何种水平等问题仍有待观察。

### （三）网络媒体：技术竞赛抢占新兴市场

继2022年年底美国OpenAI首次推出ChatGPT后，韩国互联网公司与谷歌、微软一样，开始致力于打造自己的新一代人工智能产品，旗下的网络媒体和搜索引擎业务也率先成为应用前沿。面对激烈竞争的市场，互联网媒体平台投入大量资源进行技术研发与转化，期望引领产业发展。

以Kakao、Naver为代表，两者计划在2023年上半年分别推出KoGPT和SearchGPT，重点强调基于韩语训练的搜索服务。Kakao的AI技术优势集中在自然语言处理和图像识别领域，其成果之一Kakao i 平台建立在海量数据基础上，能够理解对话、识别图像和语音，准确预测用户需求。旗下技术研发子公司Kakao Brain发布了升级版图像生成AI模型RQ-Transformer，相应的机器学习数据集是以往模型的两倍。另一家头部公司Naver开发的媒体应用众多，如漫画平台Webtoon、付费内容平台Series、群组聊天平台Band、网络直播平台Now等。每种都嵌入了AI技术，不断学习训练用户的个性化偏好，便捷使用体验、优化界面交互。

除了头部公司的平台，瞄准其他利基市场的网络媒体也出现了结合AI技术升级服务的创新案例。有声读物音频平台Welaaa与音乐流媒体平台Genie Music合作，使用AI技术为不同角色自动生成声音，提供引人入胜的声音故事。[1]

## 三　韩国智能媒体产业的发展启示

### （一）创新社会治理、智慧城市，发挥技术向"善"的力量

韩国智能媒体产业与社会治理、智慧城市的发展相结合，具备较大的创新潜力。例如，首尔市政府引入首尔理工学院开发的AI监控系统，全天候检测和监控网络犯罪。该技术能够通过深度学习自动分析声音、视觉和文本信息，在社交媒体上迅速追踪并删除不雅视频，而不是采用人工监

---

[1] "Audiobooks Attract Listeners with Wide Variety of Content", 26th January, 2023, The Korea Times, https://koreatimes.co.kr/www/nation/2023/01/281_344229.html.

351

控的方法，由此减少受害者创伤和压力。①韩国华城市 36 所小学安装了基于 AI 的行人安全系统，即根据信号灯的灯光自动启动断路器并提供语音指导，从源头解决交通事故。其中 7 所学校的调查结果显示，乱穿马路现象从设置前的 141 起减少至 4 起，AI 系统起到的作用显著。②

对个人而言，智能媒体应用可以作为辅助工具"量化"自我，促进健康行为，提升生活质量。韩国初创企业 Asleep 开发出 AI 睡眠追踪软件，帮助人们更便捷地进行睡眠监测。使用者无须支付高昂的脑电波检测设备费用，也不用可穿戴设备，仅依靠智能手机收集的声音片段，与相应的脑电波模式匹配，便可以猜测个体所处的睡眠阶段。软件准确度达到 66%，仍处于测试阶段，后续需要加入更多与睡眠相关的数据，例如来自不同种族、国籍和文化背景的受试者的睡眠情况。③

智能技术的两面性向相关责任主体提出更高要求，只有避免错用或滥用才能符合媒体产业长远发展的目标。换言之，只有与社会治理、智慧城市等提升人类福祉的战略目标相结合，发挥技术创新优势，才能确保人工智能媒体应用向"善"、向好。

## （二）关注 AIGC 生态，探索人机协同的多模态生产

迅速迭代的 AI 语言训练模型持续影响智能媒体实践，引发 AIGC（AI-Generated Content）生态的颠覆性革新。这是继 UGC、PGC 之后，利用 AI 技术对数据或媒体进行生产、操控和修改的新型生产方式。④无论是聊天机器人还是虚拟偶像，当人与 AI 的交互成为媒体应用基本形式时，彼此协同、共生的内容生产模式将越来越普遍。韩国出版社 Parambook 在 2021 年 8 月出版了国内首部由 AI 撰写的长篇小说《从今以后的世界》，全文是在真人作者 Kim Tae-yon 的指导下由 AI 作者 Birampung 完成的。Kim 表示

---

① "Seoul City Uses AI Technology to Monitor Digital Sex Crimes around Clock"，2023 年 3 月 29 日，韩联社，https：//en.yna.co.kr/view/AEN20230329005200315？section＝search。

② 『스쿨존에 'AI 보행안전시스템'···무단횡단 96% 감소』，2023 年 5 月 7 日，YTN，https：//www.ytn.co.kr/_ln/0115_202305070608540044。

③ "Startup Asleep Wants to Help People Fall Asleep Better with AI-powered Data"，2022 年 11 月 14 日，韩联社，https：//en.yna.co.kr/view/AEN20221114004500320。

④《人工智能生成内容（AIGC）白皮书（2022 年）》，2022 年 9 月 2 日，中国信息通信研究院，http：//www.caict.ac.cn/sytj/202209/t20220913_408835.htm。

故事背景、情节和人物由自己选择，其余实际写作部分则委托给了Birampung。然而，有时AI的表达会过于详细或不当，此时便需要人力介入。据作者Kim所言，该书的写作花费了七年时间。①随着机器训练模型更加先进，AIGC生产速度会大幅提高，所耗费的人力占比也将大幅减少甚至微乎其微。

不仅如此，AIGC的生产超越了传统单一模态的算法框架，是具有超大规模、超多参数量的多模态神经网络，可以处理并生成图像、视频等数字内容，不同模态数据之间更能相互转化。但是，由AIGC带来的版权归属不清、监管难度上升等问题仍然存在，制约其健康发展。

### （三）赋能媒体生态，反思智能技术应用的伦理隐忧

随着智能媒体技术的快速发展，传统的新闻生产业态以及信息社会结构正在逐渐演变为一个全新的智能化信息传播生态。不仅可以有效地帮助传媒领域提高信息的获取、编辑、传播和反馈效率，优化组织信息化程度和用户体验，还可以帮助企业和个人更好地进行营销和宣传。

比较而言，韩国的智能媒体市场尚未成熟稳定，后续积累到一定阶段时可能会呈现爆发式增长。然而，媒介生态的智能化浪潮也将不可避免地对社会的既有伦理秩序发起挑战。从数据伦理角度来看，个人敏感信息泄露以及企业违规收集用户信息等问题，依然是当前智能媒体技术发展所必须面对的最大风险之一。少数企业和平台不遵守相关法律法规，未能自觉、主动地明确收集、处理和使用个人信息的目的，导致不法分子可以利用网络漏洞进行大规模数据泄露，严重影响了用户的隐私权和安全。从算法伦理角度来看，人工智能算法的决策和判断不可避免地存在一定的偏见和歧视。在新闻报道和内容创作领域，人工智能可能会在选择和推荐新闻内容时具有一定的偏向性，进而使得报道内容出现不公正与误导现象。算法"黑箱"的存在则决定了针对算法的监管将面临很高的难度和不透明性。从传播伦理角度来看，智能媒体技术资源的不规范应用与不均衡分配，还有可能将用户划分为不同的群体，进而提供不同的服务和资源。这

---

① "First Full-length Korean Novel Written by AI Published"，2021年8月25日，韩联社，https://en.yna.co.kr/view/AEN20210825008900315。

智能媒体发展报告（2023）·国际篇

可能导致一些人被排除在社会主流圈层之外，无法获得他们想要的信息或资源，并不可避免地带来信息和资源的不平等，进而加剧社会的分化和不稳定风险。

# 参考文献

"2023 AI Index Report"，3rd April，2023，Stanford University Human-Centered Artificial Intelligence，https：//aiindex. stanford. edu/report/.

"Afun Interactive Gets ＄7. 6 Million in Series A Round for Virtual K-Pop Concert：3D Content Production"，13th March，2023，Tech Times，https：//www. techtimes. com/articles/288877/20230313/afun – interactive – gets – 7 – 6 – million – in – series – a – round – for – virtual – k – pop – concert – 3d – content – production. htm.

『APOKI、5thシングル「Mood V5」MV 公開…CG 作業としては異例の短期間での制作』，2023 年 2 月 27 日，Kstyle，https：//news. kstyle. com/article. ksn? articleNo = 2212567&categoryCode = KP。

"As Seen in KT's 'Attorney Woo' Experiment, Telcos Making Big Leaps into Content Business"，2022 年 7 月 26 日，韩联社，https：//en. yna. co. kr/view/AEN20220726005200320? section = search。

"Audiobooks Attract Listeners with Wide Variety of Content"，26th January，2023，The Korea Times，https：//koreatimes. co. kr/www/nation/2023/01/281_ 344229. html.

"First full-length Korean Novel Written by AI Published"，2021 年 8 月 25 日，韩联社，https：//en. yna. co. kr/view/AEN20210825008900315。

《KBS2022 年度报告》，2023 年 4 月 26 日，KBS 网站，https：//padmin. static. kbs. co. kr/nbroad/2023/4/26/1682472836504_ nbroad. pdf。

『KBS、8·15 기획 영상 '우리의 얼굴'…흑백역사 컬러로 복원』，2022 年 8 月 12 日，韩联社，https：//www. yna. co. kr/view/AKR20220812074800005。

"Korea Is Leading An Exemplary AI Transition：Here's How"，10th March，2022，OECDAI Policy Observatory，https：//oecd. ai/en/wonk/korea-ai-transition.

"MSIT Announces 2022 Survey Result on Digital Divide"，2023 年 3 月 28 日，韩国科学技术信息通信部，https：//www. msit. go. kr/eng/bbs/view. do? sCode = eng&mId = 4&mPid = 2&pageIndex = 2&bbsSeqNo = 42&nttSeqNo = 782&searchOpt = ALL&searchTxt = 。

"MSIT The First Mid-and Long-Term National R&D Investment Strategy"，2023 年 4 月 27 日，韩国科学技术信息通信部，https：//www. msit. go. kr/eng/bbs/view. do? sCode =

eng&mId = 4&mPid = 2&pageIndex = 2&bbsSeqNo = 42&nttSeqNo = 794&searchOpt = ALL&searchTxt = 。

"PCIP Continues Discussions on Pending Issues Regarding AI and IP with WIPO", 2021 年 12 月 29 日, 韩国科学技术信息通信部, https：//www. msit. go. kr/eng/bbs/view. do？sCode = eng&mId = 7&mPid = 2&pageIndex = 2&bbsSeqNo = 44&nttSeqNo = 179&searchOpt = ALL&searchTxt = 。

"Seoul City Uses AI Technology to Monitor Digital Sex Crimes around Clock", 2023 年 3 月 29 日, 韩联社, https：//en. yna. co. kr/view/AEN20230329005200315？ section = search。

"S. Korea Plans to Launch 6G Network Service in 2028", 2023 年 2 月 20 日, 韩联社, https：//en. yna. co. kr/view/AEN20230220003000320？ section = search。

"Startup Asleep Wants to Help People Fall Asleep Better with AI-powered Data", 2022 年 11 月 14 日, 韩联社, https：//en. yna. co. kr/view/AEN20221 114004500320。

"Virtual Idol: Is It Hype or Future of K-pop Industry？", 2023 年 2 月 23 日, 韩联社, https：//en. yna. co. kr/view/AEN20230223006100315？ section = search。

『YTN, 대선 후보가 선택한 보도 영상 NFT 최초 발행』, 2022 年 1 月 21 日, YTN, https：//www. ytn. co. kr/_ ln/0102_ 202201211204002580。

《韩国 5G 用户能否进入 3 千万时代, 收费制度是关键》, 2023 年 2 月 8 日, 商务部网站, http：//kr. mofcom. gov. cn/article/jmxw/202302/20230203383483. shtml。

《韩国第一元宇宙网红 Rozy, 完美偶像的真与假》, 2022 年 8 月 6 日, 澎湃新闻, https：//www. thepaper. cn/newsDetail_ forward_ 19289656。

《全球数字经济白皮书（2022 年）》, 2022 年 12 月, 中国信息通信研究院, http：//www. caict. ac. cn/kxyj/qwfb/bps/202212/t20221207_ 412453. htm。

《人工智能生成内容（AIGC）白皮书（2022 年）》, 2022 年 9 月 2 日, 中国信息通信研究院, http：//www. caict. ac. cn/sytj/202209/t20220913_ 408835. htm。